LES ROUGON-MACQUART

HISTOIRE NATURELLE ET SOCIALE D'UNE FAMILLE SOUS LE SECOND EMPIRE

L'ARGENT

PAR

ÉMILE ZOLA

PARIS

BIBLIOTHÈQUE-CHARPENTIER

11, RUE DE GRENELLE, 11

1891

à Charles de Moüy

remerciement de son dé-
voué confrère.

Emile Zola

L'ARGENT

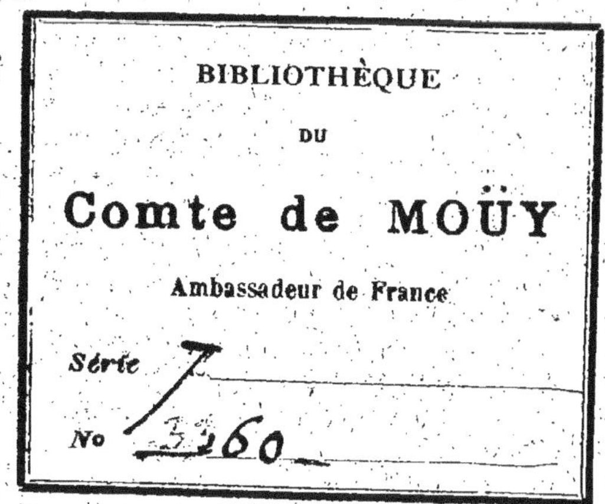

OUVRAGES DU MÊME AUTEUR

DANS LA BIBLIOTHÈQUE CHARPENTIER

à 3 fr. 50 chaque volume.

LES ROUGON-MACQUART

HISTOIRE NATURELLE ET SOCIALE D'UNE FAMILLE SOUS LE SECOND EMPIRE

LA FORTUNE DES ROUGON. . . . . 22e mille. 1 vol.
LA CURÉE. . . . . 33e mille. 1 vol.
LE VENTRE DE PARIS. . . . . 30e mille. 1 vol
LA CONQUÊTE DE PLASSANS. . . . . 22e mille. 1 vol.
LA FAUTE DE L'ABBÉ MOURET. . . . . 44e mille. 1 vol.
SON EXCELLENCE EUGÈNE ROUGON. . . . . 21e mille. 1 vol.
L'ASSOMMOIR. . . . . 117e mille. 1 vol.
UNE PAGE D'AMOUR. . . . . 70e mille. 1 vol.
NANA. 160e mille. 1 vol.
POT-BOUILLE. . . . . 75e mille. 1 vol.
AU BONHEUR DES DAMES. . . . . 59e mille. 1 vol.
LA JOIE DE VIVRE. . . . . 44e mille. 1 vol.
GERMINAL. . . . . 83e mille. 1 vol.
L'ŒUVRE. . . . . 50e mille. 1 vol.
LA TERRE. . . . . 94e mille. 1 vol.
LE RÊVE. . . . . 77e mille. 1 vol.
LA BÊTE HUMAINE. . . . . 83e mille. 1 vol
L'ARGENT. . . . . 55e mille. 1 vol.

ROMANS ET NOUVELLES

CONTES A NINON. Nouvelle édition. . . . . 1 vol.
NOUVEAUX CONTES A NINON. Nouvelle édition. . . . . 1 vol.
LA CONFESSION DE CLAUDE. Nouvelle édition. . . . . 1 vol.
THÉRÈSE RAQUIN. Nouvelle édition. . . . . 1 vol.
MADELEINE FÉRAT. Nouvelle édition. . . . . 1 vol.
LE VŒU D'UNE MORTE. Nouvelle édition. . . . . 1 vol.
LES MYSTÈRES DE MARSEILLE. Nouvelle édition. . . . . . 1 vol.
LE CAPITAINE BURLE. Nouvelle édition. . . . . 1 vol.
NAÏS MICOULIN. Nouvelle édition. . . . . 1 vol.

THÉATRE

THÉRÈSE RAQUIN. — LES HÉRITIERS RABOURDIN. — LE BOUTON DE ROSE. . . . . 1 vol.

ŒUVRES CRITIQUES

MES HAINES. . . . . 1 vol.
LE ROMAN EXPÉRIMENTAL. . . . . 1 vol.
LE NATURALISME AU THÉATRE. . . . . 1 vol.
NOS AUTEURS DRAMATIQUES. . . . . 1 vol.
LES ROMANCIERS NATURALISTES. . . . . 1 vol.
DOCUMENTS LITTÉRAIRES. . . . . 1 vol.
UNE CAMPAGNE, 1880-1881. . . . . 1 vol.
LES SOIRÉES DE MÉDAN. . . . . 1 vol.

2808. — Imprimeries réunies, rue Mignon, 2, Paris.

LES ROUGON-MACQUART

HISTOIRE NATURELLE ET SOCIALE D'UNE FAMILLE SOUS LE SECOND EMPIRE

L'ARGENT

PAR

ÉMILE ZOLA

PARIS

BIBLIOTHÈQUE-CHARPENTIER

11, RUE DE GRENELLE, 11

1891

L'ARGENT

I

Onze heures venaient de sonner à la Bourse, lorsque Saccard entra chez Champeaux, dans la salle blanc et or, dont les deux hautes fenêtres donnent sur la place. D'un coup d'œil, il parcourut les rangs de petites tables, où les convives affairés se serraient coude à coude; et il parut surpris de ne pas voir le visage qu'il cherchait.

Comme, dans la bousculade du service, un garçon passait, chargé de plats :

— Dites donc, monsieur Huret n'est pas venu?

— Non, monsieur, pas encore.

Alors, Saccard se décida, s'assit à une table que quittait un client, dans l'embrasure d'une des fenêtres. Il se croyait en retard; et, tandis qu'on changeait la serviette, ses regards se portèrent au dehors, épiant les passants du trottoir. Même, lorsque le couvert fut rétabli, il ne commanda pas tout de suite, il demeura un moment les yeux sur la place, toute gaie de cette claire journée des premiers jours de mai. A cette heure où le monde déjeunait, elle était presque vide : sous les marronniers, d'une verdure tendre et neuve, les bancs restaient inoccupés; le long de la grille, à la station de voitures, la file des fiacres s'allongeait, d'un bout à l'autre; et l'omnibus de la Bastille s'arrêtait au bureau, à l'angle du jardin, sans laisser ni prendre de voyageurs. Le soleil tombait d'aplomb, le monument en était baigné, avec sa colonnade, ses deux statues, son vaste perron, en haut duquel il n'y avait encore que l'armée des chaises, en bon ordre.

Mais Saccard, s'étant tourné, reconnut Mazaud, l'agent de change, à la table voisine de la sienne. Il tendit la main.

— Tiens! c'est vous. Bonjour!

— Bonjour! répondit Mazaud, en donnant une poignée de main distraite.

Petit, brun, très vif, joli homme, il venait d'hériter de la charge d'un de ses oncles, à trente-deux ans. Et il semblait tout au convive qu'il avait en face de lui, un gros monsieur à figure rouge et rasée, le célèbre Amadieu, que la Bourse vénérait, depuis son fameux coup sur les Mines de Selsis. Lorsque les titres étaient tombés à quinze francs, et que l'on considérait tout acheteur comme un fou, il avait mis dans l'affaire sa fortune, deux cent mille francs, au hasard, sans calcul ni flair, par un entêtement de brute chanceuse. Aujourd'hui que la découverte de filons réels et considérables avait fait dépasser aux titres le cours de mille francs, il gagnait une quinzaine de millions; et son opération imbécile qui aurait dû le faire enfermer autrefois, le haussait maintenant au rang des vastes cerveaux financiers. Il était salué, consulté surtout. D'ailleurs, il ne donnait plus d'ordres, comme satisfait, trônant désormais dans son coup de génie unique et légendaire. Mazaud devait rêver sa clientèle.

Saccard, n'ayant pu obtenir d'Amadieu même un sourire, salua la table d'en face, où se trouvaient réunis trois spéculateurs de sa connaissance, Pillerault, Moser et Salmon.

— Bonjour! ça va bien?

— Oui, pas mal... Bonjour!

Chez ceux-ci encore, il sentit la froideur, l'hostilité presque. Pillerault pourtant, très grand, très maigre, avec des gestes saccadés et un nez en lame de sabre, dans un visage osseux de chevalier errant, avait d'habitude la familiarité d'un joueur qui érigeait en principe le casse-cou, déclarant qu'il culbutait dans des catastrophes, chaque fois qu'il s'appliquait à réfléchir. Il était d'une nature exubérante de haussier, toujours tourné à la victoire, tandis que Moser, au contraire, de taille courte, le teint jaune, ravagé par une maladie de foie, se lamentait sans cesse, en proie à de continuelles craintes de cataclysme. Quant à Salmon, un très bel homme luttant contre la cinquantaine, étalant une barbe superbe, d'un noir d'encre, il passait pour un gaillard extraordinairement fort. Jamais il ne parlait, il ne répondait que par des sourires, on ne savait dans quel sens il jouait, ni même s'il jouait; et sa façon d'écouter impressionnait tellement Moser, que souvent celui-ci, après lui avoir fait une confidence, courait changer un ordre, démonté par son silence.

Dans cette indifférence qu'on lui témoignait, Saccard était resté les regards fiévreux et provocants, achevant le tour de la salle. Et il n'échangea plus un signe de tête qu'avec un grand jeune homme, assis à trois tables de distance, le beau Sabatani, un Levantin, à la face longue et brune, qu'éclairaient des yeux noirs magnifiques, mais qu'une bouche mauvaise, inquiétante, gâtait. L'amabilité de ce garçon acheva de l'irriter : quelque exécuté d'une Bourse étrangère, un de ces gaillards mys[illegible]rieux aimés des femmes, tombé depuis le dernier a[illegible]omne sur le marché, qu'il avait déjà vu à l'œuvre comme prête-nom, dans un désastre de banque, et qui peu à peu conquérait la confiance de la corbeille et de la coulisse, par beaucoup de correction et une bonne grâce infatigable, même pour les plus tarés.

Un garçon était debout devant Saccard.

— Qu'est-ce que monsieur prend?

— Ah! oui... Ce que vous voudrez, une côtelette, des asperges.

Puis, il rappela le garçon.

— Vous êtes sûr que monsieur Huret n'est pas venu avant moi et n'est pas reparti?

— Oh! absolument sûr!

Ainsi, il en était là, après la débâcle qui, en octobre, l'avait forcé une fois de plus à liquider sa situation, à vendre son hôtel du parc Monceau, pour louer un appartement : les Sabatanis seuls le saluaient, son entrée dans un restaurant, où il avait régné, ne faisait plus tourner toutes les têtes, tendre toutes les mains. Il était beau joueur, il restait sans rancune, à la suite de cette dernière affaire de terrains, scandaleuse et désastreuse, dont il n'avait guère sauvé que sa peau. Mais une fièvre de revanche s'allumait dans son être ; et l'absence d'Huret qui avait formellement promis d'être là, dès onze heures, pour lui rendre compte de la démarche dont il s'était chargé près de son frère Rougon, le ministre alors triomphant, l'exaspérait surtout contre ce dernier. Huret, député docile, créature du grand homme, n'était qu'un commissionnaire. Seulement, Rougon, lui qui pouvait tout, était-ce possible qu'il l'abandonnât ainsi? Jamais il ne s'était montré bon frère. Qu'il se fût fâché après la catastrophe, qu'il eût rompu ouvertement pour n'être point compromis lui-même, cela s'expliquait ; mais, depuis six mois, n'aurait-il pas dû lui venir secrètement en aide? et, maintenant, allait-il avoir le cœur de refuser le suprême coup d'épaule qu'il lui faisait demander par un tiers, n'osant le voir en personne, craignant quelque crise de colère qui l'emporterait? Il n'avait qu'un mot à dire, il le remettrait debout, avec tout ce lâche et grand Paris sous les talons.

— Quel vin désire monsieur? demanda le sommelier.

— Votre bordeaux ordinaire.

Saccard, qui laissait refroidir sa côtelette, absorbé, sans faim, leva les yeux, en voyant une ombre passer sur la nappe. C'était Massias, un gros garçon rougeaud, un remisier qu'il avait connu besogneux, et qui se glissait entre les tables, sa cote à la main. Il fut ulcéré de le voir filer devant lui, sans s'arrêter, pour aller tendre la cote à Pillerault et à Moser. Distraits, engagés dans une discussion, ceux-ci y jetèrent à peine un coup d'œil : non, ils n'avaient pas d'ordre à donner, ce serait pour une autre fois. Massias, n'osant s'attaquer au célèbre Amadieu, penché au-dessus d'une salade de homard, en train de causer à voix basse avec Mazaud, revint vers Salmon, qui prit la cote, l'étudia longuement, puis la rendit, sans un mot. La salle s'animait. D'autres remisiers, à chaque minute, en faisaient battre les portes. Des paroles hautes s'échangeaient de loin, toute une passion d'affaires montait, à mesure que s'avançait l'heure. Et Saccard, dont les regards retournaient sans cesse au dehors, voyait aussi la place se remplir peu à peu, les voitures et les piétons affluer; tandis que, sur les marches de la Bourse, éclatantes de soleil, des taches noires, des hommes se montraient déjà, un à un.

— Je vous répète, dit Moser de sa voix désolée, que ces élections complémentaires du 20 mars sont un symptôme des plus inquiétants... Enfin, c'est aujourd'hui Paris tout entier acquis à l'opposition.

Mais Pillerault haussait les épaules. Carnot et Garnier-Pagès de plus sur les bancs de la gauche, qu'est-ce que ça pouvait faire?

— C'est comme la question des duchés, reprit Moser, eh bien! elle est grosse de complications... Certainement! vous avez beau rire. Je ne dis pas que nous devions faire la guerre à la Prusse, pour l'empêcher de s'engraisser aux dépens du Danemark; seulement, il y avait des moyens d'action... Oui, oui, lorsque les gros se mettent à manger les petits, on ne sait jamais où ça s'arrête... Et, quant au Mexique...

Pillerault, qui était dans un de ses jours de satisfaction universelle, l'interrompit d'un éclat de rire.

— Ah! non, mon cher, ne nous ennuyez plus, avec vos terreurs sur le Mexique... Le Mexique, ce sera la page glorieuse du règne... Où diable prenez-vous que l'empire soit malade? Est-ce qu'en janvier l'emprunt de trois cents millions n'a pas été couvert plus de quinze fois? Un succès écrasant... Tenez! je vous donne rendez-vous en 67, oui, dans trois ans d'ici, lorsqu'on ouvrira l'Exposition universelle que l'empereur vient de décider.

— Je vous dis que tout va mal ! affirma désespérément Moser.

— Eh ! fichez-nous la paix, tout va bien !

Salmon les regardait l'un après l'autre, en souriant de son air profond. Et Saccard, qui les avait écoutés, ramenait aux difficultés de sa situation personnelle cette crise où l'empire semblait entrer. Lui, une fois encore, était par terre : est-ce que cet empire, qui l'avait fait, allait comme lui culbuter, croulant tout d'un coup de la destinée la plus haute à la plus misérable ? Ah ! depuis douze ans, qu'il l'avait aimé et défendu, ce régime où il s'était senti vivre, pousser, se gorger de sève, ainsi que l'arbre dont les racines plongent dans le terreau qui lui convient ! Mais, si son frère voulait l'en arracher, si on le retranchait de ceux qui épuisaient le sol gras des jouissances, que tout fût donc emporté, dans la grande débâcle finale des nuits de fête !

Maintenant, il attendait ses asperges, absent de la salle où l'agitation croissait sans cesse, envahi par des souvenirs. Dans une large glace, en face, il venait d'apercevoir son image ; et elle l'avait surpris. L'âge ne mordait pas sur sa petite personne, ses cinquante ans n'en paraissaient guère que trente-huit, il gardait une maigreur, une vivacité de jeune homme. Même, avec les années, son visage noir et creusé de marionnette, au nez pointu, aux minces yeux luisants, s'était comme arrangé, avait pris le charme de cette jeunesse persistante, si souple, si active, les cheveux touffus encore, sans un fil blanc. Et, invinciblement, il se rappelait son arrivée à Paris, au lendemain du coup d'État, le soir d'hiver où il était tombé sur le pavé, les poches vides, affamé, ayant toute une rage d'appétits à satisfaire. Ah ! cette première course à travers les rues, lorsque, avant même de défaire sa malle, il avait eu le besoin de se lancer par la ville, avec ses bottes éculées, son paletot graisseux, pour la conquérir ! Depuis cette soirée, il était souvent monté très haut, un fleuve de millions avait coulé entre ses mains, sans que jamais il eût possédé la fortune en esclave, ainsi qu'une chose à soi, dont on dispose, qu'on tient sous clef, vivante, matérielle. Toujours le mensonge, la fiction avait habité ses caisses, que des trous inconnus semblaient vider de leur or. Puis, voilà qu'il se retrouvait sur le pavé, comme à l'époque lointaine du départ, aussi jeune, aussi affamé, inassouvi toujours, torturé du même besoin de jouissances et de conquêtes. Il avait goûté à tout, et il ne s'était pas rassasié, n'ayant pas eu l'occasion ni le temps, croyait-il, de mordre assez profondément dans les personnes et dans les choses. A cette heure, il se sentait cette misère d'être, sur le pavé, moins qu'un débutant, qu'auraient soutenu l'illusion et l'espoir. Et une fièvre le prenait de tout recommencer pour tout reconquérir, de monter plus haut qu'il n'était jamais monté, de poser enfin le pied sur la cité conquise. Non plus la richesse menteuse de la façade, mais l'édifice solide de la fortune, la vraie royauté de l'or trônant sur des sacs pleins !

La voix de Moser qui s'élevait de nouveau, aigre et très aiguë, tira un instant Saccard de ses réflexions.

— L'expédition du Mexique coûte quatorze millions par mois, c'est Thiers qui l'a prouvé... Et il faut vraiment être aveugle pour ne pas voir que, dans la Chambre, la majorité est ébranlée. Ils sont trente et quelques maintenant, à gauche. L'empereur lui-même comprend bien que le pouvoir absolu devient impossible, puisqu'il se fait le promoteur de la liberté.

Pillerault ne répondait plus, se contentait de ricaner d'un air de mépris.

— Oui, je sais, le marché vous paraît solide, les affaires marchent. Mais attendez la fin... On a trop démoli et trop reconstruit, à Paris, voyez-vous ! Les grands travaux ont épuisé l'épargne. Quant aux puissantes maisons de crédit qui vous semblent si prospères, attendez qu'une d'elles fasse le saut, et vous les verrez toutes culbuter à la file... Sans compter que le peuple se remue. Cette Association internationale des travailleurs, qu'on vient de fonder pour améliorer la condition des ouvriers, m'effraye beaucoup, moi. Il y a, en France, une protestation, un mouvement révolutionnaire qui s'accentue chaque jour... Je vous dis que le ver est dans le fruit. Tout crèvera.

Alors, ce fut une protestation bruyante. Ce sacré Moser avait sa crise de foie, décidément Mais lui-même, en parlant, ne quittait pas des yeux la table voisine, où Mazaud et Amadieu continuaient, dans le bruit, à causer très bas. Peu à peu, la salle entière s'inquiétait de ces longues confidences. Qu'avaient-ils à se dire, pour chuchoter ainsi? Sans doute, Amadieu donnait des ordres, préparait un coup. Depuis trois jours, de mauvais bruits couraient sur les travaux de Suez. Moser cligna les yeux, baissa également la voix.

— Vous savez, les Anglais veulent empêcher qu'on travaille là-bas. On pourrait bien avoir la guerre.

Cette fois, Pillerault fut ébranlé, par l'énormité même de la nouvelle. C'était incroyable, et tout de suite le mot vola de table en table, acquérant la force d'une certitude : l'Angleterre avait envoyé un ultimatum, demandant la cessation immédiate des travaux. Amadieu, évidemment, ne causait que de ça avec Mazaud, à qui il donnait l'ordre de vendre tous ses Suez. Un bourdonnement de panique s'éleva, dans l'air chargé d'odeurs grasses, au milieu du bruit croissant des vaisselles remuées. Et, à ce moment, ce qui porta l'émotion à son comble, ce fut l'entrée brusque d'un commis de l'agent de change, le petit Flory, un garçon à figure tendre, mangée d'une épaisse barbe châtaine. Il se précipita, un paquet de fiches à la main, et les remit au patron, en lui parlant à l'oreille.

— Bon! répondit simplement Mazaud, qui classa les fiches dans son carnet.

Puis, tirant sa montre :

— Bientôt midi! Dites à Berthier de m'attendre. Et soyez là vous-même, montez chercher les dépêches.

Lorsque Flory s'en fut allé, il reprit sa conversation avec Amadieu, tira d'autres fiches de sa poche, qu'il posa sur la nappe, à côté de son assiette; et, à chaque minute, un client qui partait, se penchait au passage, lui disait un mot, qu'il inscrivait rapidement sur un des bouts de papier, entre deux bouchées. La fausse nouvelle, venue on ne savait d'où, née de rien, grossissait comme une nuée d'orage.

— Vous vendez, n'est-ce pas? demanda Moser à Salmon.

Mais le muet sourire de ce dernier fut si aiguisé de finesse, qu'il en resta anxieux, doutant maintenant de cet ultimatum de l'Angleterre, qu'il ne savait même pas avoir inventé.

— Moi, j'achète tant qu'on voudra, conclut Pillerault, avec sa témérité vaniteuse de joueur sans méthode.

Les tempes chauffées par la griserie du jeu, que fouettait cette fin bruyante de déjeuner, dans l'étroite salle, Saccard s'était décidé à manger ses asperges, en s'irritant de nouveau contre Huret, sur lequel il ne comptait plus. Depuis des semaines, lui, si prompt à se résoudre, il hésitait, combattu d'incertitudes. Il sentait bien l'impérieuse nécessité de faire peau neuve, et il avait rêvé d'abord une vie toute nouvelle, dans la haute administration ou dans la politique. Pourquoi le Corps législatif ne l'aurait-il pas mené au conseil des ministres, comme son frère? Ce qu'il reprochait à la spéculation, c'était la continuelle instabilité, les grosses sommes aussi vite perdues que gagnées : jamais il n'avait dormi sur le million réel, ne devant rien à personne. Et, à cette heure où il faisait son examen de conscience, il se disait qu'il était peut-être trop passionné pour cette bataille de l'argent, qui demandait tant de sang-froid. Cela devait expliquer comment, après une vie si extraordinaire de luxe et de gêne, il sortait vidé, brûlé, de ces dix années de formidables trafics sur les terrains du nouveau Paris, dans lesquels tant d'autres, plus lourds, avaient ramassé de colossales fortunes. Oui, peut-être s'était-il trompé sur ses véritables aptitudes, peut-être triompherait-il d'un bond, dans la bagarre politique, avec son activité, sa foi ardente. Tout allait dépendre de la réponse de son frère. Si celui-ci le repoussait, le rejetait au gouffre de l'agio, eh bien! ce serait sans doute tant pis pour lui et les autres, il risquerait le grand coup dont il ne parlait encore à personne, l'affaire énorme qu'il rêvait depuis des semaines et qui l'effrayait lui-même, tellement elle était vaste, faite, si elle réussissait ou si elle croulait, pour remuer le monde.

Pillerault avait élevé la voix.

— Mazaud, est-ce fini, l'exécution de Schlosser?

— Oui, répondit l'agent de change, l'affiche sera mise aujourd'hui... Que voulez-vous? c'est toujours ennuyeux, mais j'avais reçu les renseignements les plus inquiétants, et je l'ai escompté le premier. Il faut bien, de temps à autre, donner un coup de balai.

— On m'a affirmé, dit Moser, que vos collègues, Jacoby et Delarocque, y étaient pour des sommes rondes.

L'agent eut un geste vague.

— Bah! c'est la part du feu... Ce Schlosser devait être d'une bande, et il en sera quitte pour aller écumer la Bourse de Berlin ou de Vienne.

Les yeux de Saccard s'étaient portés sur Sabatani, dont un hasard lui avait révélé l'association secrète avec Schlosser : tous deux jouaient le jeu connu, l'un à la hausse, l'autre à la baisse sur une même valeur, celui qui perdait en étant quitte pour partager le bénéfice de l'autre, et disparaître. Mais le jeune homme payait tranquillement l'addition du déjeuner fin qu'il venait de faire. Puis, avec sa grâce caressante d'Oriental mâtiné d'Italien, il vint serrer la main de Mazaud, dont il était le client. Il se pencha, donna un ordre, que celui-ci inscrivit sur une fiche.

— Il vend ses Suez, murmura Moser.

Et, tout haut, cédant à un besoin, malade de doute :

— Hein? que pensez-vous du Suez?

Un silence se fit dans le brouhaha des voix, toutes les têtes des tables voisines se tournèrent. La question résumait l'anxiété croissante. Mais le dos d'Amadieu, qui avait simplement invité Mazaud pour lui recommander un de ses neveux, restait impénétrable, n'ayant rien à dire; tandis que l'agent, que les ordres de vente qu'il recevait commençaient à étonner, se contentait de hocher la tête, par une habitude professionnelle de discrétion.

— Le Suez, c'est très bon! déclara de sa voix chantante Sabatani, qui, avant de sortir, se dérangea de son chemin, pour serrer galamment la main de Saccard.

Et Saccard garda un moment la sensation de cette poignée de main, si souple, si fondante, presque féminine. Dans son incertitude de la route à prendre, de sa vie à refaire, il les traitait tous de filous, ceux qui étaient là. Ah! si on l'y forçait, comme il les traquerait, comme il les tondrait, les Moser trembleurs, les Pillerault vantards, et ces Salmon plus creux que des courges, et ces Amadieu dont le succès a fait le génie! Le bruit des assiettes et des verres avait repris, les voix s'enrouaient, les portes battaient plus fort, dans la hâte qui les dévorait tous d'être là-bas, au jeu, si une débâcle devait se produire sur le Suez. Et, par la fenêtre, au milieu de la place sillonnée de fiacres, encombrée de piétons, il voyait les marches ensoleillées de la Bourse comme mouchetées maintenant d'une montée continue d'insectes humains, des hommes correctement vêtus de noir, qui peu à peu garnissaient la colonnade; pendant que, derrière les grilles, apparaissaient quelques femmes, vagues, rôdant sous les marronniers.

Brusquement, au moment où il entamait le fromage qu'il venait de commander, une grosse voix lui fit lever la tête.

— Je vous demande pardon, mon cher, il m'a été impossible de venir plus tôt.

Enfin, c'était Huret, un Normand du Calvados, une figure épaisse et large de paysan rusé, qui jouait l'homme simple. Tout de suite, il se fit servir n'importe quoi, le plat du jour, avec un légume.

— Eh bien? demanda sèchement Saccard, qui se contenait.

Mais l'autre ne se pressait pas, le regardait en homme finassier et prudent. Puis, se mettant à manger, avançant la face et baissant la voix :

— Eh bien! j'ai vu le grand homme... Oui, chez lui, ce matin... Oh! il a été très gentil, très gentil pour vous.

Il s'arrêta, but un grand verre de vin, se remit une pomme de terre dans la bouche.

— Alors?

— Alors, mon cher, voici... Il veut bien faire pour vous tout ce qu'il pourra, il vous trouvera une très jolie situation, mais pas en France... Ainsi, par exemple, gouverneur dans une de nos colonies, une des bonnes. Vous y seriez le maître, un vrai petit prince.

Saccard était devenu blême.

— Dites donc, c'est pour rire, vous vous fichez du monde!... Pourquoi pas tout de suite la déportation?... Ah! il veut se débarrasser de moi. Qu'il prenne garde que je finisse par le gêner pour tout de bon!

Huret restait la bouche pleine, conciliant.

— Voyons, voyons, on ne veut que votre bien, laissez-nous faire.

— Que je me laisse supprimer, n'est-ce pas?... Tenez! tout à l'heure, on disait ici que l'empire n'aurait bientôt plus une faute à commettre. Oui, la guerre d'Italie, le Mexique, l'attitude vis-à-vis de la Prusse. Ma parole, c'est la vérité!... Vous ferez tant de bêtises et de folies, que la France entière se lèvera pour vous flanquer dehors.

Du coup, le député, la fidèle créature du ministre, s'inquiéta, pâlissant, regardant autour de lui.

— Ah! permettez, permettez, je ne peux pas vous suivre... Rougon est un honnête homme, il n'y a pas de danger, tant qu'il sera là... Non, n'ajoutez rien, vous le méconnaissez, je tiens à le dire.

Violemment, étouffant sa voix entre ses dents serrées, Saccard l'interrompit.

— Soit, aimez-le, faites votre cuisine ensemble... Oui ou non, veut-il me patronner ici, à Paris?

— A Paris, jamais!

Sans ajouter un mot, il se leva, appela le garçon, pour payer, tandis que, très calme, Huret, qui connaissait ses colères, continuait à avaler de grosses bouchées de pain et le laissait aller, de peur d'un esclandre. Mais, à ce moment, dans la salle, il y eut une forte émotion.

Gundermann venait d'entrer, le banquier roi, le maître de la Bourse et du monde, un homme de soixante ans, dont l'énorme tête chauve, au nez épais, aux yeux ronds, à fleur de tête, exprimait un entêtement et une fatigue immenses. Jamais il n'allait à la Bourse, affectant même de n'y pas envoyer de représentant officiel; jamais non plus il ne déjeunait dans un lieu public. Seulement, de loin en loin, il lui arrivait, comme ce jour-là, de se montrer au restaurant Champeaux, où il s'asseyait à une des tables pour se faire simplement servir un verre d'eau de Vichy, sur une assiette. Souffrant depuis vingt ans d'une maladie d'estomac, il ne se nourrissait absolument que de lait.

Tout de suite, le personnel fut en l'air pour apporter le verre d'eau, et tous les convives présents s'aplatirent. Moser, l'air anéanti, contemplait cet homme qui savait les secrets, qui faisait à son gré la hausse ou la baisse, comme Dieu fait le tonnerre. Pillerault lui-même le saluait, n'ayant foi qu'en la force irrésistible du milliard. Il était midi et demi, et Mazaud qui lâchait vivement Amadieu, revint, se courba devant le banquier, dont il avait parfois l'honneur de recevoir un ordre. Beaucoup de boursiers étaient ainsi en train de partir, qui restèrent, debout, entourant le dieu, lui faisant une cour d'échines respectueuses, au milieu de la débandade des nappes salies; et ils le regardaient avec vénération prendre le verre d'eau, d'une main tremblante, et le porter à ses lèvres décolorées.

Autrefois, dans les spéculations sur les terrains de la plaine Monceau, Saccard avait eu des discussions, toute une brouille même avec Gundermann. Ils ne pouvaient s'entendre, l'un passionné et jouisseur, l'autre sobre et de froide logique. Aussi le premier, dans sa crise de colère, exaspéré encore par cette entrée triomphale, s'en allait-il, lorsque l'autre l'appela.

— Dites donc, mon bon ami, est-ce vrai? vous quittez

les affaires... Ma foi, vous faites bien, ça vaut mieux.

Ce fut, pour Saccard, un coup de fouet en plein visage. Il redressa sa petite taille, il répliqua d'une voix nette, aiguë comme une épée :

— Je fonde une maison de crédit au capital de vingt-cinq millions, et je compte aller vous voir bientôt.

Et il sortit, laissant derrière lui le brouhaha ardent de la salle, où tout le monde se bousculait, pour ne pas manquer l'ouverture de la Bourse. Ah ! réussir enfin, remettre le talon sur ces gens qui lui tournaient le dos, et lutter de puissance avec ce roi de l'or, et l'abattre peut-être un jour ! Il n'était pas décidé à lancer sa grande affaire, il demeurait surpris de la phrase que le besoin de répondre lui avait tirée. Mais pourrait-il tenter la fortune ailleurs, maintenant que son frère l'abandonnait et que les hommes et les choses le blessaient pour le rejeter à la lutte, comme le taureau saignant est ramené dans l'arène ?

Un instant, il resta frémissant, au bord du trottoir. C'était l'heure active où la vie de Paris semble affluer sur cette place centrale, entre la rue Montmartre et la rue Richelieu, les deux artères engorgées qui charrient la foule. Des quatre carrefours, ouverts aux quatre angles de la place, des flots ininterrompus de voitures coulaient, sillonnant le pavé, au milieu des remous d'une cohue de piétons. Sans arrêt, les deux files des fiacres de la station, le long des grilles, se rompaient et se reformaient ; tandis que, sur la rue Vivienne, les victorias des remisiers s'allongeaient en un rang pressé, que dominaient les cochers, guides en main, prêts à fouetter au premier ordre. Envahis, les marches et le péristyle étaient noirs d'un fourmillement de redingotes ; et, de la coulisse, installée déjà sous l'horloge et fonctionnant, montait la clameur de l'offre et de la demande, ce bruit de marée de l'agio, victorieux du grondement de la ville. Des passants tournaient la tête, dans le désir et la crainte de ce qui se faisait là, ce mystère des opérations financières où peu de cervelles françaises pénètrent, ces ruines, ces fortunes brusques, qu'on ne s'expliquait pas, parmi cette gesticulation et ces cris barbares. Et lui, au bord du ruisseau, assourdi par les voix lointaines, coudoyé par la bousculade des gens pressés, il rêvait une fois de plus la royauté de l'or, dans ce quartier de toutes les fièvres, où la Bourse, d'une heure à trois, bat comme un cœur énorme, au milieu.

Mais, depuis sa déconfiture, il n'avait point osé rentrer à la Bourse ; et, ce jour-là encore, un sentiment de vanité souffrante, la certitude d'y être accueilli en vaincu, l'empêchait de monter les marches. Comme les amants chassés de l'alcôve d'une maîtresse, qu'ils désirent davantage, même en croyant l'exécrer, il revenait fatalement là, il faisait le tour de la colonnade sous des prétextes, traversant le jardin, marchant d'un pas de promeneur, à l'ombre des marronniers. Dans cette sorte de square poussiéreux, sans gazon ni fleurs, où grouillait sur les bancs, parmi les urinoirs et les kiosques à journaux, un mélange de spéculateurs louches et de femmes du quartier, en cheveux, allaitant des poupons, il affectait une flânerie désintéressée, levait les yeux, guettait, avec la furieuse pensée qu'il faisait le siège du monument, qu'il l'enserrait d'un cercle étroit, pour y rentrer un jour en triomphateur.

Il pénétra par l'angle de droite, sous les arbres qui font face à la rue de la Banque, et tout de suite il tomba sur la petite bourse des valeurs déclassées, les « Pieds humides », comme on appelle avec un ironique mépris ces joueurs de la brocante, qui cotent en plein vent, dans la boue des jours pluvieux, les titres des compagnies mortes. Il y avait là, en un groupe tumultueux, toute une juiverie malpropre, de grasses faces luisantes, des profils desséchés d'oiseaux voraces, une extraordinaire réunion de nez typiques, rapprochés les uns des autres, ainsi que sur une proie, s'acharnant au milieu de cris gutturaux, et comme près de se dévorer entre eux. Il passait, lorsqu'il aperçut un peu à l'écart un gros homme, en train de regarder au soleil un rubis, qu'il levait en l'air, délicatement, entre ses doigts énormes et sales.

— Tiens, Busch!... Vous me faites songer que je voulais monter chez vous.

Busch, qui tenait un cabinet d'affaires, rue Feydeau, au coin de la rue Vivienne, lui avait, à plusieurs reprises, été d'une utilité grande, en des circonstances difficiles. Il restait extasié, à examiner l'eau de la pierre précieuse, sa large face plate renversée, ses gros yeux gris comme éteints par la lumière vive; et l'on voyait, roulée en corde, la cravate blanche qu'il portait toujours; tandis que sa redingote d'occasion, anciennement superbe, mais extraordinairement râpée et maculée de taches, remontait jusque dans ses cheveux pâles, qui tombaient en mèches rares et rebelles de son crâne nu. Son chapeau, roussi par le soleil, lavé par les averses, n'avait plus d'âge.

Enfin, il se décida à redescendre sur terre.

— Ah! monsieur Saccard, vous faites un petit tour par ici.

— Oui... C'est une lettre en langue russe, une lettre d'un banquier russe, établi à Constantinople. Alors, j'ai pensé à votre frère, pour me la traduire.

Busch, qui, d'un mouvement inconscient et tendre, roulait toujours le rubis dans sa main droite, tendit la gauche, en disant que, le soir même, la traduction serait envoyée. Mais Saccard expliqua qu'il s'agissait seulement de dix lignes.

— Je vais monter, votre frère me lira ça tout de suite...

Et il fut interrompu par l'arrivée d'une femme énorme, madame Méchain, bien connue des habitués de la Bourse, une de ces enragées et misérables joueuses, dont les mains grasses tripotent dans toutes sortes de louches besognes. Son visage de pleine lune, bouffi et rouge, aux minces yeux bleus, au petit nez perdu, à la petite bouche d'où sortait une voix flûtée d'enfant, semblait déborder du vieux chapeau mauve, noué de travers par des brides grenat; et la gorge géante, et le ventre hydropique, crevaient la robe de popeline verte, mangée de boue, tournée au jaune. Elle tenait au bras un antique sac de cuir noir, immense, aussi profond qu'une valise, qu'elle ne quittait jamais. Ce jour-là, le sac, gonflé, plein à crever, la tirait à droite, penchée comme un arbre.

— Vous voilà, dit Busch qui devait l'attendre.

— Oui, et j'ai reçu les papiers de Vendôme, je les apporte.

— Bon! filons chez moi... Rien à faire aujourd'hui, ici.

Saccard avait eu un regard vacillant sur le vaste sac de cuir. Il savait que, fatalement, allaient tomber là les titres déclassés, les actions des sociétés mises en faillite, sur lesquelles les Pieds humides agiotent encore, des actions de cinq cents francs qu'ils se disputent à vingt sous, à dix sous, dans le vague espoir d'un relèvement improbable, ou plus pratiquement comme une marchandise scélérate, qu'ils cèdent avec bénéfice aux banqueroutiers désireux de gonfler leur passif. Dans les batailles meurtrières de la finance, la Méchain était le corbeau qui suivait les armées en marche; pas une compagnie, pas une grande maison de crédit ne se fondait, sans qu'elle apparût, avec son sac, sans qu'elle flairât l'air, attendant les cadavres, même aux heures prospères des émissions triomphantes; car elle savait bien que la déroute était fatale, que le jour du massacre viendrait, où il y aurait des morts à manger, des titres à ramasser pour rien dans la boue et dans le sang. Et lui, qui roulait son grand projet d'une banque, eut un léger frisson, fut traversé d'un pressentiment, à voir ce sac, ce charnier des valeurs dépréciées, dans lequel passait tout le sale papier balayé de la Bourse.

Comme Busch emmenait la vieille femme, Saccard le retint.

— Alors, je puis monter, je suis certain de trouver votre frère?

Les yeux du juif s'adoucirent, exprimèrent une surprise inquiète.

— Mon frère, mais certainement! Où voulez-vous qu'il soit?

— Très bien, à tout à l'heure!

Et Saccard, les laissant s'éloigner, poursuivit sa marche

lente, le long des arbres, vers la rue Notre-Dame-des-Victoires. Ce côté de la place est un des plus fréquentés, occupé par des fonds de commerce, des industries en chambre, dont les enseignes d'or flambaient sous le soleil. Des stores battaient aux balcons, toute une famille de province restait béante, à la fenêtre d'un hôtel meublé. Machinalement, il avait levé la tête, regardé ces gens dont l'ahurissement le faisait sourire, en le réconfortant par cette pensée qu'il y aurait toujours, dans les départements, des actionnaires. Derrière son dos, la clameur de la Bourse, le bruit de marée lointaine continuait, l'obsédait, ainsi qu'une menace d'engloutissement qui allait le rejoindre.

Mais une nouvelle rencontre l'arrêta.

— Comment, Jordan, vous à la Bourse? s'écria-t-il, en serrant la main d'un grand jeune homme brun, aux petites moustaches, à l'air décidé et volontaire.

Jordan, dont le père, un banquier de Marseille, s'était autrefois suicidé, à la suite de spéculations désastreuses, battait depuis dix ans le pavé de Paris, enragé de littérature, dans une lutte brave contre la misère noire. Un de ses cousins, installé à Plassans, où il connaissait la famille de Saccard, l'avait autrefois recommandé à ce dernier, lorsque celui-ci recevait tout Paris, dans son hôtel du parc Monceau.

— Oh! à la Bourse, jamais! répondit le jeune homme, avec un geste violent, comme s'il chassait le souvenir tragique de son père.

Puis, se remettant à sourire :

— Vous savez que je me suis marié... Oui, avec une petite amie d'enfance. On nous avait fiancés aux jours où j'étais riche, et elle s'est entêtée à vouloir quand même du pauvre diable que je suis devenu.

— Parfaitement, j'ai reçu la lettre de faire part, dit Saccard. Et imaginez-vous que j'ai été en rapport, autrefois, avec votre beau-père, monsieur Maugendre, lorsqu'il avait sa manufacture de bâches, à la Villette. Il a dû y gagner une jolie fortune.

Cette conversation avait lieu près d'un banc, et Jordan l'interrompit, pour présenter un monsieur gros et court, à l'aspect militaire, qui se trouvait assis, et avec lequel il causait, lors de la rencontre.

— Monsieur le capitaine Chave, un oncle de ma femme... Madame Maugendre, ma belle-mère, est une Chave, de Marseille.

Le capitaine s'était levé, et Saccard salua. Celui-ci connaissait de vue cette figure apoplectique, au cou raidi par l'usage du col de crin, un de ces types d'infimes joueurs au comptant, qu'on était certain de rencontrer tous les jours là, d'une heure à trois. C'est un jeu de gagne-petit, un gain presque assuré de quinze à vingt francs, qu'il faut réaliser dans la même Bourse.

Jordan avait ajouté avec son bon rire, expliquant sa présence :

— Un boursier féroce, mon oncle, dont je ne fais, parfois, que serrer la main en passant.

— Dame! dit simplement le capitaine, il faut bien jouer, puisque le gouvernement, avec sa pension, me laisse crever de faim.

Ensuite, Saccard, que le jeune homme intéressait par sa bravoure à vivre, lui demanda si les choses de la littérature marchaient. Et Jordan, s'égayant encore, raconta l'installation de son pauvre ménage à un cinquième de l'avenue de Clichy; car les Maugendre, qui se défiaient d'un poète, croyant avoir beaucoup fait en consentant au mariage, n'avaient rien donné, sous le prétexte que leur fille, après eux, aurait leur fortune intacte, engraissée d'économies. Non, la littérature ne nourrissait pas son homme, il avait en projet un roman qu'il ne trouvait pas le temps d'écrire, et il était entré forcément dans le journalisme, où il bâclait tout ce qui concernait son état, depuis des chroniques, jusqu'à des comptes rendus de tribunaux et même des faits divers.

— Eh bien! dit Saccard, si je monte ma grande affaire, j'aurai peut-être besoin de vous. Venez donc me voir.

Après avoir salué, il tourna derrière la Bourse. Là,

enfin, la clameur lointaine, les abois du jeu cessèrent, ne furent plus qu'une rumeur vague, perdue dans le grondement de la place. De ce côté, les marches étaient également envahies de monde; mais le cabinet des agents de change, dont on voyait les tentures rouges par les hautes fenêtres, isolait du vacarme de la grande salle la colonnade, où des spéculateurs, les délicats, les riches, s'étaient assis commodément à l'ombre, quelques-uns seuls, d'autres par petits groupes, transformant en une sorte de club ce vaste péristyle ouvert au plein ciel. C'était un peu, ce derrière du monument, comme l'envers d'un théâtre, l'entrée des artistes, avec la rue louche et relativement tranquille, cette rue Notre-Dame-des-Victoires occupée toute par des marchands de vin, des cafés, des brasseries, des tavernes, grouillant d'une clientèle spéciale, étrangement mêlée. Les enseignes indiquaient aussi la végétation mauvaise, poussée au bord du grand cloaque voisin : des compagnies d'assurance mal famées, des journaux financiers de brigandage, des sociétés, des banques, des agences, des comptoirs, la série entière des modestes coupe-gorge, installés dans des boutiques ou à des entresols, larges comme la main. Sur les trottoirs, au milieu de la chaussée, partout, des hommes rôdaient, attendaient, ainsi qu'à la corne d'un bois.

Saccard s'était arrêté à l'intérieur des grilles, levant les yeux sur la porte qui conduit au cabinet des agents de change, avec le regard aigu d'un chef d'armée examinant sous toutes ses faces la place dont il veut tenter l'assaut, lorsqu'un grand gaillard, qui sortait d'une taverne, traversa la rue et vint s'incliner très bas.

— Ah! monsieur Saccard, n'avez-vous rien pour moi? J'ai quitté définitivement le Crédit mobilier, je cherche une situation.

Jantrou était un ancien professeur, venu de Bordeaux à Paris, à la suite d'une histoire restée louche. Obligé de quitter l'Université, déclassé, mais beau garçon, avec sa barbe noire en éventail et sa calvitie précoce, d'ailleurs lettré, intelligent et aimable, il était débarqué à la Bourse vers vingt-huit ans, s'y était traîné et sali pendant dix années comme remisier, en n'y gagnant guère que l'argent nécessaire à ses vices. Et, aujourd'hui, tout à fait chauve, se désolant ainsi qu'une fille dont les rides menacent le gagne-pain, il attendait toujours l'occasion qui devait le lancer au succès, à la fortune.

Saccard, à le voir si humble, se rappela, avec amertume, le salut de Sabatani, chez Champeaux : décidément, les tarés et les ratés seuls lui restaient. Mais il n'était pas sans estime pour l'intelligence vive de celui-ci, et il savait bien qu'on fait les troupes les plus braves avec les désespérés, ceux qui osent tout, ayant tout à gagner. Il se montra bon homme.

— Une situation, répéta-t-il. Eh! ça peut se trouver. Venez me voir.

— Rue Saint-Lazare, maintenant, n'est-ce pas?

— Oui, rue Saint-Lazare. Le matin.

Ils causèrent. Jantrou était très animé contre la Bourse, répétant qu'il fallait être un coquin pour y réussir, avec la rancune d'un homme qui n'avait pas eu la coquinerie chanceuse. C'était fini, il voulait tenter autre chose, il lui semblait que, grâce à sa culture universitaire, à sa connaissance du monde, il pouvait se faire une belle place dans l'administration. Saccard l'approuvait d'un hochement de tête. Et, comme ils étaient sortis des grilles, longeant le trottoir jusqu'à la rue Brongniart, tous deux s'intéressèrent à un coupé sombre, d'un attelage très correct, qui était arrêté dans cette rue, le cheval tourné vers la rue Montmartre. Tandis que le dos du cocher, haut perché, demeurait d'une immobilité de pierre, ils avaient remarqué qu'une tête de femme, à deux reprises, paraissait à la portière et disparaissait, vivement. Tout d'un coup, la tête se pencha, s'oublia, avec un long regard d'impatience en arrière, du côté de la Bourse.

— La baronne Sandorff, murmura Saccard.

C'était une tête brune très étrange, des yeux noirs brûlants sous des paupières meurtries, un visage de passion à la bouche saignante, et que gâtait seulement un nez trop long. Elle semblait fort jolie, d'une maturité précoce pour ses vingt-cinq ans, avec son air de bacchante habillée par les grands couturiers du règne.

— Oui, la baronne, répéta Jantrou. Je l'ai connue, quand elle était jeune fille, chez son père, le comte de Ladricourt. Oh! un enragé joueur, et d'une brutalité révoltante! J'allais prendre ses ordres chaque matin, il a failli me battre un jour. Je ne l'ai pas pleuré, celui-là, quand il est mort d'un coup de sang, ruiné, à la suite d'une série de liquidations lamentables... La petite alors a dû se résoudre à épouser le baron Sandorff, conseiller à l'ambassade d'Autriche, qui avait trente-cinq ans de plus qu'elle, et qu'elle avait positivement rendu fou, avec ses regards de feu.

— Je sais, dit simplement Saccard.

De nouveau, la tête de la baronne avait replongé dans le coupé. Mais, presque aussitôt, elle reparut, plus ardente, le cou tordu pour voir au loin, sur la place.

— Elle joue, n'est-ce pas?

— Oh! comme une perdue! Tous les jours de crise, on peut la voir là, dans sa voiture, guettant les cours, prenant fiévreusement des notes sur son carnet, donnant des ordres... Et, tenez! c'était Massias qu'elle attendait : le voici qui la rejoint.

En effet, Massias courait de toute la vitesse de ses jambes courtes, sa cote à la main, et ils le virent qui s'accoudait à la portière du coupé, y plongeant la tête à son tour, en grande conférence avec la baronne. Puis, comme ils s'écartaient un peu, pour ne pas être surpris dans leur espionnage, et comme le remisier revenait, toujours courant, ils l'appelèrent. Lui, d'abord, jeta un regard de côté, s'assurant que le coin de la rue le cachait; ensuite, il s'arrêta net, essoufflé, son visage fleuri congestionné, gai quand même, avec ses gros yeux bleus d'une limpidité enfantine.

— Mais qu'est-ce qu'ils ont? cria-t-il. Voilà le Suez qui dégringole. On parle d'une guerre avec l'Angleterre.

Une nouvelle qui les révolutionne, et qui vient on ne sait d'où... Je vous le demande un peu, la guerre! qui est-ce qui peut bien avoir inventé ça? A moins que ça ne se soit inventé tout seul... Enfin, un vrai coup de chien.

Jantrou cligna les yeux.

— La dame mord toujours?

— Oh! enragée! Je porte ses ordres à Nathansohn.

Saccard, qui écoutait, fit tout haut une réflexion.

— Tiens! c'est vrai, on m'a dit que Nathansohn était entré à la coulisse.

— Un garçon très gentil, Nathansohn, déclara Jantrou, et qui mérite de réussir. Nous avons été ensemble au Crédit mobilier... Mais il arrivera, lui, car il est juif. Son père, un Autrichien, est établi à Besançon, horloger, je crois... Vous savez que ça l'a pris un jour, là-bas, au Crédit, en voyant comment ça se manigançait. Il s'est dit que ce n'était pas si malin, qu'il n'y avait qu'à avoir une chambre et à ouvrir un guichet; et il a ouvert un guichet... Vous êtes content, vous, Massias?

— Oh! content! Vous y avez passé, vous avez raison de dire qu'il faut être juif; sans ça, inutile de chercher à comprendre, on n'y a pas la main, c'est la déveine noire... Quel sale métier! Mais on y est, on y reste. Et puis, j'ai encore de bonnes jambes, j'espère tout de même.

Et il repartit, courant et riant. On le disait fils d'un magistrat de Lyon, frappé d'indignité, tombé lui-même à la Bourse, après la disparition de son père, n'ayant pas voulu continuer ses études de droit.

Saccard et Jantrou, à petits pas, revinrent vers la rue Brongniart; et ils y retrouvèrent le coupé de la baronne; mais les glaces étaient levées, la voiture mystérieuse paraissait vide, tandis que l'immobilité du cocher semblait avoir grandi, dans cette attente qui se prolongeait souvent jusqu'au dernier cours.

— Elle est diablement excitante, reprit brutalement Saccard. Je comprends le vieux baron.

Jantrou eut un sourire singulier.

— Oh! le baron, il y a longtemps qu'il en a assez, je

crois. Et il est très ladre, dit-on... Alors, vous savez avec qui elle s'est mise, pour payer ses factures, le jeu ne suffisant jamais ?

— Non.

— Avec Delcambre.

— Delcambre, le procureur général ! ce grand homme sec, si jaune, si rigide !... Ah ! je voudrais bien les voir ensemble !

Et tous deux, très égayés, très allumés, se séparèrent avec une vigoureuse poignée de main, après que l'un eut rappelé à l'autre qu'il se permettrait d'aller le voir prochainement.

Dès qu'il se retrouva seul, Saccard fut repris par la voix haute de la Bourse, qui déferlait avec l'entêtement du flux à son retour. Il avait tourné le coin, il redescendait vers la rue Vivienne, par ce côté de la place, que l'absence de cafés rend sévère. Il longea la Chambre de commerce, le bureau de poste, les grandes agences d'annonces, de plus en plus assourdi et enfiévré, à mesure qu'il revenait devant la façade principale ; et, quand il put enfiler le péristyle d'un regard oblique, il fit une nouvelle pause, comme s'il ne voulait pas encore achever le tour de la colonnade, cette sorte d'investissement passionné dont il l'enserrait. Là, sur cet élargissement du pavé, la vie s'étalait, éclatait : un flot de consommateurs envahissait les cafés, la boutique du pâtissier ne désemplissait pas, les étalages attroupaient la foule, celui d'un orfèvre surtout, flambant de grosses pièces d'argenterie. Et, par les quatre angles, les quatre carrefours, il semblait que le fleuve des fiacres et des piétons augmentât, dans un enchevêtrement inextricable; tandis que le bureau des omnibus aggravait les embarras et que les voitures des remisiers, en ligne, barraient le trottoir, presque d'un bout à l'autre de la grille. Mais ses yeux s'étaient fixés sur les marches hautes, où des redingotes s'égrenaient, au plein soleil. Puis, ils remontèrent vers les colonnes, dans la masse compacte, un grouillement noir, à peine éclairé par les taches pâles des visages. Tous étaient debout, on ne voyait pas les chaises, le rond que faisait la coulisse, assise sous l'horloge, ne se devinait qu'à une sorte de bouillonnement, une furie de gestes et de paroles dont l'air frémissait. Vers la gauche, le groupe des banquiers occupés à des arbitrages, à des opérations sur le change et sur les chèques anglais, restait plus calme, sans cesse traversé par la queue de monde qui entrait, allant au télégraphe. Jusque sous les galeries latérales, les spéculateurs débordaient, s'écrasaient; et, entre les colonnes, appuyés aux rampes de fer, il y en avait qui présentaient le ventre ou le dos, comme chez eux, contre le velours d'une loge. La trépidation, le grondement de machine sous vapeur, grandissait, agitait la Bourse entière, dans un vacillement de flamme. Brusquement, il reconnut le remisier Massias qui descendait les marches à toutes jambes, puis qui sauta dans sa voiture, dont le cocher lança le cheval au galop.

Alors, Saccard sentit ses poings se serrer. Violemment, il s'arracha, il tourna dans la rue Vivienne, traversant la chaussée, pour gagner le coin de la rue Feydeau, où se trouvait la maison de Busch. Il venait de se rappeler la lettre russe qu'il avait à se faire traduire. Mais, comme il entrait, un jeune homme, planté devant la boutique du papetier qui occupait le rez-de-chaussée, le salua; et il reconnut Gustave Sédille, le fils d'un fabricant de soie de la rue des Jeûneurs, que son père avait placé chez Mazaud, pour étudier le mécanisme des affaires financières. Il sourit paternellement à ce grand garçon élégant, se doutant bien de ce qu'il faisait là, en faction. La papeterie Conin fournissait de carnets toute la Bourse, depuis que la petite madame Conin y aidait son mari, le gros Conin, qui, lui, ne sortait jamais de son arrière-boutique, s'occupant de la fabrication, tandis qu'elle, toujours, allait et venait, servant au comptoir, faisant les courses dehors. Elle était grasse, blonde, rose, un vrai petit mouton frisé, avec des cheveux de soie pâle, très gracieuse, très câline, et d'une continuelle gaieté. Elle aimait bien son mari, disait-on, ce qui ne l'empêchait pas, quand un boursier de la clientèle lui plaisait, d'être tendre; mais pas pour de l'argent, uniquement pour le plaisir, et une seule fois, dans une maison amie du voisinage, à ce que racontait la légende. En tous cas, les heureux qu'elle faisait devaient se montrer discrets et reconnaissants, car elle restait adorée, fêtée, sans un vilain bruit autour d'elle. Et la papeterie continuait de prospérer, c'était un coin de vrai bonheur. En passant, Saccard aperçut madame Conin qui souriait à Gustave, à travers les vitres. Quel joli petit mouton! Il en eût une sensation délicieuse de caresse. Enfin, il monta.

Depuis vingt ans, Busch occupait tout en haut, au cinquième étage, un étroit logement composé de deux chambres et d'une cuisine. Né à Nancy, de parents allemands, il était débarqué là de sa ville natale, il y avait peu à peu étendu son cercle d'affaires, d'une extraordinaire complication, sans éprouver le besoin d'un cabinet plus grand, abandonnant à son frère Sigismond la pièce sur la rue, se contentant de la petite pièce sur la cour, où les paperasses, les dossiers, les paquets de toutes sortes s'empilaient tellement, que la place d'une unique chaise, contre le bureau, se trouvait réservée. Une de ses grosses affaires était bien le trafic sur les valeurs dépréciées; il les centralisait, il servait d'intermédiaire entre la petite Bourse des « Pieds humides » et les banqueroutiers, qui ont des trous à combler dans leur bilan; aussi suivait-il les cours, achetant directement parfois, alimenté surtout par les stocks qu'on lui apportait. Mais, outre l'usure et tout un commerce caché sur les bijoux et les pierres précieuses, il s'occupait particulièrement de l'achat des créances. C'était là ce qui emplissait son cabinet à en faire craquer les murs, ce qui le lançait dans Paris, aux quatre coins, flairant, guettant, avec des intelligences dans tous les mondes. Dès qu'il apprenait une faillite, il accourait, rôdait autour du syndic, finissait par acheter tout ce dont on ne pouvait rien tirer de bon immédiatement. Il surveillait les études de notaire, attendait les ouvertures de successions difficiles, assistait aux adjudications des créances désespérées. Lui-même publiait des annonces, attirait les créanciers impatients qui aimaient mieux toucher quelques sous tout de suite que de courir le risque de poursuivre leurs débiteurs. Et, de ces sources multiples, du papier arrivait, de véritables hottées, le tas sans cesse accru d'un chiffonnier de la dette : billets impayés, traités inexécutés, reconnaissances restées vaines, engagements non tenus. Puis, là dedans, commençait le triage, le coup de fourchette dans cet arlequin gâté, ce qui demandait un flair spécial, très délicat. Dans cette mer de créanciers disparus ou insolvables, il fallait faire un choix, pour ne pas trop éparpiller son effort. En principe, il professait que toute créance, même la plus compromise, peut redevenir bonne, et il avait une série de dossiers admirablement classés, auxquels correspondait un répertoire des noms, qu'il relisait de temps à autre, pour s'entretenir la mémoire. Mais, parmi les insolvables, il suivait naturellement de plus près ceux qu'il sentait avoir des chances de fortune prochaine : son enquête dénudait les gens, pénétrait les secrets des familles, prenait note des parentés riches, des moyens d'existence, des nouveaux emplois surtout, qui permettaient de lancer des oppositions. Pendant des années souvent, il laissait ainsi mûrir un homme, pour l'étrangler au premier succès. Quant aux débiteurs disparus, ils le passionnaient plus encore, le jetaient dans une fièvre de recherches continuelles, l'œil sur les enseignes et sur les noms que les journaux imprimaient, quêtant les adresses comme un chien quête le gibier. Et, dès qu'il les tenait, les disparus et les insolvables, il devenait féroce, les mangeait de frais, les vidait jusqu'au sang, tirant cent francs de ce qu'il avait payé dix sous, en expliquant brutalement ses risques de joueur, forcé de gagner avec ceux qu'il empoignait ce qu'il prétendait perdre sur ceux qui lui filaient entre les doigts, ainsi qu'une fumée.

Dans cette chasse aux débiteurs, la Méchain était une des aides que Busch aimait le mieux à employer; car, s'il devait avoir ainsi une petite troupe de rabatteurs à ses ordres, il vivait dans la défiance de ce personnel, mal famé et affamé; tandis que la Méchain avait pignon sur rue, possédait derrière la butte Montmartre toute une cité, la Cité de Naples, un vaste terrain planté de huttes branlantes qu'elle louait au mois : un coin d'épouvantable misère, des meurt-de-faim en tas dans l'ordure, des trous à pourceau qu'on se disputait et dont elle balayait sans pitié les locataires avec leur fumier, dès qu'ils ne payaient plus. Ce qui la dévorait, ce qui lui mangeait les bénéfices de sa cité, c'était sa passion malheureuse du jeu. Et elle avait aussi le goût des plaies d'argent, des ruines, des incendies, au milieu desquels on peut voler des bijoux fondus. Lorsque Busch la chargeait d'un renseignement à prendre, d'un débiteur à déloger, elle y mettait parfois du sien, se dépensait, pour le plaisir. Elle se disait veuve, mais personne n'avait connu son mari. Elle venait on ne savait d'où, et elle paraissait avoir eu toujours cinquante ans, débordante, avec sa mince voix de petite fille.

Ce jour-là, dès que la Méchain se trouva assise sur l'unique chaise, le cabinet fut plein, comme bouché par ce dernier paquet de chair, tombé à cette place. Devant son bureau, Busch, prisonnier, semblait enfoui, ne laissant émerger que sa tête carrée, au-dessus de la mer des dossiers.

— Voici, dit-elle en vidant son vieux sac de l'énorme tas de papiers qui le gonflait, voici ce que Fayeux m'envoie de Vendôme... Il a tout acheté pour vous, dans cette faillite Charpier que vous m'aviez dit de lui signaler... Cent dix francs.

Fayeux, qu'elle appelait son cousin, venait d'installer là-bas un bureau de receveur de rentes. Il avait pour négoce avoué de toucher les coupons des petits rentiers du pays; et, dépositaire de ces coupons et de l'argent, il jouait frénétiquement.

— Ça ne vaut pas grand'chose, la province, murmura Busch, mais on y fait des trouvailles tout de même.

Il flairait les papiers, les triait déjà d'une main experte, les classait en gros d'après une première estimation, à l'odeur. Sa face plate se rembrunissait, il eut une moue désappointée.

— Hum! il n'y a pas gras, rien à mordre. Heureusement que ça n'a pas coûté cher... Voici des billets... Encore des billets... Si ce sont des jeunes gens, et s'ils sont venus à Paris, nous les rattraperons peut-être...

Mais il eut une légère exclamation de surprise.

— Tiens! qu'est-ce que c'est que ça?

Il venait de lire, au bas d'une feuille de papier timbré, la signature du comte de Beauvilliers, et la feuille ne portait que trois lignes, d'une grosse écriture sénile : « Je m'engage à payer la somme de dix mille francs à mademoiselle Léonie Cron, le jour de sa majorité. »

— Le comte de Beauvilliers, reprit-il lentement, réfléchissant tout haut, oui, il a eu des fermes, tout un domaine, du côté de Vendôme... Il est mort d'un accident de chasse, il a laissé une femme et deux enfants dans la gêne. J'ai eu des billets autrefois, qu'ils ont payés difficilement... Un farceur, un pas grand'chose...

Tout d'un coup, il éclata d'un gros rire, reconstruisant l'histoire.

— Ah! le vieux filou, c'est lui qui a fichu dedans la petite!... Elle ne voulait pas, et il l'aura décidée avec ce chiffon de papier, qui était légalement sans valeur. Puis, il est mort... Voyons, c'est daté de 1854, il y a dix ans. La fille doit être majeure, que diable! Comment cette reconnaissance pouvait-elle se trouver entre les mains de Charpier?... Un marchand de grains, ce Charpier, qui prêtait à la petite semaine. Sans doute la fille lui a laissé ça en dépôt pour quelques écus; ou bien peut-être s'était-il chargé du recouvrement...

— Mais, interrompit la Méchain, c'est très bon, ça, un vrai coup!

Busch haussa dédaigneusement les épaules.

— Eh! non, je vous dis qu'en droit ça ne vaut rien... Que je présente ça aux héritiers, et ils peuvent m'envoyer promener, car il faudrait faire la preuve que l'argent est réellement dû... Seulement, si nous retrouvons la fille, j'espère les amener à être gentils et à s'entendre avec nous, pour éviter un tapage désagréable... Comprenez-vous? cherchez cette Léonie Cron, écrivez à Fayeux pour qu'il nous la déniche là-bas. Ensuite, nous verrons à rire.

Il avait fait des papiers deux tas qu'il se promettait d'examiner à fond, quand il serait seul, et il restait immobile, les mains ouvertes, une sur chaque tas.

Après un silence, la Méchain reprit :

— Je me suis occupée des billets Jordan... J'ai bien cru que j'avais retrouvé notre homme. Il a été employé quelque part, il écrit maintenant dans les journaux. Mais on vous reçoit si mal, dans les journaux ; on refuse de vous donner les adresses. Et puis, je crois qu'il ne signe pas ses articles de son vrai nom.

Sans une parole, Busch avait allongé le bras pour prendre, à sa place alphabétique, le dossier Jordan. C'étaient six billets de cinquante francs, datés de cinq années déjà et échelonnés de mois en mois, une somme totale de trois cents francs, que le jeune homme avait souscrite à un tailleur, aux jours de misère. Impayés à leur présentation, les billets s'étaient grossis de frais énormes, et le dossier débordait d'une formidable procédure. A cette heure, la dette atteignait sept cent trente francs quinze centimes.

— Si c'est un garçon d'avenir, murmura Busch, nous le pincerons toujours.

Puis, une liaison d'idées se faisant sans doute en lui, il s'écria :

— Et dites donc, l'affaire Sicardot, nous l'abandonnons?

La Méchain leva au ciel ses gros bras éplorés. Toute sa monstrueuse personne en eut un remous de désespoir.

— Ah ! Seigneur Dieu ! gémit-elle de sa voix de flûte, j'y laisserai ma peau !

L'affaire Sicardot était toute une histoire romanesque qu'elle aimait conter. Une petite-cousine à elle, Rosalie Chavaille, la fille tardive d'une sœur de son père, avait été prise à seize ans, un soir, sur les marches de l'escalier, dans une maison de la rue de la Harpe, où elle et sa mère occupaient un petit logement, au sixième. Le pis était que le monsieur, un homme marié, débarqué depuis huit jours à peine, avec sa femme, dans une chambre que sous-louait une dame du second, s'était montré si amoureux, que la pauvre Rosalie, renversée d'une main trop prompte contre l'angle d'une marche, avait eu l'épaule démise. De là, juste colère de la mère, qui avait failli faire un esclandre affreux, malgré les larmes de la petite, avouant qu'elle avait bien voulu, que c'était un accident et qu'elle aurait trop de peine, si l'on envoyait le monsieur en prison. Alors, la mère, se taisant, s'était contentée d'exiger de celui-ci une somme de six cents francs, répartie en douze billets, cinquante francs par mois, pendant une année ; et il n'y avait pas eu de marché vilain, c'était même modeste, car sa fille, qui finissait son apprentissage de couturière, ne gagnait plus rien, malade, au lit, coûtant gros, si mal soignée d'ailleurs, que, les muscles de son bras s'étant rétractés, elle devenait infirme. Avant la fin du premier mois, le monsieur avait disparu, sans laisser son adresse. Et les malheurs continuaient, tapaient dru comme grêle: Rosalie accouchait d'un garçon, perdait sa mère, tombait à une sale vie, à une misère noire. Échouée à la Cité de Naples, chez sa petite-cousine, elle avait traîné les rues jusqu'à vingt-six ans, ne pouvant se servir de son bras, vendant parfois des citrons aux Halles, disparaissant pendant des semaines avec des hommes, qui la renvoyaient ivre et bleue de coups. Enfin, l'année d'auparavant, elle avait eu la chance de crever, des suites d'une bordée plus aventureuse que les autres. Et la Méchain avait dû garder l'enfant, Victor ; et il ne restait de toute cette aventure que les douze billets impayés, signés Sicardot. On n'avait jamais pu en savoir davantage: le monsieur s'appelait Sicardot.

D'un nouveau geste, Busch prit le dossier Sicardot, une mince chemise de papier gris. Aucun frais n'avait été fait, il n'y avait là que les douze billets.

— Encore si Victor était gentil! expliquait lamentablement la vieille femme. Mais imaginez-vous, un enfant épouvantable... Ah! c'est dur de faire des héritages pareils, un gamin qui finira sur l'échafaud, et ces morceaux de papier dont jamais je ne tirerai rien!

Busch tenait ses gros yeux pâles obstinément fixés sur les billets. Que de fois il les avait étudiés ainsi, espérant, dans un détail inaperçu, dans la forme des lettres, jusque dans le grain du papier timbré, découvrir un indice! Il prétendait que cette écriture pointue et fine ne devait pas lui être inconnue.

— C'est curieux, répéta-t-il une fois encore, j'ai certainement vu déjà des *a* et des *o* pareils, si allongés, qu'ils ressemblent à des *i*.

Juste à ce moment, on frappa; et il pria la Méchain d'allonger la main pour ouvrir; car la pièce donnait directement sur l'escalier. Il fallait la traverser, si l'on voulait gagner l'autre, celle qui avait vue sur la rue. Quant à la cuisine, un trou sans air, elle se trouvait de l'autre côté du palier.

— Entrez, monsieur.

Et ce fut Saccard qui entra. Il souriait, égayé intérieurement par la plaque de cuivre, vissée sur la porte et portant en grosses lettres noires le mot : Contentieux.

— Ah! oui, monsieur Saccard, vous venez pour cette traduction... Mon frère est là, dans l'autre pièce... Entrez, entrez donc.

Mais la Méchain bouchait absolument le passage, et elle dévisageait le nouveau venu, l'air de plus en plus surpris. Il fallut toute une manœuvre : lui recula dans l'escalier, elle-même sortit, s'effaçant sur le palier, de façon qu'il pût entrer et gagner enfin la chambre voisine, où il disparut. Pendant ces mouvements compliqués, elle ne l'avait pas quitté des yeux.

— Oh! souffla-t-elle, oppressée, ce monsieur Saccard, je ne l'avais jamais tant vu... Victor est tout son portrait.

Busch, sans comprendre d'abord, la regardait. Puis, une brusque illumination se fit, il eut un juron étouffé.

— Tonnerre de Dieu! c'est ça, je savais bien que j'avais vu ça quelque part!

Et, cette fois, il se leva, bouleversa les dossiers, finit

par trouver une lettre que Saccard lui avait écrite, l'année précédente, pour lui demander du temps en faveur d'une dame insolvable. Vivement, il compara l'écriture des billets à celle de cette lettre : c'étaient bien les mêmes *a* et les mêmes *o*, devenus avec le temps plus aigus encore; et il y avait aussi une identité de majuscules évidente.

— C'est lui, c'est lui, répétait-il. Seulement, voyons, pourquoi Sicardot, pourquoi pas Saccard?

Mais, dans sa mémoire, une histoire confuse s'éveillait, le passé de Saccard, qu'un agent d'affaires, nommé Larsonneau, millionnaire aujourd'hui, lui avait conté : Saccard tombant à Paris au lendemain du coup d'État, venant exploiter la puissance naissante de son frère Rougon, et d'abord sa misère dans les rues noires de l'ancien quartier latin, et ensuite sa fortune rapide, à la faveur d'un louche mariage, quand il avait eu la chance d'enterrer sa femme. C'était lors de ces débuts difficiles qu'il avait changé son nom de Rougon contre celui de Saccard, en transformant simplement le nom de cette première femme, qui se nommait Sicardot.

— Oui, oui, Sicardot, je me souviens parfaitement, murmura Busch. Il a eu le front de signer les billets du nom de sa femme. Sans doute le ménage avait donné ce nom, en descendant rue de la Harpe. Et puis, le bougre prenait toutes sortes de précautions, devait déménager à la moindre alerte... Ah! il ne guettait pas que les écus, il culbutait aussi les gamines dans les escaliers! C'est bête, ça finira par lui jouer un vilain tour.

— Chut! chut! reprit la Méchain. Nous le tenons, et on peut bien dire qu'il y a un bon Dieu. Enfin, je vas donc être récompensée de tout ce que j'ai fait pour ce pauvre petit Victor, que j'aime bien tout de même, allez! quoiqu'il soit indécrottable.

Elle rayonnait, ses yeux minces pétillaient dans la graisse fondante de son visage.

Mais Busch, après le coup de fièvre de cette solution, longtemps cherchée, que le hasard lui apportait, se refroidissait à la réflexion, hochait la tête. Sans doute Saccard, bien que ruiné pour le moment, était encore bon à tondre. On pouvait tomber sur un père moins avantageux. Seulement, il ne se laisserait pas ennuyer, il avait la dent terrible. Et puis, quoi? il ne savait certainement pas lui-même qu'il avait un fils, il pourrait nier, malgré cette ressemblance extraordinaire qui stupéfiait la Méchain. Du reste, il était une seconde fois veuf, libre, il ne devait compte de son passé à personne, de sorte que, même s'il acceptait le petit, aucune peur, aucune menace n'était à exploiter contre lui. Quant à ne tirer de sa paternité que les six cents francs des billets, c'était en vérité trop misérable, ça ne valait pas la peine d'avoir été si miraculeusement aidé par le hasard. Non, non! il fallait réfléchir, nourrir ça, trouver le moyen de couper la moisson en pleine maturité.

— Ne nous pressons pas, conclut Busch. D'ailleurs, il est par terre, laissons-lui le temps de se relever.

Et, avant de congédier la Méchain, il acheva d'examiner avec elle les menues affaires dont elle était chargée, une jeune femme qui avait engagé ses bijoux pour un amant, un gendre dont la dette serait payée par sa belle-mère, sa maîtresse, si l'on savait s'y prendre, enfin les variétés les plus délicates du recouvrement si complexe et si difficile des créances.

Saccard, en entrant dans la chambre voisine, était resté quelques secondes ébloui par la clarté blanche de la fenêtre, aux vitres ensoleillées, sans rideaux. Cette pièce, tapissée d'un papier pâle à fleurettes bleues, était nue : simplement un petit lit de fer dans un coin, une table de sapin au milieu, et deux chaises de paille. Le long de la cloison de gauche, des planches à peine rabotées servaient de bibliothèque, chargées de livres, de brochures, de journaux, de papiers de toutes sortes. Mais la grande lumière du ciel, à ces hauteurs, mettait dans cette nudité comme une gaieté de jeunesse, un rire de fraîcheur ingénue. Et le frère de Busch, Sigismond, un garçon de trente-cinq ans, imberbe, aux cheveux châtains, longs et rares, se trouvait là, assis devant la table, son vaste front bossu dans sa maigre main, si absorbé par la lecture d'un manuscrit, qu'il ne tourna point la tête, n'ayant pas entendu la porte s'ouvrir.

C'était une intelligence, ce Sigismond, élevé dans les universités allemandes, qui, outre le français, sa langue maternelle, parlait l'allemand, l'anglais et le russe. En 1849, à Cologne, il avait connu Karl Marx, était devenu le rédacteur le plus aimé de sa *Nouvelle Gazette rhénane;* et, dès ce moment, sa religion s'était fixée, il professait le socialisme avec une foi ardente, ayant fait le don de sa personne entière à l'idée d'une prochaine rénovation sociale, qui devait assurer le bonheur des pauvres et des humbles. Depuis que son maître, banni d'Allemagne, forcé de s'exiler de Paris à la suite des journées de Juin, vivait à Londres, écrivait, s'efforçait d'organiser le parti, lui végétait de son côté, dans ses rêves, tellement insoucieux de sa vie matérielle, qu'il serait sûrement mort de faim, si son frère ne l'avait recueilli, rue Feydeau, près de la Bourse, en lui donnant la pensée d'utiliser sa connaissance des langues pour s'établir traducteur. Ce frère aîné adorait son cadet, d'une passion maternelle, loup féroce aux débiteurs, très capable de voler dix sous dans le sang d'un homme, mais tout de suite attendri aux larmes, d'une tendresse passionnée et minutieuse de femme, dès qu'il s'agissait de ce grand garçon distrait, resté enfant. Il lui avait donné la belle chambre sur la rue, il le servait comme une bonne, menait leur étrange ménage, balayant, faisant les lits, s'occupant de la nourriture qu'un petit restaurant du voisinage montait deux fois par jour. Lui, si actif, la tête bourrée de mille affaires, le tolérait oisif, car les traductions ne marchaient pas, entravées de travaux personnels; et il lui défendait même de travailler, inquiet d'une petite toux mauvaise; et, malgré son dur amour de l'argent, sa cupidité assassine qui mettait dans la conquête de l'argent l'unique raison de vivre, il souriait indulgemment des théories du révolutionnaire, il lui abandonnait le capital comme un joujou à un gamin, quitte à le lui voir briser.

Sigismond, de son côté, ne savait même pas ce que son frère faisait dans la pièce voisine. Il ignorait tout de cet effroyable négoce sur les valeurs déclassées et sur l'achat des créances, il vivait plus haut, dans un songe souverain de justice. L'idée de charité le blessait, le jetait hors de lui : la charité, c'était l'aumône, l'inégalité consacrée par la bonté; et il n'admettait que la justice, les droits de chacun reconquis, posés en immuables principes de la nouvelle organisation sociale. Aussi, à la suite de Karl Marx, avec lequel il était en continuelle correspondance, épuisait-il ses jours à étudier cette organisation, modifiant, améliorant sans cesse sur le papier la société de demain, couvrant de chiffres d'immenses pages, basant sur la science l'échafaudage compliqué de l'universel bonheur. Il retirait le capital aux uns pour le répartir entre tous les autres, il remuait les milliards, déplaçait d'un trait de plume la fortune du monde; et cela, dans cette chambre nue, sans une autre passion que son rêve, sans un besoin de jouissance à satisfaire, d'une frugalité telle, que son frère devait se fâcher pour qu'il bût du vin et mangeât de la viande. Il voulait que le travail de tout homme, mesuré selon ses forces, assurât le contentement de ses appétits : lui, se tuait à la besogne et vivait de rien. Un vrai sage, exalté dans l'étude, dégagé de la vie matérielle, très doux et très pur. Depuis le dernier automne, il toussait de plus en plus, la phtisie l'envahissait, sans qu'il daignât même s'en apercevoir et se soigner.

Mais Saccard ayant fait un mouvement, Sigismond enfin leva ses grands yeux vagues, et s'étonna, bien qu'il connût le visiteur.

— C'est pour une lettre à traduire.

La surprise du jeune homme augmentait, car il avait découragé les clients, les banquiers, les spéculateurs, les agents de change, tout ce monde de la Bourse, qui reçoit, particulièrement d'Angleterre et d'Allemagne, une correspondance nombreuse, des circulaires, des statuts de société.

— Oui, une lettre en langue russe. Oh! dix lignes seulement.

Alors, il tendit la main, le russe étant resté sa spécialité, lui seul le traduisant couramment, au milieu des autres traducteurs du quartier, qui vivaient de l'allemand et de l'anglais. La rareté des documents russes, sur le marché de Paris, expliquait ses longs chômages.

Tout haut, il lut la lettre, en français. C'était, en trois phrases, une réponse favorable d'un banquier de Constantinople, un simple oui, dans une affaire.

— Ah! merci, s'écria Saccard, qui parut enchanté.

Et il pria Sigismond d'écrire les quelques lignes de la traduction au revers de la lettre. Mais celui-ci fut pris d'un terrible accès de toux, qu'il étouffa dans son mouchoir, pour ne pas déranger son frère, qui accourait, dès qu'il l'entendait tousser ainsi. Puis, la crise passée, il se leva, alla ouvrir la fenêtre toute grande, étouffant, voulant respirer à l'air. Saccard, qui l'avait suivi, jeta un coup d'œil dehors, eut une légère exclamation.

— Tiens! vous voyez la Bourse. Oh! qu'elle est drôle, d'ici!

Jamais, en effet, il ne l'avait vue sous un si singulier aspect, à vol d'oiseau, avec les quatre vastes pentes de zinc de sa toiture, extraordinairement développées, hérissées d'une forêt de tuyaux. Les pointes des paratonnerres se dressaient, pareilles à des lances gigantesques, menaçant le ciel. Et le monument lui-même n'était plus qu'un cube de pierre, strié régulièrement par les colonnes, un cube d'un gris sale, nu et laid, planté d'un drapeau en loques. Mais, surtout, les marches et le péristyle l'étonnaient, piquetés de fourmis noires, toute une fourmilière en révolution, s'agitant, se donnant un mouvement énorme, qu'on ne s'expliquait plus, de si haut, et qu'on prenait en pitié.

— Comme ça rapetisse! reprit-il. On dirait qu'on va les tous prendre dans la main, d'une poignée.

Puis, connaissant les idées de son interlocuteur, il ajouta en riant :

— Quand balayez-vous tout ça, d'un coup de pied?

Sigismond haussa les épaules.

— A quoi bon? vous vous démolissez bien vous-mêmes.

Et, peu à peu, il s'anima, il déborda du sujet dont il était plein. Un besoin de prosélytisme le lançait, au moindre mot, dans l'exposition de son système.

— Oui, oui, vous travaillez pour nous, sans vous en douter... Vous êtes là quelques usurpateurs, qui expropriez la masse du peuple, et quand vous serez gorgés, nous n'aurons qu'à vous exproprier à notre tour... Tout accaparement, toute centralisation conduit au collectivisme. Vous nous donnez une leçon pratique, de même que les grandes propriétés absorbant les lopins de terre, les grands producteurs dévorant les ouvriers en chambre, les grandes maisons de crédit et les grands magasins tuant toute concurrence, s'engraissant de la ruine des petites banques et des petites boutiques, sont un acheminement lent, mais certain, vers le nouvel état social... Nous attendons que tout craque, que le mode de production actuelle ait abouti au malaise intolérable de ses dernières conséquences. Alors, les bourgeois et les paysans eux-mêmes nous aideront.

Saccard, intéressé, le regardait avec une vague inquiétude, bien qu'il le prît pour un fou.

— Mais enfin, expliquez-moi, qu'est-ce que c'est que votre collectivisme?

— Le collectivisme, c'est la transformation des capitaux privés, vivant des luttes de la concurrence, en un capital social unitaire, exploité par le travail de tous... Imaginez une société où les instruments de la production sont la propriété de tous, où tout le monde travaille selon son intelligence et sa vigueur, et où les produits de cette coopération sociale sont distribués à chacun, au prorata de son effort. Rien n'est plus simple, n'est-ce pas? une production commune dans les usines, les chantiers, les ateliers de la nation; puis, un échange, un payement en nature. S'il y a un surcroît de production, on le met dans des entrepôts publics, d'où il est repris pour combler les déficits qui peuvent se produire. C'est une balance à faire... Et cela, comme d'un coup de hache, abat l'arbre pourri. Plus de concurrence, plus de capital privé, donc plus d'affaires d'aucune sorte, ni commerce, ni marchés, ni Bourses. L'idée de gain n'a plus aucun sens. Les sources de la spéculation, des rentes gagnées sans travail, sont taries.

— Oh! oh! interrompit Saccard, ça changerait diablement les habitudes de bien du monde! Mais ceux qui ont des rentes aujourd'hui, qu'en faites-vous?... Ainsi, Gundermann, vous lui prenez son milliard?

— Nullement, nous ne sommes pas des voleurs. Nous lui rachèterions son milliard, toutes ses valeurs, ses titres de rente, par des bons de jouissance, divisés en annuités. Et vous imaginez-vous ce capital immense remplacé ainsi par une richesse suffocante de moyens de consommation : en moins de cent années, les descendants de votre Gundermann seraient réduits, comme les autres citoyens, au travail personnel ; car les annuités finiraient bien par s'épuiser, et ils n'auraient pu capitaliser leurs économies forcées, le trop-plein de cet écrasement de provisions, en admettant même qu'on conserve intact le droit d'héritage... Je vous dis que cela balaye d'un coup, non seulement les affaires individuelles, les sociétés d'actionnaires, les associations de capitaux privés, mais encore toutes les sources indirectes de rentes, tous les systèmes de crédit, prêts, loyers, fermages... Il n'y a plus, comme mesure de la valeur, que le travail. Le salaire se trouve naturellement supprimé, n'étant pas, dans l'état capitaliste actuel, équivalent au produit exact du travail, puisqu'il ne représente jamais que ce qui est strictement nécessaire au travailleur pour son entretien quotidien. Et il faut reconnaître que l'état actuel est seul coupable, que le patron le plus honnête est bien forcé de suivre la dure loi de la concurrence, d'exploiter ses ouvriers, s'il veut vivre. C'est notre système social entier à détruire... Ah! Gundermann étouffant sous l'accablement de ses bons de jouissance! les héritiers de Gundermann n'arrivant pas à tout manger, obligés de donner aux autres et de reprendre la pioche ou l'outil, comme les camarades!

Et Sigismond éclata d'un bon rire d'enfant en récréation, toujours debout près de la fenêtre, les regards sur la Bourse, où grouillait la noire fourmilière du jeu. Des rougeurs ardentes montaient à ses pommettes, il n'avait d'autre amusement que de s'imaginer ainsi les plaisantes ironies de la justice de demain.

Le malaise de Saccard avait grandi. Si ce rêveur éveillé disait vrai, pourtant? s'il avait deviné l'avenir? Il expliquait des choses qui semblaient très claires et sensées.

— Bah! murmura-t-il pour se rassurer, tout ça n'arrivera pas l'année prochaine.

— Certes! reprit le jeune homme, redevenu grave et las. Nous sommes dans la période transitoire, la période d'agitation. Peut-être y aura-t-il des violences révolutionnaires, elles sont souvent inévitables. Mais les exagérations, les emportements sont passagers... Oh! je ne me dissimule pas les grandes difficultés immédiates. Tout cet avenir rêvé semble impossible, on n'arrive pas à donner aux gens une idée raisonnable de cette société future, cette société de juste travail, dont les mœurs seront si différentes des nôtres. C'est comme un autre monde dans une autre planète... Et puis, il faut bien le confesser : la réorganisation n'est pas prête, nous cherchons encore. Moi, qui ne dors plus guère, j'y épuise mes nuits. Par exemple, il est certain qu'on peut nous dire : « Si les choses sont ce qu'elles sont, c'est que la logique des faits humains les a faites ainsi. » Dès lors, quel labeur pour ramener le fleuve à sa source et le diriger dans une autre vallée!... Certainement, l'état social actuel a dû sa prospérité séculaire au principe individualiste, que l'émulation, l'intérêt personnel rend d'une fécondité de production sans cesse renouvelée. Le collectivisme arrivera-t-il jamais à cette fécondité, et par quel moyen activer la fonction productive du travailleur, quand l'idée de gain sera détruite? Là est, pour moi, le doute, l'angoisse, le terrain faible où il faut que nous nous battions, si nous voulons que la victoire du socialisme s'y décide un jour... Mais nous vaincrons, parce que nous sommes la justice. Tenez! vous voyez ce monument devant vous... Vous le voyez?

— La Bourse? dit Saccard. Parbleu! oui, je la vois!

— Eh bien! ce serait bête de la faire sauter, parce qu'on la rebâtirait ailleurs... Seulement, je vous prédis qu'elle sautera d'elle-même, quand l'État l'aura expropriée, devenu logiquement l'unique et universelle banque de la nation; et, qui sait? elle servira alors d'entrepôt public à nos richesses trop grandes, un des greniers d'abondance où nos petits-fils trouveront le luxe de leurs jours de fête!

D'un geste large, Sigismond ouvrait cet avenir de bonheur général et moyen. Et il s'était tellement exalté, qu'un nouvel accès de toux le secoua, revenu à sa table, les coudes parmi ses papiers, la tête entre les mains, pour étouffer le râle déchiré de sa gorge. Mais, cette fois, il ne se calmait pas. Brusquement, la porte s'ouvrit, Busch accourut, ayant congédié la Méchain, l'air bouleversé, souffrant lui-même de cette toux abominable. Tout de suite, il s'était penché, avait pris son frère dans ses grands bras, comme un enfant dont on berce la douleur.

— Voyons, mon petit, qu'est-ce que tu as encore, à t'étrangler? Tu sais, je veux que tu fasses venir un médecin. Ce n'est pas raisonnable... Tu auras trop causé, c'est sûr.

Et il regardait d'un œil oblique Saccard, resté au milieu de la pièce, décidément bousculé par ce qu'il venait d'entendre, dans la bouche de ce grand diable, si passionné et si malade, qui de sa fenêtre, là-haut, devait jeter un sort sur la Bourse, avec ses histoires de tout balayer pour tout reconstruire.

— Merci, je vous laisse, dit le visiteur, ayant hâte d'être dehors. Envoyez-moi ma lettre, avec les dix lignes de traduction... J'en attends d'autres, nous réglerons le tout ensemble.

Mais, la crise étant finie, Busch le retint un instant encore.

— A propos, la dame qui était là tout à l'heure, vous a connu autrefois, oh! il y a longtemps.

— Ah! où donc?

— Rue de la Harpe, en 52.

Si maître qu'il fût de lui, Saccard devint pâle. Un tic nerveux tira sa bouche. Ce n'était point qu'il se rappelât, à cette minute, la gamine culbutée dans l'escalier : il ne l'avait même pas sue enceinte, il ignorait l'existence de l'enfant. Mais le rappel des misérables années de ses débuts lui était toujours très désagréable.

— Rue de la Harpe, oh! je n'y ai habité que huit jours, lors de mon arrivée à Paris, le temps de chercher un logement... Au revoir!

— Au revoir! accentua Busch, qui se trompa, voyant un aveu dans cet embarras, et qui déjà cherchait de quelle façon large il exploiterait l'aventure.

De nouveau dans la rue, Saccard retourna machinalement vers la place de la Bourse. Il était tout frissonnant, il ne regarda même pas la petite madame Conin, dont la jolie figure blonde souriait, à la porte de la papeterie. Sur la place, l'agitation avait grandi, la clameur du jeu venait battre les trottoirs grouillant de monde, avec la violence débridée d'une marée haute. C'était le coup de gueule de trois heures moins un quart, la bataille des derniers cours, l'enragement à savoir qui s'en irait les mains pleines. Et, debout à l'angle de la rue de la Bourse, en face du péristyle, il croyait reconnaître, dans la bousculade confuse, sous les colonnes, le baissier Moser et le haussier Pillerault, tous les deux aux prises; tandis qu'il s'imaginait entendre, sortie du fond de la grande salle, la voix aiguë de l'agent de change Mazaud, que couvraient par moments les éclats de Nathansohn, assis sous l'horloge, à la coulisse. Mais une voiture, qui rasait le ruisseau, faillit l'éclabousser. Massias sauta, avant même que le cocher eût arrêté, monta les marches d'un bond, apportant hors d'haleine le dernier ordre d'un client.

Et lui, toujours immobile et debout, les yeux sur la

mêlée, là-haut, remâchait sa vie, hanté par le souvenir de ses débuts, que la question de Busch venait de réveiller. Il se rappelait la rue de la Harpe, puis la rue Saint-Jacques, où il avait traîné ses bottes éculées d'aventurier conquérant, débarqué à Paris pour le soumettre ; et une fureur le reprenait, à l'idée qu'il ne l'avait pas soumis encore, qu'il était de nouveau sur le pavé, guettant la fortune, inassouvi, torturé d'une faim de jouissance telle, que jamais il n'en avait souffert davantage. Ce fou de Sigismond le disait, avec raison : le travail ne peut faire vivre, les misérables et les imbéciles travaillent seuls, pour engraisser les autres. Il n'y avait que le jeu, le jeu qui, du soir au lendemain, donne d'un coup le bien-être, le luxe, la vie large, la vie tout entière. Si ce vieux monde social devait crouler un jour, est-ce qu'un homme comme lui n'allait pas encore trouver le temps et la place de combler ses désirs, avant l'effondrement ?

Mais un passant le coudoya, qui ne se retourna même pas pour s'excuser. Il reconnut Gundermann faisant sa petite promenade de santé, il le regarda entrer chez un confiseur, d'où ce roi de l'or rapportait parfois une boîte de bonbons d'un franc à ses petites-filles. Et ce coup de coude, à cette minute, dans la fièvre dont l'accès montait en lui, depuis qu'il tournait ainsi autour de la Bourse, fut comme le cinglement, la poussée dernière qui le décida. Il avait achevé d'enserrer la place, il donnerait l'assaut. C'était le serment d'une lutte sans merci : il ne quitterait pas la France, il braverait son frère, il jouerait la partie suprême, une bataille de terrible audace, qui lui mettrait Paris sous les talons, ou qui le jetterait au ruisseau, les reins cassés.

Jusqu'à la fermeture, Saccard s'entêta, debout à son poste d'observation et de menace. Il regarda le péristyle se vider, les marches se couvrir de la lente débandade de tout ce monde échauffé et las. Autour de lui, l'encombrement du pavé et des trottoirs continuait, un flot ininterrompu de gens, l'éternelle foule à exploiter, les actionnaires de demain, qui ne pouvaient passer devant cette grande loterie de la spéculation, sans tourner la tête, dans le désir et la crainte de ce qui se faisait là, ce mystère des opérations financières, d'autant plus attirant pour les cervelles françaises, que très peu d'entre elles le pénètrent.

II

Après sa dernière et désastreuse affaire de terrains, lorsque Saccard dut quitter son palais du parc Monceau, qu'il abandonnait à ses créanciers, pour éviter une catastrophe plus grande, son idée fut d'abord de se réfugier chez son fils Maxime. Celui-ci, depuis la mort de sa femme, qui dormait dans un petit cimetière de la Lombardie, occupait seul un hôtel de l'avenue de l'Impératrice, où il avait organisé sa vie avec un sage et féroce égoïsme ; il y mangeait la fortune de la morte, sans une faute, en garçon de faible santé que le vice avait précocement mûri ; et, d'une voix nette, il refusa à son père de le prendre chez lui, pour continuer à vivre tous deux en bon accord, expliquait-il de son air souriant et avisé.

Dès lors, Saccard songea à une autre retraite. Il allait louer une petite maison à Passy, un asile bourgeois de commerçant retiré, lorsqu'il se souvint que le rez-de-chaussée et le premier étage de l'hôtel d'Orviedo, rue Saint-Lazare, n'étaient toujours pas occupés, portes et fenêtres closes. La princesse d'Orviedo, installée dans trois chambres du second, depuis la mort de son mari, n'avait pas même fait mettre d'écriteau à la porte cochère, que les herbes envahissaient. Une porte basse, à l'autre bout de la façade, menait au deuxième étage, par un escalier de service. Et, souvent, en rapport d'affaires avec la princesse, dans les visites qu'il lui rendait, il s'était étonné de la négligence qu'elle apportait à tirer un parti convenable de son immeuble. Mais elle hochait la tête, elle avait sur les choses de l'argent des idées à elle. Pourtant, lorsqu'il se présenta pour louer en son nom, elle consentit tout de suite, elle lui céda, moyennant un loyer dérisoire de dix mille francs, ce rez-de-chaussée et ce premier étage somptueux, d'installation princière, qui en valait certainement le double.

On se souvenait du faste affiché par le prince d'Orviedo. C'était dans le coup de fièvre de son immense fortune financière, lorsqu'il était venu d'Espagne, débarquant à Paris au milieu d'une pluie de millions, qu'il avait acheté et fait réparer cet hôtel, en attendant le palais de marbre et d'or dont il rêvait d'étonner le monde. La construction datait du siècle dernier, une de ces maisons de plaisance, bâties au milieu de vastes jardins par des seigneurs galants; mais, démolie en partie, rebâtie dans de plus sévères proportions, elle n'avait gardé, de son parc d'autrefois, qu'une large cour bordée d'écuries et de remises, que la rue projetée du Cardinal-Fesch allait sûrement emporter. Le prince la tenait de la succession d'une demoiselle Saint-Germain, dont la propriété s'étendait jadis jusqu'à la rue des Trois-Frères, l'ancien prolongement de la rue Taitbout. D'ailleurs, l'hôtel avait conservé son entrée sur la rue Saint-Lazare, côte à côte avec une grande bâtisse de la même époque, la Folie-Beauvilliers d'autrefois, que les Beauvilliers occupaient encore, à la suite d'une ruine lente; et eux possédaient un reste d'admirable jardin, des arbres magnifiques, condamnés aussi à disparaître, dans le bouleversement prochain du quartier.

Au milieu de son désastre, Saccard traînait une queue de serviteurs, les débris de son trop nombreux personnel, un valet de chambre, un chef de cuisine et sa femme, chargée de la lingerie, une autre femme restée on ne savait pourquoi, un cocher et deux palefreniers; et il encombra les écuries et les remises, y mit deux chevaux, trois voitures, installa au rez-de-chaussée un réfectoire pour ses gens. C'était l'homme qui n'avait pas cinq cents francs solides dans sa caisse, mais qui vivait sur un pied de deux ou trois cent mille francs par an. Aussi trouva-t-il le moyen de remplir de sa personne les vastes appartements du premier étage, les trois salons, les cinq chambres à coucher, sans compter l'immense salle à manger, où l'on dressait une table de cinquante couverts. Là, autrefois, une porte ouvrait sur un escalier intérieur, conduisant au second étage, dans une autre salle à manger, plus petite; et la princesse, qui avait récemment loué cette partie du second à un ingénieur, M. Hamelin, un célibataire vivant avec sa sœur, s'était contentée de faire condamner la porte, à l'aide de deux fortes vis. Elle partageait ainsi l'ancien escalier de service avec ce locataire, tandis que Saccard avait seul la jouissance du grand escalier. Il meubla en partie quelques pièces de ses dépouilles du parc Monceau, laissa les autres vides, parvint quand même à rendre la vie à cette enfilade de murailles tristes et nues, dont une main obstinée semblait avoir arraché jusqu'aux moindres bouts de tenture, dès le lendemain de la mort du prince. Et il put recommencer le rêve d'une grande fortune.

La princesse d'Orviedo était alors une des curieuses physionomies de Paris. Il y avait quinze ans, elle s'était résignée à épouser le prince, qu'elle n'aimait point, pour obéir à un ordre formel de sa mère, la duchesse de Combeville. A cette époque, cette jeune fille de vingt ans avait un grand renom de beauté et de sagesse, très religieuse, un peu trop grave, bien qu'aimant le monde avec passion. Elle ignorait les singulières histoires qui couraient sur le prince, les origines de sa royale fortune évaluée à trois cents millions, toute une vie de vols effroyables, non plus au coin des bois, à main armée, comme les nobles aventuriers de jadis, mais en correct bandit moderne, au clair soleil de la Bourse, dans la poche du pauvre monde crédule, parmi les effondrements et la mort. Là-bas en Espagne, ici en France, le prince s'était, pendant vingt années, fait sa part du lion dans toutes les grandes canailleries restées légendaires. Bien que ne soupçonnant rien de la boue et du sang où il venait de ramasser tant de millions, elle avait éprouvé pour lui, dès la première rencontre, une répugnance que sa religion devait rester impuissante à vaincre ; et, bientôt, une rancune sourde, grandissante, s'était jointe à cette antipathie, celle de n'avoir pas un enfant de ce mariage subi par obéissance. La maternité lui aurait suffi, elle adorait les enfants, elle en arrivait à la haine contre cet homme qui, après avoir désespéré l'amante, ne pouvait même contenter la mère. C'était à ce moment qu'on avait vu la princesse se jeter dans un luxe inouï, aveugler Paris de l'éclat de ses fêtes, mener un train fastueux, que les Tuileries, disait-on, jalousaient. Puis, brusquement, au lendemain de la mort du prince, foudroyé par une apoplexie, l'hôtel de la rue Saint-Lazare était tombé à un silence absolu, à une nuit complète. Plus une lumière, plus un bruit, les portes et les fenêtres demeuraient closes, et la rumeur se répandait que la princesse, après avoir déménagé violemment le rez-de-chaussée et le premier étage, s'était retirée, comme une recluse, dans trois petites pièces du second, avec une ancienne femme de chambre de sa mère, la vieille Sophie, qui l'avait élevée. Quand elle avait reparu, elle était vêtue d'une simple robe de laine noire, les cheveux cachés sous un fichu de dentelle, petite et grasse toujours, avec son front étroit, son joli visage rond aux dents de perles entre des lèvres serrées, mais ayant déjà le teint jaune, le visage muet, enfoncé dans une volonté unique, d'une religieuse cloîtrée depuis longtemps. Elle venait d'avoir trente ans, elle n'avait plus vécu depuis lors que pour des œuvres immenses de charité.

Dans Paris, la surprise était grande, et il circula toutes sortes d'histoires extraordinaires. La princesse avait hérité de la fortune totale, les fameux trois cents millions dont la chronique des journaux eux-mêmes s'occupait. Et la légende qui finit par s'établir, fut romantique. Un homme, un inconnu vêtu de noir, racontait-on, comme la princesse allait se mettre au lit, était un soir apparu tout d'un coup dans sa chambre, sans qu'elle eût jamais compris par quelle porte secrète il avait pu entrer ; et ce que cet homme lui avait dit, personne au monde ne le savait ; mais il devait lui avoir révélé l'origine abominable des trois cents millions, en exigeant peut-être d'elle le serment de réparer tant d'iniquités, si elle voulait éviter d'affreuses catastrophes. Ensuite, l'homme avait disparu. Depuis cinq ans qu'elle se trouvait veuve, était-ce en effet pour obéir à un ordre venu de l'au-delà, était-ce plutôt dans une simple révolte d'honnêteté, lorsqu'elle avait eu en main le dossier de sa fortune? la vérité était qu'elle ne vivait plus que dans une ardente fièvre de renoncement et de réparation. Chez cette femme qui n'avait pas été amante et qui n'avait pu être mère, toutes les tendresses refoulées, surtout l'amour avorté de l'enfant, s'épanouissaient en une véritable passion pour les pauvres, pour les faibles, les déshérités, les souffrants, ceux dont elle croyait détenir les millions volés, ceux à qui elle jurait de les restituer royalement, en pluie d'aumônes. Dès lors, l'idée fixe s'empara d'elle, le clou de l'obsession entra dans son crâne : elle ne se considéra plus que comme un banquier, chez qui les pauvres avaient déposé trois cents millions, pour qu'ils fussent employés au mieux de leur usage; elle ne fut plus qu'un comptable, un homme d'affaires, vivant dans les chiffres, au milieu d'un peuple de notaires, d'ouvriers et d'architectes. Au dehors, elle avait installé tout un vaste bureau, avec une vingtaine d'employés. Chez elle, dans ses trois pièces étroites, elle ne recevait que quatre ou cinq intermédiaires, ses lieutenants; et elle passait là les journées, à un bureau, comme un directeur de grandes entreprises, cloîtrée loin des importuns, parmi un amoncellement de paperasses qui la débordait. Son rêve était de soulager toutes les misères, depuis l'enfant qui souffre d'être né, jusqu'au vieillard qui ne peut mourir sans souffrance. Pendant ces cinq années, jetant l'or à pleines mains, elle avait fondé, à la Villette, la Crèche Sainte-Marie, avec des berceaux blancs pour les tout petits, des lits bleus pour les plus grands, une vaste et claire installation que fréquentaient déjà trois cents enfants; un orphelinat à Saint-Mandé, l'Orphelinat Saint-Joseph, où cent garçons et cent filles recevaient une éducation et une instruction, telles qu'on les donne dans les familles bourgeoises; enfin, un asile pour les vieillards à Châtillon, pouvant admettre cinquante hommes et cinquante femmes, et un hôpital de deux cents lits dans un faubourg, l'Hôpital Saint-Marceau, dont on venait seulement d'ouvrir les salles. Mais son œuvre préférée, celle qui absorbait en ce moment tout son cœur, était l'Œuvre du Travail, une création à elle, une maison qui devait remplacer la maison de correction, où trois cents enfants, cent cinquante filles et cent cinquante garçons, ramassés sur le pavé de Paris, dans la débauche et dans le crime, étaient régénérés par de bons soins et par l'apprentissage d'un métier. Ces diverses fondations, des dons considérables, une prodigalité folle dans la charité, lui avaient dévoré près de cent millions en cinq ans. Encore quelques années de ce train, et elle serait ruinée, sans avoir réservé même la petite rente nécessaire au pain et au lait dont elle vivait maintenant. Lorsque sa vieille bonne, Sophie, sortant de son continuel silence, la grondait d'un mot rude, en lui prophétisant qu'elle mourrait sur la paille, elle avait un faible sourire, le seul qui parût désormais sur ses lèvres décolorées, un divin sourire d'espérance.

Ce fut justement à l'occasion de l'Œuvre du Travail que Saccard fit la connaissance de la princesse d'Orviedo. Il était un des propriétaires du terrain qu'elle acheta pour cette Œuvre, un ancien jardin planté de beaux arbres, qui touchait au parc de Neuilly et qui se trouvait en bordure, le long du boulevard Bineau. Il l'avait séduite par la façon vive dont il traitait les affaires, elle voulut le revoir, à la suite de certaines difficultés avec ses entrepreneurs. Lui-même s'était intéressé aux travaux, l'imagination prise, charmé du plan grandiose qu'elle imposait à l'architecte : deux ailes monumentales, l'une pour les garçons, l'autre pour les filles, reliées entre elles par un corps de logis, contenant la chapelle, la communauté, l'administration, tous les services; et chaque aile avait son préau immense, ses ateliers, ses dépendances de toutes sortes. Mais surtout ce qui le passionnait, dans son propre goût du grand et du fastueux, c'était le luxe déployé, la construction énorme et faite de matériaux à défier les siècles, les marbres prodigués, une cuisine revêtue de faïence où l'on aurait fait cuire un bœuf, des réfectoires gigantesques aux riches lambris de chêne, des dortoirs inondés de lumière, égayés de claires peintures, une lingerie, une salle de bains, une infirmerie installées avec des raffinements excessifs; et, partout, des dégagements vastes, des escaliers, des corridors, aérés l'été, chauffés l'hiver; et la maison entière baignant dans le soleil, une gaieté de jeunesse, un bien-être de grosse fortune. Quand l'architecte, inquiet, trouvant toute cette magnificence inutile, parlait de la dépense, la princesse l'arrêtait d'un mot : elle avait eu le luxe, elle voulait le donner aux pauvres, pour qu'ils en jouissent à leur tour, eux qui font le luxe des riches. Son idée fixe était faite de ce rêve, combler les misérables, les coucher dans les lits, les asseoir à la table des heureux de ce monde, non plus l'aumône d'une croûte de pain, d'un grabat de hasard, mais la vie large au travers de palais où ils seraient chez eux, prenant leur revanche, goûtant les jouissances des triomphateurs. Seulement, dans ce gaspillage, au milieu des devis énormes, elle était abominablement volée; une nuée d'entrepreneurs vivaient d'elle, sans compter les pertes dues à la mauvaise surveillance; on dilapidait le bien des pauvres. Et ce fut Saccard qui lui ouvrit les yeux, en la priant de le laisser tirer les comptes au clair, absolument désintéressé d'ailleurs, pour l'unique plaisir de régler cette folle danse de millions qui l'enthousiasmait. Jamais il ne s'était montré si scrupuleusement honnête. Il fut, dans cette affaire colossale et compliquée, le plus actif, le plus probe des collaborateurs, donnant son temps, son argent même, simplement récompensé par cette joie des sommes considérables qui lui passaient entre les mains. On ne connaissait guère que lui à l'Œuvre du Travail, où la princesse n'allait jamais, pas plus qu'elle n'allait visiter ses autres fondations, cachée au fond de ses trois petites pièces, comme la bonne déesse invisible; et lui, adoré, il y était béni, accablé de toute la reconnaissance dont elle semblait ne pas vouloir.

Sans doute, depuis cette époque, Saccard nourrissait un vague projet, qui, tout d'un coup, lorsqu'il fut installé dans l'hôtel d'Orviedo comme locataire, prit la netteté aiguë d'un désir. Pourquoi ne se consacrerait-il pas tout entier à l'administration des bonnes œuvres de la princesse? Dans l'heure de doute où il était, vaincu de la spéculation, ne sachant quelle fortune refaire, cela lui apparaissait comme une incarnation nouvelle, une brusque montée d'apothéose : devenir le dispensateur de cette royale charité, canaliser ce flot d'or qui coulait sur Paris. Il restait deux cents millions, quelles œuvres à créer encore, quelle cité du miracle à faire sortir du sol ! Sans compter que, lui, les ferait fructifier, ces millions, les doublerait, les triplerait, saurait si bien les employer qu'il en tirerait un monde. Alors, avec sa passion, tout s'élargit, il ne vécut plus que de cette pensée grisante, les répandre en aumônes sans fin, en noyer la France heureuse; et il s'attendrissait, car il était d'une probité parfaite, pas un sou ne lui demeurait aux doigts. Ce fut, dans son crâne de visionnaire, une idylle géante, l'idylle d'un inconscient, où ne se mêlait aucun désir de racheter ses anciens brigandages financiers. D'autant plus que, tout de même, au bout, il y avait le rêve de sa vie entière, la conquête de Paris. Être le roi de la charité, le Dieu adoré de la multitude des pauvres, devenir unique et populaire, occuper de lui le monde, cela dépassait son ambition. Quels prodiges ne réaliserait-il pas, s'il employait à être bon ses facultés d'homme d'affaires, sa ruse, son obstination, son manque complet de préjugés ! Et il aurait la force irrésistible qui gagne les batailles, l'argent, l'argent à pleins coffres, l'argent qui fait tant de mal souvent et qui ferait tant de bien, le jour où l'on mettrait à donner son orgueil et son plaisir !

Puis, agrandissant encore son projet, Saccard en arriva à se demander pourquoi il n'épouserait pas la princesse d'Orviedo. Cela fixerait les positions, empêcherait les interprétations mauvaises. Pendant un mois, il manœuvra adroitement, exposa des plans superbes, crut se rendre indispensable ; et un jour, d'une voix tranquille, redevenu naïf, il fit sa proposition, développa son grand projet. C'était une véritable association qu'il offrait, il se donnait comme le liquidateur des sommes volées par le prince, il s'engageait à les rendre aux pauvres, décuplées. D'ailleurs, la princesse, dans son éternelle robe noire, avec son fichu de dentelle sur la tête, l'écouta attentivement, sans qu'une émotion quelconque animât sa face jaune. Elle était très frappée des avantages que pourrait avoir une association pareille, indifférente, du reste, aux autres considérations. Puis, ayant remis sa réponse au lendemain, elle finit par refuser : sans doute elle avait réfléchi qu'elle ne serait plus seule maîtresse de ses aumônes, et elle entendait en disposer en souveraine absolue, même follement. Mais elle expliqua qu'elle serait heureuse de le garder comme conseiller, elle montra combien précieuse elle estimait sa collaboration, en le priant de continuer à s'occuper de l'Œuvre du Travail, dont il était le véritable directeur.

Toute une semaine, Saccard éprouva un violent chagrin, ainsi qu'à la perte d'une idée chère ; non pas qu'il se sentît retomber au gouffre du brigandage ; mais, de même qu'une romance sentimentale met des larmes aux yeux des ivrognes les plus abjects, cette colossale idylle du bien fait à coups de millions avait attendri sa vieille âme de corsaire. Il tombait une fois encore, et de très haut : il lui semblait être détrôné. Par l'argent, il avait toujours voulu, en même temps que la satisfaction de ses appétits, la magnificence d'une vie princière ; et jamais il ne l'avait eue, assez haute. Il s'enrageait, à mesure que chacune de ses chutes emportait un espoir. Aussi, lorsque son projet croula devant le refus tranquille et net de la princesse, se trouva-t-il rejeté à une furieuse envie de bataille. Se battre, être le plus fort dans la dure guerre de la spéculation, manger les autres pour ne pas qu'ils vous mangent, c'était, après sa soif de splendeur et de jouissance, la grande cause, l'unique cause de sa passion des affaires. S'il ne thésaurisait pas, il avait l'autre joie, la lutte des gros chiffres, les fortunes lancées comme des corps d'armée, les chocs des millions adverses, avec les déroutes, avec les victoires, qui le grisaient. Et tout de suite reparut sa haine de Gundermann, son effréné besoin de revanche : abattre Gundermann, cela le hantait d'un désir chimérique, chaque fois qu'il était par terre, vaincu. S'il sentait l'enfantillage d'une pareille tentative, ne pourrait-il du moins l'entamer, se faire une place en face de lui, le forcer au partage, comme ces monarques de contrées voisines et d'égale puissance, qui se traitent de cousins? Ce fut alors que, de nouveau, la Bourse l'attira, la tête emplie d'affaires à lancer, sollicité en tous sens par des projets contraires, dans une telle fièvre, qu'il ne sut que décider, jusqu'au jour où une idée suprême, démesurée, se dégagea des autres et s'empara peu à peu de lui tout entier.

Depuis qu'il habitait l'hôtel d'Orviedo, Saccard apercevait parfois la sœur de l'ingénieur Hamelin qui habitait le petit appartement du second, une femme d'une taille admirable, madame Caroline, comme on la nommait familièrement. Surtout, ce qui l'avait frappé, à la première rencontre, c'était ses cheveux blancs superbes, une royale couronne de cheveux blancs, d'un si singulier effet sur ce front de femme jeune encore, âgée de trente-six ans à peine. Dès vingt-cinq ans, elle était ainsi devenue toute blanche. Ses sourcils, restés noirs et très fournis, gardaient une jeunesse, une étrangeté vive à son visage encadré d'hermine. Elle n'avait jamais été jolie, avec son menton et son nez trop forts, sa bouche large dont les grosses lèvres exprimaient une bonté exquise. Mais, certainement, cette toison blanche, cette blancheur envolée de fins cheveux de soie, adoucissait sa physionomie un peu dure, lui donnait un charme souriant de grand'mère, dans une fraîcheur et une force de belle amoureuse. Elle était grande, solide, la démarche franche et très noble.

Chaque fois qu'il la rencontrait, Saccard, plus petit qu'elle, la suivait des yeux, intéressé, enviant sourdement cette taille haute, cette carrure saine. Et, peu à peu, par l'entourage, il connut toute l'histoire des Hamelin. Ils étaient, Caroline et Georges, les enfants d'un médecin de Montpellier, savant remarquable, catholique exalté, mort sans fortune. Lorsque le père s'en alla, la fille avait dix-huit ans, le garçon dix-neuf; et, comme celui-ci venait d'entrer à l'École polytechnique, elle le suivit à Paris, où elle se plaça institutrice. Ce fut elle qui lui glissa des pièces de cent sous, qui l'entretint d'argent de poche, pendant les deux années de cours; plus tard, lorsque, sorti dans un mauvais rang, il dut battre le pavé, ce fut elle encore qui le soutint, en attendant qu'il trouvât une situation. Ces deux enfants s'adoraient, faisaient le rêve de ne se quitter jamais. Pourtant, un mariage inespéré s'étant présenté, la bonne grâce et l'intelligence vive de la jeune fille ayant conquis un brasseur millionnaire, dans la maison où elle était en place, Georges voulut qu'elle acceptât; ce dont il se repentit cruellement, car, au bout de quelques années de ménage, Caroline fut obligée d'exiger une séparation pour ne pas être tuée par son mari, qui buvait et la poursuivait avec un couteau, dans des crises d'imbécile jalousie. Elle était alors âgée de vingt-six ans, elle se retrouvait pauvre, s'étant obstinée à ne réclamer aucune pension de l'homme qu'elle quittait. Mais son frère avait enfin, après bien des tentatives, mis la main sur une besogne qui lui plaisait : il allait partir pour l'Égypte, avec la Commission chargée des premières études du canal de Suez; et il emmena sa sœur, elle s'installa vaillamment à Alexandrie, recommença à donner des leçons, pendant que lui courait le pays. Ils restèrent ainsi en Égypte jusqu'en 1859, ils assistèrent aux premiers coups de pioche sur la plage de Port-Saïd : une maigre équipe de cent cinquante terrassiers à peine, perdue au milieu des sables, commandée par une poignée d'ingénieurs. Puis, Hamelin, envoyé en Syrie pour assurer les approvisionnements, y resta, à la suite d'une fâcherie avec ses chefs. Il fit venir Caroline à Beyrout, où d'autres élèves l'attendaient, il se lança dans une grosse affaire, patronnée par une compagnie française, le tracé d'une route carrossable de Beyrout à Damas, la première, l'unique voie ouverte à travers les gorges du Liban ; et ils vécurent encore trois années là, jusqu'à l'achèvement de la route, lui visitant les montagnes, s'absentant deux mois pour un voyage à Constantinople, à travers le Taurus, elle le suivant dès qu'elle pouvait s'échapper, épousant les projets de réveil qu'il faisait, à battre cette vieille terre, endormie sous la cendre des civilisations mortes. Il avait amassé tout un portefeuille débordant d'idées et de plans, il sentait l'impérieuse nécessité de rentrer en France, s'il voulait donner un corps à ce vaste ensemble d'entreprises, former des sociétés, trouver des capitaux. Et, après neuf années de séjour en Orient, ils partirent, ils eurent la curiosité de repasser par l'Égypte, où les travaux du canal de Suez les enthousiasmèrent : une ville avait poussé en quatre ans dans les sables de la plage de Port-Saïd, tout un peuple s'agitait là, les fourmis humaines s'étaient multipliées, changeaient la face de la terre. Mais, à Paris, une malechance noire attendait Hamelin. Depuis quinze mois, il s'y débattait avec ses projets, sans pouvoir communiquer sa foi à personne, trop modeste, peu bavard, échoué à ce deuxième étage de l'hôtel d'Orviedo, dans un petit appartement de cinq pièces qu'il louait douze cents francs, plus loin du succès que lorsqu'il courait les monts et les plaines de l'Asie. Leurs économies s'épuisaient rapidement, le frère et la sœur en arrivaient à une grande gêne.

Ce fut même ce qui intéressa Saccard, cette tristesse croissante de madame Caroline, dont la belle gaieté s'assombrissait du découragement où elle voyait tomber son frère. Dans leur ménage, elle était un peu l'homme. Georges, qui lui ressemblait beaucoup physiquement, en plus frêle, avait des facultés de travail rares ; mais il s'absorbait dans ses études, il ne fallait point l'en sortir. Jamais il n'avait voulu se marier, n'en éprouvant pas le besoin, adorant sa sœur, ce qui lui suffisait. Il devait avoir des maîtresses d'un jour, qu'on ne connaissait pas. Et cet ancien piocheur de l'École polytechnique, aux conceptions si vastes, d'un zèle si ardent pour tout ce qu'il entreprenait, montrait parfois une telle naïveté, qu'on l'aurait jugé un peu sot. Élevé dans le catholicisme le plus étroit, il avait gardé sa religion d'enfant, il pratiquait, très convaincu; tandis que sa sœur s'était reprise, par une lecture immense, par toute la vaste instruction qu'elle se donnait à son côté, aux longues heures où il s'enfonçait dans ses travaux techniques. Elle parlait quatre langues, elle avait lu les économistes, les philosophes, passionnée un instant pour les théories socialistes et évolutionnistes; mais elle s'était calmée, elle devait surtout à ses voyages, à son long séjour parmi des civilisations lointaines, une grande tolérance, un bel équilibre de sagesse. Si elle ne croyait plus, elle demeurait très respectueuse de la foi de son frère. Entre eux, il y avait eu une explication, et jamais ils n'en avaient reparlé. Elle était une intelligence, dans sa simplicité et sa bonhomie; et, d'un courage à vivre extraordinaire, d'une bravoure joyeuse qui résistait aux cruautés du sort, elle avait coutume de dire qu'un seul chagrin était resté saignant en elle, celui de n'avoir pas eu d'enfant.

Saccard put rendre à Hamelin un service, un petit travail qu'il lui procura, des commanditaires qui avaient besoin d'un ingénieur pour un rapport sur le rendement d'une machine nouvelle. Et il força ainsi l'intimité du frère et de la sœur, il monta fréquemment passer une heure entre eux, dans leur salon, leur seule grande pièce, qu'ils avaient transformée en cabinet de travail. Cette pièce restait d'une nudité absolue, meublée seulement d'une longue table à dessiner, d'une autre table plus petite, encombrée de papiers, et d'une demi-douzaine de chaises. Sur la cheminée, des livres s'empilaient. Mais, aux murs, une décoration improvisée égayait ce vide : une série de plans, une suite d'aquarelles claires, chaque feuille fixée avec quatre clous. C'était son portefeuille de projets qu'Hamelin avait ainsi étalé, les notes prises en Syrie, toute sa fortune future; et les aquarelles étaient de madame Caroline, des vues de là-bas, des types, des costumes, ce qu'elle avait remarqué et croqué en accompagnant son frère, avec un sens très personnel de coloriste, sans aucune prétention d'ailleurs. Deux larges fenêtres, ouvrant sur le jardin de l'hôtel Beauvilliers, éclairaient d'une lumière vive cette débandade de dessins, qui évoquait une vie autre, le rêve d'une antique société tombant en poudre, que les épures, aux lignes fermes et mathématiques, semblaient vouloir remettre debout, comme sous l'étayement du solide échafaudage de la science moderne. Et, quand il se fut rendu utile, avec cette dépense d'activité qui le faisait charmant, Saccard s'oublia surtout devant les plans et les aquarelles, séduit, demandant sans cesse de nouvelles explications. Dans sa tête, tout un vaste lançage germait déjà.

Un matin, il trouva madame Caroline seule, assise à la petite table dont elle avait fait son bureau. Elle était mortellement triste, les mains abandonnées parmi les papiers.

— Que voulez-vous? cela tourne décidément mal... Je suis brave pourtant. Mais tout va nous manquer à la fois; et ce qui me navre, c'est l'impuissance où le malheur réduit mon pauvre frère, car il n'est vaillant, il n'a de force qu'au travail... J'avais songé à me replacer institutrice quelque part, pour l'aider au moins. J'ai cherché et je n'ai rien trouvé... Pourtant, je ne puis pas me mettre à faire des ménages.

Jamais Saccard ne l'avait vue ainsi démontée, abattue.

— Que diable! vous n'en êtes pas là! cria-t-il.

Elle hocha la tête, elle se montrait amère contre la vie, qu'elle acceptait d'habitude si gaillardement, même mauvaise. Et Hamelin étant rentré à ce moment, rapportant la nouvelle d'un dernier échec, elle eut de grosses larmes lentes, elle ne parla plus, les poings serrés, à sa table, les yeux perdus devant elle.

— Et dire, laissa échapper Hamelin, qu'il y a, là-bas, des millions qui nous attendent, si quelqu'un voulait seulement m'aider à les gagner!

Saccard s'était planté devant une épure représentant l'élévation d'un pavillon construit au centre de vastes magasins.

— Qu'est-ce donc? demanda-t-il.

— Oh! je me suis amusé, expliqua l'ingénieur. C'est un projet d'habitation, là-bas, à Beyrout, pour le directeur de la Compagnie que j'ai rêvée, vous savez, la Compagnie générale des Paquebots réunis.

Il s'animait, il donna de nouveaux détails. Pendant son séjour en Orient, il avait constaté combien le service des transports était défectueux. Les quelques sociétés, installées à Marseille, se tuaient par la concurrence, n'arrivaient pas à avoir le matériel suffisant et confortable; et une de ses premières idées, à la base même de tout l'ensemble de ses entreprises, était de syndiquer ces sociétés, de les réunir en une vaste Compagnie, pourvue de millions, qui exploiterait la Méditerranée entière et s'en assurerait la royauté, en établissant des lignes pour tous les ports de l'Afrique, de l'Espagne, de l'Italie, de la Grèce, de l'Égypte, de l'Asie, jusqu'au fond de la mer Noire. Rien n'était, à la fois, d'un organisateur de plus de flair, ni d'un meilleur citoyen : c'était l'Orient conquis, donné à la France, sans compter qu'il rapprochait ainsi la Syrie, où allait s'ouvrir le vaste champ de ses opérations.

— Les syndicats, murmura Saccard, l'avenir semble être là, aujourd'hui... C'est une forme si puissante de l'association! Trois ou quatre petites entreprises, qui végètent isolément, deviennent d'une vitalité et d'une prospérité irrésistibles, si elles se réunissent... Oui, demain est aux gros capitaux, aux efforts centralisés des grandes masses. Toute l'industrie, tout le commerce finiront par n'être qu'un immense bazar unique, où l'on s'approvisionnera de tout.

Il s'était arrêté encore, debout cette fois devant une aquarelle qui représentait un site sauvage, une gorge aride, que bouchait un écroulement gigantesque de rochers, couronnés de broussailles.

— Oh! oh! reprit-il, voici le bout du monde. On ne doit pas être coudoyé par les passants, dans ce coin-là.

— Une gorge du Carmel, répondit Hamelin. Ma sœur a pris ça, pendant les études que j'ai faites de ce côté.

Et il ajouta simplement :

— Tenez! entre les calcaires crétacés et les porphyres qui ont relevé ces calcaires, sur tout le flanc de la montagne, il y a là un filon d'argent sulfuré considérable, oui! une mine d'argent dont l'exploitation, d'après mes calculs, assurerait des bénéfices énormes.

— Une mine d'argent, répéta vivement Saccard.

Madame Caroline, les yeux toujours au loin, dans sa tristesse, avait entendu; et, comme si une vision se fût évoquée :

— Le Carmel, ah! quel désert, quelles journées de solitude! C'est plein de myrtes et de genêts, cela sent bon, l'air tiède en est embaumé. Et il y a des aigles, sans cesse, qui planent très haut... Mais tout cet argent qui dort dans ce sépulcre, à côté de tant de misère! On voudrait des foules heureuses, des chantiers, des villes naissantes, un peuple régénéré par le travail.

— Une route serait facilement ouverte du Carmel à Saint-Jean-d'Acre, continua Hamelin. Et je crois bien qu'on découvrirait également du fer, car il abonde dans les montagnes du pays... J'ai aussi étudié un nouveau mode d'extraction, qui réaliserait d'importantes économies. Tout est prêt, il ne s'agit plus que de trouver des capitaux.

— La Société des mines d'argent du Carmel! murmura Saccard.

Mais c'était maintenant l'ingénieur qui, les regards levés, allait d'un plan à un autre, repris par ce labeur de toute sa vie, enfiévré à la pensée de l'avenir éclatant qui dormait là, pendant que la gêne le paralysait.

— Et ce ne sont que les petites affaires du début, reprit-il. Regardez cette série de plans, c'est ici le grand coup, tout un système de chemins de fer traversant l'Asie Mineure de part en part... Le manque de communications commodes et rapides, telle est la cause première de la stagnation où croupit ce pays si riche. Vous n'y trouveriez pas une voie carrossable, les voyages et les transports s'y font toujours à dos de mulet ou de chameau... Imaginez alors quelle révolution, si des lignes ferrées pénétraient jusqu'aux confins du désert! Ce serait l'industrie et le commerce décuplés, la civilisation victorieuse, l'Europe s'ouvrant enfin les portes de l'Orient... Oh! pour peu que cela vous intéresse, nous en causerons en détail. Et vous verrez, vous verrez!

Tout de suite, du reste, il ne put s'empêcher d'entrer dans des explications. C'était surtout pendant son voyage à Constantinople, qu'il avait étudié le tracé de son système de chemins de fer. La grande, l'unique difficulté se trouvait dans la traversée des monts Taurus; mais il avait parcouru les différents cols, il affirmait la possibilité d'un tracé direct et relativement peu dispendieux. D'ailleurs, il ne songeait pas à exécuter d'un coup le système complet. Lorsqu'on aurait obtenu du sultan la concession totale, il serait sage de n'entreprendre d'abord que la branche mère, la ligne de Brousse à Beyrout par Angora et Alep. Plus tard, on songerait à l'embranchement de Smyrne à Angora, et à celui de Trébizonde à Angora, par Erzeroum et Sivas.

— Plus tard, plus tard encore..., continua-t-il.

Et il n'acheva pas, il se contentait de sourire, n'osant dire jusqu'où il avait poussé l'audace de ses projets. C'était le rêve.

— Ah! les plaines au pied du Taurus, reprit madame Caroline de sa voix lente de dormeuse éveillée, quel paradis délicieux! On n'a qu'à gratter la terre, les moissons poussent, débordantes. Les arbres fruitiers, les pêchers, les cerisiers, les figuiers, les amandiers, cassent sous les fruits. Et quels champs d'oliviers et de mûriers, pareils à de grands bois! Et quelle existence naturelle et facile, dans cet air léger, constamment bleu!

Saccard se mit à rire, de ce rire aigu de bel appétit, qu'il avait lorsqu'il flairait la fortune. Et, comme Hamelin parlait encore d'autres projets, notamment de la création d'une banque à Constantinople, en disant un mot des relations toutes-puissantes qu'il y avait laissées, surtout près du grand vizir, il l'interrompit gaiement.

— Mais c'est un pays de Cocagne, on en vendrait!

Puis, très familier, appuyant les deux mains aux épaules de madame Caroline, toujours assise :

— Ne vous désespérez donc pas, madame! Je vous aime bien, vous verrez que je ferai avec votre frère quelque chose de très bon pour nous tous... Ayez de la patience, attendez.

Pendant le mois qui suivit, Saccard procura de nouveau à l'ingénieur quelques petits travaux; et, s'il ne reparlait plus des grandes affaires, il devait y penser constamment, préoccupé, hésitant devant l'ampleur écrasante des entreprises. Mais ce qui resserra davantage le lien naissant de leur intimité, ce fut la façon toute naturelle dont madame Caroline vint à s'occuper de son intérieur d'homme seul, dévoré de frais inutiles, d'autant plus mal servi qu'il avait davantage de serviteurs. Lui, si habile au dehors, réputé pour sa main vigoureuse et adroite dans le gâchis des grands vols, laissait aller chez lui tout à la débandade, insoucieux du coulage effrayant qui triplait ses dépenses; et l'absence d'une femme se faisait aussi cruellement sentir, jusque dans les plus petites choses. Lorsque madame Caroline s'aperçut du pillage, elle lui donna d'abord des conseils, puis finit par s'entremettre et lui faire réaliser deux ou trois économies; si bien qu'en riant, un jour, il lui offrit d'être son intendante : pourquoi pas? elle avait cherché une place d'institutrice, elle pouvait bien accepter une situation honorable pour elle, qui lui permettrait d'attendre. L'offre, faite en manière de plaisanterie, devint sérieuse. N'était-ce pas une façon de s'occuper, de soulager son frère, avec les trois cents francs que Saccard voulait donner par mois? Et elle accepta, elle réforma la maison en huit jours, renvoya le chef et sa femme pour ne prendre qu'une cuisinière, qui, avec le valet de chambre et le cocher, devait suffire au service. Elle ne garda aussi qu'un cheval et une voiture, prit la haute main sur tout, examina les comptes avec un soin si scrupuleux, qu'à la fin de la première quinzaine elle avait obtenu une réduction de moitié. Il était ravi, il plaisantait en disant que c'était lui qui la volait maintenant, et qu'elle aurait dû exiger un tant pour cent sur tous les bénéfices qu'elle lui faisait faire.

Alors, une vie très étroite avait commencé. Saccard venait d'avoir l'idée de faire enlever les vis qui condamnaient la porte de communication entre les deux appartements, et l'on remontait librement, d'une salle à manger dans l'autre, par l'escalier intérieur ; de sorte que, pendant que son frère travaillait en haut, enfermé du matin au soir pour mettre en ordre ses dossiers d'Orient, madame Caroline, laissant son propre ménage aux soins de l'unique bonne qui les servait, descendait à chaque heure de la journée donner des ordres, comme chez elle. C'était devenu la joie de Saccard, la continuelle apparition de cette grande belle femme, qui traversait les pièces, de son pas solide et superbe, avec la gaieté toujours inattendue de ses cheveux blancs, envolés autour de son jeune visage. Elle était de nouveau très gaie, elle avait retrouvé sa bravoure à vivre, depuis qu'elle se sentait utile, occupant ses heures, continuellement debout. Sans affectation de simplicité, elle ne portait plus qu'une robe noire, dans la poche de laquelle on entendait la sonnerie claire du trousseau de clefs ; et cela l'amusait certainement, elle la savante, la philosophe, de n'être plus qu'une bonne femme de ménage, la gouvernante d'un prodigue, qu'elle se mettait à aimer, comme on aime les enfants mauvais sujets. Lui, un instant très séduit, calculant qu'il n'y avait après tout qu'une différence de quatorze ans entre eux, s'était demandé ce qu'il arriverait, s'il la prenait un beau soir entre ses bras. Était-il admissible que, depuis dix ans, depuis sa fuite forcée de chez son mari, dont elle avait reçu autant de coups que de caresses, elle eût vécu en guerrière voyageuse, sans voir un homme? Peut-être les voyages l'avaient-ils protégée. Cependant, il savait qu'un ami de son frère, un M. Beaudoin, un négociant resté à Beyrout, et dont le retour était prochain, l'avait beaucoup aimée, au point d'attendre pour l'épouser la mort de son mari, qu'on venait d'enfermer dans une maison de santé, fou d'alcoolisme. Évidemment, ce mariage n'aurait fait que régulariser une situation bien excusable, presque légitime. Dès lors, puisqu'il devait y en avoir eu un, pourquoi n'aurait-il pas été le second? Mais Saccard en restait au raisonnement, la trouvant si bonne camarade, que la femme souvent disparaissait. Lorsque, à la voir passer, avec sa taille admirable, il se posait sa question: savoir ce qu'il arriverait s'il l'embrassait, il se répondait qu'il arriverait des choses fort ordinaires, ennuyeuses peut-être; et il remettait l'expérience à plus tard, il lui donnait des poignées de main vigoureuses, heureux de sa cordialité.

Puis, tout d'un coup, madame Caroline retomba à un grand chagrin. Un matin, elle descendit abattue, très pâle, les yeux gros; et il ne put rien apprendre d'elle, il cessa de l'interroger, devant son obstination à dire qu'elle n'avait rien, qu'elle était comme tous les jours. Ce fut le lendemain seulement qu'il comprit, en trouvant en haut une lettre de faire part, la lettre qui annonçait le mariage de M. Beaudoin avec la fille d'un consul anglais, très jeune et immensément riche. Le coup avait dû être d'autant plus dur, que la nouvelle était arrivée par cette lettre banale, sans aucune préparation, sans même un adieu. C'était tout un écroulement dans l'existence de la malheureuse femme, la perte de l'espoir lointain où elle se raccrochait, aux heures de désastre. Et, le hasard ayant, lui aussi, des cruautés abominables, elle avait justement appris, l'avant-veille, que son mari était mort, elle venait enfin de croire, pendant quarante-huit heures, à la réalisation prochaine de son rêve. Sa vie s'effondrait, elle en restait anéantie. Le soir même, une autre stupeur l'attendait: comme, à son habitude, avant de remonter se coucher, elle entrait chez

Saccard causer des ordres du lendemain, il lui parla de son malheur, si doucement, qu'elle éclata en sanglots; puis, dans cet attendrissement invincible, dans une sorte de paralysie de sa volonté, elle se trouva entre ses bras, elle lui appartint, sans joie ni pour l'un ni pour l'autre. Quand elle se reprit, elle n'eut pas de révolte, mais sa tristesse en fut accrue, à l'infini. Pourquoi avait-elle laissé s'accomplir cette chose? elle n'aimait pas cet homme, lui-même ne devait pas l'aimer. Ce n'était point qu'il lui parût d'un âge et d'une figure indignes de tendresse; sans beauté certes, et vieux déjà, il l'intéressait par la mobilité de ses traits, par l'activité de toute sa petite personne noire; et, l'ignorant encore, elle voulait le croire serviable, d'une intelligence supérieure, capable de réaliser les grandes entreprises de son frère, avec l'honnêteté moyenne de tout le monde. Seulement, quelle chute imbécile! Elle, si sage, si instruite par la dure expérience, si maîtresse d'elle-même, avoir ainsi succombé, sans savoir pourquoi ni comment, dans une crise de larmes, en grisette sentimentale! Le pis était qu'elle le sentait, autant qu'elle, étonné, presque fâché de l'aventure. Lorsque, cherchant à la consoler, il lui avait parlé de M. Beaudoin comme d'un amant ancien, dont la basse trahison ne méritait que l'oubli, et qu'elle s'était récriée, en jurant que jamais rien ne s'était passé entre eux, il avait d'abord cru qu'elle mentait, par une fierté de femme; mais elle était revenue sur ce serment avec tant de force, elle montrait des yeux si beaux, si clairs de franchise, qu'il avait fini par être convaincu de la vérité de cette histoire, elle par droiture et dignité se gardant pour le jour des noces, l'homme patientant deux années, puis se lassant et en épousant une autre, quelque occasion trop tentante de jeunesse et de richesse. Et le singulier était que cette découverte, cette conviction qui aurait dû passionner Saccard, l'emplissait au contraire d'une sorte d'embarras, tellement il comprenait la fatalité sotte de sa bonne fortune. Du reste, ils ne recommencèrent pas, puisque ni l'un ni l'autre ne paraissait en avoir l'envie.

Pendant quinze jours, madame Caroline resta ainsi affreusement triste. La force de vivre, cette impulsion qui fait de la vie une nécessité et une joie, l'avait abandonnée. Elle vaquait à ses occupations si multiples, mais comme absente, sans s'illusionner même sur la raison et l'intérêt des choses. C'était la machine humaine travaillant dans le désespoir du néant de tout. Et, au milieu de ce naufrage de sa bravoure et de sa gaieté, elle ne goûtait qu'une distraction, celle de passer toutes ses heures libres le front aux vitres d'une fenêtre du grand cabinet de travail, les regards fixés sur le jardin de l'hôtel voisin, cet hôtel Beauvilliers, où, depuis les premiers jours de son installation, elle devinait une détresse, une de ces misères cachées, si navrantes dans leur effort à sauvegarder les apparences. Il y avait là aussi des êtres qui souffraient, et son chagrin était comme trempé de ces larmes, elle agonisait de mélancolie, jusqu'à se croire insensible et morte dans la douleur des autres.

Ces Beauvilliers, qui autrefois, sans compter leurs immenses domaines de la Touraine et de l'Anjou, possédaient rue de Grenelle un hôtel magnifique, n'avaient plus à Paris que cette ancienne maison de plaisance, bâtie en dehors de la ville au commencement du siècle dernier, et qui se trouvait aujourd'hui enclavée parmi les constructions noires de la rue Saint-Lazare. Les quelques beaux arbres du jardin restaient là comme au fond d'un puits, la mousse mangeait les marches du perron, émietté et fendu. On eût dit un coin de nature mis en prison, un coin doux et morne, d'une muette désespérance, où le soleil ne descendait plus qu'en un jour verdâtre, dont le frisson glaçait les épaules. Et, dans cette paix humide de cave, en haut de ce perron disjoint, la première personne que madame Caroline avait aperçue était la comtesse de Beauvilliers, une grande femme maigre de soixante ans, toute blanche, l'air très noble, un peu surannée. Avec son grand nez droit, ses lèvres minces, son cou particulièrement long, elle avait l'air d'un cygne très ancien, d'une douceur désolée. Puis, derrière elle, presque aussitôt, s'était montrée sa fille, Alice de Beauvilliers, âgée de vingt-cinq ans, mais si appauvrie, qu'on l'aurait prise pour une fillette, sans le teint gâté et les traits déjà tirés du visage. C'était la mère encore, chétive, moins l'aristocratique noblesse, le cou allongé jusqu'à la disgrâce, n'ayant plus que le charme pitoyable d'une fin de grande race. Les deux femmes vivaient seules, depuis que le fils, Ferdinand de Beauvilliers, s'était engagé dans les zouaves pontificaux, à la suite de la bataille de Castelfidardo, perdue par Lamoricière. Tous les jours, lorsqu'il ne pleuvait pas, elles apparaissaient ainsi, l'une derrière l'autre, elles descendaient le perron, faisaient le tour de l'étroite pelouse centrale, sans échanger une parole. Il n'y avait que des bordures de lierre, les fleurs n'auraient pas poussé, ou peut-être auraient-elles coûté trop cher. Et cette promenade lente, sans doute une simple promenade de santé, par ces deux femmes si pâles, sous ces arbres centenaires qui avaient vu tant de fêtes et que les bourgeoises maisons du voisinage étouffaient, prenait une mélancolique douleur, comme si elles eussent promené le deuil des vieilles choses mortes.

Alors, intéressée, madame Caroline avait guetté ses voisines par une sympathie tendre, sans curiosité mauvaise; et, peu à peu, dominant le jardin, elle pénétra leur vie, qu'elles cachaient avec un soin jaloux, sur la rue. Il y avait toujours un cheval dans l'écurie, une voiture sous la remise, que soignait un vieux domestique, à la fois valet de chambre, cocher et concierge; de même qu'il y avait une cuisinière, qui servait aussi de femme de chambre; mais, si la voiture sortait de la grand'porte, correctement attelée, menant ces dames à leurs courses, si la table gardait un certain luxe, l'hiver, aux dîners de quinzaine où venaient quelques amis, par quels longs jeûnes, par quelles sordides économies de chaque heure était achetée cette apparence menteuse de fortune! Dans un petit hangar, à l'abri des yeux, c'étaient de continuels lavages, pour réduire la note de la blanchisseuse, de pauvres nippes usées par le savon, rapiécées fil à fil; c'étaient quatre légumes épluchés pour le repas du soir, du pain qu'on faisait rassir sur une planche, afin d'en manger moins; c'étaient toutes sortes de pratiques avaricieuses, infimes et touchantes, le vieux cocher recousant les bottines trouées de mademoiselle, la cuisinière noircissant à l'encre les bouts de gants trop défraîchis de madame; et les robes de la mère qui passaient à la fille après d'ingénieuses transformations, et les chapeaux qui duraient des années, grâce à des échanges de fleurs et de rubans. Lorsqu'on n'attendait personne, les salons de réception, au rez-de-chaussée, étaient fermés soigneusement, ainsi que les grandes chambres du premier étage; car, de toute cette vaste habitation, les deux femmes n'occupaient plus qu'une étroite pièce, dont elles avaient fait leur salle à manger et leur boudoir. Quand la fenêtre s'entr'ouvrait, on pouvait apercevoir la comtesse raccommodant son linge, comme une petite bourgeoise besogneuse; tandis que la jeune fille, entre son piano et sa boîte d'aquarelle, tricotait des bas et des mitaines pour sa mère. Un jour de gros orage, toutes deux furent vues descendant au jardin, ramassant le sable que la violence de la pluie emportait.

Maintenant, madame Caroline savait leur histoire. La comtesse de Beauvilliers avait beaucoup souffert de son mari, qui était un débauché, et dont elle ne s'était jamais plainte. Un soir, on le lui avait rapporté, à Vendôme, râlant, avec un coup de feu au travers du corps. On avait parlé d'un accident de chasse : quelque balle envoyée par un garde jaloux, dont il devait avoir pris la femme ou la fille. Et le pis était que s'anéantissait avec lui cette fortune des Beauvilliers, autrefois colossale, assise sur des terres immenses, des domaines royaux, que la Révolution avait déjà trouvée amoindrie, et que son père et lui venaient d'achever. De ces vastes biens fonciers, une seule ferme demeurait, les Aublets, à quelques lieues de Vendôme, rapportant environ quinze mille francs de rente, l'unique ressource de la veuve et de ses deux enfants. L'hôtel de la rue de Grenelle était depuis longtemps vendu, celui de la rue Saint-Lazare mangeait la grosse part des quinze mille francs de la ferme, écrasé d'hypothèques, menacé d'être mis en vente à son tour, si l'on ne payait pas les intérêts; et il ne restait guère que six ou sept mille francs pour l'entretien de quatre personnes, ce train d'une noble famille qui ne voulait pas abdiquer. Il y avait déjà huit ans, lorsqu'elle était devenue veuve, avec un garçon de vingt ans et une fille de dix-sept, au milieu de l'écroulement de sa maison, la comtesse s'était raidie dans son orgueil nobiliaire, en se jurant qu'elle vivrait de pain et d'eau plutôt que de déchoir. Dès lors, elle n'avait plus eu qu'une pensée, se tenir debout à son rang, marier sa fille à un homme d'égale noblesse, faire de son fils un soldat. Ferdinand lui avait causé d'abord de mortelles inquiétudes, à la suite de quelques folies de jeunesse, des dettes qu'il fallut payer; mais, averti de leur situation en un solennel entretien, il n'avait pas recommencé, cœur tendre au fond, simplement oisif et nul, écarté de tout emploi, sans place possible dans la société contemporaine. Maintenant, soldat du pape, il était toujours pour elle une cause d'angoisse secrète, car il manquait de santé, délicat sous son apparence fière, de sang épuisé et pauvre, ce qui lui rendait le climat de Rome dangereux. Quant au mariage d'Alice, il tardait tellement, que la triste mère en avait les yeux pleins de larmes, quand elle la regardait, vieillie déjà, se flétrissant à attendre. Avec son air d'insignifiance mélancolique, elle n'était point sotte, elle aspirait ardemment à la vie, à un homme qui l'aurait aimée, à du bonheur; mais, ne voulant pas désoler davantage la maison, elle feignait d'avoir renoncé à tout, plaisantant le mariage, disant qu'elle avait la vocation d'être vieille fille; et, la nuit, elle sanglotait dans son oreiller, elle croyait mourir de la douleur d'être seule. La comtesse, par ses miracles d'avarice, était pourtant arrivée à mettre de côté vingt mille francs, toute la dot d'Alice; elle avait également sauvé du naufrage quelques bijoux, un bracelet, des bagues, des boucles d'oreilles, qu'on pouvait estimer à une dizaine de mille francs; dot bien maigre, corbeille de noces dont elle n'osait même parler, à peine de quoi faire face aux dépenses immédiates, si l'épouseur attendu se présentait. Et, cependant, elle ne voulait pas désespérer, luttant quand même, n'abandonnant pas un des privilèges de sa naissance, toujours aussi haute et de fortune convenable, incapable de sortir à pied et de retrancher un entremets un soir de réception, mais rognant sur sa vie cachée, se condamnant à des semaines de pommes de terre sans beurre, pour ajouter cinquante francs à la dot éternellement insuffisante de sa fille. C'était un douloureux et puéril héroïsme quotidien, tandis que, chaque jour, la maison croulait un peu plus sur leurs têtes.

Cependant, jusque-là, madame Caroline n'avait point eu l'occasion de parler à la comtesse et à sa fille. Elle finissait par connaître les détails les plus intimes de leur vie, ceux qu'elles croyaient cacher au monde entier, et il n'y avait eu encore entre elles que des échanges de regards, ces regards qui se tournent dans une brusque sensation de sympathie, derrière soi. La princesse d'Orviedo devait les rapprocher. Elle avait eu l'idée de créer, pour son Œuvre du Travail, une sorte de commission de surveillance, composée de dix dames, qui se réunissaient deux fois par mois, visitaient l'Œuvre en détail, contrôlaient tous les services. Comme elle s'était réservé de choisir elle-même ces dames, elle avait désigné parmi les premières madame de Beauvilliers, une de ses grandes amies d'autrefois, devenue simplement sa voisine, aujourd'hui qu'elle s'était retirée du monde. Et il était arrivé que, la commission de surveillance ayant brusquement perdu son secrétaire, Saccard, qui gardait la haute main dans l'administration de l'établissement, venait d'avoir l'idée de recommander madame Caroline, comme un secrétaire modèle, qu'on ne trouverait nulle part : en effet, la besogne était assez pénible, il y avait beaucoup d'écritures, même des soins matériels qui répugnaient un peu à ces dames; et, dès le début, madame Caroline s'était révélée une hospitalière admirable, que sa maternité inassouvie, son amour désespéré des enfants, enflammait d'une tendresse active pour tous ces pauvres êtres, qu'on tâchait de sauver du ruisseau parisien. Donc, à la dernière séance de la commission, elle s'était rencontrée avec la comtesse de Beauvilliers; mais celle-ci ne lui avait adressé qu'un salut un peu froid, cachant sa secrète gêne, ayant sans doute la sensation qu'elle avait en elle un témoin de sa misère. Toutes deux, maintenant, se saluaient, chaque fois que leurs yeux se rencontraient et qu'il y aurait eu une trop grosse impolitesse à feindre de ne pas se reconnaître.

Un jour, dans le grand cabinet, pendant qu'Hamelin rectifiait un plan d'après de nouveaux calculs, et que Saccard, debout, suivait son travail, madame Caroline devant la fenêtre, comme à son habitude, regardait la comtesse et sa fille faire leur tour de jardin. Ce matin-là, elle leur voyait, aux pieds, des savates qu'une chiffonnière n'aurait pas ramassées contre une borne.

— Ah! les pauvres femmes! murmura-t-elle, que cela doit être terrible, cette comédie du luxe qu'elles se croient forcées de jouer!

Et elle se reculait, se cachait derrière le rideau de vitrage, de peur que la mère ne l'aperçût et ne souffrît davantage d'être ainsi guettée. Elle-même s'était apaisée, depuis trois semaines qu'elle s'oubliait, chaque matin, à cette fenêtre : le grand chagrin de son abandon s'endormait, il semblait que la vue du désastre des autres lui fît accepter plus courageusement le sien, cet écroulement qu'elle avait cru être celui de toute sa vie. De nouveau, elle se surprenait à rire.

Un instant encore, elle suivit les deux femmes dans le jardin vert de mousse, d'un air de profonde songerie. Puis, se retournant vers Saccard, vivement :

— Dites-moi donc pourquoi je ne peux pas être triste... Non, ça ne dure pas, ça n'a jamais duré, je ne peux pas être triste, quoi qu'il m'arrive... Est-ce de l'égoïsme? Vraiment, je ne crois pas. Ce serait trop vilain, et d'ailleurs j'ai beau être gaie, j'ai le cœur fendu tout de même au spectacle de la moindre douleur. Arrangez cela, je suis gaie et je pleurerais sur tous les malheureux qui passent, si je ne me retenais, comprenant que le moindre morceau de pain ferait bien mieux leur affaire que mes larmes inutiles.

En disant cela, elle riait de son beau rire de bravoure, en vaillante qui préférait l'action aux apitoiements bavards.

— Dieu sait pourtant, continua-t-elle, si j'ai eu lieu de désespérer de tout. Ah! la chance ne m'a pas gâtée jusqu'ici... Après mon mariage, dans l'enfer où je suis tombée, injuriée, battue, j'ai bien cru qu'il ne me restait qu'à me jeter à l'eau. Je ne m'y suis pas jetée, j'étais vibrante d'allégresse, gonflée d'un espoir immense, quinze jours après, quand je suis partie avec mon frère pour l'Orient... Et, lors de notre retour à Paris, lorsque tout a failli nous manquer, j'ai eu des nuits abominables, où je nous voyais mourant de faim sur nos beaux projets. Nous ne sommes pas morts, je me suis remise à rêver des choses énormes, des choses heureuses qui me faisaient rire parfois toute seule... Et, dernièrement, quand j'ai reçu ce coup affreux dont je n'ose parler encore, mon cœur a été comme déraciné; oui, je l'ai positivement senti qui ne battait plus; je l'ai cru fini, je me suis crue finie, anéantie moi-même. Puis, pas du tout! voici que l'existence me reprend, je ris aujourd'hui, demain j'espérerai, je voudrai vivre encore, vivre toujours... Est-ce extraordinaire, de ne pas pouvoir être triste longtemps!

Saccard, qui riait lui aussi, haussa les épaules.

— Bah! vous êtes comme tout le monde. C'est l'existence, ça.

— Croyez-vous? s'écria-t-elle, étonnée. Il me semble, à moi, qu'il y a des gens si tristes, qui ne sont jamais gais, qui se rendent la vie impossible, tellement ils se la peignent en noir... Oh! ce n'est pas que je m'abuse sur la douceur et la beauté qu'elle offre. Elle a été trop dure, je l'ai trop vue de près, partout et librement. Elle est exécrable, quand elle n'est pas ignoble. Mais, que voulez-vous! je l'aime. Pourquoi? je n'en sais rien. Autour de moi, tout a beau péricliter, s'effondrer, je suis quand même, dès le lendemain, gaie et confiante sur les ruines... J'ai pensé souvent que mon cas est, en petit, celui de l'humanité, qui vit, certes, dans une misère affreuse, mais que ragaillardit la jeunesse de chaque génération. A la suite de chacune des crises qui m'abattent, c'est comme une jeunesse nouvelle, un printemps dont les promesses de sève me réchauffent et me relèvent le cœur. Cela est tellement vrai, que, après une grosse peine, si je sors dans la rue, au soleil, tout de suite je me remets à aimer, à espérer, à être heureuse. Et l'âge n'a pas de prise sur moi, j'ai la naïveté de vieillir sans m'en apercevoir... Voyez-vous, j'ai beaucoup trop lu pour une femme, je ne sais plus du tout où je vais, pas plus, d'ailleurs, que ce vaste monde ne le sait lui-même. Seulement, c'est malgré moi, il me semble que je vais, que nous allons tous à quelque chose de très bien et de parfaitement gai.

Elle finissait par tourner à la plaisanterie, émue pourtant, voulant cacher l'attendrissement de son espoir ; tandis que son frère, qui avait levé la tête, la regardait avec une adoration pleine de gratitude.

— Oh! toi, déclara-t-il, tu es faite pour les catastrophes, tu es l'amour de la vie!

Dans ces quotidiennes causeries du matin, une fièvre s'était peu à peu déclarée, et si madame Caroline retournait à cette joie naturelle, inhérente à sa santé même, cela provenait du courage que leur apportait Saccard, avec sa flamme active des grandes affaires. C'était chose presque décidée, on allait exploiter le fameux portefeuille. Sous les éclats de sa voix aiguë, tout s'animait, s'exagérait. D'abord, on mettait la main sur la Méditerranée, on la conquérait, par la Compagnie générale des Paquebots réunis ; et il énumérait les ports de tous les pays du littoral où l'on créerait des stations, et il mêlait des souvenirs classiques effacés à son enthousiasme d'agioteur, célébrant cette mer, la seule que le monde ancien eût connue, cette mer bleue autour de laquelle la civilisation a fleuri, dont les flots ont baigné les antiques villes, Athènes, Rome, Tyr, Alexandrie, Carthage, Marseille, toutes celles qui ont fait l'Europe. Puis, lorsqu'on s'était assuré ce vaste chemin de l'Orient, on débutait là-bas, en

Syrie, par la petite affaire de la Société des mines d'argent du Carmel, rien que quelques millions à gagner en passant, mais un excellent lançage, car cette idée d'une mine d'argent, de l'argent trouvé dans la terre, ramassé à la pelle, était toujours passionnante pour le public, surtout quand on pouvait y accrocher l'enseigne d'un nom prodigieux et retentissant comme celui du Carmel. Il y avait aussi là-bas des mines de charbon, du charbon à fleur de roche, qui vaudrait de l'or, lorsque le pays se couvrirait d'usines; sans compter les autres menues entreprises qui serviraient d'entr'actes, des créations de banques, des syndicats pour les industries florissantes, une exploitation des vastes forêts du Liban, dont les arbres géants pourrissent sur place, faute de routes. Enfin, il arrivait au gros morceau, à la Compagnie des chemins de fer d'Orient, et là il délirait, car ce réseau de lignes ferrées, jeté d'un bout à l'autre sur l'Asie Mineure, comme un filet, c'était pour lui la spéculation, la vie de l'argent, prenant d'un coup ce vieux monde, ainsi qu'une proie nouvelle, encore intacte, d'une richesse incalculable, cachée sous l'ignorance et la crasse des siècles. Il en flairait le trésor, il hennissait comme un cheval de guerre, à l'odeur de la bataille.

Madame Caroline, d'un bon sens si solide, très réfractaire d'habitude aux imaginations trop chaudes, se laissait pourtant aller à cet enthousiasme, n'en voyait plus nettement l'outrance. A la vérité, cela caressait en elle sa tendresse pour l'Orient, son regret de cet admirable pays, où elle s'était crue heureuse; et, sans calcul, par un contre-effet logique, c'était elle, ses descriptions colorées, ses renseignements débordants, qui fouettaient de plus en plus la fièvre de Saccard. Quand elle parlait de Beyrout, où elle avait habité trois ans, elle ne tarissait pas : Beyrout, au pied du Liban, sur sa langue de terre, entre des grèves de sable rouge et des écroulements de rochers, Beyrout avec ses maisons en amphithéâtre, au milieu de vastes jardins, un paradis délicieux planté d'orangers, de citronniers et de palmiers. Puis, c'étaient toutes les villes de la côte, au nord Antioche, déchue de sa splendeur, au sud Saïda, l'ancienne Sidon, Saint-Jean-d'Acre, Jaffa, et Tyr, la Sour actuelle, qui les résume toutes, Tyr dont les marchands étaient des rois, dont les marins avaient fait le tour de l'Afrique, et qui, aujourd'hui, avec son port comblé par les sables, n'est plus qu'un champ de ruines, une poussière de palais, où ne se dressent, misérables et éparses, que quelques cabanes de pêcheurs. Elle avait accompagné son frère partout, elle connaissait Alep, Angora, Brousse, Smyrne, jusqu'à Trébizonde; elle avait vécu un mois à Jérusalem, endormie dans le trafic des lieux saints, puis deux autres mois à Damas, la reine de l'Orient, au centre de sa vaste plaine, la ville commerçante et industrielle, dont les caravanes de la Mecque et de Bagdad font un centre grouillant de foule. Elle connaissait aussi les vallées et les montagnes, les villages des Maronites et des Druses perchés sur les plateaux, perdus au fond des gorges, les champs cultivés et les champs stériles. Et, des moindres coins, des déserts muets comme des grandes villes, elle avait rapporté la même admiration pour l'inépuisable, la luxuriante nature, la même colère contre les hommes stupides et mauvais. Que de richesses naturelles dédaignées ou gâchées! Elle disait les charges qui écrasent le commerce et l'industrie, cette loi imbécile qui empêche de consacrer les capitaux à l'agriculture, au delà d'un certain chiffre, et la routine qui laisse aux mains du paysan la charrue dont on se servait avant Jésus-Christ, et l'ignorance où croupissent encore de nos jours ces millions d'hommes, pareils à des enfants idiots, arrêtés dans leur croissance. Autrefois, la côte se trouvait trop petite, les villes se touchaient; maintenant, la vie s'en est allée vers l'Occident, il semble qu'on traverse un immense cimetière abandonné. Pas d'écoles, pas de routes, le pire des gouvernements, la justice vendue, un personnel administratif exécrable, des impôts trop lourds, des lois absurdes, la paresse, le fanatisme; sans compter les continuelles secousses des guerres civiles, des massacres qui emportent des villages entiers.

Alors, elle se fâchait, elle demandait s'il était permis de gâter ainsi l'œuvre de la nature, une terre bénie, d'un charme exquis, où tous les climats se retrouvaient, les plaines ardentes, les flancs tempérés des montagnes, les neiges éternelles des hauts sommets. Et son amour de la vie, sa vivace espérance la faisaient se passionner, à l'idée du coup de baguette tout-puissant dont la science et la spéculation pouvaient frapper cette vieille terre endormie, pour la réveiller.

— Tenez! criait Saccard, cette gorge du Carmel, que vous avez dessinée là, où il n'y a que des pierres et des lentisques, eh bien! dès que la mine d'argent sera en exploitation, il y poussera d'abord un village, puis une ville... Et tous ces ports encombrés de sable, nous les nettoierons, nous les protégerons de fortes jetées. Des navires de haut bord stationneront où des barques n'osent s'amarrer aujourd'hui... Et, dans ces plaines dépeuplées, ces cols déserts, que nos lignes ferrées traverseront, vous verrez toute une résurrection, oui! les champs se défricher, des routes et des canaux s'établir, des cités nouvelles sortir du sol, la vie enfin revenir comme elle revient à un corps malade, lorsque, dans les veines appauvries, on active la circulation d'un sang nouveau... Oui! l'argent fera ces prodiges.

Et, devant l'évocation de cette voix perçante, madame Caroline voyait réellement se lever la civilisation prédite. Ces épures sèches, ces tracés linéaires s'animaient, se peuplaient : c'était le rêve qu'elle avait fait parfois d'un Orient débarbouillé de sa crasse, tiré de son ignorance, jouissant du sol fertile, du ciel charmant, avec tous les raffinements de la science. Déjà, elle avait assisté au miracle, ce Port-Saïd qui, en si peu d'années, venait de pousser sur une plage nue, d'abord des cabanes pour abriter les quelques ouvriers de la première heure, puis la cité de deux mille âmes, la cité de dix mille âmes, des maisons, des magasins immenses, une jetée gigantesque, de la vie et du bien-être créés avec entêtement par les fourmis humaines. Et c'était bien cela qu'elle voyait se dresser de nouveau, la marche en avant, irrésistible, la poussée sociale qui se rue au plus de bonheur possible, le besoin d'agir, d'aller devant soi, sans savoir au juste où l'on va, mais d'aller plus à l'aise, dans des conditions meilleures; et le globe bouleversé par la fourmilière qui refait sa maison, et le continuel travail, de nouvelles jouissances conquises, le pouvoir de l'homme décuplé, la terre lui appartenant chaque jour davantage. L'argent, aidant la science, faisait le progrès.

Hamelin, qui écoutait en souriant, avait eu alors un mot sage.

— Tout cela, c'est la poésie des résultats, et nous n'en sommes pas même à la prose de la mise en œuvre.

Mais Saccard ne s'échauffait que par l'outrance de ses conceptions, et ce fut pis, le jour où, s'étant mis à lire des livres sur l'Orient, il ouvrit une histoire de l'expédition d'Égypte. Déjà, le souvenir des Croisades le hantait, ce retour de l'Occident vers l'Orient, son berceau, ce grand mouvement qui avait ramené l'extrême Europe aux pays d'origine, en pleine floraison encore, et où il y avait tant à apprendre. Seulement, la haute figure de Napoléon le frappa davantage, allant guerroyer là-bas, dans un but grandiose et mystérieux. S'il parlait de conquérir l'Égypte, d'y installer un établissement français, de donner ainsi à la France le commerce du Levant, il ne disait certainement pas tout; et Saccard voulait voir, dans le côté de l'expédition qui est resté vague et énigmatique, il ne savait au juste quel projet de colossale ambition, un immense empire reconstruit, Napoléon couronné à Constantinople, empereur d'Orient et des Indes, réalisant le rêve d'Alexandre, plus grand que César et Charlemagne. Ne disait-il pas, à Sainte-Hélène, en parlant de Sidney, le général anglais qui l'avait arrêté devant Saint-Jean-d'Acre : « Cet homme m'a fait manquer ma fortune. » Et ce que les Croisades avaient tenté, ce que Napoléon n'avait pu accomplir, c'était cette pensée gigantesque de la conquête de l'Orient qui enflammait Saccard, mais une conquête raisonnée, réalisée par la double force de la science et de l'argent. Puisque la civilisation était allée de l'est à l'ouest, pourquoi donc ne reviendrait-elle pas vers l'est, retournant au premier jardin de l'humanité, à cet Eden de la presqu'île hindoustanique, qui dormait dans la fatigue des siècles? Ce serait une nouvelle jeunesse, il galvanisait le paradis terrestre, le refaisait habitable par la vapeur et l'électricité, replaçait l'Asie Mineure comme centre du vieux monde, comme point de croisement des grands chemins naturels qui relient les continents. Ce n'étaient plus des millions à gagner, mais des milliards et des milliards.

Dès lors, chaque matin, Hamelin et lui eurent de longues conférences. Si l'espoir était vaste, les difficultés se présentaient, nombreuses, énormes. L'ingénieur, qui justement était à Beyrout, en 1862, pendant l'horrible boucherie que les Druses firent des chrétiens maronites, et qui nécessita l'intervention de la France, ne cachait pas les obstacles qu'on rencontrerait parmi ces populations en continuelle bataille, livrées au bon plaisir des autorités locales. Seulement, il avait, à Constantinople, de puissantes relations, il s'était assuré l'appui du grand vizir, Fuad-Pacha, homme de réel mérite, partisan déclaré des réformes; et il se flattait d'obtenir de lui toutes les concessions nécessaires. D'autre part, bien qu'il prophétisât la banqueroute fatale de l'empire ottoman, il voyait plutôt une circonstance favorable dans ce besoin effréné d'argent, ces emprunts qui se suivaient d'année en année : un gouvernement besogneux, s'il n'offre pas de garantie personnelle, est tout prêt à s'entendre avec les entreprises particulières, dès qu'il y trouve le moindre bénéfice. Et n'était-ce pas une manière pratique de trancher l'éternelle et encombrante question d'Orient, en intéressant l'empire à de grands travaux civilisateurs, en l'amenant au progrès, pour qu'il ne fût plus cette monstrueuse borne, plantée entre l'Europe et l'Asie. Quel beau rôle patriotique joueraient là des Compagnies françaises!

Puis, un matin, tranquillement, Hamelin aborda le programme secret auquel il faisait parfois allusion, ce qu'il appelait, en souriant, le couronnement de l'édifice.

— Alors, quand nous serons les maîtres, nous referons le royaume de Palestine, et nous y mettrons le pape... D'abord, on pourra se contenter de Jérusalem, avec Jaffa comme port de mer. Puis, la Syrie sera déclarée indépendante, et on la joindra... Vous savez que les temps sont proches où la papauté ne pourra rester dans Rome, sous les révoltantes humiliations qu'on lui prépare. C'est pour ce jour-là qu'il nous faudra être prêts.

Saccard, béant, l'écoutait dire ces choses d'une voix simple, avec sa foi profonde de catholique. Lui-même ne reculait pas devant les imaginations extravagantes, mais jamais il ne serait allé jusqu'à celle-ci. Cet homme de science, d'apparence si froide, le stupéfiait. Il cria :

— C'est fou ! La Porte ne donnera pas Jérusalem.

— Oh ! pourquoi? reprit paisiblement Hamelin. Elle a tant besoin d'argent ! Jérusalem l'ennuie, ce sera un bon débarras. Souvent, elle ne sait quel parti prendre, entre les diverses communions qui se disputent la possession des sanctuaires... D'ailleurs, le pape aurait en Syrie un véritable appui parmi les Maronites, car vous n'ignorez pas qu'il a installé, à Rome, un collège pour leurs prêtres... Enfin, j'ai bien réfléchi, j'ai tout prévu, et ce sera l'ère nouvelle, l'ère triomphale du catholicisme. Peut-être dira-t-on que c'est aller trop loin, que le pape se trouvera comme séparé, désintéressé des affaires de l'Europe. Mais de quel éclat, de quelle autorité ne rayonnera-t-il pas, lorsqu'il trônera aux lieux saints, parlant au nom du Christ, de la terre sacrée où le Christ a parlé ! C'est là qu'est son patrimoine, c'est là que doit être son royaume. Et, soyez tranquille, nous le ferons puissant et solide, ce royaume, nous le mettrons à l'abri des perturbations politiques, en basant son budget, avec la garantie des ressources du pays, sur une vaste banque dont les catholiques du monde entier se disputeront les actions.

Saccard, qui s'était mis à sourire, déjà séduit par l'énormité du projet, sans être convaincu, ne put s'empêcher de baptiser cette banque, dans un cri joyeux de trouvaille.

— Le Trés. r du Saint-Sépulcre, hein? superbe! l'affaire est là!

Mais il rencontra le regard raisonnable de madame Caroline, qui souriait elle aussi, sceptique, un peu fâchée même; et il eut honte de son enthousiasme.

— N'importe, mon cher Hamelin, nous ferons bien de tenir secret ce couronnement de l'édifice, comme vous dites. On se moquerait de nous. Et puis, notre programme est déjà terriblement chargé, il est bon d'en réserver les conséquences extrêmes, la fin glorieuse, aux seuls initiés.

— Sans doute, telle a toujours été mon intention, déclara l'ingénieur. Ceci sera le mystère.

Et ce fut sur ce mot, ce jour-là, que l'exploitation du portefeuille, la mise en œuvre de toute l'énorme série des projets fut définitivement résolue. On commencerait par créer une modeste maison de crédit pour lancer les premières affaires; puis, le succès aidant, peu à peu on se rendrait maître du marché, on conquerrait le monde.

Le lendemain, comme Saccard était monté chez la princesse d'Orviedo, pour prendre un ordre au sujet de l'Œuvre du Travail, le souvenir lui revint du rêve qu'il avait caressé un moment, d'être le prince époux de cette reine de l'aumône, simple dispensateur et administrateur de la fortune des pauvres. Et il sourit, car il trouvait cela un peu niais, à cette heure. Il était bâti pour faire de la vie et non pour panser les blessures que la vie a faites. Enfin, il allait se retrouver sur son chantier, en plein dans la bataille des intérêts, dans cette course au bonheur qui a été la marche même de l'humanité, de siècle en siècle, vers plus de joie et plus de lumière.

Ce même jour, il trouva madame Caroline seule, dans le cabinet aux épures. Elle était debout devant une des fenêtres, retenue là par une apparition de la comtesse de Beauvilliers et de sa fille, dans le jardin voisin, à une heure inaccoutumée. Les deux femmes lisaient une lettre, d'un air de grande tristesse : sans doute une lettre du fils, de Ferdinand, dont la situation ne devait pas être brillante, à Rome.

— Regardez, dit madame Caroline, en reconnaissant Saccard. Encore quelque chagrin pour ces malheureuses. Les pauvresses, dans la rue, me font moins de peine.

— Bah! s'écria-t-il gaiement, vous les prierez de venir me voir. Nous les enrichirons, elles aussi, puisque nous allons faire la fortune de tout le monde.

Et, dans sa fièvre heureuse, il chercha ses lèvres, pour les baiser. Mais, d'un mouvement brusque, elle avait retiré la tête, devenue grave et pâlie d'un involontaire malaise.

— Non, je vous en prie.

C'était la première fois qu'il tentait de la reprendre, depuis qu'elle s'était abandonnée à lui, dans une minute de complète inconscience. Les affaires sérieuses arrangées, il pensait à sa bonne fortune, voulant aussi, de ce côté, régler la situation. Ce vif mouvement de recul l'étonna.

— Bien vrai, cela vous ferait de la peine?

— Oui, beaucoup de peine.

Elle se calmait, elle souriait à son tour.

— D'ailleurs, avouez que vous-même n'y tenez guère.

— Oh! moi, je vous adore.

— Non, ne dites pas ça, vous allez être si occupé! Et puis, je vous assure que je suis prête à avoir de la vraie amitié pour vous, si vous êtes l'homme actif que je crois, et si vous faites toutes les grandes choses que vous dites... Voyons, c'est bien meilleur, l'amitié!

Il l'écoutait, souriant toujours, gêné et combattu pourtant. Elle le refusait, c'était ridicule de ne l'avoir eue qu'une fois, par surprise. Mais sa vanité seule en souffrait.

— Alors, amis seulement?

— Oui, je serai votre camarade, je vous aiderai... Amis, grands amis!

Elle tendit les joues, et, conquis, trouvant qu'elle avait raison, il y posa deux gros baisers.

III

La lettre du banquier russe de Constantinople, que Sigismond avait traduite, était une réponse favorable, attendue pour mettre à Paris l'affaire en branle; et, dès le surlendemain, Saccard, à son réveil, eut l'inspiration qu'il fallait agir ce jour-là même, qu'il devait avoir, d'un coup, avant la nuit, formé le syndicat dont il voulait être sûr, pour placer à l'avance les cinquante mille actions de cinq cents francs de sa société anonyme, lancée au capital de vingt-cinq millions.

En sautant du lit, il venait de trouver enfin le titre de cette société, l'enseigne qu'il cherchait depuis longtemps. Les mots : la Banque Universelle, avaient brusquement flambé devant lui, comme en caractères de feu, dans la chambre encore noire.

— La Banque Universelle, ne cessa-t-il de répéter, tout en s'habillant, la Banque Universelle, c'est simple, c'est grand, ça englobe tout, ça couvre le monde... Oui, oui, excellent! la Banque Universelle!

Jusqu'à neuf heures et demie, il marcha à travers les vastes pièces, absorbé, ne sachant par où il commencerait sa chasse aux millions, dans Paris. Vingt-cinq millions, cela se trouve encore au tournant d'une rue; même, c'était l'embarras du choix qui le faisait réfléchir, car il y voulait mettre quelque méthode. Il but une tasse de lait, il ne se fâcha pas, lorsque le cocher monta lui expliquer que le cheval n'était pas bien, à la suite d'un refroidissement sans doute, et qu'il serait plus sage de faire venir le vétérinaire.

— C'est bon, faites... Je prendrai un fiacre.

Mais, sur le trottoir, il fut surpris par le vent aigre qui soufflait : un brusque retour de l'hiver, dans ce mai si doux la veille encore. Il ne pleuvait pourtant pas, de gros nuages jaunes montaient à l'horizon. Et il ne prit pas de fiacre, pour se réchauffer en marchant ; il se dit qu'il descendrait d'abord à pied chez Mazaud, l'agent de change, rue de la Banque ; car l'idée lui était venue de le sonder sur Daigremont, le spéculateur bien connu, l'homme heureux de tous les syndicats. Seulement, rue Vivienne, du ciel envahi de nuées livides, une telle giboulée creva, mêlée de grêle, qu'il se réfugia sous une porte cochère.

Depuis une minute, Saccard était là, à regarder tomber l'averse, lorsque, dominant le roulement de l'eau, une claire sonnerie de pièces d'or lui fit dresser l'oreille. Cela semblait sortir des entrailles de la terre, continu, léger et musical, comme dans un conte des *Mille et une Nuits*. Il tourna la tête, se reconnut, vit qu'il se trouvait sous la porte de la maison Kolb, un banquier qui s'occupait surtout d'arbitrages sur l'or, achetant le numéraire dans les États où il était à bas cours, puis le fondant, pour vendre les lingots ailleurs, dans les pays où l'or était en hausse ; et, du matin au soir, les jours de fonte, montait du sous-sol ce bruit cristallin des pièces d'or, remuées à la pelle, prises dans des caisses, jetées dans le creuset. Les passants du trottoir en ont les oreilles qui tintent, d'un bout de l'année à l'autre. Maintenant, Saccard souriait complaisamment à cette musique, qui était comme la voix souterraine de ce quartier de la Bourse. Il y vit un heureux présage.

La pluie ne tombait plus, il traversa la place, se trouva tout de suite chez Mazaud. Par une exception, le jeune agent de change avait son domicile personnel, au premier étage, dans la maison même où les bureaux de sa charge étaient installés, occupant tout le second. Il avait simplement repris l'appartement de son oncle, lorsque, à la mort de celui-ci, il s'était entendu avec ses cohéritiers pour racheter la charge.

Dix heures sonnaient, et Saccard monta directement aux bureaux, à la porte desquels il se rencontra avec Gustave Sédille.

— Est-ce que monsieur Mazaud est là?

— Je ne sais pas, monsieur, j'arrive.

Le jeune homme souriait, toujours en retard, prenant à l'aise son emploi de simple amateur, qu'on ne payait pas, résigné à passer là un an ou deux pour faire plaisir à son père, le fabricant de soie de la rue des Jeûneurs.

Saccard traversa la caisse, salué par le caissier d'argent et par le caissier des titres; puis, il entra dans le cabinet des deux fondés de pouvoirs, où il ne trouva que Berthier, celui des deux qui était chargé des relations avec les clients et qui accompagnait le patron à la Bourse.

— Est-ce que monsieur Mazaud est là?

— Mais je le pense, je sors de son cabinet... Tiens! non, il n'y est plus... C'est qu'il est dans le bureau du comptant.

Il avait poussé une porte voisine, il faisait du regard le tour d'une assez vaste pièce, où cinq employés travaillaient, sous les ordres du premier commis.

— Non, c'est particulier!... Voyez donc vous-même à la liquidation, là, à côté.

Saccard entra dans le bureau de la liquidation. C'était là que le liquidateur, le pivot de la charge, aidé de sept employés, dépouillait le carnet que lui remettait l'agent, chaque jour, après la Bourse, puis appliquait aux clients les affaires faites selon les ordres reçus, en s'aidant des fiches, conservées pour savoir les noms; car le carnet ne porte pas les noms, ne contient que l'indication brève de l'achat ou de la vente: telle valeur, telle quantité, tel cours, de tel agent.

— Est-ce que avez vu monsieur Mazaud? demanda Saccard.

Mais on ne lui répondit même pas. Le liquidateur étant sorti, trois employés lisaient leur journal, deux autres regardaient en l'air; tandis que l'entrée de Gustave Sédille venait d'intéresser vivement le petit Flory, qui, le matin, faisait des écritures, échangeait des engagements, et qui, l'après-midi, à la Bourse, était chargé des télégrammes. Né à Saintes, d'un père employé à l'enregistrement, d'abord commis à Bordeaux chez un banquier, tombé ensuite à Paris chez Mazaud, vers la fin du dernier automne, il n'y avait d'autre avenir que d'y doubler peut-être ses appointements, en dix années. Jusque-là, il s'y était bien conduit, régulier, consciencieux. Seulement, depuis un mois que Gustave était entré à la charge, il se dérangeait, entraîné par son nouveau camarade, très élégant, très lancé, pourvu d'argent, et qui lui avait fait connaître des femmes. Flory, le visage mangé de barbe, avait là-dessous un nez à passions, une bouche aimable, des yeux tendres; et il en était aux petites parties fines, pas chères, avec mademoiselle Chuchu, une figurante des Variétés, une maigre sauterelle du pavé parisien, la fille ensauvée d'une concierge de Montmartre, amusante avec sa figure de papier mâché, où luisaient de grands yeux bruns admirables.

Gustave, ayant même d'ôter son chapeau, lui contait sa soirée.

— Oui, mon cher, j'ai bien cru que Germaine me flanquerait dehors, parce que Jacoby est venu. Mais c'est lui qu'elle a trouvé le moyen de mettre à la porte, ah! je ne sais comment, par exemple! Et je suis resté.

Tous deux s'étouffèrent de rire. Il s'agissait de Germaine Cœur, une superbe fille de vingt-cinq ans, un peu indolente et molle, dans l'opulence de sa gorge, qu'un collègue de Mazaud, le juif Jacoby, entretenait au mois. Elle avait toujours été avec des boursiers, et toujours au mois, ce qui est commode pour des hommes très occupés, la tête embarrassée de chiffres, payant l'amour comme le reste, sans trouver le temps d'une vraie passion. Elle était agitée d'un souci unique, dans son petit appartement de la rue de la Michodière, celui d'éviter les rencontres entre les messieurs qui pouvaient se connaître.

— Dites donc, questionna Flory, je croyais que vous vous réserviez pour la jolie papetière?

Mais cette allusion à madame Conin rendit Gustave sérieux. Celle-ci, on la respectait : c'était une femme honnête ; et, quand elle voulait bien, il n'y avait pas d'exemple qu'un homme se fût montré bavard, tellement on restait bons amis. Aussi, ne voulant pas répondre, Gustave posa-t-il à son tour une question.

— Et Chuchu, vous l'avez menée à Mabille ?

— Ma foi, non ! c'est trop cher. Nous sommes rentrés, nous avons fait du thé.

Derrière les jeunes gens, Saccard avait entendu ces noms de femme, qu'ils chuchotaient d'une voix rapide. Il eut un sourire, il s'adressa à Flory.

— Est-ce que vous n'avez pas vu monsieur Mazaud ?

— Si, monsieur, il est venu me donner un ordre, et il est redescendu à son appartement... Je crois que son petit garçon est malade, on l'a averti que le docteur était là... Vous devriez sonner chez lui, car il peut très bien sortir, sans remonter.

Saccard remercia, se hâta de descendre un étage. Mazaud était un des plus jeunes agents de change, comblé par le sort, ayant eu cette chance de la mort de son oncle, qui l'avait rendu titulaire d'une des plus fortes charges de Paris, à un âge où l'on apprend encore les affaires. Dans sa petite taille, il était de figure agréable, avec de minces moustaches brunes, des yeux noirs perçants ; et il montrait une grande activité, l'intelligence très alerte, elle aussi. On le citait déjà, à la corbeille, pour cette vivacité d'esprit et de corps, si nécessaire dans le métier, et qui, jointe à beaucoup de flair, à une intuition remarquable, allait le mettre au premier rang ; sans compter qu'il avait une voix aiguë, des renseignements de Bourses étrangères de première main, des relations chez tous les grands banquiers, enfin un arrière-cousin, disait-on, à l'agence Havas. Sa femme, épousée par amour, lui avait apporté douze cent mille francs de dot, une jeune femme charmante dont il avait déjà deux enfants, une fillette de trois ans et un petit garçon de dix-huit mois.

Justement, Mazaud reconduisait jusqu'au palier le docteur, qui le rassurait, en riant.

— Entrez donc, dit-il à Saccard. C'est vrai, avec ces petits êtres, on s'inquiète tout de suite, on les croit perdus pour le moindre bobo.

Et il l'introduisit ainsi dans le salon, où sa femme se trouvait encore, tenant le bébé sur ses genoux, tandis que la petite fille, heureuse de voir sa mère gaie, se haussait pour l'embrasser. Tous les trois étaient blonds, d'une fraîcheur de lait, la jeune mère d'air aussi délicat et ingénu que les enfants. Il lui mit un baiser sur les cheveux.

— Tu vois bien que nous étions fous.

— Ah! ça ne fait rien, mon ami, je suis si contente qu'il nous ait rassurés!

Devant ce grand bonheur, Saccard s'était arrêté, en saluant. La pièce, luxueusement meublée, sentait bon la vie heureuse de ce ménage, que rien encore n'avait désuni : à peine, depuis quatre ans qu'il était marié, donnait-on à Mazaud une courte curiosité pour une chanteuse de l'Opéra-Comique. Il restait un mari fidèle, de même qu'il avait la réputation de ne pas encore trop jouer pour son compte, malgré la fougue de sa jeunesse. Et cette bonne odeur de chance, de félicité sans nuage, se respirait réellement dans la paix discrète des tapis et des tentures, dans le parfum dont un gros bouquet de roses, débordant d'un vase de Chine, avait imprégné toute la pièce.

Madame Mazaud, qui connaissait un peu Saccard, lui dit gaiement :

— N'est-ce pas, monsieur, qu'il suffit de le vouloir pour être toujours heureux?

— J'en suis convaincu, madame, répondit-il. Et puis, il y a des personnes si belles et si bonnes, que le malheur n'ose jamais les toucher.

Elle s'était levée, rayonnante. Elle embrassa à son tour son mari, elle s'en alla, emportant le petit garçon, suivie de la fillette, qui s'était pendue au cou de son père. Celui-ci, voulant cacher son émotion, se retourna vers le visiteur, avec un mot de blague parisienne.

— Vous voyez, on ne s'embête pas, ici.

Puis, vivement :

— Vous avez quelque chose à me dire?... Montons, voulez-vous? nous serons mieux.

En haut, devant la caisse, Saccard reconnut Sabatani, qui venait toucher des différences ; et il fut surpris de la poignée de main cordiale que l'agent échangea avec son client. D'ailleurs, dès qu'il fut assis dans le cabinet, il expliqua sa visite, en le questionnant sur les formalités, pour faire admettre une valeur à la cote officielle. Négligemment, il dit l'affaire qu'il allait lancer, la Banque Universelle, au capital de vingt-cinq millions. Oui, une maison de crédit créée surtout dans le but de patronner de grandes entreprises, qu'il indiqua d'un mot. Mazaud l'écoutait, ne bronchait pas ; et, avec une obligeance parfaite, il expliqua les formalités à remplir. Mais il n'était pas dupe, il se doutait que Saccard ne se serait pas dérangé pour si peu. Aussi, lorsque ce dernier prononça enfin le nom de Daigremont, eut-il un sourire involontaire. Certes, Daigremont avait l'appui d'une fortune colossale ; on disait bien qu'il n'était pas d'une fidélité très sûre ; seulement, qui était fidèle, en affaires et en amour? personne! Du reste, lui, Mazaud, se serait fait un scrupule de dire la vérité sur Daigremont, après leur rupture, qui avait occupé toute la Bourse. Celui-ci, maintenant, donnait la plupart de ses ordres à Jacoby, un juif de Bordeaux, un grand gaillard de soixante ans, à large figure gaie, dont la voix mugissante était célèbre, mais qui devenait lourd, le ventre empâté ; et c'était comme une rivalité qui se posait entre les deux agents, le jeune favorisé par la chance, le vieux arrivé à l'ancienneté, ancien fondé de pouvoirs à qui des commanditaires avaient enfin permis d'acheter la charge de son patron, d'une pratique et d'une ruse extraordinaires, perdu malheureusement par sa passion du jeu, toujours à la veille d'une catastrophe, malgré des gains considérables. Tout se fondait dans les liquidations. Germaine Cœur ne lui coûtait que quelques billets de mille francs, et on ne voyait jamais sa femme.

— Enfin, dans cette affaire de Caracas, conclut Mazaud, cédant à la rancune, malgré sa grande correction, il est certain que Daigremont a trahi et qu'il a raflé les bénéfices... Il est très dangereux.

Puis, après un silence :

— Mais pourquoi ne vous adressez-vous pas à Gundermann ?

— Jamais ! cria Saccard, que la passion emportait.

A ce moment, Berthier, le fondé de pouvoirs, entra et chuchota quelques mots à l'oreille de l'agent. C'était la baronne Sandorff qui venait payer des différences et qui soulevait toutes sortes de chicanes, pour réduire son compte. D'habitude, Mazaud s'empressait, recevait lui-même la baronne ; mais, quand elle avait perdu, il l'évitait comme la peste, certain d'un trop rude assaut à sa galanterie. Il n'y a pas pires clientes que les femmes, d'une mauvaise foi plus absolue, dès qu'il s'agit de payer.

— Non, non, dites que je n'y suis pas, répondit-il avec humeur. Et ne faites pas grâce d'un centime, entendez-vous !

Et, lorsque Berthier fut parti, voyant au sourire de Saccard qu'il avait entendu :

— C'est vrai, mon cher, elle est très gentille, celle-là, mais vous n'avez pas idée de cette rapacité... Ah ! les clients, comme ils nous aimeraient, s'ils gagnaient toujours ! Et plus ils sont riches, plus ils sont du beau monde, Dieu me pardonne ! plus je me méfie, plus je tremble de n'être pas payé... Oui, il y a des jours où, en dehors des grandes maisons, j'aimerais mieux n'avoir qu'une clientèle de province.

La porte s'était rouverte, un employé lui remit un dossier qu'il avait demandé le matin, et sortit.

— Tenez ! ça tombe bien. Voici un receveur de rentes, installé à Vendôme, un sieur Fayeux... Eh bien ! vous n'avez pas idée de la quantité d'ordres que je reçois de ce correspondant. Sans doute, ces ordres sont de peu d'importance, venant de petits bourgeois, de petits commerçants, de fermiers. Mais il y a le nombre... En vérité, le meilleur de nos maisons, le fond même est fait des joueurs modestes, de la grande foule anonyme qui joue.

Une association d'idées se fit, Saccard se rappela Sabatani au guichet de la caisse.

— Vous avez donc Sabatani, maintenant? demanda-t-il.

— Depuis un an, je crois, répondit l'agent d'un air d'aimable indifférence. C'est un gentil garçon, n'est-ce pas? Il a commencé petitement, il est très sage et il fera quelque chose.

Ce qu'il ne disait point, ce dont il ne se souvenait même plus, c'était que Sabatani avait seulement déposé chez lui une couverture de deux mille francs. De là, le jeu si modéré du début. Sans doute, comme tant d'autres, le Levantin attendait que la médiocrité de cette garantie fût oubliée; et il donnait des preuves de sagesse, il n'augmentait que graduellement l'importance de ses ordres, en attendant le jour où, culbutant dans une grosse liquidation, il disparaîtrait. Comment montrer de la défiance vis-à-vis d'un charmant garçon dont on est devenu l'ami? comment douter de sa solvabilité, lorsqu'on le voit gai, d'apparence riche, avec cette tenue élégante qui est indispensable, comme l'uniforme même du vol à la Bourse?

— Très gentil, très intelligent, répéta Saccard, qui prit soudain la résolution de songer à Sabatani, le jour où il aurait besoin d'un gaillard discret et sans scrupules.

Puis, se levant et prenant congé :

— Allons, adieu!... Lorsque nos titres seront prêts, je vous reverrai, avant de tâcher de les faire admettre à la cote.

Et, comme Mazaud, sur le seuil du cabinet, lui serrait la main, en disant :

— Vous avez tort, voyez donc Gundermann pour votre syndicat.

— Jamais! cria-t-il de nouveau, l'air furieux.

Enfin, il sortait, lorsqu'il reconnut devant le guichet

de la caisse Moser et Pillerault : le premier empochait d'un air navré son gain de la quinzaine, sept ou huit billets de mille francs; tandis que l'autre, qui avait perdu, payait une dizaine de mille francs, avec des éclats de voix, l'air agressif et superbe, comme après une victoire. L'heure du déjeuner et de la Bourse approchait, la charge allait se vider en partie; et, la porte du bureau de la liquidation s'étant entr'ouverte, des rires s'en échappèrent, le récit que Gustave faisait à Flory d'une partie de canot, dans laquelle la barreuse, tombée à la Seine, avait perdu jusqu'à ses bas.

Dans la rue, Saccard regarda sa montre. Onze heures, que de temps perdu ! Non, il n'irait pas chez Daigremont; et, bien qu'il se fût emporté au seul nom de Gundermann, il se décida brusquement à monter le voir. D'ailleurs, ne l'avait-il pas prévenu de sa visite, chez Champeaux, en lui annonçant sa grande affaire, pour lui clouer aux lèvres son mauvais rire? Il se donna même comme excuse qu'il n'en voulait rien tirer, qu'il désirait seulement le braver, triompher de lui, qui affectait de le traiter en petit garçon. Et, une nouvelle giboulée s'étant mise à battre le pavé d'un ruissellement de fleuve, il sauta dans un fiacre, il cria l'adresse au cocher, rue de Provence.

Gundermann occupait là un immense hôtel, tout juste assez grand pour son innombrable famille. Il avait cinq filles et quatre garçons, dont trois filles et trois garçons mariés, qui lui avaient déjà donné quatorze petits-enfants. Lorsque, au repas du soir, cette descendance se trouvait réunie, ils étaient, en les comptant sa femme et lui, trente-un à table. Et, à part deux de ses gendres qui n'habitaient pas l'hôtel, tous les autres avaient là leurs appartements, dans les ailes de gauche et de droite, ouvertes sur le jardin; tandis que le bâtiment central était pris entièrement par l'installation des vastes bureaux de la banque. En moins d'un siècle, la monstrueuse fortune d'un milliard était née, avait poussé, débordé dans cette famille, par l'épargne, par l'heureux concours aussi des événements. Il y avait là comme une prédestination, aidée d'une intelligence vive, d'un travail acharné, d'un effort prudent et invincible, continuellement tendu vers le même but. Maintenant, tous les fleuves de l'or allaient à cette mer, les millions se perdaient dans ces millions, c'était un engouffrement de la richesse publique au fond de cette richesse d'un seul, toujours grandissante; et Gundermann était le vrai maître, le roi tout-puissant, redouté et obéi de Paris et du monde.

Pendant que Saccard montait le large escalier de pierre, aux marches usées par le continuel va-et-vient de la foule, plus usées déjà que le seuil des vieilles églises, il se sentait contre cet homme un soulèvement d'une inextinguible haine. Ah! le juif! il avait contre le juif l'antique rancune de race, qu'on trouve surtout dans le midi de la France; et c'était comme une révolte de sa chair même, une répulsion de peau qui, à l'idée du moindre contact, l'emplissait de dégoût et de violence, en dehors de tout raisonnement, sans qu'il pût se vaincre. Mais le singulier était que lui, Saccard, ce terrible brasseur d'affaires, ce bourreau d'argent aux mains louches, perdait la conscience de lui-même, dès qu'il s'agissait d'un juif, en parlait avec une âpreté, avec des indignations vengeresses d'honnête homme, vivant du travail de ses bras, pur de tout négoce usuraire. Il dressait le réquisitoire contre la race, cette race maudite qui n'a plus de patrie, plus de prince, qui vit en parasite chez les nations, feignant de reconnaître les lois, mais en réalité n'obéissant qu'à son Dieu de vol, de sang et de colère; et il la montrait remplissant partout la mission de féroce conquête que ce Dieu lui a donnée, s'établissant chez chaque peuple, comme l'araignée au centre de sa toile, pour guetter sa proie, sucer le sang de tous, s'engraisser de la vie des autres. Est-ce qu'on a jamais vu un juif faisant œuvre de ses dix doigts? est-ce qu'il y a des juifs paysans, des juifs ouvriers? Non, le travail déshonore, leur religion le défend presque, n'exalte que l'exploitation du travail d'autrui. Ah! les gueux! Saccard semblait pris d'une rage d'autant plus grande, qu'il les admirait, qu'il leur enviait leurs prodigieuses facultés financières, cette science innée des chiffres, cette aisance naturelle dans les opérations les plus compliquées, ce flair et cette chance qui assurent le triomphe de tout ce qu'ils entreprennent. A ce jeu de voleurs, disait-il, les chrétiens ne sont pas de force, ils finissent toujours par se noyer; tandis que prenez un juif qui ne sache même pas la tenue des livres, jetez-le dans l'eau trouble de quelque affaire véreuse, et il se sauvera, et il emportera tout le gain sur son dos. C'est le don de la race, sa raison d'être à travers les nationalités qui se font et se défont. Et il prophétisait avec emportement la conquête finale de tous les peuples par les juifs, quand ils auront accaparé la fortune totale du globe, ce qui ne tarderait pas, puisqu'on leur laissait chaque jour étendre librement leur royauté, et qu'on pouvait déjà voir, dans Paris, un Gundermann régner sur un trône plus solide et plus respecté que celui de l'empereur.

En haut, au moment d'entrer dans la vaste antichambre, Saccard eut un mouvement de recul, en la voyant pleine de remisiers, de solliciteurs, d'hommes, de femmes, de tout un grouillement tumultueux de foule. Les remisiers surtout luttaient à qui arriverait le premier, dans l'espoir improbable d'emporter un ordre; car le grand banquier avait ses agents à lui; mais c'était déjà un honneur, une recommandation que d'être reçu, et chacun d'eux voulait pouvoir s'en vanter. Aussi l'attente n'était-elle jamais longue, les deux garçons de bureau ne servaient guère qu'à organiser le défilé, un défilé incessant, un véritable galop, par les portes battantes. Et, malgré la foule, Saccard presque tout de suite fut introduit, dans le flot.

Le cabinet de Gundermann était une immense pièce, dont il n'occupait qu'un petit coin, au fond, près de la dernière fenêtre. Assis devant un simple bureau d'acajou, il se placait de façon à tourner le dos à la lumière, il avait le visage complètement dans l'ombre. Levé dès cinq heures, il était au travail, lorsque Paris dormait encore; et quand, vers neuf heures, la bousculade des appétits se ruait, galopant devant lui, sa journée déjà était faite. Au milieu du cabinet, à des bureaux plus vastes, deux de ses fils et un de ses gendres l'aidaient, rarement assis, s'agitant au milieu des allées et venues d'un monde d'employés. Mais c'était là le fonctionnement intérieur de la maison. La rue traversait toute la pièce, n'allait qu'à lui, au maître, dans son coin modeste; tandis que, durant des heures, jusqu'au déjeuner, l'air impassible et morne, il recevait, souvent d'un signe, parfois d'un mot, s'il voulait se montrer très aimable.

Dès que Gundermann aperçut Saccard, sa figure s'éclaira d'un faible sourire goguenard.

— Ah! c'est vous, mon bon ami... Asseyez-vous donc un instant, si vous avez quelque chose à me dire. Je suis à vous tout à l'heure.

Ensuite, il affecta de l'oublier. Saccard, du reste, ne s'impatientait pas, intéressé par le défilé des remisiers, qui, les uns sur les talons des autres, entraient avec le même salut profond, tiraient de leur redingote correcte le même petit carton, leur cote portant les cours de la Bourse, qu'ils présentaient au banquier du même geste suppliant et respectueux. Il en passait dix, il en passait vingt. Le banquier, chaque fois, prenait la cote, y jetait un coup d'œil, puis la rendait; et rien n'égalait sa patience, si ce n'était son indifférence complète, sous cette grêle d'offres.

Mais Massias se montra, avec son air gai et inquiet de bon chien battu. On le recevait si mal parfois, qu'il en aurait pleuré. Ce jour-là, sans doute, il était à bout d'humilité, car il se permit une insistance inattendue.

— Voyez donc, monsieur, le Mobilier est très bas... Combien faut-il que je vous en achète?

Gundermann, sans prendre la cote, leva ses yeux glauques sur ce jeune homme si familier. Et, rudement:

— Dites donc, mon ami, croyez-vous que ça m'amuse de vous recevoir?

— Mon Dieu! monsieur, reprit Massias devenu pâle, ça m'amuse encore moins de venir chaque matin pour rien, depuis trois mois.

— Eh bien! ne revenez pas.

Le remisier salua et se retira, après avoir échangé, avec Saccard, le coup d'œil furieux et navré d'un garçon qui avait la brusque conscience qu'il ne ferait jamais fortune.

Saccard se demandait, en effet, quel intérêt Gundermann pouvait avoir à recevoir tout ce monde. Évidemment, il avait une faculté d'isolement spéciale, il s'absorbait, il continuait de penser ; sans compter qu'il devait y avoir là une discipline, une façon de procéder chaque matin à une revue du marché, dans laquelle il trouvait toujours un gain à faire, si minime fût-il. Très âprement, il rabattit quatre-vingts francs à un coulissier, qu'il avait chargé d'un ordre la veille, et qui le volait d'ailleurs. Puis, un marchand de curiosités arriva, avec une boîte en or émaillé du dernier siècle, un objet refait en partie, dont le banquier flaira immédiatement le truquage. Ensuite, ce furent deux dames, une vieille à nez d'oiseau de nuit, une jeune, brune, très belle, qui avaient à lui montrer, chez elles, une commode Louis XV, qu'il refusa nettement d'aller voir. Il vint encore un bijoutier avec des rubis, deux inventeurs, des Anglais, des Allemands, des Italiens, toutes les langues, tous les sexes. Et le défilé des remisiers se poursuivait quand même, coupant les autres visites, s'éternisant, avec la reproduction du même geste, la présentation mécanique de la cote ; pendant que le flot des employés, à mesure que l'heure de la Bourse approchait, traversait la pièce plus nombreux, apportant des dépêches, venant demander des signatures.

Mais ce fut le comble au tapage : un petit garçon de cinq ou six ans, à cheval sur un bâton, fit irruption dans le cabinet en jouant de la trompette ; et, coup sur coup, il vint encore deux enfants, deux fillettes, l'une de trois ans, l'autre de huit, qui assiégèrent le fauteuil du grand-père, lui tirèrent les bras, se pendirent à son cou ; ce qu'il laissa faire placidement, les baisant lui-même avec cette passion juive de la famille, de la lignée nombreuse qui fait la force et qu'on défend.

Tout d'un coup, il parut se souvenir de Saccard.

— Ah ! mon bon ami, vous m'excusez, vous voyez que

je n'ai pas une minute à moi... Vous allez m'expliquer votre affaire.

Et il commençait à l'écouter, lorsqu'un employé, qui avait introduit un grand monsieur blond, vint lui dire un nom à l'oreille. Il se leva aussitôt, sans hâte pourtant, alla conférer avec le monsieur devant une autre des fenêtres, tandis qu'un de ses fils continuait à recevoir les remisiers et les coulissiers à sa place.

Malgré sa sourde irritation, Saccard commençait à être envahi d'un respect. Il avait reconnu le monsieur blond, le représentant d'une des grandes puissances, plein de morgue aux Tuileries, ici la tête légèrement inclinée, souriant en solliciteur. D'autres fois, c'étaient de hauts administrateurs, des ministres de l'empereur eux-mêmes, qui étaient reçus ainsi debout dans cette pièce, publique comme une place, emplie d'un vacarme d'enfants. Et là s'affirmait la royauté universelle de cet homme qui avait des ambassadeurs à lui dans toutes les cours du monde, des consuls dans toutes les provinces, des agences dans toutes les villes et des vaisseaux sur toutes les mers. Il n'était point un spéculateur, un capitaine d'aventures, manœuvrant les millions des autres, rêvant, à l'exemple de Saccard, des combats héroïques où il vaincrait, où il gagnerait pour lui un colossal butin, grâce à l'aide de l'or mercenaire, engagé sous ses ordres; il était, comme il le disait avec bonhomie, un simple marchand d'argent, le plus habile, le plus zélé qui pût être. Seulement, pour asseoir sa puissance, il lui fallait bien dominer la Bourse; et c'était ainsi, à chaque liquidation, une nouvelle bataille, où la victoire lui restait infailliblement, par la vertu décisive des gros bataillons. Un instant, Saccard, qui le regardait, resta accablé sous cette pensée que tout cet argent qu'il faisait mouvoir était à lui, qu'il avait à lui, dans ses caves, sa marchandise inépuisable, dont il trafiquait en commerçant rusé et prudent, en maître absolu, obéi sur un coup d'œil, voulant tout entendre, tout voir, tout faire par lui-même. Un milliard à soi, ainsi manœuvré, est une force inexpugnable.

— Nous n'aurons pas une minute, mon bon ami, revint dire Gundermann. Tenez! je vais déjeuner, passez donc avec moi dans la salle voisine. On nous laissera tranquilles peut-être.

C'était la petite salle à manger de l'hôtel, celle du matin, où la famille ne se trouvait jamais au complet. Ce jour-là, ils n'étaient que dix-neuf à table, dont huit enfants. Le banquier occupait le milieu, et il n'avait devant lui qu'un bol de lait.

Il resta un instant les yeux fermés, épuisé de fatigue, la face très pâle et contractée, car il souffrait du foie et des reins; puis, lorsqu'il eut, de ses mains tremblantes, porté le bol à ses lèvres et bu une gorgée, il soupira.

— Ah! je suis éreinté, aujourd'hui!

— Pourquoi ne vous reposez-vous pas? demanda Saccard.

Gundermann tourna vers lui des yeux stupéfaits; et, naïvement :

— Mais je ne peux pas!

En effet, on ne le laissait pas même boire son lait tranquille, car la réception des remisiers avait repris, le galop maintenant traversait la salle à manger, tandis que les personnes de la famille, les hommes, les femmes, habitués à cette bousculade, riaient, mangeaient fortement des viandes froides et des pâtisseries, et que les enfants, excités par deux doigts de vin pur, menaient un vacarme assourdissant.

Et Saccard, qui le regardait toujours, s'émerveillait de le voir avaler son lait à lentes gorgées, d'un tel effort, qu'il semblait ne devoir jamais atteindre le fond du bol. On l'avait mis au régime du lait, il ne pouvait même plus toucher à une viande, ni à un gâteau. Alors, à quoi bon un milliard? Jamais non plus les femmes ne l'avaient tenté : durant quarante ans, il était resté d'une fidélité stricte à la sienne; et, aujourd'hui, sa sagesse était forcée, irrévocablement définitive. Pourquoi donc se lever dès cinq heures, faire ce métier abominable, s'écraser de cette fatigue immense, mener une vie de galérien que pas

un loqueteux n'aurait acceptée, la mémoire bourrée de chiffres, le crâne éclatant de tout un monde de préoccupations? Pourquoi cet or inutile ajouté à tant d'or, lorsqu'on ne peut acheter et manger dans la rue une livre de cerises, emmener à une guinguette du bord de l'eau la fille qui passe, jouir de tout ce qui se vend, de la paresse et de la liberté? Et Saccard, qui, dans ses terribles appétits, faisait cependant la part de l'amour désintéressé de l'argent, pour la puissance qu'il donne, se sentait pris d'une sorte de terreur sacrée, à voir se dresser cette figure, non plus de l'avare classique qui thésaurise, mais de l'ouvrier impeccable, sans besoin de chair, devenu comme abstrait dans sa vieillesse souffreteuse, qui continuait à édifier obstinément sa tour de millions, avec l'unique rêve de la léguer aux siens pour qu'ils la grandissent encore, jusqu'à ce qu'elle dominât la terre.

Enfin, Gundermann se pencha, se fit expliquer à demi-voix la création projetée de la Banque Universelle. D'ailleurs, Saccard fut sobre de détails, ne fit qu'une allusion aux projets du portefeuille d'Hamelin, ayant senti, dès les premiers mots, que le banquier cherchait à le confesser, résolu d'avance à l'éconduire ensuite.

— Encore une banque, mon bon ami, encore une banque! répéta-t-il de son air narquois. Mais une affaire où je mettrais plutôt de l'argent, ce serait dans une machine, oui, une guillotine à couper le cou à toutes ces banques qui se fondent... Hein? un râteau à nettoyer la Bourse. Votre ingénieur n'a pas ça, dans ses papiers?

Puis, affectant de se faire paternel, avec une cruauté tranquille :

— Voyons, soyez raisonnable, vous savez ce que je vous ai dit... Vous avez tort de rentrer dans les affaires, c'est un vrai service que je vous rends, en refusant de lancer votre syndicat... Infailliblement, vous ferez la culbute, c'est mathématique, ça; car vous êtes beaucoup trop passionné, vous avez trop d'imagination; puis, ça finit toujours mal, quand on trafique avec l'argent des autres... Pourquoi votre frère ne vous trouve-t-il pas une bonne place, hein? une préfecture, ou bien une recette; non, pas une recette, c'est encore trop dangereux... Méfiez-vous, méfiez-vous, mon bon ami.

Saccard s'était levé, frémissant.

— C'est bien décidé, vous ne prendrez pas d'actions, vous ne voulez pas être avec nous?

— Avec vous, jamais de la vie!... Vous serez mangé avant trois ans.

Il y eut un silence, gros de batailles, un échange aigu de regards qui se défiaient.

— Alors, bonsoir... Je n'ai pas encore déjeuné et j'ai très faim. Faudra voir qui est-ce qui sera mangé.

Et il le laissa, au milieu de sa tribu qui finissait de se bourrer bruyamment de pâtisseries, recevant les derniers courtiers attardés, fermant par instants les yeux de lassitude, pendant qu'il achevait son bol à petits coups, les lèvres toutes blanches de lait.

Saccard se jeta dans son fiacre, en donnant l'adresse de la rue Saint-Lazare. Une heure sonnait, c'était une journée perdue, il rentrait déjeuner, hors de lui. Ah! le sale juif! en voilà un, décidément, qu'il aurait eu du plaisir à casser d'un coup de dents, comme un chien casse un os! Certes, le manger, c'était un morceau terrible et trop gros. Mais est-ce qu'on savait? les plus grands empires s'étaient bien écroulés, il y a toujours une heure où les puissants succombent. Non, pas le manger, l'entamer d'abord, lui arracher des lambeaux de son milliard; ensuite, le manger, oui! pourquoi pas? les détruire, dans leur roi incontesté, ces juifs qui se croyaient les maîtres du festin! Et ces réflexions, cette colère qu'il emportait de chez Gundermann, soulevaient Saccard d'un furieux zèle, d'un besoin de négoce, de succès immédiat : il aurait voulu bâtir d'un geste sa maison de banque, la faire fonctionner, triompher, écraser les maisons rivales. Brusquement, le souvenir de Daigremont lui revint; et, sans discuter, d'un mouvement irrésistible, il se pencha, il cria au cocher de monter la rue Larochefoucauld. S'il voulait voir Daigremont, il devait se hâter, quitte à déjeuner plus tard, car il savait que celui-ci sortait vers une heure. Sans doute, ce chrétien-là valait deux juifs, et il passait pour un ogre dévorateur des jeunes affaires qu'on mettait en garde chez lui. Mais, à cette minute, Saccard aurait traité avec Cartouche, pour la conquête, même à la condition de partager. Plus tard, on verrait bien, il serait le plus fort.

Cependant, le fiacre, qui montait avec peine la rude côte de la rue, s'arrêta devant la haute porte monumentale d'un des derniers grands hôtels de ce quartier, qui en a compté de fort beaux. Le corps de bâtiments, au fond d'une vaste cour pavée, avait un air de royale grandeur; et le jardin qui le suivait, planté encore d'arbres centenaires, restait un véritable parc, isolé des rues populeuses. Tout Paris connaissait cet hôtel pour ses fêtes splendides, surtout pour l'admirable collection de tableaux, que pas un grand-duc en voyage ne manquait de visiter. Marié à une femme célèbre par sa beauté, comme ses tableaux, et qui remportait dans le monde de vifs succès de cantatrice, le maître du logis menait un train princier, était aussi glorieux de son écurie de course que de sa galerie, appartenait à un des grands clubs, affichait les femmes les plus coûteuses, avait loge à l'Opéra, chaise à l'hôtel Drouot et petit banc dans les lieux louches à la mode. Et toute cette large vie, ce luxe flambant dans une apothéose de caprice et d'art, était uniquement payé par la spéculation, une fortune sans cesse mouvante, qui semblait infinie comme la mer, mais qui en avait le flux et le reflux, des différences de deux et trois cent mille francs, à chaque liquidation de quinzaine.

Lorsque Saccard eut gravi le majestueux perron, un valet l'annonça, lui fit traverser trois salons encombrés de merveilles, jusqu'à un petit fumoir, où Daigremont achevait un cigare, avant de sortir. Agé déjà de quarante-cinq ans, celui-ci luttait contre l'embonpoint, de haute taille, très élégant avec sa coiffure soignée, ne portant que les moustaches et la barbiche, en fanatique des Tuileries. Il affectait une grande amabilité, d'une confiance absolue en lui, certain de vaincre.

Tout de suite, il se précipita.

— Ah! mon cher ami, que devenez-vous? Je pensais encore à vous, l'autre jour... Mais n'êtes-vous pas mon voisin?

Pourtant, il se calma, renonça à cette effusion qu'il gardait pour le troupeau, lorsque Saccard, jugeant les finesses de transition inutiles, aborda immédiatement le but de sa visite. Il dit sa grande affaire, expliqua qu'avant de créer la Banque Universelle, au capital de vingt-cinq millions, il cherchait à former un syndicat d'amis, de banquiers, d'industriels, qui assurerait à l'avance le succès de l'émission, en s'engageant à prendre les quatre cinquièmes de cette émission, soit quarante mille actions au moins. Daigremont était devenu très sérieux, l'écoutait, le regardait, comme s'il l'eût fouillé jusqu'au fond de la cervelle, pour voir quel effort, quel travail utile à lui-même, il pourrait encore tirer de cet homme, qu'il avait connu si actif, si plein de merveilleuses qualités, dans sa fièvre brouillonne. D'abord, il hésita.

— Non, non, je suis accablé, je ne veux rien entreprendre de nouveau.

Puis, tenté pourtant, il posa des questions, voulut connaître les projets que patronnerait la nouvelle maison de crédit, projets dont son interlocuteur avait la prudence de ne parler qu'avec la plus extrême réserve. Et, lorsqu'il connut la première affaire qu'on lancerait, cette idée de syndiquer toutes les Compagnies de transports de la Méditerranée, sous la raison sociale de Compagnie générale des Paquebots réunis, il parut très frappé, il céda tout d'un coup.

— Eh bien! je consens à en être. Seulement, c'est à une condition... Comment êtes-vous avec votre frère le ministre?

Saccard, surpris, eut la franchise de montrer son amertume.

— Avec mon frère... Oh! il fait ses affaires, et je fais les miennes. Il n'a pas la corde très fraternelle, mon frère.

— Alors, tant pis! déclara nettement Daigremont. Je ne veux être avec vous que si votre frère y est aussi... Vous entendez bien, je ne veux pas que vous soyez fâchés.

D'un geste colère d'impatience, Saccard protesta. Est-ce qu'on avait besoin de Rougon? est-ce que ce n'était pas aller chercher des chaînes, pour se lier pieds et mains? Mais, en même temps, une voix de sagesse, plus forte que son irritation, lui disait qu'il fallait au moins s'assurer de la neutralité du grand homme. Cependant, il refusait brutalement.

— Non, non, il a toujours été trop cochon avec moi. Jamais je ne ferai le premier pas.

— Écoutez, reprit Daigremont, j'attends Huret à cinq heures, pour une commission dont il s'est chargé... Vous allez courir au Corps législatif, vous prendrez Huret dans un coin, vous lui conterez votre affaire, il en parlera tout de suite à Rougon, il saura ce que ce dernier en pense, et nous aurons la réponse ici, à cinq heures... Hein! rendez-vous à cinq heures?

La tête basse, Saccard réfléchissait.

— Mon Dieu ! si vous y tenez!

— Oh! absolument! sans Rougon, rien; avec Rougon, tout ce que vous voudrez.

— C'est bon, j'y vais.

Il partait, après une vigoureuse poignée de main, lorsque l'autre le rappela.

— Ah! dites donc, si vous sentez que les choses s'emmanchent, passez donc, en revenant, chez le marquis de Bohain et chez Sédille, faites-leur savoir que j'en suis et demandez-leur d'en être... Je veux qu'ils en soient.

A la porte, Saccard retrouva son fiacre, qu'il avait gardé, bien qu'il n'eût qu'à descendre le bout de la rue, pour être chez lui. Il le renvoya, comptant qu'il pourrait faire atteler, l'après-midi; et il rentra vivement déjeuner. On ne l'attendait plus, ce fut la cuisinière qui lui servit elle-même un morceau de viande froide, qu'il dévora, tout en se querellant avec le cocher; car, celui-ci, qu'il avait fait monter, lui ayant rendu compte de la visite du vétérinaire, il en résultait qu'il fallait laisser le cheval se reposer trois ou quatre jours. Et, la bouche pleine, il accusait le cocher de mauvais soins, il le menaçait de madame Caroline, qui mettrait ordre à tout ça. Enfin, il lui cria d'aller au moins chercher un fiacre. De nouveau, une ondée diluvienne balayait la rue, il dut attendre plus d'un quart d'heure la voiture, dans laquelle il monta, sous des torrents d'eau, en jetant l'adresse :

— Au Corps législatif!

Son plan était d'arriver avant la séance, de façon à prendre Huret au passage et à l'entretenir tranquillement. Par malheur, on redoutait ce jour-là un débat passionné, car un membre de la gauche devait soulever l'éternelle question du Mexique; et Rougon, sans doute, serait forcé de répondre.

Comme Saccard entrait dans la salle des Pas-Perdus, il eut la chance de tomber sur le député. Il l'entraîna au fond d'un des petits salons voisins, ils s'y trouvèrent seuls, grâce à la grosse émotion qui régnait dans les couloirs. L'opposition devenait de plus en plus redoutable, le vent de catastrophe commençait à souffler, qui devait grandir et tout abattre. Aussi, Huret, préoccupé, ne comprit-il pas d'abord, et se fit-il expliquer à deux reprises la mission dont on le chargeait. Son effarement s'en augmenta.

— Oh! mon cher ami, y pensez-vous! parler à Rougon en ce moment! Il m'enverra coucher, c'est sûr.

Puis, l'inquiétude de son intérêt personnel se fit jour. Il n'existait, lui, que par le grand homme, à qui il devait sa candidature officielle, son élection, sa situation de domestique bon à tout faire, vivant des miettes de la faveur du maître. A ce métier, depuis deux ans, grâce aux pots de vin, aux gains prudents ramassés sous la table, il arrondissait ses vastes terres du Calvados, avec la pensée de s'y retirer et d'y trôner après la débâcle. Sa grosse face de paysan malin s'était assombrie, exprimait l'embarras où le jetait cette demande d'intervention, sans qu'on lui donnât le temps de se rendre compte s'il y aurait là, pour lui, bénéfice ou dommage.

— Non, non! je ne peux pas... Je vous ai transmis la volonté de votre frère, je ne peux pas aller le relancer encore. Que diable! songez un peu à moi. Il n'est guère tendre, quand on l'embête; et, dame! je n'ai pas envie de payer pour vous, en y laissant mon crédit.

Alors, Saccard, comprenant, ne s'attacha plus qu'à le convaincre des millions qu'il y aurait à gagner, dans le lancement de la Banque Universelle. A larges traits, avec sa parole ardente qui transformait une affaire d'argent en un conte de poète, il expliqua les entreprises superbes, le succès certain et colossal. Daigremont, enthousiasmé, se mettait à la tête du syndicat. Bohain et Sédille avaient déjà demandé d'en être. Il était impossible que lui, Huret, n'en fût pas : ces messieurs le voulaient absolument avec eux, à cause de sa haute situation politique. Même on espérait bien qu'il consentirait à faire partie du conseil d'administration, parce que son nom signifiait ordre et probité.

A cette promesse d'être nommé membre du conseil, le député le regarda bien en face.

— Enfin, qu'est-ce que vous désirez de moi, quelle réponse voulez-vous que je tire de Rougon?

— Mon Dieu! reprit Saccard, moi, je me serais passé volontiers de mon frère. Mais c'est Daigremont qui exige que je me réconcilie. Peut-être a-t-il raison... Alors, je crois que vous devez simplement parler de notre affaire au terrible homme, et obtenir, sinon qu'il nous aide, du moins qu'il ne soit pas contre nous.

Huret, les yeux à demi fermés, ne se décidait toujours pas.

— Voilà! si vous apportez un mot gentil, rien qu'un mot gentil, entendez-vous! Daigremont s'en contentera, et nous bâclons ce soir la chose à nous trois.

— Eh bien! je vas essayer, déclara brusquement le député, en affectant une rondeur paysanne; mais il faut que ce soit pour vous, car il n'est pas commode, oh! non, surtout quand la gauche le taquine... A cinq heures!

— A cinq heures!

Saccard resta près d'une heure encore, très inquiet des bruits de lutte qui couraient. Il entendit un des grands orateurs de l'opposition annoncer qu'il prendrait la parole. A cette nouvelle, il eut un instant l'envie de retrouver Huret, pour lui demander s'il ne serait pas sage de remettre au lendemain l'entretien avec Rougon. Puis, fataliste, croyant à la chance, il trembla de tout compromettre, s'il changeait ce qui était arrêté. Peut-être, dans la bousculade, son frère lâcherait-il plus facilement le mot attendu. Et, pour laisser aller les choses, il partit, il remonta dans son fiacre, qui reprenait déjà le pont de la Concorde, lorsqu'il se souvint du désir exprimé par Daigremont.

— Cocher, rue de Babylone.

C'était rue de Babylone que demeurait le marquis de Bohain. Il occupait les anciennes dépendances d'un grand hôtel, un pavillon qui avait abrité le personnel des écuries, et dont on avait fait une très confortable maison moderne. L'installation était luxueuse, avec un bel air d'aristocratie coquette. On ne voyait, du reste, jamais sa femme, souffrante, disait-il, retenue dans son appartement par des infirmités. Cependant, la maison, les meubles étaient à elle, il logeait en garni chez elle, n'ayant à lui que ses effets, une malle qu'il aurait pu emporter sur un fiacre, séparé de biens depuis qu'il vivait du jeu. Dans deux catastrophes déjà, il avait refusé nettement de payer ses différences, et le syndic, après s'être rendu compte de la situation, ne s'était pas même donné la peine de lui envoyer du papier timbré. On passait l'éponge, simplement. Il empochait, tant qu'il gagnait. Puis, dès qu'il perdait, il ne payait pas : on le savait et on s'y résignait. Il avait un nom illustre, il était extrêmement décoratif dans les conseils d'administration; aussi les jeunes compagnies, en quête d'enseignes dorées, se le disputaient-elles : jamais il ne chômait. A la Bourse, il avait sa chaise, du côté de la rue Notre-Dame-des-Victoires, le côté de la spéculation riche, qui affectait de se désintéresser des petits bruits du jour. On le respectait, on le consultait beaucoup. Souvent il avait influencé le marché. Enfin, tout un personnage.

Saccard, qui le connaissait bien, fut quand même impressionné par la réception hautement polie de ce beau vieillard de soixante ans, à la tête très petite posée sur un corps de colosse, la face blême, encadrée d'une perruque brune, du plus grand air.

— Monsieur le marquis, je viens en véritable solliciteur...

Il dit le motif de la visite, sans entrer d'abord dans les détails. D'ailleurs, dès les premiers mots, le marquis l'arrêta.

— Non, non, tout mon temps est pris, j'ai en ce moment dix propositions que je dois refuser.

Puis, comme Saccard, souriant, ajoutait :

— C'est Daigremont qui m'envoie, il a songé à vous.

Il s'écria aussitôt :

— Ah! vous avez Daigremont là dedans... Bon! bon! si Daigremont en est, j'en suis. Comptez sur moi.

Et le visiteur ayant alors voulu lui fournir au moins quelques renseignements, pour lui apprendre dans quelle sorte d'affaire il allait entrer, il lui ferma la bouche, avec la désinvolture aimable d'un grand seigneur qui ne descend pas à ces détails et qui a une confiance naturelle dans la probité des gens.

— Je vous en prie, n'ajoutez pas un mot... Je ne veux pas savoir. Vous avez besoin de mon nom, je vous le prête, et j'en suis très heureux, voilà tout... Dites seulement à Daigremont qu'il arrange ça comme il lui plaira.

En remontant dans son fiacre, Saccard, égayé, riait d'un rire intérieur.

— Il nous coûtera cher, pensait-il, mais il est vraiment très bien.

Puis, à voix haute :

— Cocher, rue des Jeûneurs.

La maison Sédille avait là ses magasins et ses bureaux, tenant, au fond d'une cour, tout un vaste rez-de-chaussée.

Après trente ans de travail, Sédille, qui était de Lyon et qui avait gardé là-bas des ateliers, venait enfin de faire de son commerce de soie un des mieux connus et des plus solides de Paris, lorsque la passion du jeu, à la suite d'un incident de hasard, s'était déclarée et propagée en lui avec la violence destructive d'un incendie. Deux gains considérables, coup sur coup, l'avaient affolé. A quoi bon donner trente ans de sa vie, pour gagner un pauvre million, lorsque, en une heure, par une simple opération de Bourse, on peut le mettre dans sa poche? Dès lors, il s'était désintéressé peu à peu de sa maison qui marchait par la force acquise; il ne vivait plus que dans l'espoir d'un coup d'agio triomphant; et, comme la déveine était venue, persistante, il engloutissait là tous les bénéfices de son commerce. A cette fièvre, le pis est qu'on se dégoûte du gain légitime, qu'on finit même par perdre la notion exacte de l'argent. Et la ruine était fatalement au bout, si les ateliers de Lyon rapportaient deux cent mille francs, lorsque le jeu en emportait trois cent mille.

Saccard trouva Sédille agité, inquiet, car celui-ci était un joueur sans flegme, sans philosophie. Il vivait dans le remords, toujours espérant, toujours abattu, malade d'incertitude, et cela parce qu'il restait honnête au fond. La liquidation de la fin d'avril venait de lui être désastreuse. Pourtant, sa face grasse, aux gros favoris blonds, se colora, dès les premières paroles.

— Ah! mon cher, si c'est la chance que vous m'apportez, soyez le bienvenu!

Ensuite, il fut pris d'une terreur.

— Non, non! ne me tentez pas. Je ferais mieux de m'enfermer avec mes pièces de soie et de ne plus bouger de mon comptoir.

Voulant le laisser se calmer, Saccard lui parla de son fils Gustave, qu'il dit avoir vu le matin, chez Mazaud. Mais c'était, pour le négociant, un autre sujet de chagrin, car il avait rêvé de se décharger de sa maison sur ce fils, et celui-ci méprisait le commerce, âme de joie et de fête, apportant les dents blanches des fils de parvenu, bonnes seulement à croquer les fortunes faites. Son père l'avait mis chez Mazaud, pour voir s'il mordrait aux questions de finance.

— Depuis la mort de sa pauvre mère, murmura-t-il, il m'a donné bien peu de satisfaction. Enfin, peut-être apprendra-t-il là-bas, à la charge, des choses qui me seront utiles.

— Eh bien ! reprit brusquement Saccard, êtes-vous avec nous? Daigremont m'a dit de venir vous dire qu'il en était.

Sédille leva au ciel des bras tremblants. Et, la voix altérée de désir et de crainte :

— Mais oui, j'en suis! vous savez bien que je ne peux pas faire autrement que d'en être! Si je refusais et que votre affaire marchât, j'en serais malade de regret... Dites à Daigremont que j'en suis.

Lorsque Saccard se retrouva dans la rue, il tira sa montre et vit qu'il était à peine quatre heures. Le temps qu'il avait devant lui, l'envie qu'il éprouvait de marcher un peu, lui firent lâcher son fiacre. Il s'en repentit presque tout de suite, car il n'était pas au boulevard, qu'une nouvelle averse, un déluge mêlé de grêle, le força de nouveau à se réfugier sous une porte. Quel chien de temps, lorsqu'on avait Paris à battre! Après avoir regardé l'eau tomber pendant un quart d'heure, l'impatience le prit, il héla une voiture vide qui passait. C'était une victoria, il eut beau ramener sur ses jambes le tablier de cuir, il arriva trempé rue Larochefoucauld, et en avance d'une grande demi-heure.

Dans le fumoir où le valet le laissa, en disant que monsieur n'était pas rentré encore, Saccard marcha à petits pas, regardant les tableaux. Mais une voix de femme superbe, un contralto d'une puissance mélancolique et profonde, s'étant élevée dans le silence de l'hôtel, il s'approcha de la fenêtre restée ouverte, pour écouter : c'était madame qui répétait, au piano, un morceau qu'elle devait sans doute chanter le soir, dans quelque salon. Puis, bercé par cette musique, il en vint à songer aux histoires extraordinaires que l'on contait de Daigremont : l'histoire de l'Hadamantine surtout, cet emprunt de cinquante millions dont il avait gardé en main le stock entier, le faisant vendre et revendre cinq fois par des courtiers à lui, jusqu'à ce qu'il eût créé un marché, établi un prix; puis, la vente sérieuse, la dégringolade fatale de trois cents francs à quinze francs, les bénéfices énormes sur tout un petit monde de naïfs, ruinés du coup. Ah! il était fort, un terrible monsieur! La voix de madame continuait, exhalant une plainte de tendresse, éperdue, d'une ampleur tragique; tandis que Saccard, revenu au milieu de la pièce, s'était arrêté devant un Meissonier, qu'il estimait cent mille francs.

Mais quelqu'un entra, et il fut surpris de reconnaître Huret.

— Comment, c'est déjà vous? Il n'est pas cinq heures... La séance est donc finie?

— Ah! oui, finie... Ils se chamaillent.

Et il expliqua que, le député de l'opposition parlant toujours, Rougon, certainement, ne pourrait répondre que le lendemain. Alors, quand il avait vu ça, il s'était risqué à relancer le ministre, pendant une courte suspension de séance, entre deux portes.

— Eh bien! demanda Saccard, nerveusement, qu'a-t-il dit, mon illustre frère?

Huret ne répondit pas tout de suite.

— Oh! il était d'une humeur de dogue... Je vous avoue que je comptais sur l'exaspération où je le voyais, espérant bien qu'il allait simplement m'envoyer promener... Donc, je lui ai lâché votre affaire, je lui ai dit que vous ne vouliez rien entreprendre sans son approbation.

— Et alors?

— Alors, il m'a saisi par les deux bras, il m'a secoué, en me criant dans la figure : « Qu'il aille se faire pendre! » Et il m'a planté là.

Saccard, devenu blême, eut un rire forcé.

— C'est gentil.

— Dame! oui, c'est gentil, reprit le député, d'un ton

convaincu. Je n'en demandais pas tant... Avec ça, nous pouvons marcher.

Et, comme il entendit, dans le salon voisin, le pas de Daigremont qui rentrait, il ajouta tout bas :

— Laissez-moi faire.

Évidemment, Huret avait la plus grande envie de voir se fonder la Banque Universelle, et d'en être. Sans doute, il s'était déjà rendu compte du rôle qu'il y pourrait jouer. Aussi, dès qu'il eut serré la main de Daigremont, prit-il un visage rayonnant, en agitant un bras en l'air.

— Victoire! cria-t-il, victoire!

— Ah! vraiment. Contez-moi donc ça.

— Mon Dieu! le grand homme a été ce qu'il devait être. Il m'a répondu : « Que mon frère réussisse! »

Du coup, Daigremont se pâma, trouva le mot charmant. « Qu'il réussisse! » ça contenait tout : qu'il ne fasse pas la bêtise de ne pas réussir, ou je le lâche; mais qu'il réussisse, je l'aiderai. Exquis, en vérité!

— Et, mon cher Saccard, nous réussirons, soyez tranquille... Nous allons faire tout ce qu'il faudra pour ça.

Puis, comme les trois hommes s'étaient assis, afin d'arrêter les points principaux, Daigremont se releva et alla fermer la fenêtre; car la voix de madame, peu à peu enflée, jetait un sanglot d'une désespérance infinie, qui les empêchait de s'entendre. Et, même la fenêtre close, cette lamentation étouffée les accompagna, pendant qu'ils décidaient la création d'une maison de crédit, la Banque Universelle, au capital de vingt-cinq millions, divisé en cinquante mille actions de cinq cents francs. Il était en outre entendu que Daigremont, Huret, Sédille, le marquis de Bohain et quelques-uns de leurs amis, formaient un syndicat, qui, d'avance, prenait et se partageait les quatre cinquièmes des actions, soit quarante mille; de sorte que le succès de l'émission était assuré, et que, plus tard, détenant les titres, les rendant rares sur le marché, ils pourraient les faire monter à leur gré. Seulement, tout faillit être rompu, lorsque Daigremont exigea une prime de quatre cent mille francs, à répartir sur les quarante mille actions, soit dix francs par action. Saccard se récria, déclara qu'il n'était pas raisonnable de faire crier la vache avant même que de la traire. Les commencements seraient difficiles, pourquoi embarrasser la situation davantage? Pourtant, il dut céder, devant l'attitude d'Huret qui, tranquillement, trouvait la chose toute naturelle, disant que ça se faisait toujours.

Ils se séparaient, en prenant un rendez-vous pour le lendemain, rendez-vous auquel l'ingénieur Hamelin devait assister, lorsque Daigremont se frappa brusquement le front, d'un air de désespoir.

— Et Kolb que j'oubliais! Oh! il ne me le pardonnerait pas, il faut qu'il en soit... Mon petit Saccard, si vous étiez gentil, vous iriez chez lui tout de suite. Il n'est pas six heures, vous le trouveriez encore... Oui, vous-même, et pas demain, ce soir, parce que ça le touchera et qu'il peut nous être utile.

Docilement, Saccard se remit en marche, sachant que les journées de chance ne se recommencent pas. Mais il avait de nouveau renvoyé son fiacre, espérant rentrer chez lui, à deux pas; et, la pluie ayant l'air enfin de cesser, il descendit à pied, heureux de sentir sous ses talons ce pavé de Paris, qu'il reconquérait. Rue Montmartre, quelques gouttes d'eau lui firent prendre par les passages. Il enfila le passage Verdeau, le passage Jouffroy; puis, dans le passage des Panoramas, comme il suivait une galerie latérale pour raccourcir et tomber rue Vivienne, il fut surpris de voir sortir d'une allée obscure Gustave Sédille, qui disparut, sans s'être retourné. Lui, s'était arrêté, regardant la maison, un discret hôtel meublé, lorsque, dans une petite femme blonde, voilée, qui sortait à son tour, il reconnut positivement madame Conin, la jolie papetière. C'était donc là, quand elle avait un coup de tendresse, qu'elle amenait ses amants d'un jour, tandis que son bon gros garçon de mari la croyait en course pour des factures! Ce coin de mystère, au beau milieu du quartier, était fort gentiment choisi, et un hasard seul venait de livrer le secret. Saccard souriait, très égayé, enviant

Gustave : Germaine Cœur le matin, madame Conin l'après-midi, il mettait les morceaux doubles, le jeune homme! Et, à deux reprises, il regarda encore la porte, afin de la bien reconnaître, tenté d'en être, lui aussi.

Rue Vivienne, au moment où il entrait chez Kolb, Saccard tressaillit et s'arrêta de nouveau. Une musique légère, cristalline, qui sortait du sol, pareille à la voix des fées légendaires, l'enveloppait; et il reconnut la musique de l'or, la continuelle sonnerie de ce quartier du négoce et de la spéculation, entendue déjà le matin. La fin de la journée en rejoignait le commencement. Il s'épanouit, à la caresse de cette voix, comme si elle lui confirmait le bon présage.

Justement, Kolb se trouvait en bas, à l'atelier de fonte; et, en ami de la maison, Saccard descendit l'y rejoindre. Dans le sous-sol nu, que de larges flammes de gaz éclairaient éternellement, les deux fondeurs vidaient à la pelle les caisses doublées de zinc, pleines, ce jour-là, de pièces espagnoles, qu'ils jetaient au creuset, sur le grand fourneau carré. La chaleur était forte, il fallait parler haut pour s'entendre, au milieu de cette sonnerie d'harmonica, vibrante sous la voûte basse. Des lingots fondus, des pavés d'or, d'un éclat vif de métal neuf, s'alignaient le long de la table du chimiste-essayeur, qui en arrêtait les titres. Et, depuis le matin, plus de six millions avaient passé là, assurant au banquier un bénéfice de trois ou quatre cents francs à peine; car l'arbitrage sur l'or, cette différence réalisée entre deux cours, étant des plus minimes, s'appréciant par millièmes, ne peut donner un gain que sur des quantités considérables de métal fondu. De là, ce tintement d'or, ce ruissellement d'or, du matin au soir, d'un bout de l'année à l'autre, au fond de cette cave, où l'or venait en pièces monnayées, d'où il partait en lingots, pour revenir en pièces et repartir en lingots, indéfiniment, dans l'unique but de laisser aux mains du trafiquant quelques parcelles d'or.

Dès que Kolb, un homme petit, très brun, dont le nez en bec d'aigle, sortant d'une grande barbe, décelait l'origine juive, eut compris l'offre de Saccard, que l'or couvrait d'un bruit de grêle, il accepta.

— Parfait! cria-t-il. Très heureux d'en être, si Daigremont en est! Et merci de ce que vous vous êtes dérangé!

Mais ils s'entendaient à peine, ils se turent, restèrent là un instant encore, étourdis, béats dans cette sonnerie si claire et exaspérée, dont leur chair frémissait toute, comme d'une note trop haute tenue sans fin sur les violons, jusqu'au spasme.

Dehors, malgré le beau temps revenu, une limpide soirée de mai, Saccard, brisé de fatigue, reprit un fiacre pour rentrer. Une rude journée, mais bien remplie!

IV

Des difficultés surgirent, l'affaire traîna, cinq mois s'écoulèrent sans que rien pût se conclure. On était déjà aux derniers jours de septembre, et Saccard enrageait de voir que, malgré son zèle, de continuels obstacles renaissaient, toute une série de questions secondaires, qu'il fallait résoudre d'abord, si l'on voulait fonder quelque chose de sérieux et de solide. Son impatience devint telle, qu'il fut un moment sur le point d'envoyer promener le syndicat, hanté et séduit par la brusque idée de faire l'affaire avec la princesse d'Orviedo, toute seule. Elle avait les millions nécessaires au premier lancement, pourquoi ne les mettrait-elle pas dans cette opération superbe, quitte à laisser venir la petite clientèle, lors des futures augmentations du capital, qu'il projetait déjà? Il était d'une bonne foi absolue, il avait la conviction de lui apporter un placement où elle décuplerait sa fortune, cette fortune des pauvres, qu'elle répandrait en aumônes plus larges encore.

Donc, un matin, Saccard monta chez la princesse, et, en ami doublé d'un hommme d'affaires, il lui expliqua la raison d'être et le mécanisme de la banque qu'il rêvait. Il dit tout, étala le portefeuille d'Hamelin, n'omit pas une des entreprises d'Orient. Même, cédant à cette faculté qu'il avait de se griser de son propre enthousiasme, d'arriver à la foi par son désir brûlant de réussir, il lâcha le rêve fou de la papauté à Jérusalem, il parla du triomphe définitif du catholicisme, le pape trônant aux lieux saints, dominant le monde, assuré d'un budget royal, grâce à la création du Trésor du Saint-Sépulcre. La princesse, d'une ardente dévotion, ne fut guère frappée que de ce projet suprême, ce couronnement de l'édifice, dont la grandeur chimérique flattait en elle l'imagination déréglée qui lui faisait jeter ses millions en bonnes œuvres d'un luxe colossal et inutile. Justement, les catholiques de France venaient d'être atterrés et irrités de la convention que l'empereur avait conclue avec le roi d'Italie, par laquelle il s'engageait, sous de certaines conditions de garantie, à retirer le corps de troupes français occupant Rome; il était bien certain que c'était Rome livrée à l'Italie, on voyait déjà le pape chassé, réduit à l'aumône, errant par les villes avec le bâton des mendiants; et quel dénouement prodigieux, le pape se retrouvant pontife et roi à Jérusalem, installé là et soutenu par une banque dont les chrétiens du monde entier tiendraient à honneur d'être les actionnaires! C'était si beau, que la princesse déclara l'idée la plus grande du siècle, digne de passionner toute personne bien née ayant de la religion. Le succès lui semblait assuré, foudroyant. Son estime s'en accrut pour l'ingénieur Hamelin, qu'elle traitait avec considération, ayant su qu'il pratiquait. Mais elle refusa nettement d'être de l'affaire, elle entendait rester fidèle au serment qu'elle avait fait de rendre ses millions aux pauvres, sans jamais plus tirer d'eux un centime d'intérêt, voulant que cet argent du jeu se perdît, fût bu par la misère, comme une eau empoisonnée qui devait disparaître. L'argument que les pauvres profiteraient de la spéculation, ne la touchait pas, l'irritait même. Non, non! la source maudite serait tarie, elle ne s'était pas donné d'autre mission.

Saccard, déconcerté, ne put qu'utiliser sa sympathie pour obtenir d'elle une autorisation, vainement sollicitée jusque-là. Il avait eu la pensée, dès que la Banque Universelle serait fondée, de l'installer dans l'hôtel même; ou du moins c'était madame Caroline qui lui avait soufflé cette idée; car, lui, voyait plus grand, aurait voulu tout de suite un palais. On se contenterait de vitrer la cour, pour servir de hall central ; on aménagerait en bureaux tout le rez-de chaussée, les écuries, les remises ; au premier étage, il donnerait son salon qui deviendrait la salle du conseil, sa salle à manger et six autres pièces dont on ferait des bureaux encore, ne garderait qu'une chambre à coucher et un cabinet de toilette, quitte à vivre en haut avec les Hamelin, mangeant, passant les soirées chez eux ; de sorte qu'à peu de frais on installerait la banque d'une façon un peu étroite, mais fort sérieuse. La princesse, comme propriétaire, avait d'abord refusé, dans sa haine de tout trafic d'argent : jamais son toit n'abriterait cette abomination. Puis, ce jour-là, mettant la religion dans l'affaire, émue de la grandeur du but, elle consentit. C'était une concession extrême, elle se sentait prise d'un petit frisson, lorsqu'elle songeait à cette machine infernale d'une maison de crédit, d'une maison de Bourse et d'agio, dont elle laissait ainsi établir sous elle les rouages de ruine et de mort.

Enfin, une semaine après cette tentative avortée, Saccard eut la joie de voir l'affaire, si empêtrée d'obstacles, se bâcler brusquement, en quelques jours. Daigremont vint un matin lui dire qu'il avait toutes les adhésions, qu'on pouvait marcher. Dès lors, on étudia une dernière fois le projet des statuts, on rédigea l'acte de société. Et il était grand temps aussi pour les Hamelin, à qui la vie commençait à redevenir dure. Lui, depuis des années, n'avait qu'un rêve, être l'ingénieur conseil d'une grande maison de crédit : comme il le disait, il se chargeait d'amener l'eau au moulin. Aussi, peu à peu, la fièvre de Saccard l'avait-elle gagné, brûlant du même zèle et de la même impatience. Au contraire, madame Caroline, après s'être enthousiasmée à l'idée des belles et utiles choses qu'on allait accomplir, semblait plus froide, l'air songeur, depuis qu'on entrait dans les broussailles et les fondrières de l'exécution. Son grand bon sens, sa nature droite flairaient toutes sortes de trous obscurs et malpropres ; et elle tremblait surtout pour son frère, qu'elle adorait, qu'elle traitait parfois en riant de « grosse bête », malgré sa science; non qu'elle soupçonnât le moins du monde l'honnêteté parfaite de leur ami, qu'elle voyait si dévoué à leur fortune; mais elle avait une singulière sensation de terrain mouvant, une inquiétude de chute et d'engloutissement, au premier faux pas.

Ce matin-là, Saccard, lorsque Daigremont l'eut quitté, monta rayonnant à la salle des épures.

— Enfin, c'est fait! cria-t-il.

Hamelin, saisi, les yeux humides, vint lui serrer les mains, à les briser. Et, comme madame Caroline s'était simplement tournée vers lui, un peu pâle, il ajouta :

— Eh bien! quoi donc, c'est tout ce que vous me dites?... Ça ne vous fait pas plus de plaisir, à vous?

Elle eut alors un bon sourire.

— Mais si, je suis très contente, très contente, je vous assure.

Puis, quand il eut donné à son frère des détails sur le syndicat, définitivement formé, elle intervint de son air paisible.

— Alors, c'est permis, n'est-ce pas? de se réunir ainsi à plusieurs, pour se distribuer les actions d'une banque, avant même que l'émission soit faite?

Violemment, il eut un geste d'affirmation.

— Mais, certainement, c'est permis!... Est-ce que vous nous croyez assez niais, pour risquer un échec? Sans compter que nous avons besoin de gens solides, maîtres du marché, si les débuts sont difficiles... Voilà toujours les quatre cinquièmes de nos titres placés en des mains sûres. On va pouvoir aller signer l'acte de société chez le notaire.

Elle osa lui tenir tête.

— Je croyais que la loi exigeait la souscription intégrale du capital social.

Cette fois, très surpris, il la regarda en face.

— Vous lisez donc le Code?

Et elle rougit légèrement, car il avait deviné : la veille, cédant à son malaise, cette peur sourde et sans cause précise, elle avait lu la loi sur les sociétés. Un instant, elle fut sur le point de mentir. Puis, avouant, riant :

— C'est vrai, j'ai lu le Code, hier. J'en suis sortie, en tâtant mon honnêteté et celle des autres, comme on sort des livres de médecine, avec toutes les maladies.

Mais lui se fâchait, car ce fait d'avoir voulu se renseigner, la lui montrait méfiante, prête à le surveiller, de ses yeux de femme, fureteurs et intelligents.

— Ah! reprit-il avec un geste qui jetait bas les vains scrupules, si vous croyez que nous allons nous conformer aux chinoiseries du Code! Mais nous ne pourrions faire deux pas, nous serions arrêtés par des entraves, à chaque enjambée, tandis que les autres, nos rivaux, nous devanceraient, à toutes jambes!... Non, non, je n'attendrai certainement pas que tout le capital soit souscrit; je préfère, d'ailleurs, nous réserver des titres, et je trouverai un homme à nous auquel j'ouvrirai un compte, qui sera notre prête-nom enfin.

— C'est défendu, déclara-t-elle simplement de sa belle voix grave.

— Eh! oui, c'est défendu, mais toutes les sociétés le font.

— Elles ont tort, puisque c'est mal.

Saccard, se calmant par un brusque effort de volonté, crut alors devoir se tourner vers Hamelin, qui, gêné, écoutait, sans intervenir.

— Mon cher ami, j'espère que vous ne doutez pas de moi... Je suis un vieux routier de quelque expérience, vous pouvez vous remettre entre mes mains, pour le côté financier de l'affaire. Apportez-moi de bonnes idées, et je me charge de tirer d'elles tout le bénéfice désirable, en courant le moins de risques possible. Je crois qu'un homme pratique ne peut pas dire mieux.

L'ingénieur, avec son fond invincible de timidité et de faiblesse, tourna la chose en plaisanterie, pour éviter de répondre directement.

— Oh! vous aurez, dans Caroline, un vrai censeur. Elle est née maître d'école.

— Mais je veux bien aller à sa classe, déclara galamment Saccard.

Madame Caroline elle-même s'était remise à rire. Et la conversation continua sur un ton de familière bienveillance.

— C'est que j'aime beaucoup mon frère, c'est que je vous aime vous-même plus que vous ne pensez, et cela me ferait un gros chagrin de vous voir vous engager dans des trafics louches, où il n'y a, au bout, que désastre et que tristesse... Ainsi, tenez!, puisque nous en sommes là-dessus, la spéculation, le jeu à la Bourse, eh bien! j'en ai une terreur folle. J'étais si heureuse, dans le projet de statuts, que vous m'avez fait recopier, d'avoir lu, à l'article 8, que la société s'interdisait rigoureusement toute opération à terme. C'était s'interdire le jeu, n'est-ce pas? Et puis, vous m'avez désenchantée, en vous moquant de moi, en m'expliquant que c'était là un simple article d'apparat, une formule de style que toutes les sociétés tenaient à honneur d'inscrire et que pas une n'observait... Vous ne savez pas ce que je voudrais, moi? ce serait qu'à la place de ces actions, ces cinquante mille actions que vous allez lancer, vous n'émettiez que des obligations. Oh! vous voyez que je suis très forte, depuis que je lis le Code, je n'ignore plus qu'on ne joue pas sur une obligation, qu'un obligataire est un simple prêteur qui touche tant pour cent sur son prêt, sans être intéressé dans les bénéfices, tandis que l'actionnaire est un associé courant la chance des bénéfices et des pertes... Dites, pourquoi pas des obligations, ça me rassurerait tant, je serais si heureuse!

Elle outrait plaisamment la supplication de sa requête, pour cacher sa réelle inquiétude. Et Saccard répondit sur le même ton, avec un emportement comique.

— Des obligations, des obligations! mais jamais!... Que voulez-vous fiche avec des obligations? C'est de la matière morte... Comprenez donc que la spéculation, le jeu est le rouage central, le cœur même, dans une vaste affaire comme la nôtre. Oui! il appelle le sang, il le prend partout par petits ruisseaux, l'amasse, le renvoie en fleuves dans tous les sens, établit une énorme circulation d'argent, qui est la vie même des grandes affaires. Sans lui, les grands mouvements de capitaux, les grands travaux civilisateurs qui en résultent, sont radicalement impossibles... C'est comme pour les sociétés anonymes, a-t-on assez crié contre elles, a-t-on assez répété qu'elles étaient des tripots et des coupe-gorge! La vérité est que, sans elles, nous n'aurions ni les chemins de fer, ni aucune des énormes entreprises modernes, qui ont renouvelé le monde; car pas une fortune n'aurait suffi à les mener à bien, de même que pas un individu, ni même un groupe d'individus, n'aurait voulu en courir les risques. Les risques, tout est là, et la grandeur du but aussi. Il faut un projet vaste, dont l'ampleur saisisse l'imagination; il faut l'espoir d'un gain considérable, d'un coup de loterie qui décuple la mise de fonds, quand elle ne l'emporte pas; et alors les passions s'allument, la vie afflue, chacun apporte son argent, vous pouvez repétrir la terre. Quel mal voyez-vous là? Les risques courus sont volontaires, répartis sur un nombre infini de personnes, inégaux et limités selon la fortune et l'audace de chacun. On perd, mais on gagne, on espère un bon numéro, mais on doit s'attendre toujours à en tirer un mauvais, et l'humanité n'a pas de rêve plus entêté ni plus ardent, tenter le hasard, obtenir tout de son caprice, être roi, être dieu!

Peu à peu, Saccard ne riait plus, se redressait sur ses petites jambes, s'enflammait d'une ardeur lyrique, avec des gestes qui jetaient ses paroles aux quatre coins du ciel.

— Tenez! nous autres, avec notre Banque Universelle, n'allons-nous pas ouvrir l'horizon le plus large, toute une trouée sur le vieux monde de l'Asie, un champ sans limite à la pioche du progrès et à la rêverie des chercheurs d'or. Certes, jamais ambition n'a été plus colossale, et, je l'accorde, jamais non plus conditions de succès ou d'insuccès n'ont été plus obscures. Mais c'est justement pour cela que nous sommes dans les termes mêmes du problème, et que nous déterminerons, j'en ai la conviction, un engouement extraordinaire dans le public, dès que nous serons connus... Notre Banque Universelle, mon Dieu! elle va être d'abord la maison classique qui traitera de toutes affaires de banque, de crédit et d'escompte, recevra des fonds en comptes courants, contractera, négociera ou émettra des emprunts. Seulement, l'outil que j'en veux faire surtout, c'est une machine à lancer les grands projets de votre frère : là sera son véritable rôle, ses bénéfices croissants, sa puissance peu à peu dominatrice. Elle est fondée, en somme, pour prêter son concours à des sociétés financières et industrielles, que nous établirons dans les pays étrangers, dont nous placerons les actions, qui nous devront la vie et nous assureront la souveraineté... Et, devant cet avenir aveuglant de conquêtes, vous venez me demander s'il est permis de se syndiquer et d'avantager d'une prime les syndicataires, quitte à la porter au compte de premier établissement; vous vous inquiétez des petites irrégularités fatales, des actions non souscrites, que la société fera bien de garder, sous le couvert d'un prête-nom; enfin, vous partez en guerre contre le jeu, contre le jeu, Seigneur! qui est l'âme même, le foyer, la flamme de cette géante mécanique que je rêve!... Sachez donc que ce n'est rien encore, tout ça! que ce pauvre petit capital de vingt-cinq millions est un simple fagot jeté sous la machine, pour le premier coup de feu! que j'espère bien le doubler, le quadrupler, le quintupler, à mesure que nos opérations s'élargiront! qu'il nous faut la grêle des pièces d'or, la danse des millions, si nous voulons, là-bas, accomplir les prodiges annoncés!... Ah! dame! je ne réponds pas de la casse, on ne remue pas le monde, sans écraser les pieds de quelques passants.

Elle le regardait, et, dans son amour de la vie, de tout ce qui était fort et actif, elle finissait par le trouver beau, séduisant de verve et de foi. Aussi, sans se rendre à ses théories qui révoltaient la droiture de sa claire intelligence, feignit-elle d'être vaincue.

— C'est bon, mettons que je ne sois qu'une femme et

que les batailles de l'existence m'effraient... Seulement, n'est-ce pas? tâchez d'écraser le moins de monde possible, et surtout n'écrasez personne de ceux que j'aime.

Saccard, grisé de son accès d'éloquence, et qui triomphait de ce vaste plan exposé, comme si la besogne était faite, se montra tout à fait bonhomme.

— N'ayez donc pas peur! Je fais l'ogre, c'est pour rire... Tout le monde sera très riche.

Ils causèrent ensuite tranquillement des dispositions à prendre, et il fut convenu que, le lendemain même de la constitution définitive de la société, Hamelin se rendrait à Marseille, puis de là en Orient, pour hâter la mise en œuvre des grandes affaires.

Mais déjà, sur le marché de Paris, des bruits se répandaient, une rumeur ramenait le nom de Saccard, du fond trouble où il s'était noyé un instant; et les nouvelles, d'abord chuchotées, peu à peu dites à voix plus haute, sonnaient si clairement le succès prochain, que, de nouveau, comme au parc Monceau jadis, son antichambre s'emplissait de solliciteurs, chaque matin. Il voyait Mazaud monter, par hasard, pour lui serrer la main et causer des nouvelles du jour; il recevait d'autres agents de change, le juif Jacoby, avec sa voix tonitruante, et son beau-frère Delarocque, un gros roux, qui rendait sa femme si malheureuse. La coulisse venait aussi, dans la personne de Nathansohn, un petit blond très actif, que la chance portait. Et quant à Massias, résigné à sa dure besogne de remisier malchanceux, il se présentait déjà chaque jour, bien qu'il n'y eût pas encore d'ordres à recevoir. C'était toute une foule montante.

Un matin, dès neuf heures, Saccard trouva l'antichambre pleine. N'ayant pas arrêté encore de personnel spécial, il était fort mal secondé par son valet de chambre; et, le plus souvent, il se donnait la peine d'introduire les gens lui-même. Ce jour-là, comme il ouvrait la porte de son cabinet, Jantrou voulut entrer; mais il avait aperçu Sabatani, qu'il faisait chercher depuis deux jours.

— Pardon, mon ami, dit-il en arrêtant l'ancien professeur, pour recevoir d'abord le Levantin.

Sabatani, avec son inquiétant sourire de caresse, sa souplesse de couleuvre, laissa parler Saccard, qui, très nettement d'ailleurs, en homme qui le connaissait, lui fit sa proposition.

— Mon cher, j'ai besoin de vous... Il nous faut un prête-nom. Je vous ouvrirai un compte, je vous ferai acheteur d'un certain nombre de nos titres, que vous payerez simplement par un jeu d'écritures... Vous voyez que je vais droit au but et que je vous traite en ami.

Le jeune homme le regardait de ses beaux yeux de velours, si doux dans sa longue face brune.

— La loi, cher maître, exige d'une façon formelle le versement en espèces... Oh! ce n'est pas pour moi que je vous dis ça. Vous me traitez en ami, et j'en suis très fier... Tout ce que vous voudrez!

Alors, Saccard, pour lui être agréable, lui dit l'estime où le tenait Mazaud, qui avait fini par prendre ses ordres, sans être couvert. Puis, il le plaisanta sur Germaine Cœur, avec laquelle il l'avait rencontré la veille, faisant allusion crûment au bruit qui le douait d'un véritable prodige, une exception géante, dont rêvaient les filles du monde de la Bourse, tourmentées de curiosité. Et Sabatani ne niait pas, riait de son rire équivoque sur ce sujet scabreux : oui, oui! ces dames étaient très drôles à courir après lui, elles voulaient voir.

— Ah! à propos, interrompit Saccard, nous aurons aussi besoin de signatures, pour régulariser certaines opérations, les transferts par exemple... Pourrai-je envoyer chez vous les paquets de papiers à signer?

— Mais certainement, cher maître. Tout ce que vous voudrez!

Il ne soulevait même pas la question de payement, sachant que cela est sans prix, lorsqu'on rend de pareils services; et, comme l'autre ajoutait qu'on lui donnerait un franc par signature, pour le dédommager de sa perte de temps, il acquiesça d'un simple mouvement de tête. Puis, avec son sourire :

— J'espère aussi, cher maître, que vous ne me refuserez pas des conseils. Vous allez être si bien placé, je viendrai aux renseignements.

— C'est ça, conclut Saccard, qui comprit. Au revoir... Ménagez-vous, ne cédez pas trop à la curiosité des dames.

Et, s'égayant de nouveau, il le congédia par une porte de dégagement, qui lui permettait de renvoyer les gens, sans leur faire retraverser la salle d'attente.

Ensuite, Saccard, étant allé rouvrir l'autre porte, appela Jantrou. D'un coup d'œil, il le vit ravagé, sans ressources, avec une redingote dont les manches s'étaient usées sur les tables des cafés, à attendre une situation. La Bourse continuait d'être une marâtre, et il portait beau pourtant, la barbe en éventail, cynique et lettré, lâch .t encore de temps à autre une phrase fleurie d'ancien universitaire.

— Je vous aurais écrit prochainement, dit Saccard. Nous dressons la liste de notre personnel, où je vous ai inscrit un des premiers, et je crois bien que je vous appellerai au bureau des émissions.

Jantrou l'arrêta d'un geste.

— Vous êtes bien aimable, je vous remercie... Mais j'ai une affaire à vous proposer.

Il ne s'expliqua pas tout de suite, débuta par des généralités, demanda quelle serait la part des journaux, dans le lancement de la Banque Universelle. L'autre prit feu aux premiers mots, déclara qu'il était pour la publicité la plus large, qu'il y mettrait tout l'argent disponible. Pas une trompette n'était à dédaigner, même les trompettes de deux sous, car il posait en axiome que tout bruit était bon, en tant que bruit. Le rêve serait d'avoir tous les journaux à soi ; seulement, ça coûterait trop cher.

— Tiens ! est-ce que vous auriez l'idée de nous organiser notre publicité ?... Ce ne serait peut-être pas bête. Nous en causerons.

— Oui, plus tard, si vous voulez... Mais qu'est-ce que vous diriez d'un journal à vous, complètement à vous, dont je serais le directeur. Chaque matin, une page vous serait réservée, des articles qui chanteraient vos louanges, de simples notes rappelant l'attention sur vous, des allusions dans des études complètement étrangères aux finances, enfin une campagne en règle, à propos de tout et de rien, vous exaltant sans relâche sur l'hécatombe de vos rivaux... Est-ce que ça vous tente ?

— Dame ! si ça ne coûtait pas les yeux de la tête.

— Non, le prix serait raisonnable.

Et il nomma enfin le journal : *l'Espérance*, une feuille fondée, depuis deux ans, par un petit groupe de personnalités catholiques, les violents du parti, qui faisaient à l'empire une guerre féroce. Le succès était, d'ailleurs, absolument nul, et le bruit de la disparition du journal courait chaque semaine.

Saccard se récria.

— Oh ! il ne tire pas à deux mille !

— Ça, ce sera notre affaire, d'arriver à un plus gros tirage.

— Et puis, c'est impossible : il traîne mon frère dans la boue, je ne peux pas me fâcher avec mon frère dès le début.

Jantrou haussa doucement les épaules.

— Il ne faut se fâcher avec personne... Vous savez comme moi que, lorsqu'une maison de crédit a un journal, peu importe qu'il soutienne ou attaque le gouvernement : s'il est officieux, la maison est certaine de faire partie de tous les syndicats que forme le ministre des finances pour assurer le succès des emprunts de l'État et des communes; s'il est opposant, le même ministre a toutes sortes d'égards pour la banque qu'il représente, un désir de le désarmer et de l'acquérir, qui se traduit souvent par plus de faveurs encore... Ne vous inquiétez donc pas de la couleur de *l'Espérance*. Ayez un journal, c'est une force.

Un instant silencieux, Saccard, avec cette vivacité d'intelligence qui lui faisait d'un coup s'approprier l'idée d'un autre, la fouiller, l'adapter à ses besoins, au point qu'il la rendait complètement sienne, développait tout un plan :

il achetait *l'Espérance*, en éteignait les polémiques acerbes, la mettait aux pieds de son frère qui était bien forcé de lui en avoir de la reconnaissance, mais lui conservait son odeur catholique, la gardait comme une menace, une machine toujours prête à reprendre sa terrible campagne, au nom des intérêts de la religion. Et, si l'on n'était pas aimable avec lui, il brandissait Rome, il risquait le grand coup de Jérusalem. Ce serait un joli tour, pour finir.

— Serions-nous libres? demanda-t-il brusquement.

— Absolument libres. Ils en ont assez, le journal est tombé entre les mains d'un gaillard besogneux qui nous le livrera pour une dizaine de mille francs. Nous en ferons ce qu'il nous plaira.

Une minute encore, Saccard réfléchit.

— Eh bien! c'est fait. Prenez rendez-vous, amenez-moi votre homme ici... Vous serez directeur, et je verrai à centraliser entre vos mains toute notre publicité, que je veux exceptionnelle, énorme, oh! plus tard, quand nous aurons de quoi chauffer sérieusement la machine.

Il s'était levé. Jantrou se leva également, cachant sa joie de trouver du pain, sous son rire blagueur de déclassé, las de la boue parisienne.

— Enfin, je vais donc rentrer dans mon élément, mes chères belles-lettres!

— N'engagez personne encore, reprit Saccard en le reconduisant. Et, pendant que j'y songe, prenez donc note d'un protégé à moi, de Paul Jordan, un jeune homme à qui je trouve un talent remarquable, et dont vous ferez un excellent rédacteur littéraire. Je vais lui écrire d'aller vous voir.

Jantrou sortait par la porte de dégagement, lorsque cette heureuse disposition des deux issues le frappa.

— Tiens! c'est commode, dit-il avec sa familiarité. On escamote le monde... Quand il vient de belles dames, comme celle que j'ai saluée tout à l'heure dans l'antichambre, la baronne Sandorff...

Saccard ignorait qu'elle fût là; et, d'un haussement

d'épaules, il voulut dire son indifférence; mais l'autre ricanait, refusait de croire à ce désintéressement. Les deux hommes échangèrent une vigoureuse poignée de main.

Lorsqu'il fut seul, Saccard, instinctivement, se rapprocha de la glace, releva ses cheveux, où pas un fil blanc n'apparaissait encore. Il n'avait pourtant pas menti, les femmes ne le préoccupaient guère, depuis que les affaires le reprenaient tout entier; et il ne cédait qu'à l'involontaire galanterie qui fait qu'un homme, en France, ne peut se trouver seul avec une femme, sans craindre de passer pour un sot, s'il ne la conquiert pas. Dès qu'il eut fait entrer la baronne, il se montra très empressé.

— Madame, je vous en prie, veuillez vous asseoir...

Jamais il ne l'avait vue si étrangement séduisante, avec ses lèvres rouges, ses yeux brûlants, aux paupières meurtries, enfoncés sous les sourcils épais. Que pouvait-elle lui vouloir? et il demeura surpris, presque désenchanté, lorsqu'elle lui eut expliqué le motif de sa visite.

— Mon Dieu! monsieur, je vous demande pardon de vous déranger, inutilement pour vous; mais, entre gens du même monde, il faut bien se rendre de ces petits services... Vous avez eu dernièrement un chef de cuisine, que mon mari est sur le point d'engager. Je viens donc tout simplement aux renseignements.

Alors, il se laissa questionner, répondit avec la plus grande obligeance, tout en ne la quittant pas du regard; car il croyait deviner que c'était là un prétexte : elle se moquait bien du chef de cuisine, elle venait pour autre chose, évidemment. Et, en effet, elle manœuvra, finit par nommer un ami commun, le marquis de Bohain, qui lui avait parlé de la Banque Universelle. On avait tant de peine à placer son argent, à trouver des valeurs solides! Enfin, il comprit qu'elle prendrait volontiers des actions, avec la prime de dix pour cent abandonnée aux syndicataires; et il comprit mieux encore que, s'il lui ouvrait un compte, elle ne payerait pas.

— J'ai ma fortune personnelle, mon mari ne s'en mêle

jamais. Ça me donne beaucoup de tracas, ça m'amuse aussi un peu, je l'avoue... N'est-ce pas? lorsqu'on voit une femme s'occuper d'argent, surtout une jeune femme, ça étonne, on est tenté de l'en blâmer... Il y a des jours où je suis dans le plus mortel embarras, n'ayant pas d'amis qui veuillent me conseiller. L'autre quinzaine encore, faute d'un renseignement, j'ai perdu une somme considérable... Ah! maintenant que vous allez être en si bonne position pour savoir, si vous étiez assez gentil, si vous vouliez...

La joueuse perçait sous la femme du monde, la joueuse âpre, enragée, cette fille des Ladricourt dont un ancêtre avait pris Antioche, cette femme d'un diplomate saluée très bas par la colonie étrangère de Paris, et que sa passion promenait en solliciteuse louche chez tous les gens de finance. Ses lèvres saignaient, ses yeux flambaient davantage, son désir éclatait, soulevait la femme ardente qu'elle semblait être. Et il eut la naïveté de croire qu'elle était venue s'offrir, simplement pour être de sa grande affaire et avoir, à l'occasion, d'utiles renseignements de Bourse.

— Mais, cria-t-il, je ne demande pas mieux, madame, que de mettre à vos pieds mon expérience.

Il avait rapproché sa chaise, il lui prit la main. Du coup, elle parut dégrisée. Ah! non, elle n'en était pas encore là, il serait toujours temps qu'elle payât d'une nuit la communication d'une dépêche. C'était déjà, pour elle, une corvée abominable que sa liaison avec le procureur général Delcambre, cet homme si sec et si jaune, que la ladrerie de son mari l'avait forcée d'accueillir. Et son indifférence sensuelle, le mépris secret où elle tenait l'homme, venait de se montrer en une lassitude blême, sur son visage de fausse passionnée, que l'espoir du jeu seul enflammait. Elle se leva, dans une révolte de sa race et de son éducation, qui lui faisaient encore manquer des affaires.

— Alors, monsieur, vous dites que vous étiez content de ce chef de cuisine?

Étonné, Saccard se mit debout à son tour. Qu'avait-elle

donc espéré ? qu'il l'inscrirait et la renseignerait pour rien? Décidément, il fallait se méfier des femmes, elles apportaient dans les marchés la plus insigne mauvaise foi. Et, bien qu'il eût envie de celle-ci, il n'insista pas, il s'inclina avec un sourire qui signifiait : « A votre aise, chère madame, quand il vous plaira, » tandis que, tout haut, il disait :

— Très content, je vous le répète. Une question de réforme intérieure m'a seule décidé à me séparer de lui.

La baronne Sandorff eut une hésitation d'une seconde à peine, non qu'elle regrettât sa révolte, mais sans doute elle sentait combien il était naïf de venir chez un Saccard, avant d'être résignée aux conséquences. Cela l'irritait contre elle-même, car elle avait la prétention d'être une femme sérieuse. Elle finit par répondre d'une simple inclinaison de tête au respectueux salut dont il la congédiait; et il l'accompagnait jusqu'à la petite porte, lorsque celle-ci fut brusquement ouverte, d'une main familière. C'était Maxime, qui déjeunait chez son père, ce matin-là, et qui arrivait en intime, par le couloir. Il s'effaça, salua également, pour laisser sortir la baronne. Puis, quand elle fut partie, il eut un léger rire.

— Ça commence, ton affaire? tu touches tes primes?

Malgré sa grande jeunesse encore, il avait un aplomb d'homme d'expérience, incapable de se dépenser inutilement dans un plaisir hasardeux. Son père comprit son attitude de supériorité ironique.

— Non, justement, je n'ai rien touché du tout, et ce n'est point par sagesse, car, mon petit, je suis aussi fier d'avoir toujours vingt ans que tu parais l'être d'en avoir soixante.

Le rire de Maxime s'accentua, son ancien rire perlé de fille, dont il avait gardé le roucoulement équivoque, dans l'attitude correcte qu'il s'était faite de garçon rangé, désireux de ne pas gâter sa vie davantage. Il affectait la plus grande indulgence, pourvu que rien de lui ne fût menacé.

— Ma foi, tu as bien raison, du moment que ça ne te

fatigue pas... Moi, tu sais, j'ai déjà des rhumatismes.

Et, s'installant à l'aise dans un fauteuil, prenant un journal :

— Ne t'occupe pas de moi, finis de recevoir, si je ne te gêne pas... Je suis venu trop tôt, parce que j'avais à passer chez mon médecin et que je ne l'ai pas trouvé.

A ce moment, le valet de chambre entrait dire que madame la comtesse de Beauvilliers demandait à être reçue. Saccard, un peu surpris, bien qu'il eût déjà rencontré à l'Œuvre du Travail sa noble voisine, comme il la nommait, donna l'ordre de l'introduire immédiatement; puis, rappelant le valet, il lui commanda de renvoyer tout le monde, fatigué, ayant très faim.

Lorsque la comtesse entra, elle n'aperçut même pas Maxime, que le dossier du grand fauteuil cachait. Et Saccard s'étonna davantage, en voyant qu'elle avait amené avec elle sa fille Alice. Cela donnait plus de solennité à la démarche : ces deux femmes si tristes et si pâles, la mère mince, grande, toute blanche, à l'air suranné, la fille vieillie déjà, le cou trop long, jusqu'à la disgrâce. Il avança des sièges, d'une politesse agitée, pour mieux montrer sa déférence.

— Madame, je suis extrêmement honoré... Si j'avais le bonheur de pouvoir vous être utile...

D'une grande timidité, sous son allure hautaine, la comtesse finit par expliquer le motif de sa visite.

— Monsieur, c'est à la suite d'une conversation avec mon amie, madame la princesse d'Orviedo, que la pensée m'est venue de me présenter chez vous... Je vous avoue que j'ai hésité d'abord, car on ne refait pas facilement ses idées à mon âge, et j'ai toujours eu grand'peur des choses d'aujourd'hui que je ne comprends pas... Enfin, j'en ai causé avec ma fille, je crois qu'il est de mon devoir de passer sur mes scrupules pour tenter d'assurer le bonheur des miens.

Et elle continua, elle dit comment la princesse lui avait parlé de la Banque Universelle, certes une maison de crédit telle que les autres, aux yeux des profanes, mais qui, aux yeux des initiés, allait avoir une excuse sans réplique, un but tellement méritoire et haut, qu'il devait imposer silence aux consciences les plus timorées. Elle ne prononça ni le nom du pape ni celui de Jérusalem : c'était là ce qu'on ne disait pas, ce qu'on chuchotait à peine entre fidèles, le mystère qui passionnait; mais, de chacune de ses paroles, de ses allusions et de ses sous-entendus, un espoir et une foi se dégageaient, qui mettaient toute une flamme religieuse dans sa croyance au succès de la nouvelle banque.

Saccard lui-même fut étonné de son émotion contenue, du tremblement de sa voix. Il n'avait encore parlé de Jérusalem que dans l'excès lyrique de sa fièvre, il se méfiait au fond de ce projet fou, y flairant quelque ridicule, disposé à l'abandonner et à en rire, si des plaisanteries l'accueillaient. Et la démarche émue de cette sainte femme qui amenait sa fille, la façon profonde dont elle donnait à entendre qu'elle et tous les siens, toute la noblesse française croirait et s'engouerait, le frappait vivement, donnait un corps à une rêverie pure, élargissait à l'infini son champ d'évolution. C'était donc vrai qu'il y avait là un levier, dont l'emploi allait lui permettre de soulever le monde! Avec son assimilation si rapide, il entra d'un coup dans la situation, parla lui aussi en termes mystérieux de ce triomphe final qu'il poursuivrait en silence; et sa parole était pénétrée de ferveur, il venait réellement d'être touché de la foi, de la foi en l'excellence du moyen d'action que la crise traversée par la papauté lui mettait aux mains. Il avait la faculté heureuse de croire, dès que l'exigeait l'intérêt de ses plans.

— Enfin, monsieur, continua la comtesse, je suis décidée à une chose qui m'a répugnée jusqu'ici... Oui, l'idée de faire travailler de l'argent, de le placer à intérêts, ne m'est jamais entrée dans la tête : des façons anciennes d'entendre la vie, des scrupules qui deviennent un peu sots, je le sais; mais, que voulez-vous? on ne va point aisément contre les croyances qu'on a sucées avec le lait, et je m'imaginais que la terre seule, la grande propriété devait nourrir des gens tels que nous... Malheureusement, la grande propriété...

Elle rougit faiblement, car elle en arrivait à l'aveu de cette ruine qu'elle dissimulait avec tant de soin.

— La grande propriété n'existe plus guère... Nous autres avons été très éprouvés... Il ne nous reste plus qu'une ferme.

Saccard, alors, pour lui éviter toute gêne, renchérit, s'enflamma.

— Mais, madame, personne ne vit plus de la terre... L'ancienne fortune domaniale est une forme caduque de la richesse, qui a cessé d'avoir sa raison d'être. Elle était la stagnation même de l'argent, dont nous avons décuplé la valeur, en le jetant dans la circulation, et par le papier-monnaie, et par les titres de toutes sortes, commerciaux et financiers. C'est ainsi que le monde va être renouvelé, car rien n'était possible sans l'argent, l'argent liquide qui coule, qui pénètre partout, ni les applications de la science, ni la paix finale, universelle... Oh! la fortune domaniale! elle est allée rejoindre les pataches. On meurt avec un million de terres, on vit avec le quart de ce capital placé dans de bonnes affaires, à quinze, vingt et même trente pour cent.

Doucement, avec sa tristesse infinie, la comtesse hocha la tête.

— Je ne vous entends guère, et, je vous l'ai dit, je suis restée d'une époque où ces choses effrayaient, comme des choses mauvaises et défendues... Seulement, je ne suis pas seule, je dois surtout songer à ma fille. Depuis quelques années, j'ai réussi à mettre de côté, oh! une petite somme...

Sa rougeur reparaissait.

— Vingt mille francs, qui dorment chez moi, dans un tiroir. Plus tard, j'aurais peut-être un remords de les avoir laissés ainsi improductifs; et, puisque votre œuvre est bonne, ainsi que me l'a confié mon amie, puisque vous allez travailler à ce que nous souhaitons tous, de nos vœux les plus ardents, je me risque... Enfin, je vous serai reconnaissante, si vous pouvez me réserver des actions de votre banque, pour une somme de dix à douze mille francs. J'ai tenu à ce que ma fille m'accompagnât, car je ne vous cache pas que cet argent est à elle.

Jusque-là, Alice n'avait pas ouvert la bouche, l'air effacé, malgré son vif regard d'intelligence. Elle eut un geste de reproche tendre.

— Oh! à moi! maman, est-ce que j'ai quelque chose à moi qui ne soit pas à vous?

— Et ton mariage, mon enfant?

— Mais vous savez bien que je ne veux pas me marier!

Elle avait dit cela trop vite, le chagrin de sa solitude criait dans sa voix grêle. Sa mère la fit taire d'un coup d'œil navré; et toutes deux se regardèrent un instant, ne pouvant se mentir, dans le partage quotidien de ce qu'elles avaient à souffrir et à cacher.

Saccard était très ému.

— Madame, il n'y aurait plus d'actions, que j'en trouverais quand même pour vous. Oui, s'il le faut, j'en prendrai sur les miennes... Votre démarche me touche infiniment, je suis très honoré de votre confiance...

Et, à cet instant, il croyait réellement faire la fortune de ces malheureuses, il les associait, pour une part, à la pluie d'or qui allait pleuvoir sur lui et autour de lui.

Ces dames s'étaient levées et se retiraient. A la porte seulement, la comtesse se permit une allusion directe à la grande affaire dont on ne parlait pas.

— J'ai reçu de mon fils Ferdinand, qui est à Rome, une lettre désolante sur la tristesse produite là-bas par l'annonce du retrait de nos troupes.

— Patience! déclara Saccard avec conviction, nous sommes là pour tout sauver.

Il y eut de profonds saluts, et il les accompagna jusqu'au palier, en passant cette fois à travers l'antichambre, qu'il croyait libre. Mais, comme il revenait, il aperçut, assis sur une banquette, un homme d'une cinquantaine d'années, grand et sec, vêtu en ouvrier endimanché, qui avait avec lui une jolie fille de dix-huit ans, mince et pâle.

— Quoi? que voulez-vous?

La jeune fille s'était levée la première, et l'homme, intimidé par cet accueil brusque, se mit à bégayer une explication confuse.

— J'avais donné l'ordre de renvoyer tout le monde! Pourquoi êtes-vous là?... Dites-moi votre nom, au moins.

— Dejoie, monsieur, et je viens avec ma fille Nathalie...

De nouveau, il s'embrouilla, si bien que Saccard, impatienté, allait le pousser à la porte, lorsqu'il comprit enfin que c'était madame Caroline qui le connaissait depuis longtemps et qui lui avait dit d'attendre.

— Ah! vous êtes recommandé par madame Caroline Il fallait le dire tout de suite... Entrez et dépêchez-vous, car j'ai très faim.

Dans le cabinet, il laissa Dejoie et Nathalie debout, ne s'assit pas lui-même, pour les expédier plus vite. Maxime, qui, à la sortie de la comtesse, avait quitté son fauteuil, n'eut plus la discrétion de s'écarter, dévisageant les nouveaux venus, l'air curieux. Et Dejoie, longuement, racontait son affaire.

— Voici, monsieur... J'ai fait mon congé, puis je suis entré comme garçon de bureau chez monsieur Durieu, le mari de madame Caroline, quand il vivait et qu'il était brasseur. Puis, je suis entré chez monsieur Lamberthier, le facteur à la halle. Puis, je suis entré chez monsieur Blaisot, un banquier que vous connaissez bien : il s'est fait sauter la cervelle, il y a deux mois, et alors je suis sans place... Il faut vous dire, avant tout, que je m'étais marié. Oui, j'avais épousé ma femme Joséphine, quand j'étais justement chez monsieur Durieu, et qu'elle était, elle, cuisinière chez la belle-sœur de monsieur, madame Lévêque, que madame Caroline a bien connue. Ensuite, quand j'ai été chez monsieur Lamberthier, elle n'a pas pu y entrer, elle s'est placée chez un médecin de Grenelle, monsieur Renaudin. Ensuite, elle est allée au magasin des Trois-Frères, rue Rambuteau, où, comme par un guignon, il n'y a jamais eu de place pour moi...

— Bref! interrompit Saccard, vous venez me demander un emploi, n'est-ce pas?

Mais Dejoie tenait à expliquer le chagrin de sa vie, la mauvaise chance qui lui avait fait épouser une cuisinière, sans que jamais il eût réussi à se placer dans les mêmes maisons qu'elle. C'était quasiment comme si l'on n'avait pas été marié, n'ayant jamais une chambre à tous les deux, se voyant chez les marchands de vin, s'embrassant derrière les portes des cuisines. Et une fille était née, Nathalie, qu'il avait fallu laisser en nourrice jusqu'à huit ans, jusqu'au jour où le père, ennuyé d'être seul, l'avait reprise dans son étroit cabinet de garçon. Il était ainsi devenu la vraie mère de la petite, l'élevant, la menant à l'école, la surveillant avec des soins infinis, le cœur débordant d'une adoration grandissante.

— Ah! je puis bien dire, monsieur, qu'elle m'a donné de la satisfaction. C'est instruit, c'est honnête... Et, vous la voyez, il n'y a pas sa pareille pour la gentillesse.

En effet, Saccard la trouvait charmante, cette fleur blonde du pavé parisien, avec sa grâce chétive, ses larges yeux sous les petits frisons de ses cheveux pâles. Elle se laissait adorer par son père, sage encore, n'ayant eu aucun intérêt à ne pas l'être, d'un féroce et tranquille égoïsme, dans cette clarté si limpide de ses yeux.

— Alors donc, monsieur, la voici en âge de se marier, et il y a justement un beau parti qui se présente, le fils du cartonnier, notre voisin. Seulement, c'est un garçon qui veut s'établir, et il demande six mille francs. Ça n'est pas trop, il pourrait prétendre à une fille qui aurait davantage... Il faut vous dire que j'ai perdu ma femme, il y a quatre ans, et qu'elle nous a laissé des économies, ses petits bénéfices de cuisinière, n'est-ce pas?... J'ai quatre mille francs; mais ça ne fait pas six mille, et le jeune homme est pressé, Nathalie aussi...

La jeune fille qui écoutait, souriante, avec son clair regard si froid et si décidé, eut une brusque affirmation du menton.

— Bien sûr... Je ne m'amuse pas, je veux en finir, d'une manière ou d'une autre.

De nouveau, Saccard les interrompit. Il avait jugé

l'homme, borné, mais très droit, très bon, rompu à la discipline militaire. Puis, il suffisait qu'il se présentât au nom de madame Caroline.

— C'est parfait, mon ami... Je vais avoir un journal, je vous prends comme garçon de bureau... Laissez-moi votre adresse, et au revoir.

Cependant, Dejoie ne s'en allait point. Il continua avec embarras :

— Monsieur est bien obligeant, j'accepte la place avec reconnaissance, parce qu'il faudra que je travaille, quand j'aurai casé Nathalie... Mais j'étais venu pour autre chose. Oui, j'ai su, par madame Caroline et par d'autres personnes encore, que monsieur va se trouver dans de grandes affaires et qu'il pourra faire gagner tout ce qu'il voudra à ses amis et connaissances... Alors, si monsieur voulait bien s'intéresser à nous, si monsieur consentait à nous donner de ses actions...

Saccard, une seconde fois, fut ému, plus ému qu'il ne venait de l'être, la première, lorsque la comtesse lui avait confié, elle aussi, la dot de sa fille. Cet homme simple, ce tout petit capitaliste aux économies grattées sou à sou, n'était-ce pas la foule croyante, confiante, la grande foule qui fait les clientèles nombreuses et solides, l'armée fanatisée qui arme une maison de crédit d'une force invincible? Si ce brave homme accourait ainsi, avant toute publicité, que serait-ce, lorsque les guichets seraient ouverts? Son attendrissement souriait à ce premier petit actionnaire, il voyait là le présage d'un gros succès.

— Entendu, mon ami, vous aurez des actions.

La face de Dejoie rayonna, comme à l'annonce d'une grâce inespérée.

— Monsieur est trop bon... N'est-ce pas? en six mois, je puis bien, avec mes quatre mille, en gagner deux mille, de façon à compléter la somme... Et, puisque monsieur y consent, j'aime mieux régler ça tout de suite. J'ai apporté l'argent.

Il se fouilla, tira une enveloppe, qu'il tendit à Saccard, immobile, silencieux, saisi d'une admiration charmée, à ce dernier trait. Et le terrible corsaire, qui avait déjà écumé tant de fortunes, finit par éclater d'un bon rire, résolu honnêtement à l'enrichir aussi, cet homme de foi.

— Mais, mon brave, ça ne se fait point ainsi... Gardez votre argent, je vous inscrirai, et vous payerez en temps et lieu.

Cette fois, il les congédia, après que Dejoie l'eut fait remercier par Nathalie, dont un sourire de contentement éclairait les beaux yeux durs et candides.

Lorsque Maxime se retrouva enfin seul avec son père, il dit, de son air d'insolence moqueuse :

— Voilà que tu dotes les jeunes filles, maintenant.

— Pourquoi pas? répondit gaiement Saccard. C'est un bon placement que le bonheur des autres.

Il rangeait quelques papiers, avant de quitter son cabinet. Puis, brusquement :

— Et toi, tu n'en veux pas, des actions?

Maxime, qui marchait à petits pas, se retourna d'un sursaut, se planta devant lui.

— Ah! non, par exemple! Est-ce que tu me prends pour un imbécile?

Saccard eut un geste de colère, trouvant la réponse d'un irrespect et d'un esprit déplorables, prêt à lui crier que l'affaire était réellement superbe, qu'il le jugeait vraiment trop bête, s'il le croyait un simple voleur, comme les autres. Mais, en le regardant, une pitié lui vint de son pauvre garçon, épuisé à vingt-cinq ans, rangé, avare même, si vieilli de vices, si inquiet de sa santé, qu'il ne risquait plus une dépense ni une jouissance, sans en avoir réglementé le bénéfice. Et, tout consolé, tout fier de l'imprudence passionnée de ses cinquante ans, il se remit à rire, il lui tapa sur l'épaule.

— Tiens! allons déjeuner, mon pauvre petit, et soigne tes rhumatismes.

Ce fut le surlendemain, le 5 octobre, que Saccard, assisté d'Hamelin et de Daigremont, se rendit chez maître Lelorrain, notaire, rue Sainte-Anne; et l'acte fut reçu, qui constituait, sous la dénomination de société de la

Banque Universelle, une société anonyme, au capital de vingt-cinq millions, divisé en cinquante mille actions de cinq cents francs chacune, dont le quart seul était exigible. Le siège de la société était fixé rue Saint-Lazare, à l'hôtel d'Orviedo. Un exemplaire des statuts, dressés suivant l'acte, fut déposé en l'étude de maître Lelorrain. Il faisait, ce jour-là, un très clair soleil d'automne, et ces messieurs, lorsqu'ils sortirent de chez le notaire, allumèrent des cigares; remontèrent doucement par le boulevard et la rue de la Chaussée-d'Antin, heureux de vivre, s'égayant comme des collégiens échappés.

L'assemblée générale constitutive n'eut lieu que la semaine suivante, rue Blanche, dans la salle d'un petit bal qui avait fait faillite, et où un industriel tâchait d'organiser des expositions de peinture. Déjà, les syndicataires avaient placé celles des actions souscrites par eux, qu'ils ne gardaient pas; et il vint cent vingt-deux actionnaires, représentant près de quarante mille actions, ce qui aurait dû donner un total de deux mille voix, le chiffre de vingt actions étant nécessaire pour avoir le droit de siéger et de voter. Cependant, comme un actionnaire ne pouvait exprimer plus de dix voix, quel que fût le chiffre de ses titres, le nombre exact des suffrages fut de seize cent quarante-trois.

Saccard tint absolument à ce qu'Hamelin présidât. Lui, s'était volontairement perdu dans le troupeau. Il avait inscrit l'ingénieur, et s'était inscrit lui-même, chacun pour cinq cents actions, qu'il devait payer par un jeu d'écritures. Tous les syndicataires étaient là : Daigremont, Huret, Sédille, Kolb, le marquis de Bohain, chacun avec le groupe d'actionnaires qui marchait sous ses ordres. On remarquait également Sabatani, un des plus gros souscripteurs, ainsi que Jantrou, au milieu de plusieurs des hauts employés de la banque, en fonctions depuis l'avant-veille. Et toutes les décisions à prendre avaient été si bien prévues et réglées d'avance, que jamais assemblée constitutive ne fut si belle de calme, de simplicité et de bonne entente. A l'unanimité des voix, on reconnut sincère la déclaration de la souscription intégrale du capital, ainsi que celle du versement des cent vingt-cinq francs par action. Puis, solennellement, on déclara la société constituée. Le conseil d'administration fut en suite nommé : il devait se composer de vingt membres qui, outre les jetons de présence, chiffrés à un total annuel de cinquante mille francs, auraient à toucher, d'après un article des statuts, le dix pour cent sur les bénéfices. Cela n'étant pas à dédaigner, chaque syndicataire avait exigé de faire partie du conseil; et Daigremont, Huret, Sédille, Kolb, le marquis de Bohain, ainsi qu'Hamelin, que l'on voulait porter à la présidence, passèrent naturellement en tête de la liste, avec quatorze autres de moindre importance, triés parmi les plus obéissants et les plus décoratifs des actionnaires. Enfin, Saccard, resté dans l'ombre jusque-là, apparut, lorsque, le moment de choisir un directeur étant arrivé, Hamelin le proposa. Un murmure sympathique accueillit son nom, il obtint lui aussi l'unanimité. Et il n'y avait plus qu'à élire les deux commissaires censeurs, chargés de présenter à l'assemblée un rapport sur le bilan et de contrôler ainsi les comptes fournis par les administrateurs : fonction délicate autant qu'inutile, pour laquelle Saccard avait désigné un sieur Rousseau et un sieur Lavignière, le premier complètement inféodé au second, celui-ci grand, blond, très poli, approuvant toujours, dévoré de l'envie d'entrer plus tard dans le conseil, lorsqu'on serait content de ses services. Rousseau et Lavignière nommés, on allait lever la séance, lorsque le président crut devoir parler de la prime de dix pour cent accordée aux syndicataires, en tout quatre cent mille francs, que l'assemblée, sur sa proposition, passa aux frais de premier établissement. C'était une vétille, il fallait bien faire la part du feu; et, laissant la foule des petits actionnaires s'écouler avec le piétinement d'un troupeau, les gros souscripteurs restèrent les derniers, échangèrent encore sur le trottoir des poignées de main, l'air souriant.

Dès le lendemain, le conseil se réunit à l'hôtel d'Orviedo, dans l'ancien salon de Saccard, transformé en salle des séances. Une vaste table, recouverte d'un tapis de velours vert, entourée de vingt fauteuils tendus de la même étoffe, en occupait le centre; et il n'y avait pas d'autres meubles que deux corps de bibliothèque, aux vitres garnies à l'intérieur de petits rideaux de soie également verte. Les tentures d'un rouge foncé assombrissaient la pièce, dont les trois fenêtres ouvraient sur le jardin de l'hôtel Beauvilliers. Il ne venait de là qu'un jour crépusculaire, comme une paix de vieux cloître, endormi sous l'ombre verte de ses arbres. Cela était sévère et noble, on entrait dans une honnêteté antique.

Le conseil se réunissait pour former son bureau; et il se trouva presque tout de suite au grand complet, comme sonnaient quatre heures. Le marquis de Bohain, avec sa grande taille, sa petite tête blême et aristocratique, était vraiment très vieille France; tandis que Daigremont, affable, représentait la haute fortune impériale, dans son succès fastueux. Sédille, moins tourmenté que de coutume, causait avec Kolb d'un mouvement imprévu qui venait de se produire sur le marché de Vienne; et, autour d'eux, les autres administrateurs, la bande, écoutaient, tâchaient de saisir un renseignement, ou bien s'entretenaient aussi de leurs occupations personnelles, n'étant là que pour faire nombre et pour ramasser leur part, les jours de butin. Ce fut, comme toujours, Huret qui arriva en retard, essoufflé, échappé à la dernière minute d'une commission de la Chambre. Il s'excusa, et l'on s'assit sur les fauteuils, entourant la table.

Le doyen d'âge, le marquis de Bohain, avait pris place au fauteuil présidentiel, un fauteuil plus haut et plus doré que les autres. Saccard, comme directeur, s'était placé en face de lui. Et, immédiatement, lorsque le marquis eut déclaré qu'on allait procéder à la nomination du président, Hamelin se leva, pour décliner toute candidature : il croyait savoir que plusieurs de ces messieurs avaient songé à lui pour la présidence; mais il leur faisait remarquer qu'il devait partir dès le lendemain pour l'Orient, qu'il était en outre d'une inexpérience absolue en matière de comptabilité, de banque et de Bourse, qu'enfin il y avait là une responsabilité dont il ne pouvait accepter le poids. Très surpris, Saccard l'écoutait, car, la veille encore, la chose était entendue ; et il devinait l'influence de madame Caroline sur son frère, sachant que, le matin, ils avaient eu une longue conversation ensemble. Aussi, ne voulant pas d'un autre président qu'Hamelin, quelque indépendant qui le gênerait peut-être, se permit-il d'intervenir, en expliquant que la fonction était surtout honorifique, qu'il suffisait que le président fît acte de présence, au moment des assemblées générales, pour appuyer les propositions du conseil et prononcer les discours d'usage. D'ailleurs, on allait élire un vice-président, qui donnerait les signatures. Et, pour le reste, pour la partie purement technique, la comptabilité, la Bourse, les mille détails intérieurs d'une grande maison de crédit, est-ce qu'il ne serait pas là, lui, Saccard, le directeur, justement nommé à cet effet ? Il devait, d'après les statuts, diriger le travail des bureaux, effectuer les recettes et les dépenses, gérer les affaires courantes, assurer les délibérations du conseil, être en un mot le pouvoir exécutif de la société. Ces raisons semblaient bonnes. Hamelin ne s'en débattit pas moins longtemps encore, il fallut que Daigremont et Huret insistassent eux-mêmes de la manière la plus pressante. Majestueux, le marquis de Bohain se désintéressait. Enfin, l'ingénieur céda, il fut nommé président, et l'on choisit pour vice-président un obscur agronome, ancien conseiller d'État, le vicomte de Robin-Chagot, homme doux et ladre, excellente machine à signatures. Quant au secrétaire, il fut pris en dehors du conseil, dans le personnel des bureaux de la banque, le chef du service des émissions. Et, comme la nuit venait, dans la grande pièce grave, une ombre verdie d'une infinie tristesse, on jugea la besogne bonne et suffisante, on se sépara après avoir réglé les séances à deux par mois, le petit conseil le quinze, et le grand conseil le trente.

Saccard et Hamelin remontèrent ensemble dans la salle

des épures, où madame Caroline les attendait. Elle vit bien tout de suite, à l'embarras de son frère, qu'il venait de céder une fois encore, par faiblesse ; et, un instant, elle en fut très fâchée.

— Mais, voyons, ce n'est pas raisonnable ! cria Saccard. Songez que le président touche trente mille francs, chiffre qui sera doublé, lorsque nos affaires s'étendront. Vous n'êtes pas assez riches pour dédaigner cet avantage... Et que craignez-vous, dites ?

— Mais je crains tout, répondit madame Caroline. Mon frère ne sera pas là, moi-même je n'entends rien à l'argent... Tenez ! ces cinq cents actions que vous avez inscrites pour lui, sans qu'il les paye tout de suite, eh bien, n'est-ce pas irrégulier, ne serait-il pas en faute, si l'opération tournait mal ?

Il s'était mis à rire.

— Une belle histoire ! cinq cents actions, un premier versement de soixante-deux mille cinq cents francs ! Si, au premier bénéfice, avant six mois, il ne pouvait rembourser cela, autant vaudrait-il nous aller jeter sur-le-champ à la Seine, plutôt que de nous donner le souci de rien entreprendre... Non, vous pouvez être tranquille, la spéculation ne dévore que les maladroits.

Elle restait sévère, dans l'ombre croissante de la pièce. Mais on apporta deux lampes, et les murs furent largement éclairés, les vastes plans, les aquarelles vives, qui la faisaient si souvent rêver des pays de là-bas. La plaine encore était nue, les montagnes barraient l'horizon, elle évoquait la détresse de ce vieux monde endormi sur ses trésors, et que la science allait réveiller dans sa crasse et dans son ignorance. Que de grandes et belles et bonnes choses à accomplir ! Peu à peu, une vision lui montrait des générations nouvelles, toute une humanité plus forte et plus heureuse poussant de l'antique sol, labouré à nouveau par le progrès.

— La spéculation, la spéculation, répéta-t-elle machinalement, combattue de doute. Ah ! j'en ai le cœur troublé d'angoisse.

Saccard, qui connaissait bien ses habituelles pensées, avait suivi sur son visage cet espoir de l'avenir.

— Oui, la spéculation. Pourquoi ce mot vous fait-il peur?... Mais la spéculation, c'est l'appât même de la vie, c'est l'éternel désir qui force à lutter et à vivre... Si j'osais une comparaison, je vous convaincrais...

Il riait de nouveau, pris d'un scrupule de délicatesse. Puis, il osa tout de même, volontiers brutal devant les femmes.

— Voyons, pensez-vous que sans... comment dirai-je? sans la luxure, on ferait beaucoup d'enfants?... Sur cent enfants qu'on manque de faire, il arrive qu'on en fabrique un à peine. C'est l'excès qui amène le nécessaire, n'est-ce pas?

— Certes, répondit-elle, gênée.

— Eh bien! sans la spéculation, on ne ferait pas d'affaires, ma chère amie... Pourquoi diable voulez-vous que je sorte mon argent, que je risque ma fortune, si vous ne me promettez pas une jouissance extraordinaire, un brusque bonheur qui m'ouvre le ciel?... Avec la rémunération légitime et médiocre du travail, le sage équilibre des transactions quotidiennes, c'est un désert d'une platitude extrême que l'existence, un marais où toutes les forces dorment et croupissent; tandis que, violemment, faites flamber un rêve à l'horizon, promettez qu'avec un sou on en gagnera cent, offrez à tous ces endormis de se mettre à la chasse de l'impossible, des millions conquis en deux heures, au milieu des plus effroyables casse-cou; et la course commence, les énergies sont décuplées, la bousculade est telle, que, tout en suant uniquement pour leur plaisir, les gens arrivent parfois à faire des enfants, je veux dire des choses vivantes, grandes et belles... Ah! dame! il y a beaucoup de saletés inutiles, mais certainement le monde finirait sans elles.

Madame Caroline s'était décidée à rire, elle aussi; car elle n'avait point de pruderie.

— Alors, dit-elle, votre conclusion est qu'il faut s'y résigner, puisque cela est dans le plan de la nature... Vous avez raison, la vie n'est pas propre.

Et une véritable bravoure lui était venue, à cette idée que chaque pas en avant s'était fait dans le sang et la boue. Il fallait vouloir. Le long des murs, ses yeux n'avaient pas quitté les plans et les dessins, et l'avenir s'évoquait, des ports, des canaux, des routes, des chemins de fer, des campagnes aux fermes immenses et outillées comme des usines, des villes nouvelles, saines, intelligentes, où l'on vivait très vieux et très savant.

— Allons, reprit-elle gaiement, il faut bien que je cède, comme toujours... Tâchons de faire un peu de bien pour qu'on nous pardonne.

Son frère, resté silencieux, s'était approché et l'embrassait. Elle le menaça du doigt.

— Oh! toi, tu es un câlin. Je te connais... Demain, quand tu nous auras quittés, tu ne t'inquiéteras guère de savoir ce qui se passe ici; et, là-bas, dès que tu te seras enfoncé dans tes travaux, tout ira bien, tu rêveras de triomphe, pendant que l'affaire craquera sous nos pieds peut-être.

— Mais, cria plaisamment Saccard, puisqu'il est entendu qu'il vous laisse près de moi comme un gendarme, pour m'empoigner, si je me conduis mal!

Tous trois éclatèrent.

— Et vous pouvez y compter, que je vous empoignerais!... Rappelez-vous ce que vous nous avez promis, à nous d'abord, puis à tant d'autres, par exemple à mon brave Dejoie, que je vous recommande bien... Ah! et à nos voisines aussi, ces pauvres dames de Beauvilliers, que j'ai vues aujourd'hui surveillant le lavage de quelques nippes, fait par leur cuisinière, sans doute pour diminuer le compte de la blanchisseuse.

Un instant encore, ils causèrent très amicalement tous trois, et le départ d'Hamelin fut réglé d'une façon définitive.

Comme Saccard redescendait à son cabinet, le valet de chambre lui dit qu'une femme s'était obstinée à l'attendre, bien qu'il lui eût répondu qu'il y avait conseil et que monsieur ne pourrait sans doute pas la recevoir. D'abord, fatigué, il s'emporta, donna l'ordre de la renvoyer; puis, la pensée qu'il se devait au succès, la crainte de changer la veine, s'il fermait sa porte, le firent se raviser. Le flot des solliciteurs augmentait chaque jour, et cette foule lui apportait une ivresse.

Une seule lampe éclairait le cabinet, il ne voyait pas bien la visiteuse.

— C'est monsieur Busch qui m'envoie, monsieur...

La colère le tint debout, et il ne lui dit même pas de s'asseoir. Cette voix grêle, dans ce corps débordant, venait de lui faire reconnaître madame Méchain. Une jolie actionnaire, cette acheteuse d'actions à la livre!

Elle, tranquillement, expliquait que Busch l'envoyait pour avoir des renseignements sur l'émission de la Banque Universelle. Restait-il des titres disponibles? Pouvait-on espérer en obtenir, avec la prime accordée aux syndicataires? Mais ce n'était là, sûrement, qu'un prétexte, une façon d'entrer, de voir la maison, d'espionner ce qu'il s'y faisait, et de le tâter lui-même; car ses yeux minces, percés à la vrille dans la graisse de son visage, furetaient partout, revenaient sans cesse le fouiller jusqu'à l'âme. Busch, après avoir patienté longtemps, mûrissant la fameuse affaire de l'enfant abandonné, se décidait à agir et l'envoyait en éclaireur.

— Il n'y a plus rien, répondit brutalement Saccard

Elle sentit qu'elle n'en apprendrait pas davantage, qu'il serait imprudent de tenter quelque chose. Aussi, ce jour-là, sans lui laisser le temps de la pousser dehors, fit-elle d'elle-même un pas vers la porte.

— Pourquoi ne me demandez-vous pas des actions pour vous? reprit-il, voulant être blessant.

De sa voix zézayante, sa voix pointue qui avait l'air de se moquer, elle répondit :

— Oh! moi, ce n'est pas mon genre d'opérations... Moi, j'attends.

Et, à cette minute, ayant aperçu le vaste sac de cuir usé, qui ne la quittait point, il fut traversé d'un frisson. Un jour où tout avait marché à souhait, le jour où il était si heureux de voir naître enfin la maison de crédit tant désirée, est-ce que cette vieille coquine allait être la fée mauvaise, celle qui jette un sort sur les princesses au berceau? Il le sentait plein de valeurs dépréciées, de titres déclassés, ce sac qu'elle venait promener dans les bureaux de sa banque naissante; il croyait comprendre qu'elle menaçait d'attendre aussi longtemps qu'il serait nécessaire, pour y enterrer à leur tour ses actions à lui, quand la maison croulerait. C'était le cri du corbeau qui part avec l'armée en marche, la suit jusqu'au soir du carnage, plane et s'abat, sachant qu'il y aura des morts à manger.

— Au revoir, monsieur, dit la Méchain en se retirant, essoufflée et très polie.

V

Un mois plus tard, dans les premiers jours de novembre, l'installation de la Banque Universelle n'était pas terminée. Il y avait encore des menuisiers qui posaient des boiseries, des peintres qui achevaient de mastiquer l'énorme toiture vitrée dont on avait couvert la cour.

Cette lenteur venait de Saccard, qui, mécontent de la mesquinerie de l'installation, prolongeait les travaux par des exigences de luxe ; et, ne pouvant repousser les murs, pour contenter son continuel rêve de l'énorme, il avait fini par se fâcher et par se décharger sur madame Caroline du soin de congédier enfin les entrepreneurs. Celle-ci surveillait donc la pose des derniers guichets. Il y avait un nombre de guichets extraordinaire ; la cour, transformée en hall central, en était entourée : guichets grillagés, sévères et dignes, surmontés de belles plaques de cuivre, portant les indications en lettres noires. En somme, l'aménagement, bien que réalisé dans un local un peu étroit, était d'une disposition heureuse : au rez-de-chaussée, les services qui devaient être en relation suivie avec le public, les différentes caisses, les émissions, toutes les opérations courantes de banque ; et, en haut, le mécanisme en quelque sorte intérieur, la direction, la correspondance, la comptabilité, les bureaux du contentieux et du personnel. Au total, dans un espace si resserré, s'agitaient là plus de deux cents employés. Et ce qui frappait déjà, en entrant, même au milieu de la bousculade des ouvriers, finissant de taper leurs clous, pendant que l'or sonnait au fond des sébiles, c'était cet air de sévérité, un air de probité antique, fleurant vaguement la sacristie, qui provenait sans doute du local, de ce vieil hôtel humide et noir, silencieux à l'ombre des arbres du jardin voisin. On avait la sensation de pénétrer dans une maison dévote.

Une après-midi, revenant de la Bourse, Saccard lui-même eut cette sensation, qui le surprit. Cela le consola des dorures absentes. Il témoigna son contentement à madame Caroline.

— Eh bien! tout de même, pour commencer, c'est gentil. On a l'air en famille, une vraie petite chapelle. Plus tard, on verra... Merci, ma belle amie, de la peine que vous vous donnez, depuis que votre frère est absent.

Et, comme il avait pour principe d'utiliser les circonstances imprévues, il s'ingénia dès lors à développer cette apparence austère de la maison, il exigea de ses employés une tenue de jeunes officiants, on ne parla plus que d'une voix mesurée, on reçut et on donna l'argent avec une discrétion toute cléricale.

Jamais Saccard, dans sa vie si tumultueuse, ne s'était dépensé avec autant d'activité. Le matin, dès sept heures, avant tous les employés, avant même que le garçon de bureau eût allumé son feu, il était dans son cabinet, à dépouiller le courrier, à répondre déjà aux lettres les plus pressées. Puis, c'était, jusqu'à onze heures, un interminable galop, les amis et les clients considérables, les agents de change, les coulissiers, les remisiers, toute la nuée de la finance; sans compter le défilé des chefs du service de la maison, venant aux ordres. Lui-même, dès qu'il avait une minute de répit, se levait, faisait une rapide inspection des divers bureaux, où les employés vivaient dans la terreur de ses apparitions brusques, qui se produisaient à des heures sans cesse différentes. A onze heures, il montait déjeuner avec madame Caroline, mangeait largement, buvait de même, avec une aisance d'homme maigre, sans en être incommodé; et l'heure pleine qu'il employait là, n'était pas perdue, car c'était le moment où, comme il le disait, il confessait sa belle amie, c'est-à-dire où il lui demandait son avis sur les hommes et sur les choses, quitte à ne pas savoir le plus souvent profiter de sa grande sagesse. A midi, il sortait, allait à la Bourse, voulant y être un des premiers, pour voir et causer. Du reste, il ne jouait pas ouvertement, se trouvait là ainsi qu'à un rendez-vous naturel, où il était certain de rencontrer les clients de sa banque. Pourtant, son influence s'y indiquait déjà, il y était rentré en victorieux, en homme solide, appuyé désormais sur de vrais millions; et les malins se parlaient à voix basse en le regardant, chuchotaient des rumeurs extraordinaires, lui prédisaient la royauté. Vers trois heures et demie, il était toujours rentré, il s'attelait à la fastidieuse besogne des signatures, tellement entraîné à cette course mécanique de la main, qu'il mandait des employés, donnait des réponses, réglait des affaires, la tête libre et parlant à l'aise, sans discontinuer de signer. Jusqu'à six heures, il recevait encore des visites, terminait le travail du jour, préparait celui du lendemain. Et, quand il remontait près de madame Caroline, c'était pour un repas plus copieux que celui de onze heures, des poissons fins et du gibier surtout, avec des caprices de vins qui le faisaient dîner au bourgogne, au bordeaux, au champagne, selon l'heureux emploi de sa journée.

— Dites que je ne suis pas sage! s'écriait-il parfois, en riant. Au lieu de courir les femmes, les cercles, les théâtres, je vis là, en bon bourgeois, près de vous... Il faut écrire cela à votre frère, pour le rassurer.

Il n'était pas si sage qu'il le prétendait, ayant eu, à cette époque, la fantaisie d'une petite chanteuse des Bouffes; et il s'était même un jour oublié, à son tour, chez Germaine Cœur, où il n'avait trouvé aucune satisfaction. La vérité était que, le soir, il tombait de fatigue. Il vivait, d'ailleurs, dans un tel désir, dans une telle anxiété du succès, que ses autres appétits allaient en rester comme diminués et paralysés, tant qu'il ne se sentirait pas triomphant, maître indiscuté de la fortune.

— Bah! répondait gaiement madame Caroline, mon

frère a toujours été si sage, que la sagesse est pour lui une condition de nature, et non un mérite... Je lui ai écrit hier que je vous avais déterminé à ne pas faire redorer la salle du conseil. Cela lui fera plus de plaisir.

Ce fut donc par une après-midi très froide des premiers jours de novembre, au moment où madame Caroline donnait au maître peintre l'ordre de lessiver simplement les peintures de cette salle, qu'on lui apporta une carte, en lui disant que la personne insistait beaucoup pour la voir. La carte, malpropre, portait le nom de Busch, imprimé grossièrement. Elle ne connaissait pas ce nom, elle donna l'ordre de faire monter chez elle, dans le cabinet de son frère, où elle recevait.

Si Busch, depuis bientôt six grands mois, patientait, n'utilisait pas l'extraordinaire découverte qu'il avait faite d'un fils naturel de Saccard, c'était d'abord pour les raisons qu'il avait pressenties, le médiocre résultat qu'il y aurait à tirer seulement de lui les six cents francs des billets souscrits à la mère, la difficulté extrême de le faire chanter pour en obtenir davantage, une somme raisonnable de quelques milliers de francs. Un homme veuf, libre de toutes entraves, que le scandale n'effrayait guère, comment le terroriser, lui faire payer cher ce vilain cadeau d'un enfant de hasard, poussé dans la boue, graine de souteneur et d'assassin? Sans doute, la Méchain avait laborieusement dressé un gros compte de frais, environ six mille francs : des pièces de vingt sous prêtées à Rosalie Chavaille, sa cousine, la mère du petit, puis ce que lui avait coûté la maladie de la malheureuse, son enterrement, l'entretien de sa tombe, enfin ce qu'elle dépensait pour Victor lui-même depuis qu'il était tombé à sa charge, la nourriture, les vêtements, un tas de choses. Mais, dans le cas où Saccard n'aurait point la paternité tendre, n'était-il pas croyable qu'il allait les envoyer promener? car rien au monde ne la prouverait, cette paternité, sinon la ressemblance de l'enfant; et ils ne tireraient toujours de lui que l'argent des billets, encore s'il n'invoquait pas la prescription.

D'autre part, si Busch avait tant tardé, c'était qu'il venait de passer des semaines d'affreuse inquiétude, près de son frère Sigismond, couché, terrassé par la phtisie. Pendant quinze jours surtout, ce terrible remueur d'affaires avait tout négligé, tout oublié des mille pistes enchevêtrées qu'il suivait, ne paraissant plus à la Bourse, ne traquant plus un créancier, ne quittant pas le chevet du malade, qu'il veillait, soignait, changeait, comme une mère. Devenu prodigue, lui d'une ladrerie immonde, il appelait les premiers médecins de Paris, aurait voulu payer les remèdes plus cher au pharmacien, pour qu'ils fussent plus efficaces; et, comme les médecins avaient défendu tout travail, et que Sigismond s'entêtait, il lui cachait ses papiers, ses livres. Entre eux, c'était devenu une guerre de ruses. Dès que, vaincu par la fatigue, son gardien s'endormait, le jeune homme, trempé de sueur, dévoré de fièvre, retrouvait un bout de crayon, une marge de journal, se remettait à des calculs, distribuant la richesse selon son rêve de justice, assurant à chacun sa part de bonheur et de vie. Et Busch, à son réveil, s'irritait de le voir, plus malade, le cœur crevé de ce qu'il donnait ainsi à sa chimère le peu qu'il lui restait d'existence. Faire joujou avec ces bêtises-là, il le lui permettait, comme on permet des pantins à un enfant, lorsqu'il était en bonne santé; mais s'assassiner avec des idées folles, impraticables, vraiment c'était imbécile! Enfin, ayant consenti à être sage, par affection pour son grand frère, Sigismond avait repris quelque force, et il commençait à se lever.

Ce fut alors que Busch, se remettant à ses besognes, déclara qu'il fallait liquider l'affaire Saccard, d'autant plus que Saccard était rentré en conquérant à la Bourse et qu'il redevenait un personnage d'une solvabilité indiscutable. Le rapport de madame Méchain, qu'il avait envoyée rue Saint-Lazare, était excellent. Cependant, il hésitait encore à attaquer son homme de face, il temporisait en cherchant par quelle tactique il le vaincrait, lorsqu'une parole échappée à la Méchain sur madame Caroline, cette l'âme qui tenait la maison, dont tous les fournisseurs du quartier lui avaient parlé, le lança dans un nouveau plan de campagne. Est-ce que, par hasard, cette dame était là vraie maîtresse, celle qui avait la clef des armoires et du cœur? Il obéissait assez souvent à ce qu'il appelait le coup de l'inspiration, cédant à une divination brusque, partant en chasse sur une simple indication de son flair, quitte ensuite à tirer des faits une certitude et une résolution. Et ce fut ainsi qu'il se rendit rue Saint-Lazare, pour voir madame Caroline.

En haut, dans la salle des épures, madame Caroline resta surprise devant ce gros homme mal rasé, à la figure plate et sale, vêtu d'une belle redingote graisseuse et cravaté de blanc. Lui-même la fouillait jusqu'à l'âme, la trouvait telle qu'il la souhaitait, si grande, si saine, avec ses admirables cheveux blancs, qui éclairaient de gaieté et de douceur son visage resté jeune; et il était surtout frappé par l'expression de la bouche un peu forte, une telle expression de bonté, que tout de suite il se décida.

— Madame, dit-il, j'aurais désiré parler à monsieur Saccard, mais on vient de me répondre qu'il était absent...

Il mentait, il ne l'avait même pas demandé, car il savait fort bien qu'il n'y était point, ayant guetté son départ pour la Bourse.

— Et je me suis alors permis de m'adresser à vous, préférant cela au fond, n'ignorant pas à qui je m'adresse... Il s'agit d'une communication si grave, si délicate...

Madame Caroline, qui, jusque-là, ne lui avait pas dit de s'asseoir, lui indiqua un siège, avec un empressement inquiet.

— Parlez, monsieur, je vous écoute.

Busch, en relevant avec soin les pans de sa redingote, qu'il semblait craindre de salir, se posa à lui-même, comme un point acquis, qu'elle couchait avec Saccard.

— C'est que, madame, ce n'est point commode à dire, et je vous avoue qu'au dernier moment je me demande si je fais bien de vous confier une pareille chose... J'espère que vous verrez, dans ma démarche, l'unique désir de permettre à monsieur Saccard de réparer d'anciens torts...

D'un geste, elle le mit à l'aise, ayant compris de son côté à quel personnage elle avait affaire, désirant abréger les protestations inutiles. Du reste, il n'insista pas, conta longuement l'ancienne histoire, Rosalie séduite rue de la Harpe, l'enfant naissant après la disparition de Saccard, et la mère morte dans la débauche, et Victor laissé à la charge d'une cousine trop occupée pour le surveiller, poussant au milieu de l'abjection. Elle l'écouta, étonnée d'abord par ce roman qu'elle n'attendait point, car elle s'était imaginé qu'il s'agissait de quelque louche aventure d'argent; puis, visiblement, elle s'attendrit, émue du triste sort de la mère et de l'abandon du petit, profondément remuée dans sa maternité de femme restée stérile.

— Mais, dit-elle, êtes-vous certain, monsieur, des faits que vous me racontez?... Il faut des preuves bien fortes, absolues, dans ces sortes d'histoires.

Il eut un sourire.

— Oh! madame, il y a une preuve aveuglante, la ressemblance extraordinaire de l'enfant... Puis, les dates sont là, tout s'accorde et prouve les faits jusqu'à la dernière évidence.

Elle demeurait tremblante, et il l'observait. Après un silence, il continua :

— Vous comprenez maintenant, madame, combien j'étais embarrassé pour m'adresser directement à monsieur Saccard. Moi, je n'ai aucun intérêt là dedans, je ne viens qu'au nom de madame Méchain, la cousine, qu'un hasard seul a mise sur la trace du père tant cherché; car j'ai eu l'honneur de vous dire que les douze billets de cinquante francs, donnés à la malheureuse Rosalie, étaient signés du nom de Sicardot, chose que je ne me permets pas de juger, excusable, mon Dieu! dans cette terrible vie de Paris. Seulement, n'est-ce pas? monsieur Saccard aurait pu se méprendre sur le caractère de mon intervention... Et c'est alors que j'ai eu l'inspiration de vous voir la première, madame, pour m'en remettre complètement à vous sur la marche à suivre, sachant quel intérêt vous portez à monsieur Saccard... Voilà! vous avez notre secret, pensez-vous que je doive l'attendre et lui tout dire, dès aujourd'hui?

Madame Caroline montra une émotion croissante.

— Non, non, plus tard!

Mais elle-même ne savait que faire, dans l'étrangeté de la confidence. Il continuait de l'étudier, satisfait de la sensibilité extrême qui la lui livrait, achevant de bâtir son plan, certain désormais de tirer d'elle plus que Saccard n'aurait jamais donné.

— C'est que, murmura-t-il, il faudrait prendre un parti.

— Eh bien! j'irai... Oui, j'irai à cette cité, j'irai voir cette madame Méchain et l'enfant... Cela vaut mieux, beaucoup mieux que je me rende d'abord compte des choses.

Elle pensait tout haut, la résolution lui venait de faire une soigneuse enquête, avant de rien dire au père. Ensuite, si elle était convaincue, il serait temps de l'avertir. N'était-elle pas là pour veiller sur sa maison et sur sa tranquillité?

— Malheureusement, ça presse, reprit Busch, l'amenant peu à peu où il voulait. Le pauvre gamin souffre. Il est dans un milieu abominable.

Elle s'était levée.

— Je mets un chapeau et j'y vais à l'instant

A son tour, il dut quitter sa chaise, et négligemment :

— Je ne vous parle pas du petit compte qu'il y aura à régler. L'enfant a coûté, naturellement; et il y a aussi de l'argent prêté, du vivant de la mère... Oh! moi, je ne sais pas au juste. Je n'ai voulu me charger de rien. Tous les papiers sont là-bas.

— Bon! je vais voir.

Alors, il parut s'attendrir lui-même.

— Ah! madame, si vous saviez toutes les drôles de choses que je vois, dans les affaires! Ce sont les gens les plus honnêtes qui ont à souffrir plus tard de leurs passions, ou, ce qui est pis, des passions de leurs parents...

Ainsi, je pourrais vous citer un exemple. Vos infortunées voisines, ces dames de Beauvilliers...

D'un mouvement brusque, il s'était approché d'une des fenêtres, il plongeait ses regards ardemment curieux dans le jardin voisin. Sans doute, depuis qu'il était entré, il méditait ce coup d'espionnage, aimant à connaître ses terrains de bataille. Dans l'affaire de la reconnaissance de dix mille francs, signée par le comte à la fille Léonie Cron, il avait deviné juste, les renseignements envoyés de Vendôme disaient l'aventure prévue : la fille séduite, restée sans un sou, à la mort du comte, avec son chiffon de papier inutile, et dévorée de l'envie de venir à Paris, et finissant par laisser le papier en nantissement à l'usurier Charpier, pour cinquante francs peut-être. Seulement, s'il avait tout de suite retrouvé les Beauvilliers, il faisait battre Paris depuis six mois par la Méchain, sans pouvoir mettre la main sur Léonie. Elle y était tombée bonne à tout faire, chez un huissier, et il la suivait dans trois places ; puis, chassée pour inconduite notoire, elle disparaissait, il avait en vain fouillé tous les ruisseaux. Cela l'exaspérait d'autant plus, qu'il ne pouvait rien tenter sur la comtesse, tant qu'il n'aurait pas la fille comme une menace vivante de scandale. Mais il n'en nourrissait pas moins l'affaire, il était heureux, debout devant la fenêtre, de connaître le jardin de l'hôtel, dont il n'avait vu encore que la façade, sur la rue.

— Est-ce que ces dames seraient également menacées de quelque ennui? demanda madame Caroline, avec une inquiète sympathie.

Il fit l'innocent.

— Non, je ne crois pas... Je voulais parler simplement de la triste situation où les a laissées la mauvaise conduite du comte... Oui, j'ai des amis à Vendôme, je sais leur histoire.

Et, comme il se décidait enfin à quitter la fenêtre, il eut, dans l'émotion qu'il jouait, un brusque et singulier retour sur lui-même.

— Encore, quand ce ne sont que des plaies d'argent!

mais c'est lorsque la mort entre dans une maison!

Cette fois, de vraies larmes mouillaient ses yeux. Il venait de songer à son frère, il étouffait. Elle crut qu'il avait récemment perdu un des siens, elle ne le questionna pas, par discrétion. Jusque-là, elle ne s'était pas trompée sur les basses besognes du personnage, à la répugnance qu'il lui inspirait; et ces larmes inattendues la déterminaient davantage que la plus savante des tactiques : son désir s'accrut de courir tout de suite à la cité de Naples.

— Madame, je compte donc sur vous.

— Je pars à l'instant.

Une heure plus tard, madame Caroline, qui avait pris une voiture, errait derrière la butte Montmartre, sans pouvoir trouver la cité. Enfin, dans une des rues désertes qui se relient à la rue Marcadet, une vieille femme la désigna au cocher. C'était, à l'entrée, comme un chemin de campagne, défoncé, obstrué de boue et de détritus, s'enfonçant au milieu d'un terrain vague; et l'on ne distinguait qu'après un coup d'œil attentif les misérables constructions, faites de terre, de vieilles planches et de vieux zinc, pareilles à des tas de démolitions, rangés autour de la cour intérieure. Sur la rue, une maison à un étage, bâtie en moellons celle-là, mais d'une décrépitude et d'une crasse repoussantes, semblait commander l'entrée, ainsi qu'une geôle. Et, en effet, madame Méchain demeurait là, en propriétaire vigilante, sans cesse aux aguets, exploitant elle-même son petit peuple de locataires affamés.

Dès que madame Caroline fut descendue de voiture, elle la vit apparaître sur le seuil, énorme, la gorge et le ventre coulant dans une ancienne robe de soie bleue, limée aux plis, craquée aux coutures, les joues si bouffies et si rouges, que le nez petit, disparu, semblait cuire entre deux brasiers. Elle hésitait, prise de malaise, lorsque la voix très douce, d'un charme aigrelet de pipeau champêtre, la rassura.

— Ah! madame, c'est monsieur Busch qui vous envoie, vous venez pour le petit Victor... Entrez, entrez donc.

Oui, c'est bien ici la cité de Naples. La rue n'est pas classée, nous n'avons pas encore de numéros... Entrez, Il faut causer de tout ça d'abord. Mon Dieu! c'est si ennuyeux, c'est si triste !

Et madame Caroline dut accepter une chaise dépaillée, dans une salle à manger noire de graisse, où un poêle rouge entretenait une chaleur et une odeur asphyxiantes. La Méchain, maintenant, se récriait sur la chance que la visiteuse avait de la rencontrer, car elle avait tant d'affaires dans Paris, elle ne remontait guère avant six heures. Il fallut l'interrompre.

— Pardon, madame, je venais pour ce malheureux enfant.

— Parfaitement, madame, je vais vous le montrer... Vous savez que sa mère était ma cousine. Ah! je puis dire que j'ai fait mon devoir... Voici les papiers, voici les comptes.

D'un buffet, elle tirait un dossier, bien en ordre, classé dans une chemise bleue, comme chez un agent d'affaires. Et elle ne tarissait plus sur la pauvre Rosalie : sans doute elle avait fini par mener une vie tout à fait dégoûtante, allant avec le premier venu, rentrant ivre et en sang, après des bordées de huit jours; seulement, n'est-ce pas? il fallait comprendre, car elle était bonne ouvrière avant que le père du petit lui eût démis l'épaule, le jour où il l'avait prise sur l'escalier; et ce n'était pas, avec son infirmité, en vendant des citrons aux Halles, qu'elle pouvait vivre sage.

— Vous voyez, madame, c'est par vingt sous, par quarante sous, que je lui ai prêté tout ça. Les dates y sont : le 20 juin, vingt sous; le 27 juin, encore vingt sous; le 3 juillet, quarante sous. Et, tenez! elle a dû être malade à cette époque, parce que voici des quarante sous à n'en plus finir... Puis, il y avait Victor que j'habillais. J'ai mis un V devant toutes les dépenses faites pour le gamin... Sans compter que, lorsque Rosalie a été morte, oh! bien salement, dans une maladie qui était une vraie pourriture, il est tombé complètement à ma charge. Alors, regardez!

j'ai mis cinquante francs par mois. C'est très raisonnable. Le père est riche, il peut bien donner cinquante francs par mois pour son garçon... Enfin, ça fait cinq mille quatre cent trois francs; et, si nous ajoutons les six cents francs des billets, nous arrivons au total de six mille francs... Oui, tout pour six mille francs, voilà!

Malgré la nausée qui la pâlissait, madame Caroline fit une réflexion.

— Mais les billets ne vous appartiennent pas, ils sont la propriété de l'enfant.

— Ah! pardon, reprit la Méchain aigrement, j'ai avancé de l'argent dessus. Pour rendre service à Rosalie, je les lui ai escomptés. Vous voyez derrière mon endos... C'est encore gentil de ma part de ne pas réclamer des intérêts... On réfléchira, ma bonne dame, on ne voudra pas faire perdre un sou à une pauvre femme comme moi.

Sur un geste las de la bonne dame, qui acceptait le compte, elle se calma. Et elle retrouva sa petite voix flûtée pour dire :

— Maintenant, je vais faire appeler Victor.

Mais elle eut beau envoyer coup sur coup trois mioches qui rôdaient, se planter sur le seuil, faire de grands gestes : il fut acquis que Victor refusait de se déranger. Un des mioches rapporta même, pour toute réponse, un mot ignoble. Alors, elle s'ébranla, disparut comme pour aller le chercher par une oreille. Puis, elle reparut seule, ayant réfléchi, trouvant bon sans doute de le montrer dans toute son horreur.

— Si madame veut bien prendre la peine de me suivre.

Et, en marchant, elle fournit des détails sur la cité de Naples, que son mari tenait d'un oncle. Ce mari devait être mort, personne ne l'avait connu, et elle n'en parlait jamais que pour expliquer la provenance de sa propriété. Une mauvaise affaire qui la tuerait, disait-elle, car elle y trouvait plus de soucis que de profits, surtout depuis que la préfecture la tracassait, lui envoyait des inspecteurs qui exigeaient des réparations, des améliorations, sous le prétexte que les gens crevaient chez elle comme des mouches. D'ailleurs, elle se refusait énergiquement à dépenser un sou. Est-ce qu'on n'allait pas bientôt exiger des cheminées ornées de glaces, dans des chambres qu'elle louait deux francs par semaine! Et ce qu'elle ne disait point, c'était son âpreté à toucher ses loyers, jetant les familles à la rue, dès qu'on ne lui donnait pas d'avance ses deux francs, faisant elle-même sa police, si redoutée, que les mendiants sans asile n'auraient osé dormir pour rien contre un de ses murs.

Le cœur serré, madame Caroline examinait la cour, un terrain ravagé, creusé de fondrières, que les ordures accumulées transformaient en un cloaque. On jetait tout là, il n'y avait ni fosse ni puisard, c'était un fumier sans cesse accru, empoisonnant l'air; et heureusement qu'il faisait froid, car la peste s'en dégageait, sous les grands soleils. D'un pied inquiet, elle cherchait à éviter les débris de légumes et les os, en promenant ses regards aux deux bords, sur les habitations, des sortes de tanières sans nom, des rez-de-chaussée effondrés à demi, masures en ruines consolidées avec les matériaux les plus hétéroclites. Plusieurs étaient simplement couvertes de papier goudronné. Beaucoup n'avaient pas de porte, laissaient entrevoir des trous noirs de cave, d'où sortait une haleine nauséabonde de misère. Des familles de huit et dix personnes s'entassaient dans ces charniers, sans même avoir un lit souvent, les hommes, les femmes, les enfants en tas, se pourrissant les uns les autres, comme les fruits gâtés, livrés dès la petite enfance à l'instinctive luxure par la plus monstrueuse des promiscuités. Aussi des bandes de mioches, hâves, chétifs, mangés de la scrofule et de la syphilis héréditaires, emplissaient-elles sans cesse la cour, pauvres êtres poussés sur ce fumier ainsi que des champignons véreux, dans le hasard d'une étreinte, sans qu'on sût au juste quel pouvait être le père. Lorsqu'une épidémie de fièvre typhoïde ou de variole soufflait, elle balayait d'un coup au cimetière la moitié de la cité.

— Je vous expliquais donc, madame, reprit la Méchain, que Victor n'a pas eu de trop bons exemples sous les yeux, et qu'il serait temps de songer à son éducation, car le voilà qui achève ses douze ans... Du vivant de sa mère, n'est-ce pas? il voyait des choses pas très convenables, attendu qu'elle ne se gênait guère, quand elle était soûle. Elle amenait les hommes, et tout ça se passait devant lui... Ensuite, moi, je n'ai jamais eu le temps de le surveiller d'assez près, à cause de mes affaires dans Paris. Il courait toute la journée sur les fortifications. Deux fois, j'ai dû aller le réclamer, parce qu'il avait volé, oh! des bêtises seulement. Et puis, dès qu'il a pu, ç'a été avec les petites filles, tant sa pauvre mère lui en avait montré. Avec ça, vous allez le voir, à douze ans, c'est déjà un homme... Enfin, pour qu'il travaille un peu, je l'ai donné à la mère Eulalie, une femme qui vend à Montmartre des légumes au panier. Il l'accompagne à la Halle, il lui porte un de ses paniers. Le malheur est qu'en ce moment elle a des abcès à la cuisse... Mais nous y voici, madame, veuillez entrer.

Madame Caroline eut un mouvement de recul. C'était, au fond de la cour, derrière une véritable barricade d'immondices, un des trous les plus puants, une masure écrasée dans le sol, pareille à un tas de gravats que des bouts de planches soutenaient. Il n'y avait pas de fenêtre. Il fallait que la porte, une ancienne porte vitrée, doublée d'une feuille de zinc, restât ouverte, pour qu'on vît clair; et le froid entrait, terrible. Dans un coin, elle aperçut une paillasse, jetée simplement sur la terre battue. Aucun autre meuble n'était reconnaissable, parmi le pêle-mêle de tonneaux éclatés, de treillages arrachés, de corbeilles à demi pourries, qui devaient servir de sièges et de tables. Les murs suintaient, d'une humidité gluante. Une crevasse, une fente verte dans le plafond noir, laissait couler la pluie, juste au pied de la paillasse. Et l'odeur, l'odeur surtout était affreuse, l'abjection humaine dans l'absolu dénuement.

— Mère Eulalie, cria la Méchain, c'est une dame qui veut du bien à Victor... Qu'est-ce qu'il a, ce crapaud, à ne pas venir, quand on l'appelle?

Un paquet de chair informe grouilla sur la paillasse, dans un lambeau de vieille indienne qui servait de drap; et madame Caroline distingua une femme d'une quarantaine d'années, toute nue là dedans, faute de chemise, semblable à une outre à moitié vide, tant elle était molle et coupée de plis. La tête n'était point laide, fraîche encore, encadrée de petits cheveux blonds frisés.

— Ah! geignit-elle, qu'elle entre, si c'est pour notre bien, car il n'est pas Dieu possible que ça continue!... Quand on pense, madame, que voilà quinze jours que je n'ai pas pu me lever, à cause de ces saletés de gros boutons qui me font des trous dans la cuisse!... Alors, il n'y a plus un sou, naturellement. Impossible de continuer le commerce. J'avais deux chemises que Victor est allé vendre; et je crois bien que, ce soir, nous serions claqués de faim.

Puis, haussant la voix :

— C'est bête, à la fin! sors donc de là, petit!... La dame ne veut pas te faire du mal.

Et madame Caroline tressaillit, en voyant se dresser d'un panier un paquet, qu'elle avait pris pour un tas de loques. C'était Victor, vêtu des restes d'un pantalon et d'une veste de toile, par les trous desquels sa nudité passait. Il se trouvait en plein dans la clarté de la porte, elle restait béante, stupéfiée de son extraordinaire ressemblance avec Saccard. Tous ses doutes s'en allèrent, la paternité était indéniable.

— Je veux pas, moi, déclara-t-il, qu'on m'embête pour aller à l'école.

Mais elle le regardait toujours, envahie d'un malaise croissant. Dans cette ressemblance qui la frappait, il était inquiétant, ce gamin, avec toute une moitié de la face plus grosse que l'autre, le nez tordu à droite, la tête comme écrasée sur la marche où sa mère, violentée, l'avait conçu. En outre, il paraissait prodigieusemnt développé pour son âge, pas très grand, trapu, entièrement formé à douze ans, déjà poilu, ainsi qu'une bête précoce. Les yeux hardis, dévorants, la bouche sensuelle, étaient d'un homme. Et, dans cette grande enfance, au teint si pur encore, avec certains coins délicats de fille, cette virilité, si brusquement épanouie, gênait et effrayait, ainsi qu'une monstruosité.

— L'école vous fait donc bien peur, mon petit ami? finit par dire madame Caroline. Vous y seriez pourtant mieux qu'ici... Où couchez-vous?

D'un geste, il montra la paillasse.

— Là, avec elle.

Contrariée de cette réponse franche, la mère Eulalie s'agita, cherchant une explication.

— Je lui avais fait un lit avec un petit matelas; et puis, il a fallu le vendre... On couche comme on peut, n'est-ce pas? quand tout a filé.

La Méchain crut devoir intervenir, bien qu'elle n'ignorât rien de ce qui se passait.

— Ce n'est tout de même pas convenable, Eulalie... Et toi, garnement, tu aurais bien pu venir coucher chez moi, au lieu de coucher avec elle.

Mais Victor se planta sur ses courtes et fortes jambes, se carrant dans sa précocité de mâle.

— Pourquoi donc, c'est ma femme!

Alors, la mère Eulalie, vautrée dans sa molle graisse, prit le parti de rire, tâchant de sauver l'abomination, en en parlant d'un air de plaisanterie. Et une admiration tendre perçait en elle.

— Oh! ça, bien sûr que je ne lui confierais pas ma fille, si j'en avais une... C'est un vrai petit homme.

Madame Caroline frémit. Le cœur lui manquait, dans une nausée affreuse. Eh quoi? ce gamin de douze ans, ce petit monstre, avec cette femme de quarante, ravagée et malade, sur cette paillasse immonde, au milieu de ces tessons et de cette puanteur! Ah! misère, qui détruit et pourrit tout!

Elle laissa vingt francs, se sauva, revint se réfugier chez la propriétaire, pour prendre un parti et s'entendre définitivement avec celle-ci. Une idée s'était éveillée en elle, devant un tel abandon, celle de l'Œuvre du Travail:

n'avait-elle pas été justement créée, cette œuvre, pour des déchéances pareilles, les misérables enfants du ruisseau qu'on tâchait de régénérer par de l'hygiène et un métier ? Au plus vite, il fallait enlever Victor de ce cloaque, le mettre là-bas, lui refaire une existence. Elle en était restée toute tremblante. Et, dans cette décision, il lui venait une délicatesse de femme : ne rien dire encore à Saccard, attendre d'avoir décrassé un peu le monstre, avant de le lui montrer ; car elle éprouvait comme une pudeur pour lui de cet effroyable rejeton, elle souffrait de la honte qu'il en aurait eue. Quelques mois suffiraient sans doute, elle parlerait ensuite, heureuse de sa bonne action.

La Méchain comprit difficilement.

— Mon Dieu ! madame, comme il vous plaira... Seulement, je veux mes six mille francs tout de suite. Victor ne bougera pas de chez moi, si je n'ai pas mes six mille francs.

Cette exigence désespéra madame Caroline. Elle n'avait pas la somme, elle ne voulait pas la demander au père, naturellement. En vain, elle discuta, supplia.

— Non, non ! Si je n'avais plus mon gage, je pourrais me fouiller. Je connais ça.

Enfin, voyant que la somme était grosse et qu'elle n'obtiendrait rien, elle fit un rabais.

— Eh bien ! donnez-moi deux mille francs tout de suite. J'attendrai pour le reste.

Mais l'embarras de madame Caroline restait le même, et elle se demandait où prendre ces deux mille francs, lorsque la pensée lui vint de s'adresser à Maxime. Elle ne voulut pas la discuter. Il consentirait bien à être du secret, il ne refuserait pas l'avance de ce peu d'argent, que certainement son père lui rembourserait. Et elle s'en alla, en annonçant qu'elle reviendrait prendre Victor le lendemain.

Il n'était que cinq heures, elle avait une telle fièvre d'en finir, qu'en remontant dans son fiacre, elle donna au cocher l'adresse de Maxime, avenue de l'Impératrice.

Quand elle arriva, le valet de chambre lui dit que monsieur était à sa toilette, mais qu'il allait tout de même l'annoncer.

Un instant, elle étouffa, dans le salon où elle attendait. C'était un petit hôtel installé avec un raffinement exquis de luxe et de bien-être. Les tentures, les tapis s'y trouvaient prodigués ; et une odeur fine, ambrée, s'exhalait, dans le tiède silence des pièces. Cela était joli, tendre et discret, bien qu'il n'y eût pas là de femme ; car le jeune veuf, enrichi par la mort de la sienne, avait réglé sa vie pour l'unique culte de lui-même, fermant sa porte, en garçon d'expérience, à tout nouveau partage. Cette jouissance de vivre, qu'il devait à une femme, il n'entendait pas qu'une autre femme la lui gâtât. Désabusé du vice, il ne continuait à en prendre que comme d'un dessert qui lui était défendu, à cause de son estomac déplorable. Il avait abandonné depuis longtemps son idée d'entrer au conseil d'État, il ne faisait même plus courir, les chevaux l'ayant rassasié comme les filles. Et il vivait seul, oisif, parfaitement heureux, mangeant sa fortune avec art et précaution, d'une férocité de beau fils pervers et entretenu, devenu sérieux.

— Si madame veut me suivre, revint dire le valet. Monsieur la recevra tout de suite dans sa chambre.

Madame Caroline avait avec Maxime des rapports familiers, depuis qu'il la voyait installée en intendante fidèle, chaque fois qu'il allait dîner chez son père. En entrant dans la chambre, elle trouva les rideaux fermés, six bougies brûlant sur la cheminée et sur un guéridon, éclairant d'une flamme tranquille ce nid de duvet et de soie, une chambre trop douillette de belle dame à vendre, avec ses sièges profonds, son immense lit, d'une mollesse de plumes. C'était la pièce aimée, où il avait épuisé les délicatesses, les meubles et les bibelots précieux, des merveilles du siècle dernier, fondus, perdus dans le plus délicieux fouillis d'étoffes qui se pût voir.

Mais la porte donnant sur le cabinet de toilette était grande ouverte, et il parut, disant :

— Quoi donc, qu'est-il arrivé?... Papa n'est pas mort?

Au sortir du bain, il venait de passer un élégant costume de flanelle blanche, la peau fraîche et embaumée, avec sa jolie tête de fille, déjà fatiguée, les yeux bleus et clairs sur le vide du cerveau. Par la porte, on entendait encore l'égouttement d'un des robinets de la baignoire, tandis qu'un parfum de violente fleur montait, dans la douceur de l'eau tiède.

— Non, non, ce n'est pas si grave, répondit-elle, gênée par le ton tranquillement plaisant de la question. Et ce que j'ai à vous dire pourtant m'embarrasse un peu... Vous m'excuserez de tomber ainsi chez vous...

— C'est vrai, je dîne en ville, mais j'ai bien le temps de m'habiller... Voyons, qu'y a-t-il?

Il attendait, et elle hésitait maintenant, balbutiait, saisie de ce grand luxe, de ce raffinement jouisseur, qu'elle sentait autour d'elle. Une lâcheté la prenait; elle ne retrouvait plus son courage à tout dire. Était-ce possible que l'existence, si dure à l'enfant de hasard, là-bas, dans le cloaque de la cité de Naples, se fût montrée si prodigue pour celui-ci, au milieu de cette savante richesse? Tant de saletés ignobles, la faim et l'ordure inévitable d'un côté, et de l'autre une telle recherche de l'exquis, l'abondance, la vie belle! L'argent serait-il donc l'éducation, la santé, l'intelligence? Et, si la même boue humaine restait dessous, toute la civilisation n'était-elle pas dans cette supériorité de sentir bon et de bien vivre?

— Mon Dieu! c'est une histoire. Je crois que je fais bien en vous la racontant... Du reste, j'y suis forcée, j'ai besoin de vous.

Maxime l'écouta, d'abord debout; puis, il s'assit devant elle, les jambes cassées par la surprise. Et, lorsqu'elle se tut:

— Comment! comment! je ne suis pas tout seul de fils, voilà un affreux petit frère qui me tombe du ciel, sans crier gare!

Elle le crut intéressé, fit une allusion à la question d'héritage.

— Oh ! l'héritage de papa !

Et il eut un geste d'insouciance ironique, qu'elle ne comprit pas. Quoi ? que voulait-il dire ? Ne croyait-il pas aux grandes qualités, à la fortune certaine de son père ?

— Non, non, mon affaire est faite, je n'ai besoin de personne... Seulement, en vérité, c'est si drôle, ce qui arrive, que je ne puis m'empêcher d'en rire.

Il riait, en effet, mais vexé, inquiet sourdement, ne songeant qu'à lui, n'ayant pas encore eu le temps d'examiner ce que l'aventure pouvait lui apporter de bon ou de mauvais. Il se sentit à l'écart, il lâcha un mot où, brutalement, il se mit tout entier.

— Au fond, je m'en fiche, moi !

S'étant levé, il passa dans le cabinet de toilette, en revint tout de suite avec un polissoir d'écaille, dont il se frottait doucement les ongles.

— Et qu'est-ce que vous allez en faire, de votre monstre ? On ne peut pas le mettre à la Bastille, comme le Masque de fer.

Elle parla alors des comptes de la Méchain, expliqua son idée de faire entrer Victor à l'Œuvre du Travail, et lui demanda les deux mille francs.

— Je ne veux pas que votre père sache rien encore, je n'ai que vous à qui m'adresser, il faut que vous fassiez cette avance.

Mais il refusa net.

— A papa, jamais de la vie ! pas un sou !... Écoutez, c'est un serment, papa aurait besoin d'un sou pour passer un pont, que je ne le lui prêterais pas... Comprenez donc ! il y a des bêtises trop bêtes, je ne veux pas être ridicule.

De nouveau, elle le regardait, troublée des choses vilaines qu'il insinuait. En ce moment de passion, elle n'avait ni le désir ni le temps de le faire causer.

— Et à moi, reprit-elle d'une voix brusque, me les prêterez-vous, ces deux mille francs ?

— A vous, à vous...

Il continuait de se polir les ongles, d'un mouvement

joli et léger, tout en l'examinant de ses yeux clairs, qui fouillaient les femmes jusqu'au sang du cœur.

— A vous, tout de même, je veux bien... Vous êtes une gobeuse, vous me les ferez rendre.

Puis, quand il fut allé chercher les deux billets dans un petit meuble, et qu'il les lui eut remis, il lui prit les mains, les garda un instant entre les siennes, d'un air de gaieté amicale, en beau-fils qui a de la sympathie pour sa belle-maman.

— Vous avez des illusions sur papa, vous!... Oh! ne vous en défendez pas, je ne vous demande pas vos affaires... Les femmes, c'est si bizarre, ça se distrait parfois à se dévouer; et, naturellement, elles ont bien raison de prendre leur plaisir où elles le trouvent... N'importe, si un jour vous en étiez mal récompensée, venez donc me voir, nous causerons.

Lorsque madame Caroline se retrouva dans son fiacre, étouffée encore par la tiédeur molle du petit hôtel, par le parfum d'héliotrope qui avait pénétré ses vêtements, elle était frissonnante comme au sortir d'un lieu suspect, effrayée aussi de ces réticences, de ces plaisanteries du fils sur le père, qui aggravaient son soupçon de l'inavouable passé. Mais elle ne voulait rien savoir, elle avait l'argent, elle se calma en combinant sa journée du lendemain, de façon que, dès le soir, l'enfant fût sauvé de son vice.

Aussi, le matin, dut-elle se mettre en course, car elle avait toutes sortes de formalités à remplir, pour être certaine que son protégé serait accueilli à l'Œuvre du Travail. Sa situation de secrétaire du conseil de surveillence, que la princesse d'Orviedo, la fondatrice, avait composé de dix dames du monde, lui facilita d'ailleurs ces formalités; et, l'après-midi, elle n'eut plus qu'à aller chercher Victor à la cité de Naples. Elle avait emporté des vêtements convenables, elle n'était pas au fond sans inquiétude sur la résistance que le petit allait leur opposer, lui qui ne voulait pas entendre parler de l'école. Mais la Méchain, à qui elle avait envoyé une dépêche et qui l'attendait, lui apprit dès le seuil une nouvelle, dont elle était bouleversée elle-même : dans la nuit, brusquement, la mère Eulalie était morte, sans que le médecin eût pu dire au juste de quoi, une congestion peut-être, quelque ravage du sang gâté ; et l'effrayant, c'était que le gamin, couché avec elle, ne s'était aperçu de la mort, dans l'obscurité, qu'en la sentant contre lui devenir toute froide. Il avait fini sa nuit chez la propriétaire, hébété de ce drame, travaillé d'une sourde peur, si bien qu'il se laissa habiller et qu'il parut content, à l'idée de vivre dans une maison qui avait un beau jardin. Rien ne le retenait plus là, puisque la grosse, comme il disait, allait pourrir dans le trou.

Cependant, la Méchain, en écrivant son reçu des deux mille francs, posait ses conditions.

— C'est bien entendu, n'est-ce pas? vous compléterez les six mille en un seul payement, à six mois... Autrement, je m'adresserai à monsieur Saccard.

— Mais, dit madame Caroline, c'est monsieur Saccard lui-même qui vous payera... Aujourd'hui, je le remplace, simplement.

Les adieux de Victor et de la vieille cousine furent sans tendresse : un baiser sur les cheveux, une hâte du petit à monter dans la voiture, tandis qu'elle, grondée par Busch d'avoir consenti à ne recevoir qu'un acompte, continuait à mâcher sourdement son ennui de voir ainsi son gage lui échapper.

— Enfin, madame, soyez honnête avec moi, autrement je vous jure que je saurai bien vous en faire repentir.

De la cité de Naples à l'Œuvre du Travail, boulevard Bineau, madame Caroline ne put tirer que des monosyllabes de Victor, dont les yeux luisants dévoraient la route, les larges avenues, les passants et les maisons riches. Il ne savait pas écrire, à peine lire, ayant toujours déserté l'école pour des bordées sur les fortifications ; et, de sa face d'enfant mûri trop vite, ne sortaient que les appétits exaspérés de sa race, une hâte, une violence à jouir, aggravées par le terreau de misère et d'exemples abominables, dans lequel il avait grandi. Boulevard Bineau, ses yeux de jeune fauve étincelèrent davantage, lorsque, descendu de voiture, il traversa la cour centrale, que le bâtiment des garçons et celui des filles bordaient à droite et à gauche. Déjà, il avait fouillé d'un regard les vastes préaux plantés de beaux arbres, les cuisines revêtues de faïence, dont les fenêtres ouvertes exhalaient des odeurs de viandes, les réfectoires ornés de marbre, longs et hauts comme des nefs de chapelle, tout ce luxe royal que la princesse, s'entêtant à ses restitutions, voulait donner aux pauvres. Puis, arrivé au fond, dans le corps de logis que l'administration occupait, promené de service en service pour être admis avec les formalités d'usage, il écouta sonner ses souliers neufs le long des immenses corridors, des larges escaliers, de ces dégagements inondés d'air et de lumière, d'une décoration de palais. Ses narines frémissaient, tout cela allait être à lui.

Mais, comme madame Caroline, redescendue au rez-de-chaussée pour la signature d'une pièce, lui faisait suivre un nouveau couloir, elle l'amena devant une porte vitrée, et il put voir un atelier où des garçons de son âge, debout devant des établis, apprenaient la sculpture sur bois.

— Vous voyez, mon petit ami, dit-elle, on travaille ici, parce qu'il faut travailler, si l'on veut être bien portant et heureux... Le soir, il y a des classes, et je compte, n'est-ce pas? que vous serez sage, que vous étudierez bien... C'est vous qui allez décider de votre avenir, un avenir tel que vous ne l'avez jamais rêvé.

Un pli sombre avait coupé le front de Victor. Il ne répondit pas, et ses yeux de jeune loup ne jetèrent plus sur ce luxe étalé, prodigué, que des regards obliques de bandit envieux : avoir tout ça, mais sans rien faire; le conquérir, s'en repaître, à la force des ongles et des dents. Dès lors, il ne fut plus là qu'en révolté, qu'en prisonnier qui rêve de vol et d'évasion.

— Maintenant, tout est réglé, reprit madame Caroline. Nous allons monter à la salle de bains.

L'usage était que chaque nouveau pensionnaire, à son entrée, prenait un bain; et les baignoires se trouvaient en haut, dans des cabinets attenant à l'infirmerie, qui elle-même, composée de deux petits dortoirs, l'un pour les garçons, l'autre pour les filles, était voisine de la lingerie. Les six sœurs de la communauté régnaient là, dans cette lingerie superbe, tout en érable verni, à trois étages de profondes armoires, dans cette infirmerie modèle, d'une clarté, d'une blancheur sans tache, gaie et propre comme la santé. Souvent aussi, des dames du conseil de surveillance venaient y passer une heure de l'après-midi, moins pour contrôler que pour donner à l'œuvre l'appui de leur dévouement.

Et, justement, la comtesse de Beauvilliers se trouvait là, avec sa fille Alice, dans la salle qui séparait les deux infirmeries. Souvent, elle l'amenait ainsi pour la distraire, en lui donnant le plaisir de la charité. Ce jour-là, Alice aidait une des sœurs à faire des tartines de confiture, pour deux petites convalescentes, à qui on avait permis de goûter.

— Ah! dit la comtesse, à la vue de Victor qu'on venait de faire asseoir en attendant son bain, voici un nouveau.

D'habitude, elle restait cérémonieuse à l'égard de madame Caroline, ne la saluant que d'un signe de tête, sans jamais lui adresser la parole, de crainte peut-être d'avoir à lier avec elle des relations de voisinage. Mais ce garçon que celle-ci amenait, l'air d'active bonté dont elle s'occupait de lui, la touchaient sans doute, la faisaient sortir de sa réserve. Et elles causèrent à demi-voix.

— Si vous saviez, madame, de quel enfer je viens de le tirer! Je le recommande à votre bienveillance, comme je l'ai recommandé à toutes ces dames et à tous ces messieurs.

— Est-ce qu'il a des parents? Est-ce que vous les connaissez?

— Non, sa mère est morte... Il n'a plus que moi.

— Pauvre gamin!... Ah ! que de misère!

Pendant ce temps, Victor ne quittait pas des yeux les tartines. Ses regards s'étaient allumés d'une féroce convoitise; et, de cette confiture que le couteau étalait, il remontait aux fluettes mains blanches d'Alice, à son cou trop mince, à toute sa personne de vierge chétive, qui s'émaciait dans l'attente vaine du mariage. S'il s'était trouvé seul avec elle, d'un bon coup de tête dans le ventre, comme il l'aurait envoyée rouler contre le mur, pour les lui prendre, ses tartines! Mais la jeune fille avait remarqué ses regards gloutons; et, d'un coup d'œil, ayant consulté la religieuse :

— Est-ce que vous avez faim, mon petit ami?

— Oui.

— Et vous ne détestez pas la confiture?

— Non.

— Alors, ça vous irait, si je vous faisais deux tartines, que vous mangeriez en sortant du bain?

— Oui.

— Beaucoup de confiture sur pas beaucoup de pain, n'est-ce pas?

— Oui.

Elle riait, plaisantait, mais lui restait grave et béant, avec ses yeux dévorateurs qui la mangeaient, elle et ses bonnes choses.

A ce moment, des cris de joie, tout un violent tapage monta du préau des garçons, où la récréation de quatre heures commençait. Les ateliers se vidaient, les pensionnaires avaient une demi-heure pour goûter et se dégourdir les jambes.

— Vous voyez, reprit madame Caroline, en l'amenant près d'une fenêtre, si l'on travaille, on joue aussi... Vous aimez travailler?

— Non.

— Mais vous aimez jouer?

— Oui.

— Eh bien! si vous voulez jouer, il faudra travailler... Tout cela s'arrangera, vous serez raisonnable, j'en suis sûre.

Il ne répondit pas. Une flamme de plaisir lui avait chauffé la face, à la vue de ses camarades lâchés, sautant et criant; et ses regards revinrent vers ses tartines que la jeune fille achevait et posait sur une assiette. Oui! de la liberté, de la jouissance, tout le temps, il ne voulait rien d'autre. Son bain était prêt, on l'emmena.

— Voilà un petit monsieur qui ne sera guère commode, je crois, dit doucement la religieuse. Je me défie d'eux, quand ils n'ont pas la figure d'aplomb.

— Il n'est pourtant pas laid, celui-ci, murmura Alice, et on lui donnerait dix-huit ans, à le voir vous regarder.

— C'est vrai, conclut madame Caroline avec un léger frisson, il est très avancé pour son âge.

Et, avant de s'en aller, ces dames voulurent se donner le plaisir de voir les petites convalescentes manger leurs tartines. L'une surtout était très intéressante, une blonde fillette de dix ans, avec des yeux savants déjà, un air de femme, la chair hâtive et malade des faubourgs parisiens. C'était, d'ailleurs, la commune histoire : un père ivrogne, qui amenait ses maîtresses ramassées sur le trottoir, qui venait de disparaître avec une d'elles; une mère qui avait pris un autre homme, puis un autre, tombée elle-même à la boisson; et la petite, là dedans, battue par tous ces mâles, quand ils n'essayaient pas de la violer. Un matin, la mère avait dû la retirer des bras d'un maçon, ramené par elle, la veille. On lui permettait pourtant, à cette mère misérable, de venir voir son enfant, car c'était elle qui avait supplié qu'on la lui enlevât, ayant gardé dans son abjection un ardent amour maternel. Et elle se trouvait précisément là, une femme maigre et jaune, dévastée, avec des paupières brûlées de larmes, assise près du lit blanc, où sa gamine, très propre, le dos appuyé contre des oreillers, mangeait gentiment ses tartines.

Elle reconnut madame Caroline, étant allée chez Saccard chercher des secours.

— Ah! madame, voilà encore ma pauvre Madeleine sauvée une fois. C'est tout notre malheur qu'elle a dans le sang, voyez-vous, et le médecin m'avait bien dit qu'elle ne vivrait pas, si elle continuait à être bousculée chez nous... Tandis qu'ici elle a de la viande, elle a du vin; et puis, elle respire, elle est tranquille... Je vous en prie, madame, dites bien à ce bon monsieur que je ne vis pas une heure de mon existence sans le bénir.

Un sanglot la suffoqua, son cœur se fondait de reconnaissance. C'était de Saccard qu'elle parlait, car elle ne connaissait que lui, comme la plupart des parents qui avaient des enfants à l'Œuvre du Travail. La princesse d'Orviedo ne paraissait point, tandis que lui s'était longtemps prodigué, peuplant l'œuvre, ramassant toutes les misères du ruisseau pour voir plus vite fonctionner cette machine charitable qui était un peu sa création, se passionnant du reste comme toujours, distribuant des pièces de cent sous de sa poche aux tristes familles dont il sauvait les petits. Et il restait le seul et vrai bon Dieu, pour tous ces misérables.

— N'est-ce pas? madame, dites-lui bien qu'il y a quelque part une pauvre femme qui prie pour lui... Oh! ce n'est pas que j'aie de la religion, je ne veux point mentir, je n'ai jamais été hypocrite. Non, les églises et nous, c'est fini, parce que nous n'y songeons seulement plus, tout ça ne servait à rien, d'aller y perdre son temps... Mais ça n'empêche qu'il y a tout de même quelque chose au-dessus de nous, et alors ça soulage, quand quelqu'un a été bon, d'appeler sur lui les bénédictions du ciel.

Ses larmes débordèrent, coulèrent sur ses joues flétries.

— Écoute-moi, Madeleine, écoute...

La fillette, si pâle dans sa chemise de neige, et qui léchait la confiture de sa tartine d'un petit bout de langue gourmande, avec des yeux de bonheur, leva la tête, devint attentive, sans cesser son régal.

— Chaque soir, avant de t'endormir dans ton lit, tu joindras tes mains comme ça, et tu diras : « Mon Dieu, faites que monsieur Saccard soit récompensé de sa bonté, qu'il ait de longs jours et qu'il soit heureux... » Tu entends, tu me le promets?

— Oui, maman.

Les semaines qui suivirent, madame Caroline vécut dans un grand trouble moral. Elle n'avait plus sur Saccard d'idées nettes. L'histoire de la naissance et de l'abandon de Victor, cette triste Rosalie prise sur une marche d'escalier, si violemment, qu'elle en était restée infirme, et les billets signés et impayés, et le malheureux enfant sans père grandi dans la boue, tout ce passé lamentable lui donnait une nausée au cœur. Elle écartait les images de ce passé, de même qu'elle n'avait pas voulu provoquer les indiscrétions de Maxime : certainement, il y avait là des tares anciennes, qui l'effrayaient, dont elle aurait eu trop de chagrin. Puis, c'était cette femme en pleurs, joignant les mains de sa petite fille, la faisant prier pour ce même homme ; c'était Saccard adoré comme le Dieu de bonté, et véritablement bon, et ayant réellement sauvé des âmes, dans cette activité passionnée de brasseur d'affaires, qui se haussait à la vertu, lorsque la besogne était belle. Aussi arriva-t-elle à ne plus vouloir le juger, en se disant, pour mettre en paix sa conscience de femme savante, ayant trop lu et trop réfléchi, qu'il y avait chez lui, comme chez tous les hommes, du pire et du meilleur.

Cependant, elle venait d'avoir un réveil sourd de honte, à la pensée qu'elle lui avait appartenu. Cela la stupéfiait toujours, elle se tranquillisait en se jurant que c'était fini, que cette surprise d'un moment ne pouvait recommencer. Et trois mois s'écoulèrent, pendant lesquels, deux fois par semaine, elle allait voir Victor ; et, un soir, elle se retrouva dans les bras de Saccard, définitivement à lui, laissant s'établir des relations régulières. Que se passait-il donc en elle? Était-elle, comme les autres, curieuse? ces troubles amours de jadis, remués par elle, lui avaient-ils donné le sensuel désir de savoir? Ou plutôt n'était-ce pas l'enfant qui était devenu le lien, le rapprochement fatal entre lui, le père, et elle, la mère de rencontre et d'adoption? Oui, il ne devait y avoir eu là qu'une perversion sentimentale. Dans son grand chagrin de femme stérile, cela certainement l'avait attendrie jusqu'à la débâcle de sa volonté, de s'être occupée du fils de cet homme, au milieu de si poignantes circonstances. Chaque fois qu'elle le revoyait, elle se donnait davantage, et une maternité était au fond de son abandon. D'ailleurs, elle était femme de clair bon sens, elle acceptait les faits de la vie, sans s'épuiser à tâcher de s'en expliquer les mille causes complexes. Pour elle, dans ce dévidage du cœur et de la cervelle, dans cette analyse raffinée des cheveux coupés en quatre, il n'y avait qu'une distraction de mondaines inoccupées, sans ménage à tenir, sans enfant à aimer, des farceuses intellectuelles qui cherchent des excuses à leurs chutes, qui masquent de leur science de l'âme les appétits de la chair, communs aux duchesses et aux filles d'auberge. Elle, d'une érudition trop vaste, qui avait perdu son temps, autrefois, à brûler de connaître le vaste monde et à prendre parti dans les querelles des philosophes, en était revenue avec le grand dédain de ces récréations psychologiques, qui tendent à remplacer le piano et la tapisserie, et dont elle disait en riant qu'elles ont débauché plus de femmes qu'elles n'en ont corrigé. Aussi, les jours où des trous se produisaient en elle, où elle sentait une cassure dans son libre arbitre, préférait-elle avoir le courage d'accepter le fait, après l'avoir constaté; et elle comptait sur le travail de la vie pour effacer la tare, pour réparer le mal, de même que la sève qui monte toujours ferme l'entaille au cœur d'un chêne, refait du bois et de l'écorce. Si elle était maintenant à Saccard, sans l'avoir voulu, sans être certaine qu'elle l'estimait, elle se relevait de cette déchéance en ne le jugeant pas indigne d'elle, séduite par ses qualités d'homme d'action, par son énergie à vaincre, le croyant bon et utile aux autres. Sa honte première s'en était allée, dans ce besoin que l'on a de purifier ses fautes, et rien n'était en effet plus naturel ni plus tranquille que leur liaison : un ménage de raison simplement, lui heureux de l'avoir là, le soir, quand il ne sortait pas, elle presque maternelle, d'une affection calmante, avec sa vive intelligence et sa droiture. Et c'était vraiment, pour ce forban du pavé de Paris, brûlé et tanné dans tous les guet-apens financiers, une chance imméritée, une récompense volée comme le reste, que d'avoir à lui cette adorable femme, si jeune et si saine à trente-six ans, sous la neige de son épaisse chevelure blanche, d'un bon sens si brave et d'une sagesse si humaine, dans sa foi à la vie, telle qu'elle est, malgré la boue que le torrent emporte.

Des mois se passèrent, et il faut dire que madame Caroline trouva Saccard très énergique et très prudent, durant tous ces pénibles débuts de la Banque Universelle. Ses soupçons de trafics louches, ses craintes qu'il ne les compromît, elle et son frère, se dissipèrent même entièrement, à le voir sans cesse en lutte avec les difficultés, se dépensant du matin au soir pour assurer le bon fonctionnement de cette grosse mécanique neuve, dont les rouages grinçaient, près d'éclater; et elle lui en eut de la reconnaissance, elle l'admira. L'Universelle, en effet, ne marchait pas comme il l'avait espéré, car elle avait contre elle la sourde hostilité de la haute banque: de mauvais bruits couraient, des obstacles renaissaient, immobilisant le capital, ne permettant pas les grandes tentatives fructueuses. Aussi s'était-il fait une vertu de cette lenteur d'allures, à laquelle on le réduisait, n'avançant que pas à pas sur un terrain solide, guettant les fondrières, trop occupé à éviter une chute pour oser se lancer dans les hasards du jeu. Il se rongeait d'impatience, piétinant comme une bête de course réduite à un petit trot de promenade; mais jamais commencements d'une maison de crédit ne furent plus honorables ni plus corrects; et la Bourse en causait, étonnée.

Ce fut de la sorte qu'on atteignit l'époque de la première assemblée générale. Elle avait été fixée au 25 avril. Dès le 20, Hamelin débarqua d'Orient, tout exprès pour la présider, rappelé en hâte par Saccard, qui étouffait dans la maison trop étroite. Il rapportait, d'ailleurs, d'excellentes nouvelles: les traités étaient conclus pour la formation de la Compagnie générale des Paquebots réunis, et d'autre part il avait en poche les concessions qui assuraient à une société française l'exploitation des mines d'argent du Carmel; sans parler de la Banque nationale turque, dont il venait de jeter les bases à Constantinople, et qui serait une véritable succursale de l'Universelle. Quant à la grosse question des chemins de fer de l'Asie Mineure, elle n'était pas mûre, il fallait la réserver; du reste, il devait retourner là-bas, pour continuer ses études, dès le lendemain de l'assemblée. Saccard, ravi, eut avec lui une longue conversation, à laquelle assistait madame Caroline, et il leur persuada aisément qu'une augmentation du capital social était d'une nécessité absolue, si l'on voulait faire face à ces entreprises. Déjà, les forts actionnaires, Daigremont, Huret, Sédille, Kolb, consultés, avaient approuvé cette augmentation; de sorte qu'en deux jours la proposition put être étudiée et présentée au conseil d'administration, la veille même de la réunion des actionnaires.

Ce conseil d'urgence fut solennel, tous les administrateurs y assistèrent, dans la salle grave, verdie par le voisinage des grands arbres de l'hôtel Beauvilliers. D'ordinaire, il y avait deux conseils par mois : le petit, vers le 15, le plus important, celui auquel ne paraissaient que les vrais chefs, les administrateurs d'affaires; et le grand, vers le 30, la réunion d'apparat, où tous venaient, les muets et les décoratifs, approuver les travaux préparés d'avance et donner des signatures. Ce jour-là, le marquis de Bohain, avec sa petite tête aristocratique, arriva un des premiers, apportant avec lui, dans son grand air fatigué, l'approbation de toute la noblesse française. Et le vicomte de Robin-Chagot, le vice-président, homme doux et ladre, avait charge de guetter les administrateurs qui n'étaient point au courant, les prenait à part et leur communiquait d'un mot les ordres du directeur, le vrai maître. Chose entendue, tous promettaient d'obéir, d'un signe de tête.

Enfin, on entra en séance. Hamelin fit connaître au conseil le rapport qu'il devait lire devant l'assemblé générale. C'était le gros travail que Saccard préparait depuis longtemps, qu'il venait de rédiger en deux jours, augmenté des notes apportées par l'ingénieur, et qu'il écoutait modestement, d'un air de vif intérêt, comme s'il n'en avait pas connu un seul mot. D'abord, le rapport parlait des affaires faites par la Banque Universelle, depuis sa fondation : elles n'étaient que bonnes, de petites affaires au jour le jour, réalisées de la veille au lendemain, le courant banal des maisons de crédit. Pourtant, d'assez gros bénéfices s'annonçaient sur l'emprunt mexicain, qui venait d'être lancé le mois d'auparavant, après le départ de l'empereur Maximilien pour Mexico : un emprunt de gâchis et de primes folles, dans lequel Saccard regrettait mortellement de n'avoir pu barboter davantage, faute d'argent. Tout cela était ordinaire, mais on avait vécu. Pour le premier exercice, qui ne comprenait que trois mois, du 5 octobre, date de la fondation, au 31 décembre, l'excédent des bénéfices était seulement de quatre cent et quelques mille francs, ce qui avait permis d'amortir d'un quart les frais de premier établissement, de payer aux actionnaires leur cinq pour cent et de verser dix pour cent aux fonds de réserve ; en outre, les administrateurs avaient prélevé le dix pour cent que leur accordaient les statuts, et il restait une somme d'environ soixante-huit mille francs, qu'on avait portée à l'exercice suivant. Seulement, il n'y avait pas eu de dividende. Rien à la fois de plus médiocre ni de plus honorable. C'était comme pour les cours des actions de l'Universelle en Bourse, ils avaient lentement monté de cinq cents à six cents francs, sans secousse, d'une façon normale, ainsi que les cours des valeurs de toute banque qui se respecte ; et, depuis deux mois, ils demeuraient stationnaires, n'ayant aucune raison de s'élever davantage, dans le petit train journalier où semblait s'endormir la maison naissante.

Puis, le rapport passait à l'avenir, et ici c'était un brusque élargissement, le vaste horizon ouvert de toute une série de grandes entreprises. Il insistait particulièrement sur la Compagnie générale des Paquebots réunis, dont l'Universelle allait avoir à émettre les actions : une compagnie au capital de cinquante millions, qui monopoliserait tous les transports de la Méditerranée, et où se trouveraient syndiquées les deux grandes sociétés rivales, la Phocéenne, pour Constantinople, Smyrne et Trébizonde, par le Pirée et les Dardanelles, et la Société Maritime, pour Alexandrie, par Messine et la Syrie, sans compter des maisons moindres qui entraient dans le syndicat, les Combarel et Cie, pour l'Algérie et la Tunisie, la veuve Henri Liotard, pour l'Algérie également, par l'Espagne et le Maroc, enfin les Féraud-Giraud frères, pour l'Italie, Naples et les villes de l'Adriatique, par Civita-Vecchia. On conquérait la Méditerranée entière, en faisant une seule compagnie de ces sociétés et de ces maisons rivales qui se tuaient les unes les autres. Grâce aux capitaux centralisés, on construirait des paquebots types, d'une vitesse et d'un confort inconnus, on multiplierait les départs, on créerait des escales nouvelles, on ferait de l'Orient le faubourg de Marseille ; et quelle importance prendrait la Compagnie, lorsque, le canal de Suez achevé, il lui serait permis de créer des services pour les Indes, le Tonkin, la Chine et le Japon ! Jamais affaire ne s'était présentée, d'une conception plus large ni plus sûre. Ensuite, viendrait l'appui donné à la Banque nationale turque, sur laquelle le rapport fournissait de longs détails techniques, qui en démontraient l'inébranlable solidité. Et il terminait cet exposé des opérations futures, en annonçant que l'Universelle prenait encore sous son patronage la Société française des mines d'argent du Carmel, fondée au capital de vingt millions. Des analyses de chimistes indiquaient, dans les échantillons du minerai, une proportion considérable d'argent. Mais, plus encore que la science, l'antique poésie des lieux saints faisait ruisseler cet argent en une pluie miraculeuse, éblouissement divin que Saccard avait mis à la fin d'une phrase, dont il était très content.

Enfin, après ces promesses d'un avenir glorieux, le

rapport concluait à l'augmentation du capital. On le doublait, on l'élevait de vingt-cinq à cinquante millions. Le système d'émission adopté était le plus simple du monde, pour qu'il entrât aisément dans toutes les cervelles : cinquante mille actions nouvelles seraient créées, et on les réserverait titre pour titre aux porteurs des cinquante mille actions primitives; de façon qu'il n'y aurait pas même de souscription publique. Seulement, ces actions nouvelles seraient de cinq cent vingt francs, dont une prime de vingt francs, formant au total une somme d'un million, qu'on porterait au fonds de réserve. Il était juste et prudent de frapper les actionnaires de ce petit impôt, puisqu'on les avantageait. D'ailleurs, le quart seul des actions était exigible, plus la prime.

Lorsque Hamelin cessa de lire, il se produisit un brouhaha d'approbation. C'était parfait, pas une observation à faire. Pendant tout le temps qu'avait duré la lecture, Daigremont, très intéressé par un examen soigneux de ses ongles, avait souri à des pensées vagues; et le député Huret, renversé dans son fauteuil, les yeux clos, sommeillait à demi, se croyant à la Chambre; tandis que Kolb, le banquier, tranquillement, sans se cacher, s'était livré à un long calcul, sur les quelques feuilles de papier qu'il avait devant lui, ainsi que chaque administrateur. Pourtant, Sédille, toujours anxieux et méfiant, voulut poser une question : que deviendraient les actions abandonnées par ceux des actionnaires qui ne voudraient pas user de leur droit? la société les garderait-elle à son compte, ce qui était illicite, puisque la déclaration légale ne pouvait avoir lieu, chez le notaire, que lorsque le capital était intégralement souscrit? et, si elle s'en débarrassait, à qui et comment comptait-elle les céder? Mais, dès les premiers mots du fabricant de soie, le marquis de Bohain, voyant l'impatience de Saccard, lui coupa la parole, en disant, de son grand air noble, que le conseil s'en remettait de ces détails à son président et au directeur, tous les deux si compétents et si dévoués. Et il n'y eut plus que des congratulations, la séance fut levée au milieu du ravissement de tous.

Le lendemain, l'assemblée générale donna lieu à des manifestations vraiment touchantes. Elle se tint encore dans la salle de la rue Blanche, où un entrepreneur de bals publics avait fait faillite ; et, avant l'arrivée du président, dans cette salle déjà pleine, couraient les meilleurs bruits, un surtout qu'on se chuchotait à l'oreille : violemment attaqué par l'opposition grandissante, Rougon, le ministre, le frère du directeur, était disposé à favoriser l'Universelle, si le journal de la société, *l'Espérance*, un ancien organe catholique, défendait le gouvernement. Un député de la gauche venait de lancer le terrible cri : « Le 2 décembre est un crime ! » qui avait retenti d'un bout de la France à l'autre, comme un réveil de la conscience publique. Il était nécessaire de répondre par de grands actes, la prochaine Exposition universelle décuplerait le chiffre des affaires, on allait gagner gros au Mexique et ailleurs, dans le triomphe de l'empire à son apogée. Et, parmi un petit groupe d'actionnaires, qu'endoctrinaient Jantrou et Sabatani, on riait beaucoup d'un autre député qui, lors de la discussion sur l'armée, avait eu l'extraordinaire fantaisie de proposer d'établir en France le système de recrutement de la Prusse. La Chambre s'en était amusée : fallait-il que la terreur de la Prusse troublât certaines cervelles, à la suite de l'affaire du Danemark et sous le coup de la rancune sourde que nous gardait l'Italie, depuis Solférino ! Mais le bruit des conversations particulières, le grand murmure de la salle, tomba brusquement, lorsque Hamelin et le bureau parurent. Plus modeste encore que dans le conseil de surveillance, Saccard s'effaçait, perdu au milieu de la foule ; et il se contenta de donner le signal des applaudissements, approuvant le rapport qui soumettait à l'assemblée les comptes du premier exercice, revus et acceptés par les commissaires-censeurs, Lavignière et Rousseau, et qui lui proposait de doubler le capital. Elle seule était compétente pour autoriser cette augmentation, qu'elle décida d'ailleurs d'enthousiasme, absolument grisée par les millions de la

Compagnie générale des Paquebots réunis et de la Banque nationale turque, reconnaissant la nécessité de mettre le capital en rapport avec l'importance que l'Universelle allait prendre. Quant aux mines d'argent du Carmel, elles furent accueillies par un frémissement religieux. Et, lorsque les actionnaires se furent séparés, en votant des remerciements au président, au directeur et aux administrateurs, tous rêvèrent du Carmel, de cette miraculeuse pluie d'argent, tombant des lieux saints, au milieu d'une gloire.

Deux jours après, Hamelin et Saccard, accompagnés cette fois du vice-président, le vicomte de Robin-Chagot, retournèrent rue Sainte-Anne, chez maître Lelorrain, pour déclarer l'augmentation du capital, qu'ils affirmaient avoir été intégralement souscrit. La vérité était que trois mille actions environ, refusées par les premiers actionnaires à qui elles appartenaient de droit, restaient aux mains de la société, laquelle les passa de nouveau au compte Sabatani, par un jeu d'écritures. C'était l'ancienne irrégularité, aggravée, le système qui consistait à dissimuler dans les caisses de l'Universelle une certaine quantité de ses propres valeurs, une sorte de réserve de combat, qui lui permettrait de spéculer, de se jeter en pleine bataille de Bourse, s'il le fallait, pour soutenir les cours, au cas d'une coalition de baissiers.

D'ailleurs, Hamelin, tout en désapprouvant cette tactique illégale, avait fini par s'en remettre complètement à Saccard, pour les opérations financières ; et il y eut une conversation à ce sujet, entre eux et madame Caroline, relative seulement aux cinq cents actions qu'il les avait forcés de prendre, lors de la première émission, et que la seconde, naturellement, venait de doubler : mille actions en tout, représentant, pour le versement du quart et la prime, une somme de cent trente-cinq mille francs, que le frère et la sœur voulurent absolument payer, un héritage inattendu d'environ trois cent mille francs leur étant tombé d'une tante, morte dix jours après son fils unique, ous deux emportés par la même fièvre. Saccard les laissa faire, sans s'expliquer lui-même sur la manière dont il comptait libérer ses propres actions.

— Ah! cet héritage, dit en riant madame Caroline, c'est la première chance qui nous arrive... Je crois bien que vous nous portez bonheur. Mon frère avec ses trente mille francs de traitement, ses frais de déplacement considérables, et tout cet or qui tombe sur nous, parce que nous n'en avons plus besoin sans doute... Nous voilà riches.

Elle regardait Saccard, avec sa gratitude de bon cœur, vaincue désormais, confiante en lui, perdant chaque jour de sa clairvoyance, dans la tendresse croissante qu'il lui inspirait. Puis, emportée tout de même par sa gaie franchise, elle continua :

— N'importe, si je l'avais gagné, cet argent, je vous réponds que je ne le risquerais pas dans vos affaires... Mais une tante que nous avons à peine connue, un argent auquel nous n'avions jamais pensé, enfin de l'argent trouvé par terre, quelque chose qui ne me semble même pas très honnête et dont j'ai un peu honte... Vous comprenez, il ne me tient pas au cœur, je veux bien le perdre.

— Justement, dit Saccard, plaisantant à son tour, il va grossir et vous donner des millions. Il n'y a rien de tel pour profiter comme l'argent volé... Avant huit jours, vous verrez, vous verrez la hausse!

Et, en effet, Hamelin, ayant dû retarder son départ, assista avec surprise à une hausse rapide des actions de l'Universelle. A la liquidation de la fin de mai, le cours de sept cents francs fut dépassé. Il y avait là l'ordinaire résultat que produit toute augmentation de capital : c'est le coup classique, la façon de cravacher le succès, de donner un temps de galop aux cours, à chaque émission nouvelle. Mais il y avait aussi la réelle importance des entreprises que la maison allait lancer ; et de grandes affiches jaunes, collées dans tout Paris, annonçant la prochaine exploitation des mines d'argent du Carmel, achevaient de troubler les têtes, y allumaient un commencement de griserie, cette passion qui devait croître et emporter toute raison. Le terrain était préparé, le terreau impérial, fait de débris en fermentation, chauffé des appétits exaspérés, extrêmement favorable à une de ces poussées folles de la spéculation, qui, toutes les dix à quinze années, obstruent et empoisonnent la Bourse, ne laissant après elles que des ruines et du sang. Déjà, les sociétés véreuses naissaient comme des champignons, les grandes compagnies poussaient aux aventures financières, une fièvre intense du jeu se déclarait, au milieu de la prospérité bruyante du règne, tout un éclat de plaisir et de luxe, dont la prochaine Exposition promettait d'être la splendeur finale, la menteuse apothéose de féerie. Et, dans le vertige qui frappait la foule, parmi la bousculade des autres belles affaires s'offrant sur le trottoir, l'Universelle enfin se mettait en marche, en puissante machine destinée à tout affoler, à tout broyer, et que des mains violentes chauffaient sans mesure, jusqu'à l'explosion.

Lorsque son frère fut reparti pour l'Orient, madame Caroline se retrouva seule avec Saccard, reprenant leur étroite vie d'intimité, presque conjugale. Elle s'entêtait à s'occuper de sa maison, à lui faire réaliser des économies, en intendante fidèle, bien que leur fortune à tous deux eût changé. Et, dans sa paix souriante, son humeur toujours égale, elle n'éprouvait qu'un trouble, son cas de conscience au sujet de Victor, l'hésitation de savoir si elle devait cacher plus longtemps au père l'existence de son fils. On était très mécontent de ce dernier, à l'Œuvre du Travail, qu'il ravageait. Les six mois d'expérience étant écoulés, allait-elle produire le petit monstre, avant de l'avoir décrassé de ses vices? Elle en ressentait parfois une vraie souffrance.

Un soir, elle fut sur le point de parler. Saccard, que l'installation mesquine de l'Universelle désespérait, venait de décider le conseil à louer le rez-de-chaussée de la maison voisine, pour agrandir les bureaux, en attendant qu'il osât proposer la construction de l'hôtel luxueux de ses rêves. De nouveau, il faisait percer des portes de communication, abattre des cloisons, poser encore des guichets. Et, comme elle revenait du boulevard Bineau, désespérée d'une abomination de Victor, qui avait presque mangé l'oreille à un camarade, elle le pria de monter avec elle, chez eux.

— Mon ami, j'ai quelque chose à vous dire.

Mais, en haut, quand elle le vit, une épaule couverte de plâtre, enchanté d'une nouvelle idée d'agrandissement qu'il venait d'avoir, celle de vitrer aussi la cour de la maison voisine, elle n'eut pas le courage de le bouleverser, avec le déplorable secret. Non, elle attendrait encore, il faudrait bien que l'affreux vaurien se corrigeât. Elle était sans force devant la peine des autres.

— Eh bien! mon ami, c'était pour cette cour. J'avais eu justement la même idée que vous.

V

Les bureaux de *l'Espérance*, le journal catholique en détresse que, sur l'offre de Jantrou, Saccard avait acheté, pour travailler au lancement de l'Universelle, se trouvaient rue Saint-Joseph, dans un vieil hôtel noir et humide, dont ils occupaient le premier étage, au fond de la cour. Un couloir partait de l'antichambre, où le gaz brûlait éternellement; et il y avait, à gauche, le cabinet de Jantrou, le directeur, puis une pièce que Saccard s'était réservée, tandis que s'alignaient, à droite, la salle commune de la rédaction, le cabinet du secrétaire, des cabinets destinés aux différents services. De l'autre côté du palier, étaient installées l'administration et la caisse, qu'un couloir intérieur, tournant derrière l'escalier, reliait à la rédaction.

Ce jour-là, Jordan, en train d'achever une chronique, dans la salle commune, où il s'était installé de bonne heure pour n'être pas dérangé, en sortit comme quatre heures sonnaient, et vint trouver Dejoie, le garçon de bureau, qui, à la flamme large du gaz, malgré la radieuse journée de juin qu'il faisait dehors, lisait avidement le bulletin de la Bourse, qu'on apportait et dont il prenait le premier connaissance.

— Dites donc, Dejoie, c'est monsieur Jantrou qui vient d'arriver?

— Oui, monsieur Jordan.

Le jeune homme eut une hésitation, un court malaise qui l'arrêta pendant quelques secondes. Dans les commencements difficiles de son heureux ménage, des dettes anciennes étaient tombées; et, malgré sa chance d'avoir trouvé ce journal où il plaçait des articles, il traversait une atroce gêne, d'autant plus qu'une saisie-arrêt était mise sur ses appointements et qu'il avait à payer, ce jour-là, un nouveau billet, sous la menace de voir ses quatre meubles vendus. Déjà, deux fois, il avait demandé vainement une avance au directeur, qui s'était retranché derrière la saisie-arrêt, faite entre ses mains.

Pourtant, il se décidait, s'approchait de la porte, lorsque le garçon de bureau reprit :

— C'est que monsieur Jantrou n'est pas seul.

— Ah!... Avec qui est-il?

— Il est arrivé avec monsieur Saccard, et monsieur Saccard m'a bien dit de ne laisser entrer que monsieur Huret, qu'il attend.

Jordan respira, soulagé par ce délai, tant les demandes d'argent lui étaient pénibles.

— C'est bon, je vais finir mon article. Avertissez-moi, quand le directeur sera libre.

Mais, comme il s'en allait, Dejoie le retint, avec un éclat de jubilation extrême.

— Vous savez que l'Universelle a fait 750.

D'un geste, le jeune homme dit qu'il s'en moquait bien, et il rentra dans la salle de rédaction.

Presque chaque jour, Saccard montait ainsi au journal, après la Bourse, et souvent même il donnait des rendez-vous dans la pièce qu'il s'était réservée, traitant là des affaires spéciales et mystérieuses. Jantrou, du reste, bien qu'officiellement il ne fût que directeur de *l'Espérance*, où il écrivait des articles politiques d'une littérature universitaire soignée et fleurie, que ses adversaires eux-mêmes reconnaissaient « du plus pur atticisme », était son agent secret, l'ouvrier complaisant des besognes délicates. Et, entre autres choses, c'était lui qui venait d'organiser toute une vaste publicité autour de l'Universelle. Parmi les petites feuilles financières qui pullulaient, il en avait choisi et acheté une dizaine. Les meilleures appartenaient à de louches maisons de banque, dont la tactique, très simple, consistait à les publier et à les donner pour deux ou trois francs par an, somme qui ne représentait même pas le prix de l'affranchissement; et elles se rattrapaient d'autre part, trafiquaient sur l'argent et les titres des clients que leur amenait le journal. Sous le prétexte de publier les cours de la Bourse, les numéros sortis des valeurs à lots, tous les renseignements techniques, utiles aux petits rentiers, peu à peu des réclames se glissaient, en forme de recommandations et de conseils, d'abord modestes, raisonnables, bientôt sans mesure, d'une impudence tranquille, soufflant la ruine parmi les abonnés crédules. Dans le tas, au milieu des deux ou trois cents publications qui ravageaient ainsi Paris et la France, son flair venait d'être de choisir celles qui n'avaient pas trop menti encore, qui n'étaient point trop déconsidérées. Mais la grosse affaire qu'il méditait, c'était d'acheter une d'elles, *la Cote financière*, qui avait déjà douze ans de probité absolue; seulement, ça menaçait d'être très cher, une probité pareille; et il attendait que l'Universelle fût plus riche et se trouvât dans une de ces situations où un dernier coup de trompette détermine les sonneries assourdissantes du triomphe. Son effort, d'ailleurs, ne s'était pas borné à grouper un bataillon docile de ces feuilles spéciales, célébrant dans chaque numéro la beauté des opérations de Saccard; il traitait aussi à forfait avec les grands journaux politiques et littéraires, y entretenait un courant de notes aimables, d'articles louangeurs, à tant la ligne, s'assurait de leur concours par des cadeaux de titres, lors des émissions nouvelles. Sans parler de la campagne quotidienne menée sous ses ordres par *l'Espérance*, non point une campagne brutale, violemment approbative, mais des explications, de la discussion même, une façon lente de s'emparer du public et de l'étrangler, correctement.

Ce jour-là, c'était pour causer du journal que Saccard s'enfermait avec Jantrou. Il avait trouvé, dans le numéro du matin, un article d'Huret d'un éloge si outré sur un discours de Rougon, prononcé la veille à la Chambre, qu'il était entré dans une violente colère, et qu'il attendait le député, pour s'en expliquer avec lui. Est-ce qu'on le croyait à la solde de son frère? est-ce qu'on le payait pour qu'il laissât compromettre la ligne du journal par une approbation sans réserve des moindres actes du ministre? Lorsqu'il l'entendit parler de la ligne du journal, Jantrou eut un muet sourire. D'ailleurs, il l'écoutait, très calme, en s'examinant les ongles, du moment que l'orage ne menaçait pas de crever sur ses épaules. Lui, avec son cynisme de lettré désabusé, avait le plus parfait dédain pour la littérature, pour la une et la deux, comme il disait en désignant les pages du journal où paraissaient les articles, même les siens; et il ne commençait à s'émouvoir qu'aux annonces. Maintenant, il était tout flambant neuf, serré dans une élégante redingote, la boutonnière fleurie d'une rosette panachée de couleurs vives, portant l'été sur le bras un mince pardessus de nuance claire, enfoncé l'hiver dans une fourrure de cent louis, soignant surtout sa coiffure, des chapeaux irréprochables, d'un luisant de glace. Avec cela, il gardait des trous dans son élégance, la vague impression d'une malpropreté persistant en dessous, l'ancienne crasse du professeur déclassé, tombé du lycée de Bordeaux à la Bourse de Paris, la peau pénétrée et teinte des saletés immondes qu'il y avait essuyées pendant dix ans; de même que, dans l'arrogante assurance de sa nouvelle fortune, il avait de basses humilités, s'effaçant, pris de la peur brusque de quelque coup de pied au derrière, ainsi qu'autrefois. Il gagnait cent mille francs par an, en mangeait le double, on ne savait à quoi, car il n'affichait pas de maîtresse, tenaillé sans doute par quelque ignoble vice, la cause secrète qui l'avait fait chasser de l'Université. L'absinthe, du reste, le dévorait peu à peu, depuis ses jours de misère, continuant son œuvre, des infâmes cafés de jadis au cercle luxueux d'aujourd'hui, fauchant ses derniers cheveux, plombant son crâne et sa face, dont sa barbe noire en éventail demeurait l'unique gloire, une barbe de bel homme qui faisait illusion encore. Et Saccard, ayant de nouveau invoqué la ligne du journal, il l'avait arrêté d'un geste, de l'air fatigué d'un homme qui, n'aimant point perdre son temps en passion inutile, se décidait à lui parler d'affaires sérieuses, puisque Huret se faisait attendre.

Depuis quelque temps, Jantrou nourrissait des idées neuves de publicité. Il songeait d'abord à écrire une brochure, une vingtaine de pages sur les grandes entreprises que lançait l'Universelle, mais en leur donnant l'intérêt d'un petit roman, dramatisé en un style familier; et il voulait inonder la province de cette brochure, qu'on distribuerait pour rien, au fond des campagnes les plus reculées. Ensuite, il projetait de créer une agence qui rédigerait et ferait autographier un bulletin de la Bourse, pour l'envoyer à une centaine des meilleurs journaux des départements : on leur ferait cadeau de ce bulletin, ou ils le payeraient un prix dérisoire, et l'on aurait bientôt ainsi dans les mains une arme puissante, une force avec laquelle toutes les maisons de banque rivales seraient obligées de compter. Connaissant Saccard, il lui soufflait ainsi ses idées, jusqu'à ce que ce dernier les adoptât, les fît siennes, les élargît au point de les recréer réellement. Les minutes s'écoulaient, tous deux en étaient venus à régler l'emploi des fonds de la publicité pour le trimestre, les subventions à payer aux grands journaux, le terrible bulletinier d'une maison adverse dont il fallait acheter le silence, une part à prendre dans la mise aux enchères de la quatrième page d'une très ancienne feuille, très respectée. Et, de leur prodigalité, de tout cet argent qu'ils jetaient de la sorte en vacarme, aux quatre coins du ciel, se dégageait surtout leur dédain immense du public, le mépris de leur intelligence d'hommes d'affaires pour la noire ignorance du troupeau, prêt à croire tous les contes, tellement fermé aux opérations compliquées de la Bourse, que les raccrochages les plus éhontés allumaient les passants et faisaient pleuvoir les millions.

Comme Jordan cherchait encore cinquante lignes pour arriver à ses deux colonnes, il fut dérangé par Dejoie, qui l'appelait.

— Ah! dit-il, monsieur Jantrou est seul?

— Non, monsieur Jordan, pas encore... C'est votre dame qui est là et qui vous demande.

Très inquiet, Jordan se précipita. Depuis quelques mois, depuis que la Méchain avait enfin découvert qu'il écrivait sous son nom dans *l'Espérance*, il était traqué par Busch, pour les six billets de cinquante francs, signés autrefois à un tailleur. La somme de trois cents francs que représentaient les billets, il l'aurait encore payée; mais ce qui l'exaspérait, c'était l'énormité des frais, ce total de sept cent trente francs quinze centimes, auquel était montée la dette. Pourtant, il avait pris un arrangement, s'était engagé à donner cent francs par mois; et, comme il ne le pouvait pas, son jeune ménage ayant des besoins plus pressants, chaque mois les frais montaient davantage, les ennuis recommençaient, intolérables. En ce moment, il en était de nouveau à une crise aiguë.

— Quoi donc? demanda-t-il à sa femme, qu'il trouva dans l'antichambre.

Mais elle n'eut pas le temps de répondre, la porte du cabinet du directeur s'ouvrait violemment, et Saccard paraissait, criant :

— Ah! çà, à la fin! Dejoie, et monsieur Huret?

Interloqué, le garçon de bureau bégaya :

— Dame! monsieur, il n'est pas là, je ne peux pas le faire venir plus vite, moi

La porte fut refermée avec un juron, et Jordan, qui avait emmené sa femme dans un des cabinets voisins, put l'interroger à l'aise.

— Quoi donc? chérie.

Marcelle, si gaie et si brave d'habitude, dont la petite personne grasse et brune, le clair visage aux yeux rieurs, à la bouche saine, exprimait le bonheur, même dans les heures difficiles, semblait complètement bouleversée.

— Oh! Paul, si tu savais, il est venu un homme, oh! un vilain homme affreux, qui sentait mauvais et qui avait bu, je crois... Alors, il m'a dit que c'était fini, que la vente de nos meubles était pour demain... Et il avait une affiche qu'il voulait absolument coller en bas, à la porte...

— Mais c'est impossible! cria Jordan. Je n'ai rien reçu, il y a d'autres formalités.

— Ah! oui, tu t'y connais encore moins que moi. Quand il vient des papiers, tu ne les lis seulement pas... Alors, pour qu'il ne collât pas l'affiche, je lui ai donné deux francs, et j'ai couru, et j'ai voulu te prévenir tout de suite.

Ils se désespèrent. Leur pauvre petit ménage de l'avenue de Clichy, ces quatre meubles d'acajou et de reps bleu qu'ils avaient payés si difficilement à tant par mois, dont ils étaient si fiers, bien qu'ils en riaient parfois, le trouvant d'un goût bourgeois abominable! Ils l'aimaient, parce qu'il avait fait partie de leur bonheur, dès la nuit des noces, dans ces deux étroites pièces, si ensoleillées, si ouvertes à l'espace, là-bas, jusqu'au Mont-Valérien; et lui qui avait planté tant de clous, et elle qui s'était ingéniée à draper de l'andrinople, pour donner au logement un air artiste! Était-ce possible qu'on allait leur vendre tout ça, qu'on les chasserait de ce coin gentil, où même la misère leur était délicieuse?

— Écoute, dit-il, je comptais demander une avance, je vais faire ce que je pourrai, mais je n'ai pas beaucoup d'espoir.

Alors, hésitante, elle lui confia son idée.

— Moi, voici à quoi j'avais songé... Oh! je ne l'aurais pas fait sans que tu veuilles bien; et la preuve, c'est que je suis venue pour en causer avec toi... Oui, j'ai envie de m'adresser à mes parents.

Vivement, il refusa.

— Non, non, jamais! Tu sais que je ne veux rien leur devoir.

Certes, les Maugendre restaient très convenables. Mais il gardait sur le cœur leur attitude refroidie, lorsque, après le suicide de son père, dans l'écroulement de sa fortune, ils n'avaient consenti au mariage depuis longtemps projeté de leur fille, que sur la volonté formelle de cette dernière, et en prenant contre lui des précautions blessantes, entre autres celle de ne pas donner un sou, convaincus qu'un garçon qui écrivait dans les journaux devait tout manger. Plus tard, leur fille hériterait. Et tous deux, elle autant que lui d'ailleurs, avaient mis jusque-là une coquetterie à crever de faim, sans rien demander aux parents, en dehors du repas qu'ils faisaient chez eux, une fois par semaine, le dimanche soir.

— Je t'assure, reprit-elle, c'est ridicule, notre réserve. Puisqu'ils n'ont que moi d'enfant, puisque tout doit me revenir un jour!... Mon père répète à qui veut l'entendre qu'il a gagné quinze mille francs de rentes, dans son commerce de bâches, à la Villette; et, en plus, il y a leur petit hôtel, avec ce beau jardin, où ils se sont retirés... C'est stupide de nous faire tant de peine, lorsqu'ils regorgent de tout. Ils n'ont jamais été méchants, au fond. Je te dis que je vais aller les voir!

Elle avait une bravoure souriante, l'air décidé, très pratique dans son désir de rendre heureux son cher mari, qui travaillait tant, sans avoir trouvé encore, chez la critique et dans le public, autre chose que beaucoup d'indifférence et quelques gifles. Ah! l'argent, elle aurait voulu en avoir des baquets pour les lui apporter, et il aurait été bien bête de faire le délicat, puisqu'elle l'aimait et qu'elle lui devait tout. C'était son conte de fées, sa *Cendrillon* à elle : les trésors de sa royale famille, qu'elle mettait, de ses petites mains, aux pieds de son prince ruiné, pour l'aider dans sa marche vers la gloire, à la conquête du monde.

— Voyons, dit-elle gaiement, en l'embrassant, il faut bien que je te serve à quelque chose, tu ne peux pas avoir toute la peine.

Il céda, il fut convenu qu'elle allait tout de suite remonter aux Batignolles, rue Legendre, où ses parents demeuraient, et qu'elle reviendrait apporter l'argent, afin qu'il pût encore essayer de payer, le soir même. Et, comme il l'accompagnait jusqu'au palier, aussi ému que si elle était partie pour un grand danger, ils durent s'effacer et laisser passer Huret, qui arrivait enfin. Quand il retourna finir sa chronique dans la salle de rédaction, il entendit un violent fracas de voix sortir du cabinet de Jantrou.

Saccard, puissant à cette heure, redevenu le maître, voulait être obéi, sachant qu'il les tenait tous par l'espoir du gain et la terreur de la perte, dans la partie de colossale fortune qu'il jouait avec eux.

— Ah! vous voilà donc, cria-t-il en apercevant Huret. Est-ce que c'est pour offrir au grand homme votre article encadré, que vous vous êtes attardé à la Chambre?... J'en ai assez, vous savez, des coups d'encensoir dont vous lui cassez la figure, et je vous ai attendu pour vous dire que c'est fini, qu'il faudra, à l'avenir, nous donner autre chose.

Interloqué, Huret regarda Jantrou. Mais celui-ci, bien décidé à ne pas s'attirer des ennuis en le secourant, s'était mis à passer les doigts dans sa belle barbe, les yeux perdus.

— Comment, autre chose? finit par répondre le député, mais je vous donne ce que vous m'avez demandé!... Quand vous avez pris *l'Espérance*, cette feuille avancée du catholicisme et de la royauté, qui menait une si rude campagne contre Rougon, c'est vous qui m'avez prié d'écrire une série d'articles élogieux, pour montrer à votre frère que vous n'entendiez pas lui être hostile, et pour bien indiquer ainsi la nouvelle ligne du journal.

— La ligne du journal, précisément, reprit Saccard avec plus de violence, c'est la ligne du journal que je vous accuse de compromettre... Est-ce que vous croyez que je veux m'inféoder à mon frère? Certes, je n'ai jamais marchandé mon admiration et mon affection reconnaissantes à l'empereur, je n'oublie pas ce que nous lui devons tous, ce que je lui dois, moi, en particulier. Seulement, ce n'est pas attaquer l'empire, c'est faire au contraire son devoir de sujet fidèle, que de signaler les fautes commises... La voilà, la ligne du journal : dévouement à la dynastie, mais indépendance entière à l'égard des ministres, des personnalités ambitieuses qui s'agitent et qui se disputent la faveur des Tuileries!

Et il se livra à un examen de la situation politique, pour prouver que l'empereur était mal conseillé. Il accusait Rougon de n'avoir plus son énergie autoritaire, sa foi de jadis au pouvoir absolu, de pactiser enfin avec les idées libérales, dans l'unique but de garder son portefeuille. Lui, se tapait du poing contre la poitrine, en se disant immuable, bonapartiste de la première heure, croyant du coup d'État, convaincu que le salut de la France était, aujourd'hui comme autrefois, dans le génie et la force d'un seul. Oui, plutôt que d'aider à l'évolution de son frère, plutôt que de laisser l'empereur se suicider par de nouvelles concessions, il rallierait les intransigeants de la dictature, il ferait cause commune avec les catholiques, pour enrayer la chute rapide qu'il prévoyait. Et que Rougon prît garde, car *l'Espérance* pouvait reprendre sa campagne en faveur de Rome!

Huret et Jantrou l'écoutaient, stupéfaits de sa colère, n'ayant jamais soupçonné en lui des convictions politiques si ardentes. Le premier s'avisa de vouloir défendre les derniers actes du gouvernement.

— Dame! mon cher, si l'empire va à la liberté, c'est que toute la France est là qui le pousse ferme... L'empereur est entraîné, Rougon se trouve bien obligé de le suivre.

Mais Saccard, déjà, sautait à d'autres griefs, sans se soucier de mettre quelque logique dans ses attaques.

— Et, tenez! c'est comme notre situation extérieure, eh bien! elle est déplorable... Depuis le traité de Villafranca, après Solférino, l'Italie nous garde rancune de ne pas être allés jusqu'au bout de la campagne et de ne pas lui avoir donné la Vénétie; si bien que la voici alliée avec la Prusse, dans la certitude que celle-ci l'aidera à battre l'Autriche... Lorsque la guerre éclatera, vous allez voir la bagarre, et quel ennui sera le nôtre; d'autant plus que nous avons eu grand tort de laisser Bismarck et le roi Guillaume s'emparer des duchés, dans l'affaire du Danemark, au mépris d'un traité que la France avait signé: c'est un soufflet, il n'y a pas à dire, nous n'avons plus qu'à tendre l'autre joue... Ah! la guerre, elle est certaine, vous vous rappelez la baisse du mois dernier sur les fonds français et italiens, quand on a cru à une intervention possible de notre part dans les affaires d'Allemagne. Avant quinze jours peut-être, l'Europe sera en feu.

De plus en plus surpris, Huret se passionna, contre son habitude.

— Vous parlez comme les journaux de l'opposition, vous ne voulez pourtant pas que *l'Espérance* emboîte le pas derrière *le Siècle* et les autres... Il ne vous reste plus qu'à insinuer, à l'exemple de ces feuilles, que, si l'empereur s'est laissé humilier, dans l'affaire des duchés, et s'il permet à la Prusse de grandir impunément, c'est qu'il a immobilisé tout un corps d'armée, pendant de longs mois, au Mexique. Voyons, soyez de bonne foi, c'est fini, le Mexique, nos troupes reviennent... Et puis, je ne vous comprends pas, mon cher. Si vous voulez garder Rome au pape, pourquoi avez-vous l'air de blâmer la paix hâtive de Villafranca? La Vénétie à l'Italie, mais c'est les Italiens à Rome avant deux ans, vous le savez comme moi; et Rougon le sait aussi, bien qu'il jure le contraire à la tribune...

— Ah! vous voyez que c'est un fourbe! cria superbement Saccard. Jamais on ne touchera au pape, entendez-vous! sans que la France catholique entière se lève pour le défendre... Nous lui porterions notre argent, oui! tout l'argent de l'Universelle. J'ai mon projet, notre affaire est là, et vraiment, à force de m'exaspérer, vous me feriez dire des choses que je ne veux pas dire encore!

Jantrou, très intéressé, avait brusquement dressé l'oreille, commençant à comprendre, tâchant de faire son profit d'une parole surprise au passage.

— Enfin, reprit Huret, je désire savoir à quoi m'en tenir, moi, à cause de mes articles, et il s'agit de nous entendre... Voulez-vous qu'on intervienne, voulez-vous qu'on n'intervienne pas? Si nous sommes pour le principe des nationalités, de quel droit irions-nous nous mêler des affaires de l'Italie et de l'Allemagne?... Voulez-vous que nous fassions une campagne contre Bismarck? oui! au nom de nos frontières menacées...

Mais Saccard, hors de lui, debout, éclata.

— Ce que je veux, c'est que Rougon ne se fiche pas de moi davantage!... Comment! après tout ce que j'ai fait! J'achète un journal, le pire de ses ennemis, j'en fais un organe dévoué à sa politique, je vous laisse pendant des mois y chanter ses louanges. Et jamais ce bougre-là ne nous donnerait un coup d'épaule, j'en suis encore à attendre un service de sa part!

Timidement, le député fit remarquer que, là-bas, en Orient, l'appui du ministre avait singulièrement aidé l'ingénieur Hamelin, en lui ouvrant toutes les portes, en exerçant une pression sur certains personnages.

— Laissez-moi donc tranquille! Il n'a pas pu faire autrement... Mais est-ce qu'il m'a jamais averti, la veille d'une hausse ou d'une baisse, lui qui est si bien placé pour tout savoir? Souvenez-vous! vingt fois je vous ai chargé de le sonder, vous qui le voyez tous les jours, et vous en êtes encore à m'apporter un vrai renseignement utile... Ce ne serait pourtant pas si grave, un simple mot que vous me répéteriez.

— Sans doute, mais il n'aime pas ça, il dit que ce sont des tripotages dont on se repent toujours.

— Allons donc! est-ce qu'il a de ces scrupules avec Gundermann! Il fait de l'honnêteté avec moi, et il renseigne Gundermann.

— Oh! Gundermann, sans doute! Ils ont tous besoin de Gundermann, ils ne pourraient pas faire un emprunt sans lui.

Du coup, Saccard triompha violemment, tapant dans ses mains.

— Nous y voilà donc, vous avouez! L'empire est vendu aux juifs, aux sales juifs. Tout notre argent est condamné à tomber entre leurs pattes crochues. L'Universelle n'a plus qu'à crouler devant leur toute-puissance.

Et il exhala sa haine héréditaire, il reprit ses accusations contre cette race de trafiquants et d'usuriers, en marche depuis des siècles à travers les peuples, dont ils sucent le sang, comme les parasites de la teigne et de la gale, allant quand même, sous les crachats et les coups, à la conquête certaine du monde, qu'ils posséderont un jour par la force invincible de l'or. Et il s'acharnait surtout contre Gundermann, cédant à sa rancune ancienne, au désir irréalisable et enragé de l'abattre, malgré le pressentiment que celui-là était la borne où il s'écraserait, s'il entrait jamais en lutte. Ah! ce Gundermann! un Prussien à l'intérieur, bien qu'il fût né en France! car il faisait évidemment des vœux pour la Prusse, il l'aurait volontiers soutenue de son argent, peut-être même la soutenait-il en secret! N'avait-il pas osé dire, un soir, dans un salon, que, si jamais une guerre éclatait entre la Prusse et la France, cette dernière serait vaincue!

— J'en ai assez, comprenez-vous, Huret! et mettez-vous bien ça dans la tête : c'est que, si mon frère ne me sert à rien, j'entends ne lui servir à rien non plus... Quand vous m'aurez apporté de sa part une bonne parole, je veux dire un renseignement que nous puissions utiliser, je vous laisserai reprendre vos dithyrambes en sa faveur. Est-ce clair?

C'était trop clair. Jantrou, qui retrouvait son Saccard, sous le théoricien politique, s'était remis à peigner sa barbe du bout de ses doigts. Mais Huret, bousculé dans sa finasserie prudente de paysan normand, paraissait fort ennuyé, car il avait placé sa fortune sur les deux frères, et il aurait bien voulu ne se fâcher ni avec l'un ni avec l'autre.

— Vous avez raison, murmura-t-il, mettons une sourdine, d'autant plus qu'il faut voir venir les événements... Et je vous promets de tout faire pour obtenir les confidences du grand homme. A la première nouvelle qu'il m'apprend, je saute dans un fiacre et je vous l'apporte.

Déjà, ayant joué son rôle, Saccard plaisantait.

— C'est pour vous tous que je travaille, mes bons

amis... Moi, j'ai toujours été ruiné et j'ai toujours mangé un million par an.

Et, revenant à la publicité :

— Ah! dites donc, Jantrou, vous devriez bien égayer un peu votre bulletin de la Bourse... Oui, vous savez, des mots pour rire, des calembours. Le public aime ça, rien ne l'aide comme l'esprit à avaler les choses... N'est-ce pas? des calembours!

Ce fut le tour du directeur à être contrarié. Il se piquait de distinction littéraire. Mais il dut promettre. Et, comme il inventa une histoire, des femmes très bien qui lui avaient offert de se faire tatouer des annonces aux endroits les plus délicats de leur personne, les trois hommes, riant très fort, redevinrent les meilleurs amis du monde.

Cependant, Jordan avait enfin terminé sa chronique, et l'impatience le prenait de voir revenir sa femme. Des rédacteurs arrivaient, il causa, puis retourna dans l'antichambre. Et, là, il était resté un peu scandalisé, de surprendre Dejoie, l'oreille collée contre la porte du directeur, en train d'écouter, tandis que sa fille Nathalie faisait le guet.

— N'entrez pas, balbutia le garçon de bureau, monsieur Saccard est toujours là... Je croyais qu'on m'avait appelé...

La vérité était que, mordu d'un âpre désir de gain, depuis qu'il avait acheté huit actions entièrement libérées de l'Universelle, avec les quatre mille francs d'économies laissées par sa femme, il ne vivait plus que pour l'émotion joyeuse de voir monter ces actions; et, à genoux devant Saccard, recueillant ses moindres mots, comme des paroles d'oracle, il ne pouvait résister, quand il le savait là, au besoin de connaître le fond de ses pensées, ce que disait le dieu dans le secret du sanctuaire. D'ailleurs, cela était encore dégagé de tout égoïsme, il ne songeait qu'à sa fille, il venait de s'exalter en calculant que ses huit actions, au cours de sept cent cinquante francs, lui donnaient déjà un gain de douze cents francs : ce qui, joint au capital, lui faisait cinq mille deux cents francs. Plus que cent francs de hausse, et il avait les six mille francs rêvés, la dot que le cartonnier exigeait pour laisser son fils épouser la petite. A cette idée, son cœur se fondait, il regardait avec des larmes cette enfant qu'il avait élevée, dont il était la vraie mère, dans le petit ménage si heureux qu'ils menaient ensemble, depuis le retour de nourrice.

Mais il continua, très troublé, lâchant des paroles quelconques, pour cacher son indiscrétion.

— Nathalie, qui est montée me dire un petit bonjour, vient de rencontrer votre dame, monsieur Jordan.

— Oui, expliqua la jeune fille, elle tournait dans la rue Feydeau. Oh! elle courait!

Son père la laissait sortir à sa guise, certain d'elle, disait-il. Et il avait raison de compter sur sa bonne conduite, car elle était trop froide au fond, trop résolue à faire elle-même son bonheur, pour compromettre par une sottise le mariage si longuement préparé. Avec sa taille mince, ses grands yeux dans son joli visage pâle, elle s'aimait, d'une égoïste obstination, l'air souriant.

Jordan, surpris, ne comprenant pas, s'écria :

— Comment, dans la rue Feydeau?

Et il n'eut pas le temps de questionner davantage, car Marcelle entra, essoufflée. Tout de suite, il l'emmena dans le cabinet voisin, y trouva le rédacteur des tribunaux, dut se contenter de s'asseoir avec elle sur une banquette, au fond du couloir.

— Eh bien ?

— Eh bien! mon chéri, c'est fait. mais ça n'a pas été sans peine.

Dans son contentement, il voyait qu'elle avait le cœur gros; et elle lui dit tout, d'une voix basse et rapide, car elle avait beau se promettre de lui cacher certaines choses, elle ne pouvait avoir de secrets.

Depuis quelque temps, les Maugendre changeaient à l'égard de leur fille. Elle les trouvait moins tendres, préoccupés, lentement envahis d'une passion nouvelle, le jeu.

C'était la commune histoire : le père, un gros homme calme et chauve, à favoris blancs, la mère, sèche, active, ayant gagné sa part de la fortune, tous deux vivant trop grassement dans leur maison, de leurs quinze mille francs de rentes, s'ennuyant à ne plus rien faire. Lui, n'avait eu, dès lors, d'autre distraction que de toucher son argent. A cette époque, il tonnait contre toute spéculation, il haussait les épaules de colère et de pitié, en parlant des pauvres imbéciles qui se font dépouiller, dans un tas de voleries aussi sottes que malpropres. Mais, vers ce temps-là, une somme importante lui étant rentrée, il avait eu l'idée de l'employer en reports : ça, ce n'était pas de la spéculation, c'était un simple placement ; seulement, à partir de ce jour, il avait pris l'habitude, après son premier déjeuner, de lire avec soin, dans son journal, la cote de la Bourse, pour suivre les cours. Et le mal était parti de là, la fièvre l'avait brûlé peu à peu, à voir la danse des valeurs, à vivre dans cet air empoisonné du jeu, l'imagination hantée de millions conquis en une heure, lui qui avait mis trente années à gagner quelques centaines de mille francs. Il ne pouvait s'empêcher d'en entretenir sa femme, pendant chacun de leurs repas : quels coups il aurait faits, s'il n'avait pas juré de ne jamais jouer ! et il expliquait l'opération, il manœuvrait ses fonds avec la savante tactique d'un général en chambre, il finissait toujours par battre triomphalement les parties adverses imaginaires, car il se piquait d'être devenu de première force dans les questions de primes et de reports. Sa femme, inquiète, lui déclarait qu'elle aimerait mieux se noyer tout de suite, plutôt que de lui voir hasarder un sou ; mais il la rassurait, pour qui le prenait-elle ? Jamais de la vie ! Pourtant, une occasion s'était présentée, tous deux depuis longtemps avaient la folle envie de faire construire, dans leur jardin, une petite serre de cinq ou six mille francs ; si bien qu'un soir, les mains tremblantes d'une émotion délicieuse, il avait posé, sur la table à ouvrage de sa femme, les six billets, en disant qu'il venait de gagner ça à la Bourse : un coup dont il était sûr, une débauche qu'il promettait bien de ne pas recommencer, qu'il avait risquée uniquement à cause de la serre. Elle, partagée entre la colère et le saisissement de sa joie, n'avait point osé le gronder. Le mois suivant, il se lançait dans une opération à primes, en lui expliquant qu'il ne craignait rien, du moment où il limitait sa perte. Puis, que diable! dans le tas, il y avait tout de même de bonnes affaires, il aurait été bien sot de laisser le voisin en profiter. Et, fatalement, il s'était mis à jouer à terme, petitement d'abord, s'enhardissant peu à peu, tandis qu'elle, toujours agitée par ses angoisses de bonne ménagère, les yeux en flammes pourtant au moindre gain, continuait à lui prédire qu'il mourrait sur la paille.

Mais, surtout, le capitaine Chave, le frère de madame Maugendre, blâmait son beau-frère. Lui qui ne pouvait se suffire avec les dix-huit cents francs de sa retraite, jouait bien à la Bourse; seulement, il était le malin des malins, il allait là comme un employé va à son bureau, n'opérant que sur le comptant, ravi quand il emportait sa pièce de vingt francs le soir : des opérations quotidiennes, faites à coup sûr, d'une modestie telle, qu'elles échappaient aux catastrophes. Sa sœur lui avait offert une chambre chez elle, dans la maison trop vaste, depuis que Marcelle était mariée; mais il avait refusé, tenant à être libre, ayant des vices, occupant une seule pièce, au fond d'un jardin de la rue Nollet, où continuellement se glissaient des jupes. Ses gains devaient passer en bonbons et en gâteaux pour ses petites amies. Toujours il avait mis en garde Maugendre, lui répétant de ne pas jouer, de faire la vie plutôt; et, quand ce dernier lui criait : « Mais vous? » il avait un geste énergique : oh! lui, c'était différent, il n'avait pas quinze mille francs de rente, sans ça! S'il jouait, la faute en était à cette saleté de gouvernement qui marchandait aux vieux braves la joie de leur vieillesse. Son grand argument contre le jeu était que, mathématiquement, le joueur devait toujours perdre : s'il gagne, il a à déduire le courtage et le droit de timbre; s'il perd, il a en plus à payer les mêmes droits ; de sorte que, même en admettant qu'il gagne aussi souvent qu'il perd, il sort encore de sa poche le timbre et le courtage. Annuellement, à la Bourse de Paris, ces droits produisent l'énorme total de quatre-vingts millions. Et il brandissait ce chiffre, quatre-vingts millions que ramassent l'État, les coulissiers et les agents de change !

Sur la banquette, au fond du corridor, Marcelle confessait à son mari une partie de cette histoire.

— Mon chéri, il faut dire que je suis mal tombée. Maman faisait une querelle à papa, à cause d'une perte qu'il a éprouvée à la Bourse... Oui, il paraît qu'il n'en sort plus. Ça m'a l'air si drôle, lui qui autrefois n'admettait que le travail... Enfin, ils se disputaient, et il y avait là un journal, *la Cote financière*, que maman lui agitait sous le nez, en lui criant qu'il n'y entendait rien, qu'elle avait bien prévu la baisse, elle. Alors, il est allé chercher un autre journal, justement *l'Espérance*, et il a voulu lui montrer l'article où il avait pris son renseignement... Imagine-toi, c'est plein de journaux chez eux, ils sont fourrés là dedans du matin au soir, et je crois, Dieu me pardonne ! que maman commence à jouer, elle aussi, malgré son air furieux.

Jordan ne put s'empêcher de rire, tellement elle était amusante, dans son chagrin, à mimer la scène.

— Bref, je leur ai dit notre gêne, je les ai priés de nous prêter deux cents francs, pour arrêter les poursuites. Et si tu les avais entendus alors se récrier : deux cents francs, lorsqu'ils en perdaient deux mille à la Bourse ! est-ce que je me moquais d'eux? est-ce que je voulais les ruiner?... Jamais je ne les ai vus comme ça. Eux qui étaient si gentils pour moi, qui auraient tout dépensé pour me faire des cadeaux ! Il faut vraiment qu'ils deviennent fous, car ça n'a pas de bon sens de se gâter ainsi la vie, lorsqu'ils sont si heureux dans leur belle maison, sans un tracas, n'ayant plus qu'à manger à l'aise la fortune si durement gagnée.

— J'espère bien que tu n'as pas insisté, dit Jordan.

— Mais si, j'ai insisté, et alors ils sont tombés sur toi... Tu vois que je te dis tout, je m'étais tant promis de garder ça pour moi, et puis ça m'échappe... Ils m'ont répété qu'ils l'avaient bien prévu, que ce n'est pas un métier d'écrire dans les journaux, que nous finirions à l'hôpital... Enfin, comme je me mettais en colère à mon tour, j'allais partir, lorsque le capitaine est arrivé. Tu sais qu'il m'a toujours adorée, l'oncle Chave. Et, devant lui, ils sont devenus raisonnables, d'autant plus qu'il triomphait, qu'il demandait à papa s'il allait continuer à se faire voler... Maman m'a prise à l'écart, m'a glissé cinquante francs dans la main, en me disant qu'avec ça nous obtiendrions quelques jours, le temps de nous retourner.

— Cinquante francs! une aumône! et tu les as acceptés?

Marcelle lui avait tendrement saisi les mains, le calmant de toute sa tranquille raison.

— Voyons, ne te fâche pas... Oui, je les ai acceptés, et j'ai si bien compris que jamais tu n'oserais les porter à l'huissier, que j'y suis allée tout de suite moi-même, chez cet huissier, tu sais, rue Cadet. Mais figure-toi qu'il a refusé de les prendre, en m'expliquant qu'il avait des ordres formels de monsieur Busch, et que monsieur Busch seul pouvait arrêter les poursuites... Oh! ce Busch! je ne hais personne, mais ce qu'il m'exaspère et me dégoûte, celui-là! Ça ne fait rien, j'ai couru chez lui, rue Feydeau, et il a bien fallu qu'il se contentât des cinquante francs, et voilà! nous en avons pour quinze jours à ne pas être tourmentés.

Une grosse émotion avait contracté le visage de Jordan, tandis que des larmes qu'il retenait mouillaient le bord de ses yeux.

— Tu as fait cela, petite femme, tu as fait cela!

— Mais oui, je ne veux pas qu'on t'ennuie davantage, moi! Qu'est-ce que ça me fait de recevoir des sottises, si on te laisse travailler tranquille!

Et elle riait maintenant, elle racontait son arrivée chez Busch, dans la crasse de ses dossiers, la façon brutale dont il l'avait accueillie, ses menaces de ne pas leur laisser une nippe, s'il n'était pas payé à l'instant de toute la dette. Le drôle était qu'elle avait pris le régal de le mettre hors de lui, en lui contestant la légitime propriété de cette dette, ces trois cents francs de billets, montés avec les frais à sept cent trente francs quinze centimes, et qui ne lui avaient peut-être pas coûté cent sous, dans quelque lot de vieux chiffons. Il étranglait de fureur : d'abord, il les avait justement achetés très cher, ceux-là ; puis, et son temps perdu, et la fatigue des courses qu'il avait faites pendant deux ans pour retrouver le signataire, et l'intelligence qu'il lui fallait déployer dans cette chasse à l'homme, est-ce qu'il ne devait pas se rembourser de tout ça? Tant pis pour ceux qui se laissaient pincer! Enfin, il avait tout de même pris les cinquante francs, parce que son système de prudence était de transiger toujours.

— Ah! petite femme, que tu es brave et que je t'aime! dit Jordan, qui se laissa aller à embrasser Marcelle, bien qu'à ce moment le secrétaire de la rédaction passât.

Puis, baissant la voix :

— Combien te reste-t-il à la maison?

— Sept francs.

— Bon! reprit-il, très heureux, nous avons de quoi aller deux jours, et je ne vais pas demander une avance, qu'on me refuserait d'ailleurs. Ça me coûte trop... Demain, j'irai voir si l'on veut me prendre un article au *Figaro*... Ah! si j'avais fini mon roman, si ça se vendait un petit peu!

Marcelle à son tour l'embrassait.

— Oui, va, ça marchera très bien!.. Tu remontes avec moi, n'est-ce pas? Ce sera gentil, et nous achèterons, pour demain matin, un hareng saur, au coin de la rue de Clichy, où j'en ai vu de superbes. Ce soir, nous avons des pommes de terre au lard.

Jordan, après avoir prié un camarade de revoir ses épreuves, partit avec sa femme. D'ailleurs, Saccard et Huret s'en allaient, eux aussi. Dans la rue, un coupé s'arrêtait justement devant la porte du journal; et ils en virent descendre la baronne Sandorff, qui les salua d'un sourire, puis qui monta lestement. Parfois, elle rendait ainsi visite à Jantrou. Saccard, qu'elle excitait beaucoup, avec ses grands yeux meurtris, fut sur le point de remonter.

En haut, dans le cabinet du directeur, la baronne ne voulut même pas s'asseoir. Un petit bonjour en passant, uniquement l'idée de lui demander s'il ne savait rien. Malgré sa brusque fortune, elle le traitait toujours comme à l'époque où il venait chaque matin chez son père, M. de Ladricourt, avec l'échine basse du remisier en quête d'un ordre. Son père était d'une brutalité révoltante, elle ne pouvait oublier le coup de pied dont il l'avait jeté à la porte, dans la colère d'une grosse perte. Et, maintenant qu'elle le voyait à la source des nouvelles, elle était redevenue familière, elle tâchait de le confesser.

— Eh bien! rien de nouveau?

— Ma foi, non, je ne sais rien.

Mais elle continuait de le regarder en souriant, persuadé qu'il ne voulait rien dire. Alors, pour le forcer aux confidences, elle parla de cette bête de guerre qui allait mettre aux prises l'Autriche, l'Italie et la Prusse. La spéculation s'affolait, une terrible baisse se déclarait sur les fonds italiens, ainsi que sur toutes les valeurs du reste. Et elle était fort ennuyée, car elle ignorait jusqu'à quel point elle devait suivre ce mouvement, ayant d'assez grosses sommes engagées pour la liquidation prochaine.

— Votre mari ne vous renseigne donc pas? demanda plaisamment Jantrou. Il est pourtant bien placé, à l'ambassade.

— Oh! mon mari, murmura-t-elle avec un geste dédaigneux, mon mari, je n'en tire plus rien.

Il s'égaya davantage, il poussa les choses jusqu'à faire allusion au procureur général Delcambre, l'amant qui, disait-on, payait ses différences, quand elle se résignait à les payer.

— Et vos amis, ils ne savent donc rien, ni à la cour ni au palais?

Elle affecta de ne pas comprendre, elle reprit, suppliante, sans le quitter des yeux :

— Voyons, vous, soyez aimable... Vous savez quelque chose.

Déjà une fois, dans son enragement après toutes les jupes, malpropres ou élégantes, qui l'effleuraient, il avait songé à se la payer, comme il disait brutalement, cette joueuse, si familière avec lui. Mais, au premier mot, au premier geste, elle s'était redressée, si répugnée, si méprisante, qu'il avait bien juré de ne pas recommencer. Avec cet homme que son père recevait à coups de pied, ah ! jamais ! Elle n'en était pas encore là.

— Aimable, pourquoi le serais-je ? dit-il en riant d'un air gêné. Vous ne l'êtes guère avec moi.

Tout de suite, elle redevint grave, les yeux durs. Et elle lui tournait le dos pour s'en aller, lorsque, de dépit, cherchant à la blesser, il ajouta :

— Vous venez de rencontrer Saccard à la porte, n'est-ce pas ? Pourquoi ne l'avez-vous pas interrogé, lui, puisqu'il n'a rien à vous refuser ?

Elle revint brusquement.

— Que voulez-vous dire ?

— Dame ! ce qu'il vous plaira de comprendre... Voyons, ne faites donc pas la cachottière, je vous ai vue chez lui, je le connais !

Une révolte la soulevait, tout l'orgueil de sa race, vivant encore, remontait du fond trouble, de la boue où sa passion la noyait un peu plus chaque jour. D'ailleurs, elle ne s'emporta pas, elle dit simplement d'une voix nette et rude :

— Ah ! çà, mon cher, pour qui me prenez-vous ? Vous êtes fou... Non, je ne suis pas la maîtresse de votre Saccard, parce que je n'ai pas voulu.

Et lui, alors, avec sa politesse fleurie de lettré, la salua d'une révérence.

— Eh bien ! madame, vous avez eu le plus grand tort... Croyez-moi, si c'est à recommencer, ne manquez pas l'affaire, parce que, vous qui êtes toujours à la chasse des renseignements, vous les trouveriez, sans tant de peine, sous le traversin de ce monsieur-là... Oh ! mon Dieu ! oui, le nid y sera bientôt, vous n'aurez qu'à y fourrer vos jolis doigts.

Elle prit le parti de rire, comme résignée à faire la part de son cynisme. Quand elle lui serra la main, il sentit la sienne toute froide. Vraiment, s'en serait-elle tenue à sa corvée avec le glacial et osseux Delcambre, cette femme aux lèvres si rouges, que l'on disait insatiable?

Le mois de juin s'écoula, l'Italie avait déclaré le 15 la guerre à l'Autriche. D'autre part, la Prusse, en deux semaines à peine, par une marche foudroyante, venait d'envahir le Hanovre, de conquérir les deux Hesses, Bade, la Saxe, en surprenant en pleine paix des populations désarmées. La France n'avait pas bougé, les gens bien informés chuchotaient tout bas, à la Bourse, qu'une entente secrète la liait à la Prusse, depuis que Bismarck s'était rendu près de l'empereur, à Biarritz ; et l'on parlait mystérieusement des compensations qui devaient payer sa neutralité. Mais la baisse ne s'en accentuait pas moins, d'une désastreuse façon. Lorsque, le 4 juillet, arriva la nouvelle de Sadowa, ce coup de tonnerre si brusque, ce fut un effondrement de toutes les valeurs. On croyait à une continuation acharnée de la guerre ; car, si l'Autriche était battue par la Prusse, elle avait vaincu l'Italie, à Custozza ; et l'on disait déjà qu'elle rassemblait les débris de son armée, en abandonnant la Bohême. Les ordres de vente pleuvaient à la corbeille, on ne trouvait plus d'acheteurs.

Le 4 juillet, Saccard, qui était monté au journal très tard, vers six heures, n'y trouva pas Jantrou, que ses passions, depuis quelque temps, dérangeaient : des disparitions brusques, des bordées, d'où il revenait anéanti, les yeux troubles, sans qu'on pût savoir qui, des filles ou de l'alcool, le ravageait davantage. A ce moment-là, le journal se vidait, il ne restait guère que Dejoie, dînant sur le coin de sa table, dans l'antichambre. Et Saccard, après avoir écrit deux lettres, allait partir, lorsque, le sang au visage, Huret entra en tempête, sans même prendre le temps de refermer les portes.

— Mon bon ami, mon bon ami...

Il étouffait, il mit les deux mains sur sa poitrine.

— Je sors de chez Rougon... J'ai couru, parce que je n'avais pas de fiacre. Enfin, j'en ai trouvé un... Rougon a reçu une dépêche de là-bas. Je l'ai vue... Une nouvelle, une nouvelle...

D'un geste violent, Saccard l'arrêta, et il se précipita pour fermer la porte, ayant aperçu Dejoie qui rôdait déjà, l'oreille tendue.

— Enfin, quoi ?

— Eh bien ! l'empereur d'Autriche cède la Vénétie à l'empereur des Français, en acceptant sa médiation, et ce dernier va s'adresser aux rois de Prusse et d'Italie pour amener un armistice.

Il y eut un silence.

— C'est la paix, alors ?

— Évidemment.

Saccard, saisi, sans idée encore, laissa échapper un juron.

— Tonnerre de Dieu ! et toute la Bourse qui est à la baisse !

Puis, machinalement :

— Et cette nouvelle, pas une âme ne la sait ?

— Non, la dépêche est confidentielle, la note ne paraîtra pas même demain matin au *Moniteur*. Paris ne saura sans doute rien avant vingt-quatre heures.

Alors, ce fut le coup de foudre, l'illumination brusque. Il courut de nouveau à la porte, l'ouvrit pour voir si personne n'écoutait. Et il était hors de lui, il revint se planter devant le député, le saisit par les deux revers de sa redingote.

— Taisez-vous ! pas si haut !... Nous sommes les maîtres, si Gundermann et sa bande ne sont pas avertis... Entendez-vous ! pas un mot, à personne au monde ! ni à vos amis, ni à votre femme !... Justement, une chance ! Jantrou n'est pas là, nous serons seuls à savoir, nous aurons le temps d'agir... Oh! je ne veux pas travailler que pour moi. Vous en êtes, nos collègues de l'Universelle en sont aussi. Seulement, un secret ne se garde point à plusieurs. Tout est perdu, si la moindre indiscrétion se commet demain, avant la Bourse.

Huret, très ému, bouleversé de la grandeur du coup qu'ils allaient tenter, promit d'être absolument muet. Et ils se distribuèrent la besogne, ils décidèrent qu'il fallait tout de suite entrer en campagne. Saccard avait déjà son chapeau, quand une question lui vint aux lèvres.

— Alors, c'est Rougon qui vous a chargé de m'apporter cette nouvelle?

— Sans doute.

Il avait hésité, il mentait : la dépêche, simplement, traînait sur le bureau du ministre, où il avait eu l'indiscrétion de la lire, étant resté seul une minute. Mais, son intérêt se trouvait dans une entente cordiale des deux frères, ce mensonge lui parut ensuite très adroit, d'autant plus qu'il les savait peu désireux de se voir et de causer de ces choses.

— Allons, déclara Saccard, il n'y a pas à dire, il a été gentil, cette fois... En route!

Dans l'antichambre, il n'y avait toujours que Dejoie, qui s'était efforcé d'entendre, sans rien saisir de distinct. Ils le sentirent pourtant fiévreux, ayant flairé la proie énorme qui passait dans l'air, si agité de cette odeur d'argent, qu'il se mit à la fenêtre du palier, pour les voir traverser la cour.

La difficulté était d'agir vivement, avec la plus grande prudence. Aussi se quittèrent-ils dans la rue : Huret se chargeait de la petite Bourse du soir, tandis que Saccard, malgré l'heure tardive, se lançait à la recherche des remisiers, des coulissiers, des agents de change, pour donner des ordres d'achat. Seulement, ces ordres, il désirait les diviser, les éparpiller le plus possible, par crainte d'éveiller un soupçon ; et, surtout, il voulait avoir l'air de rencontrer les gens, au lieu d'aller les relancer chez eux, ce qui aurait paru singulier. Le hasard le servit heureusement, il aperçut sur le boulevard l'agent de change Jacoby, avec qui il plaisanta, et qu'il chargea d'une forte opération, sans trop l'étonner. Cent pas plus loin, il tombait sur une grande fille blonde, qu'il savait être la maîtresse d'un autre agent, Delarocque, le beau-frère de Jacoby ; et, comme elle disait justement qu'elle l'attendait, cette nuit-là, il la chargea de lui remettre deux mots écrits au crayon sur une carte. Puis, sachant que Mazaud se rendait le soir à un banquet d'anciens condisciples, il s'arrangea pour se trouver au restaurant, il changea les positions qu'il l'avait chargé de prendre, le jour même. Mais sa plus grande chance, au moment où il rentrait, vers minuit, ce fut d'être accosté par Massias, qui sortait des Variétés. Ils remontèrent ensemble vers la rue Saint-Lazare, il eut le temps de se poser en original qui croyait à la hausse, oh ! pas tout de suite ; si bien qu'il finit par le charger d'ordres d'achat multiples pour Nathansohn et d'autres coulissiers, en disant qu'il agissait au nom d'un groupe d'amis, ce qui était vrai en somme. Quand il se coucha, il avait pris position à la hausse, pour plus de cinq millions de valeurs.

Le lendemain matin, dès sept heures, Huret était chez Saccard, lui racontant comment il avait opéré, à la petite Bourse, devant le passage de l'Opéra, sur le trottoir, où il avait fait acheter le plus possible, avec mesure cependant, pour ne pas trop relever les cours. Ses ordres montaient à un million, et tous deux, jugeant le coup beaucoup trop modeste encore, résolurent de rentrer en campagne. Ils avaient la matinée. Mais, auparavant, ils se jetèrent sur les journaux, tremblant d'y trouver la nouvelle, une note, une simple ligne qui ferait crouler leur combinaison. Non! la presse ne savait rien, elle était toute à la guerre, encombrée par des dépêches, par de longs détails sur la bataille de Sadowa. Si aucun bruit ne transpirait avant deux heures de l'après-midi, s'ils avaient à eux une heure de Bourse, une demi-heure seulement, le coup était fait, ils opéraient la grande rafle sur la juiverie, comme disait Saccard. Et ils se séparèrent de nouveau, chacun courut de son côté engager d'autres millions dans la bataille.

Cette matinée-là, Saccard la passa à battre le pavé, flairant l'air, ayant un tel besoin de marcher, qu'il avait renvoyé sa voiture, après sa première course faite. Il entra chez Kolb, où le tintement de l'or lui fut délicieux à l'oreille, ainsi qu'une promesse de victoire ; et il eut la force de ne rien dire au banquier, qui ne savait rien. Il monta ensuite chez Mazaud, non pour donner un nouvel ordre, simplement pour feindre d'être inquiet au sujet de celui qu'il avait donné la veille. Là aussi, on ignorait tout encore. Le petit Flory seul lui causa quelque inquiétude, par la persistance avec laquelle il tournait autour de lui : la cause unique en était la profonde admiration du jeune employé pour l'intelligence financière du directeur de l'Universelle ; et, comme mademoiselle Chuchu commençait à lui coûter gros, il risquait quelques petites opérations, il rêvait de connaître les ordres de son grand homme et de se mettre dans son jeu.

Enfin, après un déjeuner rapide chez Champeaux, où il avait eu la joie profonde d'entendre les doléances pessimistes de Moser et de Pillerault lui-même, pronostiquant une nouvelle dégringolade des cours, Saccard, dès midi et demi, se trouva sur la place de la Bourse. Il désirait, selon son expression, voir arriver le monde. La chaleur était accablante, un soleil ardent tombait d'aplomb, blanchissant les marches, dont la réverbération chauffait le péristyle d'un air lourd et embrasé de four ; et les chaises vides craquaient dans ces flammes, tandis que les spéculateurs, debout, cherchaient les minces raies d'ombre des colonnes. Sous un arbre du jardin, il aperçut Busch et la Méchain, qui se mirent à causer vivement, en le voyant ; même il lui sembla que tous deux étaient sur le point de l'aborder, puis qu'ils se ravisaient : savaient-ils donc quelque chose, ces bas chiffonniers des valeurs tombées au ruisseau, en continuelle quête ? un instant, il en eut le frisson. Mais une voix l'appela, et il reconnut sur un banc Maugendre et le capitaine Chave, tous les deux en querelle, car le premier, maintenant, était plein de moqueries pour le petit jeu misérable du capitaine, ce louis gagné sur le comptant, comme au fond d'un café de province, après des parties de piquet acharnées : voyons, ce jour-là, ne pouvait-il risquer à coup sûr une opération sérieuse ? la baisse n'était-elle pas certaine, aussi éclatante que le soleil ? Et il appelait Saccard à témoin : n'est-ce pas qu'on baisserait? Lui, avait pris à la baisse une forte position, si convaincu, qu'il y aurait mis sa fortune. Ainsi interrogé directement, Saccard répondit par des sourires, des hochements de tête vagues, avec le remords de ne pas avertir ce pauvre homme qu'il avait connu si laborieux, d'esprit si net, lorsqu'il vendait des bâches ; mais il s'était juré le silence absolu, il avait la férocité du joueur qui ne veut pas déranger la chance. Puis, à ce moment, il eut une distraction : le coupé de la baronne Sandorff passait, il le suivit des yeux, le vit s'arrêter cette fois rue de la Banque. Tout d'un coup, il songea au baron Sandorff, conseiller à l'ambassade d'Autriche : la baronne savait sûrement, elle allait tout perdre, par quelque maladresse de femme. Déjà, il avait traversé la rue, il rôdait autour du coupé, immobile, muet, l'air mort, avec le cocher raidi sur le siège. Pourtant une des glaces s'abaissa, et il salua, s'approcha galamment.

— Eh bien ! monsieur Saccard, nous baissons encore ?

Il crut à un piège.

— Mais oui, madame.

Puis, comme elle le regardait anxieusement, avec un vacillement des yeux qu'il connaissait bien chez les joueurs, il comprit qu'elle non plus ne savait rien. Un flot de sang tiède lui remonta au crâne, l'inonda de délices.

— Alors, monsieur Saccard, vous n'avez rien à me dire?

— Ma foi, madame, rien que vous ne sachiez déjà sans doute.

Et il la quitta en pensant : « Toi, tu n'as pas été gentille, ça m'amusera que tu boives un coup. Peut-être, une autre fois, ça te rendra-t-il plus aimable. » Jamais elle ne lui avait paru plus désirable, il était certain de l'avoir, à son heure.

Comme il revenait sur la place de la Bourse, la vue de Gundermann, au loin, débouchant de la rue Vivienne, lui donna un nouveau frisson au cœur. Si rapetissé qu'il fût par l'éloignement, c'était bien lui, avec sa marche lente, sa tête qu'il portait droite et blême, sans regarder personne, comme seul, dans sa royauté, au milieu de la foule. Et il le suivait avec terreur, interprétait chacun de ses mouvements. L'ayant vu aborder par Nathansohn, il crut tout perdu. Mais le coulissier se retirait, l'air déconfit, et il reprit espoir. Il trouvait décidément au banquier son air de tous les jours. Puis, brusquement, son cœur sauta de joie : Gundermann venait d'entrer chez le confiseur faire son achat de bonbons pour ses petites filles ; et c'était là un signe certain, jamais il n'y entrait, les jours de crise.

Une heure sonna, la cloche annonça l'ouverture du marché. Ce fut une Bourse mémorable, une de ces grandes journées de désastre, d'un de ces désastres à la hausse, si rares, dont le souvenir reste légendaire. Dans l'accablante chaleur, au début, les cours baissèrent encore. Puis, des achats brusques, isolés, comme des coups de feu de tirailleurs avant que la bataille s'engage, étonnèrent. Mais les opérations restaient lourdes quand même, au milieu de la méfiance générale. Les achats se multiplièrent, s'allumèrent de toutes parts, à la coulisse, au parquet; on n'entendait plus que les voix de Nathansohn sous la colonnade, de Mazaud, de Jacoby, de Delarocque à la corbeille, criant qu'ils prenaient toutes les valeurs, à tous les prix ; et ce fut alors un frémissement, une houle croissante, sans que personne pourtant osât se risquer, dans le désarroi de ce revirement inexplicable. Les cours avaient légèrement monté, Saccard eut le temps de donner de nouveaux ordres à Massias, pour Nathansohn. Il pria également le petit Flory qui passait en courant, de remettre à Mazaud une fiche, où il le chargeait d'acheter, d'acheter toujours; si bien que Flory, ayant lu la fiche, frappé d'un accès de foi, joua le jeu de son grand homme, acheta lui aussi pour son compte. Et ce fut à cette minute, à deux heures moins un quart, que le tonnerre éclata en pleine Bourse : l'Autriche cédait la Vénétie à l'empereur, la guerre était finie. D'où venait cette nouvelle? personne ne le sut, elle sortait de toutes les bouches à la fois, des pavés eux-mêmes. Quelqu'un l'avait apportée, tous la répétaient dans une clameur, qui grossissait avec la voix haute d'une marée d'équinoxe. Par bonds furieux, les cours se mirent à monter, au milieu de l'effroyable vacarme. Avant le coup de cloche de la clôture, ils s'étaient relevés de quarante, de cinquante francs. Ce fut une mêlée inexprimable, une de ces batailles confuses où tous se ruent, soldats et capitaines, pour sauver leur peau, assourdis, aveuglés, n'ayant plus la conscience nette de la situation. Les fronts ruisselaient de sueur, l'implacable soleil qui tapait sur les marches, mettait la Bourse dans un flamboiement d'incendie.

Et, à la liquidation, lorsqu'on put évaluer le désastre, il apparut immense. Le champ de bataille restait jonché de blessés et de ruines. Moser, le baissier, était parmi les plus atteints. Pillerault expiait durement sa faiblesse, pour l'unique fois qu'il avait désespéré de la hausse. Maugendre perdait cinquante mille francs, sa première perte sérieuse. La baronne Sandorff eut à payer de si grosses différences, que Delcambre, disait-on, se refusait à les donner; et elle était toute blanche de colère et de haine, au seul nom de son mari, le conseiller d'ambassade, qui avait eu la dépêche entre les mains avant Rougon lui-même, sans lui en rien dire. Mais la haute banque, la banque juive, surtout, avait essuyé une défaite terrible, un vrai massacre. On affirmait que Gundermann, simplement pour sa part, y laissait huit millions. Et cela stupéfiait, comment n'avait-il pas été averti? lui le maître indiscuté du marché, dont les ministres n'étaient que les commis et qui tenait les États dans sa souveraine dépendance! Il y avait eu là un de ces concours de circonstances extraordinaires qui font les grands coups du hasard. C'était un effondrement imprévu, imbécile, en dehors de toute raison et de toute logique.

Cependant, l'histoire se répandit, Saccard passa grand homme. D'un coup de râteau, il venait de ramasser la presque totalité de l'argent perdu par les baissiers. Personnellement, il avait mis en poche deux millions. Le reste allait entrer dans les caisses de l'Universelle, ou plutôt se fondre aux mains des administrateurs. A grand'peine, il finit par persuader à madame Caroline que la part d'Hamelin, dans ce butin si légitimement conquis sur les juifs, était d'un million. Huret, lui, ayant été à la besogne, s'était taillé son morceau, royalement. Quant aux autres, les Daigremont, les marquis de Bohain, ils ne se firent nullement prier. Tous votèrent des remerciements et des félicitations à l'éminent directeur. Et un cœur surtout brûlait de gratitude pour Saccard, celui de Flory, qui avait gagné dix mille francs, une fortune, de quoi habiter avec Chuchu un petit logement de la rue Condorcet et aller ensemble, le soir, rejoindre Gustave Sédille et Germaine Cœur dans des restaurants chers. Au journal, il fallut donner une gratification à Jantrou, qui s'emportait de ce qu'on ne l'avait pas prévenu. Seul, Dejoie demeurait mélancolique, car il devait garder l'éternel regret d'avoir senti, un soir, la fortune passer dans l'air, mystérieuse et vague, inutilement.

Ce premier triomphe de Saccard sembla être comme une floraison de l'empire à son apogée. Il entrait dans l'éclat du règne, il en était un des reflets glorieux. Le soir même où il grandissait parmi les fortunes écroulées, à l'heure où la Bourse n'était plus qu'un champ morne de décombres, Paris entier se pavoisait, s'illuminait, ainsi que pour une grande victoire; et des fêtes aux Tuileries, des réjouissances dans les rues, célébraient Napoléon III maître de l'Europe, si haut, si grand, que les empereurs et les rois le choisissaient comme arbitre dans leurs querelles, et lui remettaient des provinces pour qu'il en disposât entre eux. A la Chambre, des voix avaient bien protesté, des prophètes de malheur annonçaient confusément le terrible avenir, la Prusse grandie de tout ce que la France avait toléré, l'Autriche battue, l'Italie ingrate. Mais des rires, des cris de colère étouffaient ces voix inquiètes, et Paris, centre du monde, flambait par toutes ses avenues et tous ses monuments, au lendemain de Sadowa, en attendant les nuits noires et glacées, les nuits sans gaz, traversées par la mèche rouge des obus. Ce soir-là, Saccard, débordant de son succès, battit les rues, la place de la Concorde, les Champs-Élysées, tous les trottoirs où brûlaient des lampions. Emporté dans le flot montant des promeneurs, les yeux aveuglés par cette clarté de plein jour, il pouvait croire qu'on illuminait pour le fêter : n'était-il pas, lui aussi, le vainqueur inattendu, celui qui s'élevait au milieu des désastres? Un seul ennui venait de gâter sa joie, la colère de Rougon, qui, terrible, avait chassé Huret, quand il avait compris d'où venait le coup de Bourse. Ce n'était donc pas le grand homme qui s'était montré bon frère, en lui envoyant la nouvelle? Faudrait-il qu'il se passât de ce haut patronage, même qu'il attaquât le tout-puissant ministre? Brusquement, en face du palais de la Légion d'honneur, que surmontait une gigantesque croix de feu, braisillant dans le ciel noir, il en prit la résolution hardie, pour le jour où il se sentirait les reins assez forts. Et, grisé par les chants de la foule et les claquements des drapeaux, il revint rue Saint-Lazare, au travers de Paris en flammes.

Deux mois après, en septembre, Saccard, que sa victoire sur Gundermann rendait audacieux, décida qu'il fallait donner un nouvel élan à l'Universelle. Dans l'assemblée générale qui avait eu lieu à la fin d'avril, le bilan présenté portait, pour l'année 1864, un bénéfice de neuf millions, en y comprenant les vingt francs de prime sur chacune des cinquante mille actions nouvelles, lors du doublement du capital. On avait amorti complètement le compte de premier établissement, servi aux actionnaires leur cinq pour cent et aux administrateurs leur dix pour cent, laissé à la réserve une somme de cinq millions, outre le dix pour cent réglementaire ; et, avec le million qui restait, on était arrivé à distribuer un dividende de dix francs par action. C'était un beau résultat, pour une société qui n'avait pas deux ans d'existence. Mais Saccard procédait par coups de fièvre, appliquant au terrain financier la méthode de la culture intensive, chauffant, surchauffant le sol, au risque de brûler la récolte ; et il fit accepter, d'abord par le conseil d'administration, ensuite par une assemblée générale extraordinaire, qui se réunit le 15 septembre, une seconde augmentation du capital : on le doublait encore, on l'élevait de cinquante à cent millions, en créant cent mille actions nouvelles, exclusivement réservées aux actionnaires, titre pour titre. Seulement, cette fois, les titres étaient émis à 675 francs, soit une prime de 175 francs, destinée à être versée au fonds de réserve. Les succès croissants, les affaires heureuses déjà faites, surtout les grandes entreprises que l'Universelle allait lancer, étaient les raisons invoquées pour justifier cette énorme augmentation du capital, doublé ainsi coup sur coup ; car il fallait bien donner à la maison une importance et une solidité en rapport avec les intérêts qu'elle représentait. D'ailleurs, le résultat fut immédiat : les actions qui, depuis des mois, restaient stationnaires, à la Bourse, au cours moyen de sept cent cinquante, montèrent à neuf cents, en trois jours.

Hamelin n'avait pu revenir d'Orient, pour présider l'assemblée générale extraordinaire, et il écrivit à sa sœur une lettre inquiète, où il exprimait des craintes sur cette façon de mener l'Universelle au galop, d'un train fou. Il devinait bien qu'on avait fait encore, chez maître Lelorrain, des déclarations mensongères. En effet, toutes les actions nouvelles n'avaient pas été légalement souscrites, la société était restée propriétaire des titres que refusaient les actionnaires ; et, les versements n'étant point exécutés, un jeu d'écritures avait passé ces titres au compte Sabatani. En outre, d'autres prête-noms, des employés, des administrateurs, lui avaient permis de souscrire elle-même à sa propre émission; de sorte qu'elle détenait alors près de trente mille de ses actions, représentant une somme de dix-sept millions et demi. Outre qu'elle était illégale, la situation pouvait devenir dangereuse, car l'expérience a démontré que toute maison de crédit qui joue sur ses valeurs, est perdue. Mais madame Caroline n'en répondit pas moins gaiement à son frère, le plaisantant de ce qu'il devenait le trembleur aujourd'hui, au point que c'était elle, jadis soupçonneuse, qui devait le rassurer. Elle disait veiller toujours, ne rien voir de louche, être émerveillée, au contraire, des grandes choses, claires et logiques, auxquelles elle assistait. La vérité était qu'elle ne savait naturellement rien de ce qu'on lui cachait, et que, sur le reste, son admiration pour Saccard, l'émotion de sympathie où la jetaient l'activité et l'intelligence de ce petit homme, l'aveuglaient.

En décembre, le cours de mille francs fut dépassé. Et alors, en face de l'Universelle triomphante, la haute banque s'émut, on rencontra Gundermann, sur la place de la Bourse, l'air distrait, entrant acheter des bonbons chez le confiseur, de son pas automatique. Il avait payé ses huit millions de perte sans une plainte, sans qu'un seul de ses familiers eût surpris sur ses lèvres une parole de colère et de rancune. Quand il perdait ainsi, chose rare, il disait d'ordinaire que c'était bien fait, que cela lui apprendrait à être moins étourdi; et l'on souriait, car l'étourderie de Gundermann ne s'imaginait guère. Mais, cette fois, la dure leçon devait lui rester en travers du cœur, l'idée d'avoir été battu par ce casse-cou de Saccard, ce fou passionné, lui si froid, si maître des faits et des hommes, lui était assurément insupportable. Aussi, dès cette époque, se mit-il à le guetter, certain de sa revanche. Tout de suite, devant l'engouement qui accueillait l'Universelle, il avait pris position, en observateur convaincu que les succès trop rapides, les prospérités mensongères menaient aux pires désastres. Cependant le cours de mille francs était encore raisonnable, et il attendait pour se mettre à la baisse. Sa théorie était qu'on ne provoquait pas les événements à la Bourse, qu'on pouvait au plus les prévoir et en profiter, quand ils s'étaient produits. La logique seule régnait, la vérité était, en spéculation comme ailleurs, une force toute-puissante. Dès que les cours s'exagéreraient par trop, ils s'effondreraient : la baisse alors se ferait mathématiquement, il serait simplement là pour voir son calcul se réaliser et empocher son gain. Et, déjà, il fixait au cours de quinze cents francs son entrée en guerre. A quinze cents, il commença donc à vendre de l'Universelle, peu d'abord, davantage à chaque liquidation, d'après un plan arrêté d'avance. Pas besoin d'un syndicat de baissiers, lui seul suffirait, les gens sages auraient la nette sensation de la vérité et joueraient son jeu. Cette Universelle bruyante, cette Universelle qui encombrait si rapidement le marché et qui se dressait comme une menace devant la haute banque juive, il attendait froidement qu'elle se lézardât d'elle-même, pour la jeter par terre d'un coup d'épaule.

Plus tard, on raconta que ce fut même Gundermann qui, en secret, facilita à Saccard l'achat d'une antique bâtisse, rue de Londres, que celui-ci avait l'intention de démolir, pour élever à la place l'hôtel de ses rêves, le palais où il logerait fastueusement son œuvre. Il était parvenu à convaincre le conseil d'administration, les ouvriers se mirent au travail, dès le milieu d'octobre.

Le jour même où la première pierre fut posée, en grande cérémonie, Saccard se trouvait au journal, vers quatre heures, à attendre Jantrou, qui était allé porter des comptes rendus de la solennité dans les feuilles amies, lorsqu'il reçut la visite de la baronne Sandorff. Elle avait d'abord demandé le rédacteur en chef, puis était tombée, comme par hasard, sur le directeur de l'Universelle, qui s'était mis galamment à sa disposition pour tous les renseignements qu'elle désirerait, en l'emmenant dans la pièce réservée, au fond du corridor. Et là, à la première attaque brutale, elle céda, sur le divan, ainsi qu'une fille, d'avance résignée à l'aventure.

Mais une complication se produisit, il arriva que madame Caroline, en course dans le quartier Montmartre, monta au journal. Elle y tombait parfois de la sorte, pour donner une réponse à Saccard, ou simplement pour prendre des nouvelles. D'ailleurs, elle connaissait Dejoie qu'elle y avait placé, elle s'arrêtait toujours à causer une minute, heureuse de la gratitude qu'il lui témoignait. Ce jour-là, ne l'ayant pas trouvé dans l'antichambre, elle enfila le couloir, se heurta contre lui, comme il revenait d'écouter à la porte. Maintenant, c'était une maladie, il tremblait de fièvre, il collait son oreille à toutes les serrures, pour surprendre les secrets de Bourse. Seulement, ce qu'il avait entendu et compris, cette fois, l'avait un peu gêné; et il souriait d'un air vague.

— Il est là, n'est-ce pas? dit madame Caroline, en voulant passer outre.

Il l'avait arrêtée, balbutiant, n'ayant pas le temps de mentir.

— Oui, il est là, mais vous ne pouvez pas entrer.

— Comment, je ne peux pas entrer?

— Non, il est avec une dame.

Elle devint toute blanche, et lui, qui ne savait rien de la situation, clignait les yeux, allongeait le cou, indiquait, par une mimique expressive, l'aventure.

— Quelle est cette dame? demanda-t-elle d'une voix brève.

Il n'avait aucune raison de lui cacher le nom, à elle, sa bienfaitrice. Il se pencha à son oreille.

— La baronne Sandorff... Oh! il y a longtemps qu'elle tourne autour!

Madame Caroline resta immobile un instant. Dans l'ombre du couloir, on ne pouvait distinguer la pâleur livide de son visage. Elle venait d'éprouver, en plein cœur, une douleur si aiguë, si atroce, qu'elle ne se souvenait pas d'avoir jamais tant souffert; et c'était la stupeur de cette affreuse blessure qui la clouait là. Qu'allait-elle faire à présent, enfoncer cette porte, se ruer sur cette femme, les souffleter tous les deux d'un scandale?

Et, comme elle demeurait sans volonté encore, étourdie,

elle fut gaiement abordée par Marcelle, qui était montée pour prendre son mari. La jeune femme avait dernièrement fait sa connaissance.

— Tiens! c'est vous, chère madame... Imaginez-vous que nous allons au théâtre, ce soir. Oh! c'est toute une histoire, il ne faut pas que ça coûte cher... Mais Paul a découvert un petit restaurant où nous nous régalons pour trente-cinq sous par tête...

Jordan arrivait, il interrompit sa femme en riant.

— Deux plats, un carafon de vin, du pain à discrétion.

— Et puis, continua Marcelle, nous ne prenons pas de voiture, c'est si amusant de rentrer à pied, quand il est très tard!... Ce soir, comme nous sommes riches, nous remonterons un gâteau aux amandes de vingt sous... Fête complète, noce à tout casser!

Elle s'en alla, enchantée, au bras de son mari. Et madame Caroline, qui était revenue avec eux dans l'antichambre, avait retrouvé la force de sourire.

— Amusez-vous bien, murmura-t-elle, la voix tremblante.

Puis, elle partit à son tour. Elle aimait Saccard, elle en emportait l'étonnement et la douleur, comme d'une plaie honteuse qu'elle ne voulait pas montrer.

VII

Deux mois plus tard, par une après-midi grise et douce de novembre, madame Caroline monta à la salle des épures, tout de suite après le déjeuner, pour se mettre au travail. Son frère, alors à Constantinople, où il s'occupait de sa grande affaire des chemins de fer d'Orient, l'avait chargée de revoir toutes les notes prises autrefois par lui, dans leur premier voyage, puis de rédiger une sorte de mémoire, qui serait comme un résumé historique de la question ; et, depuis deux grandes semaines, elle tâchait de s'absorber tout entière dans cette besogne. Ce jour-là, il faisait si chaud, qu'elle laissa mourir le feu et ouvrit la fenêtre, d'où elle regarda un instant, avant de s'asseoir, les grands arbres nus de l'hôtel Beauvilliers, violâtres sur le ciel pâle.

Il y avait près d'une demi-heure qu'elle écrivait, lorsque le besoin d'un document l'égara dans une longue recherche, parmi les dossiers entassés sur sa table. Elle se leva, alla remuer d'autres papiers, revint s'asseoir, les mains pleines ; et, comme elle classait des feuilles volantes, elle tomba sur des images de sainteté, une vue enluminée du Saint-Sépulcre, une prière encadrée des instruments de la Passion, souveraine pour assurer le salut, dans les moments de détresse où l'âme est en danger. Alors, elle se souvint, son frère avait acheté ces images à Jérusalem, en grand enfant pieux. Une émotion soudaine la saisit, des larmes mouillèrent ses joues. Ah ! ce frère, si intelligent, si longtemps méconnu, qu'il était heureux de croire, de ne pas sourire devant ce Saint-

Sépulcre naïf pour boîte à bonbons, de puiser une sereine force dans sa foi à l'efficacité de cette prière, rimée en vers de confiseur ! Elle le revoyait trop confiant, trop facile à se laisser duper peut-être, mais si droit, si tranquille, sans une révolte, sans une lutte même. Et elle qui, depuis deux mois, luttait et souffrait, elle qui ne croyait plus, brûlée de lectures, dévastée de raisonnements, avec quelle ardeur elle souhaitait, aux heures de faiblesse, d'être restée simple et ingénue comme lui, au point de pouvoir endormir son cœur saignant, en répétant trois fois, matin et soir, l'oraison enfantine que les clous et la lance, la couronne et l'éponge de la Passion entouraient !

Au lendemain du hasard brutal qui lui avait appris la liaison de Saccard et de la baronne Sandorff, elle s'était raidie de toute sa volonté, pour résister au besoin de les surveiller et de savoir. Elle n'était point la femme de cet homme, elle ne voulait point être sa maîtresse passionnée, jalouse jusqu'au scandale ; et sa misère était qu'elle continuait à ne pas se refuser, dans leur intimité de chaque heure. Cela venait de la façon paisible, simplement affectueuse, dont elle avait d'abord considéré leur aventure : une amitié ayant abouti fatalement au don de la personne, comme il arrive entre homme et femme. Elle n'avait plus vingt ans, elle était devenue d'une grande tolérance, après la dure expérience de son mariage. A trente-six ans, étant si sage, se croyant sans illusions, ne pouvait-elle donc fermer les yeux, se conduire plus en mère qu'en amante, à l'égard de cet ami auquel elle s'était résignée sur le tard, dans une minute d'absence morale, et qui, lui aussi, avait singulièrement dépassé l'âge des héros ? Parfois, elle répétait qu'on accordait trop d'importance à ces rapports des sexes, simples rencontres souvent, dont on embarrassait ensuite l'existence entière. D'ailleurs, elle souriait la première de l'immoralité de sa remarque, car n'étaient-ce pas alors toutes les fautes permises, toutes les femmes à tous les hommes ? Et, pourtant, que de femmes sont raisonnables en acceptant le partage avec une rivale! que la pratique courante l'emporte en heureuse bonhomie sur la jalouse idée de la possession unique et totale! Mais ce n'étaient là que des façons théoriques de rendre la vie supportable, elle avait beau se forcer à l'abnégation, continuer à être l'intendante dévouée, la servante d'intelligence supérieure qui veut bien donner son corps, quand elle a donné son cœur et son cerveau : une révolte de sa chair, de sa passion la soulevait, elle souffrait affreusement de ne pas tout savoir, de ne pas rompre violemment, après avoir jeté à la face de Saccard l'affreux mal qu'il lui faisait. Elle s'était domptée cependant, au point de se taire, de rester calme et souriante ; et jamais, dans son existence si rude jusque-là, elle n'avait eu besoin de plus de force.

Encore un instant, elle regarda les images de sainteté, qu'elle tenait toujours, avec son sourire douloureux d'incrédule, tout ému de tendresse. Mais elle ne les voyait plus, elle reconstruisait ce que Saccard avait pu faire la veille, ce qu'il faisait ce jour-là même, par un travail involontaire et incessant de son esprit, qui retournait d'instinct à cet espionnage, dès qu'elle ne l'occupait plus. Saccard, d'ailleurs, semblait mener sa vie accoutumée, le matin les tracas de sa direction, l'après-midi la Bourse, le soir les invitations à dîner, les premières représentations, une vie de plaisirs, des filles de théâtre dont elle n'était point jalouse. Et, cependant, elle sentait bien un nouvel intérêt en lui, une chose qui lui prenait des heures occupées auparavant d'une autre façon, sans doute cette femme, des rendez-vous dans quelque endroit qu'elle se défendait de connaître. Cela la rendait soupçonneuse et méfiante, elle se remettait malgré elle à « faire le gendarme », comme disait son frère en riant, même au sujet des affaires de l'Universelle, qu'elle avait cessé de surveiller, tant sa confiance un moment était devenue grande. Des irrégularités la frappaient et la chagrinaient. Puis, elle était toute surprise de s'en moquer au fond, de ne pas trouver la force de parler ni d'agir, tellement une seule angoisse la tenait au cœur, cette trahison qu'elle aurait voulu accepter, qui l'étouffait. Et, honteuse de sentir les larmes la gagner de nouveau, elle cacha les images, avec le mortel regret de ne pouvoir aller s'agenouiller et se soulager dans une église, en pleurant pendant des heures toutes les larmes de son corps.

Depuis dix minutes, madame Caroline, calmée, s'était remise à rédiger le mémoire, lorsque le valet de chambre vint lui dire que Charles, un cocher renvoyé la veille, voulait absolument parler à madame. C'était Saccard qui, après l'avoir engagé lui-même, l'avait surpris volant sur l'avoine. Elle hésita, puis consentit à le recevoir.

Grand, beau garçon, avec la face et le cou rasés, se dandinant de l'air assuré et fat des hommes que les femmes payent, Charles se présenta insolemment.

— Madame, c'est pour les deux chemises que la blanchisseuse m'a perdues et dont elle refuse de me tenir compte. Sans doute, madame ne pense pas que je puisse faire une perte pareille... Et, comme madame est responsable, je veux que madame me rembourse mes chemises... Oui, je veux quinze francs.

Sur ces questions de ménage, elle était très sévère. Peut-être aurait-elle donné les quinze francs, pour éviter toute discussion. Mais l'effronterie de cet homme, pris la veille la main dans le sac, la révolta.

— Je ne vous dois rien, je ne vous donnerai pas un sou... D'ailleurs, monsieur m'a mise en garde et m'a absolument défendu de faire quelque chose pour vous.

Alors, Charles s'avança, menaçant.

— Ah! monsieur a dit ça, je m'en doutais, et il a eu tort, monsieur, parce que nous allons rire... Je ne suis pas assez bête pour ne pas avoir remarqué que madame était la maîtresse...

Rougissante, madame Caroline se leva, voulant le chasser. Mais il ne lui en laissa pas le temps, il continuait plus haut :

— Et peut-être que madame sera contente de savoir où va monsieur, de quatre à six, deux et trois fois par semaine, quand il est sûr de trouver la personne seule...

Elle était devenue brusquement très pâle, tout son sang refluait à son cœur. D'un geste violent, elle tenta de lui rentrer dans la gorge ce renseignement qu'elle évitait d'apprendre depuis deux mois.

— Je vous défends bien...

Seulement, il criait plus fort qu'elle.

— C'est madame la baronne Sandorff... Monsieur Delcambre l'entretient et a loué, pour l'avoir à son aise, un petit rez-de-chaussée de la rue Caumartin, presque au coin de la rue Saint-Nicolas, dans une maison où il y a une fruitière... Et monsieur y va donc prendre la place toute chaude...

Elle avait allongé le bras vers la sonnette, pour qu'on jetât cet homme dehors; mais il aurait certainement continué devant les domestiques.

— Oh! quand je dis chaude!... J'ai une amie là dedans, Clarisse, la femme de chambre, qui les a regardés ensemble, et qui a vu sa maîtresse, un vrai glaçon, lui faire un tas de saletés...

— Taisez-vous, malheureux!... Tenez! voici vos quinze francs!

Et, d'un geste d'indicible dégoût, elle lui remit l'argent, comprenant que c'était la seule façon de le renvoyer. Tout de suite, en effet, il redevint poli.

— Moi, je ne veux que le bien de madame... La maison où il y a une fruitière. Le perron au fond de la cour... C'est aujourd'hui jeudi, il est quatre heures, si madame veut les surprendre...

Elle le poussait vers la porte, sans desserrer les lèvres, livide.

— D'autant plus qu'aujourd'hui madame assisterait peut-être bien à quelque chose de rigolo... Plus souvent que Clarisse resterait dans une boîte pareille! Et, quand on a eu de bons maîtres, on leur laisse un petit souvenir, n'est-ce pas?... Bonsoir, madame.

Enfin, il était parti. Madame Caroline resta quelques secondes immobile, cherchant, comprenant qu'une scène pareille menaçait Saccard. Puis, sans force, avec un long gémissement, elle vint s'abattre sur sa table de travail; et les larmes qui l'étouffaient depuis si longtemps, ruisselèrent.

Cette Clarisse, une maigre fille blonde, venait simplement de trahir sa maîtresse, en offrant à Delcambre de la lui faire surprendre avec un autre homme, dans le logement même qu'il payait. Elle avait d'abord exigé cinq cents francs; mais, comme il était fort avare, elle dut, après marchandage, se contenter de deux cents francs, payables de la main à la main, au moment où elle lui ouvrirait la porte de la chambre. Elle couchait là, dans une petite pièce, derrière le cabinet de toilette. La baronne l'avait prise, par une délicatesse, pour ne pas confier le soin du ménage à la concierge. Le plus souvent, elle vivait oisive, n'ayant rien à faire entre les rendez-vous, au fond de ce logement vide, s'effaçant du reste, disparaissant, dès que Delcambre ou Saccard arrivait. C'était dans la maison qu'elle avait connu Charles, qui longtemps était venu, la nuit, occuper avec elle le grand lit des maîtres, encore ravagé par la débauche de la journée; et même c'était elle qui l'avait recommandé à Saccard, comme un très bon sujet, très honnête. Depuis son renvoi, elle épousait sa rancune, d'autant plus que sa maîtresse lui faisait des « crasses » et qu'elle avait une place où elle gagnerait cinq francs de plus par mois. D'abord, Charles voulait écrire au baron Sandorff; mais elle avait trouvé plus drôle et plus lucratif d'organiser avec Delcambre, une surprise. Et, ce jeudi-là, ayant tout préparé pour le grand coup, elle attendit.

A quatre heures, lorsque Saccard arriva, la baronne Sandorff était déjà là, allongée sur la chaise longue, devant le feu. Elle se montrait d'habitude très exacte, en femme d'affaires qui sait le prix du temps. Les premières fois, il avait eu la désillusion de ne pas trouver l'ardente amoureuse qu'il espérait, chez cette femme si brune, aux paupières bleues, à la provocante allure de bacchante en folie. Elle était de marbre, lasse de son inutile effort à la recherche d'une sensation qui ne venait point, tout entière prise par le jeu, dont l'angoisse au moins lui chauffait le sang. Puis, l'ayant sentie curieuse, sans dégoût, résignée à la nausée, si elle croyait y découvrir un frisson nouveau, il l'avait dépravée, obtenant d'elle toutes les caresses. Elle causait Bourse, lui tirait des renseignements; et, comme, le hasard aidant sans doute, elle gagnait depuis sa liaison, elle traitait un peu Saccard en fétiche, l'objet ramassé que l'on garde et que l'on baise, même malpropre, pour la chance qu'il vous porte.

Clarisse avait fait un si grand feu, ce jour-là, qu'ils ne se mirent pas au lit, par un raffinement de rester devant les hautes flammes, sur la chaise longue. Dehors, la nuit allait se faire. Mais les volets étaient fermés, les rideaux soigneusement tirés; et deux grosses lampes, aux globes dépolis, sans abat-jour, les éclairaient d'une lumière crue.

A peine Saccard était-il entré, que Delcambre, à son tour, descendit de voiture. Le procureur général Delcambre, personnellement lié avec l'empereur, en passe de devenir ministre, était un homme maigre et jaune de cinquante ans, à la haute taille solennelle, à la face rase, coupée de plis profonds, d'une austère sévérité. Son nez dur, en bec d'aigle, semblait sans défaillance comme sans pardon. Et, lorsqu'il monta le perron, de son pas ordinaire, mesuré et grave, il avait toute sa dignité, son air froid des grands jours d'audience. Personne ne le connaissait dans la maison, il n'y venait guère qu'à la nuit tombée.

Clarisse l'attendait dans l'étroite antichambre.

— Si monsieur veut me suivre, et je recommande bien à monsieur de ne pas faire de bruit.

Il hésitait, pourquoi ne pas entrer par la porte qui ouvrait directement sur la chambre? Mais, à voix très basse, elle lui expliqua que le verrou était mis sûrement, qu'il faudrait briser tout et que madame, avertie, aurait le temps de s'arranger. Non! ce qu'elle voulait, c'était la lui faire surprendre telle qu'elle l'avait vue, un jour, en risquant un œil au trou de la serrure. Pour cela, elle avait imaginé quelque chose de bien simple. Sa chambre, autrefois, communiquait avec le cabinet de toilette par une porte, aujourd'hui fermée à clef; et, la clef ayant été ensuite jetée au fond d'un tiroir, elle avait eu seulement à la reprendre là, puis à rouvrir; de sorte que, grâce à cette porte condamnée, oubliée, on pouvait maintenant pénétrer sans bruit dans le cabinet de toilette, qui lui-même n'était séparé de la chambre que par une portière. Certainement, madame n'attendait personne de ce côté.

— Que monsieur se confie entièrement à moi. J'ai intérêt, n'est-ce pas? à la réussite.

Elle se glissa par la porte entre-bâillée, disparut un instant, laissant Delcambre seul, dans son étroite chambre de bonne, au lit en désordre, à la cuvette d'eau savonneuse, et dont elle avait déjà déménagé sa malle, le matin, pour filer, dès que le coup serait fait. Puis, elle revint, referma doucement la porte sur elle.

— Il faut que monsieur attende un petit peu. Ce n'est pas encore ça. Ils causent.

Delcambre restait digne, sans un mot, debout et immobile sous les regards vaguement blagueurs de cette fille qui le dévisageait. Cependant, il se lassait, un tic nerveux tirait toute la moitié gauche de son visage, dans la rage contenue dont le flot montait à son crâne. Le furieux mâle, aux appétits d'ogre, qu'il y avait en lui, caché derrière la glaciale sévérité de son masque professionnel, commençait à gronder sourdement, irrité de cette chair qu'on lui volait.

— Faisons vite, faisons vite, répéta-t-il, sans savoir ce qu'il disait, les mains fiévreuses.

Mais, lorsque Clarisse, disparue de nouveau, revint un doigt sur les lèvres, elle le supplia de patienter encore.

— Je vous assure, monsieur, soyez raisonnable, autrement vous perdrez le plus beau... Dans un moment, ça y sera en plein.

Et, Delcambre, les jambes brusquement cassées, dut s'asseoir sur le petit lit de bonne. La nuit tombait, il resta ainsi dans l'ombre, tandis que la femme de chambre, aux écoutes, ne perdait aucun des bruits légers qui venaient de la chambre, et qu'il entendait, lui, décuplés par un tel bourdonnement de ses oreilles, qu'ils lui paraissaient être le piétinement d'une armée en marche.

Enfin, il sentit la main de Clarisse tâtonnant le long de son bras. Il comprit, lui donna, sans une parole, une enveloppe, où il avait glissé les deux cents francs promis. Et elle marcha la première, écarta la portière du cabinet, le poussa dans la chambre, en disant :

— Tenez! les v'là!

Devant le grand feu, aux braises ardentes, Saccard était sur le dos, couché au bord de la chaise longue, n'ayant gardé que sa chemise, qui, roulée, remontée jusqu'aux aisselles, découvrait, de ses pieds à ses épaules, sa peau brune, envahie avec l'âge d'un poil de bête; tandis que la baronne, entièrement nue, toute rose des flammes qui la cuisaient, était agenouillée; et les deux grosses lampes les éclairaient d'une clarté si vive, que les moindres détails s'accusaient, avec un relief d'ombre excessif.

Béant, suffoqué par ce flagrant délit anormal, Delcambre s'était arrêté, pendant que les deux autres, comme foudroyés, stupides de voir entrer cet homme par le cabinet, ne bougeaient pas, les yeux élargis et fous.

— Ah! cochons! bégaya enfin le procureur général, cochons! cochons!

Il ne trouvait que ce mot, il le répéta sans fin, l'accentua du même geste saccadé, pour lui donner plus de force. Cette fois, d'un bond, la femme s'était levée, éperdue de sa nudité, tournant sur elle-même, cherchant ses vêtements, qu'elle avait laissés dans le cabinet de toilette, où elle ne pouvait aller les reprendre ; et, ayant mis la main sur un jupon blanc resté là, elle s'en couvrit les épaules, garda les deux bouts de la ceinture entre les dents, afin de le serrer autour de son cou, contre sa poitrine. L'homme, qui avait quitté aussi la chaise longue, rabattit sa chemise, l'air très ennuyé.

— Cochons! répéta encore Delcambre, cochons! dans cette chambre que je paye!

Et, montrant le poing à Saccard, s'affolant de plus en plus, à l'idée que ces ordures se faisaient sur un meuble acheté avec son argent, il délira.

— Vous êtes ici chez moi, cochon que vous êtes! Et cette femme est à moi, vous êtes un cochon et un voleur!

Saccard, qui ne se fâchait pas, aurait voulu le calmer, fort embarrassé d'être ainsi en chemise, et tout à fait contrarié de l'aventure. Mais le mot de voleur le blessa.

— Dame! monsieur, répondit-il, quand on veut avoir une femme à soi tout seul, on commence par lui donner ce dont elle a besoin.

Cette allusion à son avarice acheva d'enrager Delcambre. Il était méconnaissable, effroyable, comme si le bouc humain, tout le priape caché lui sortait de la peau. Ce visage, si digne et si froid, avait brusquement rougi, et il se gonflait, se tuméfiait, s'avançait en un mufle furieux. L'emportement lâchait la brute charnelle, dans l'affreuse douleur de cette fange remuée.

— Besoin, besoin, balbutia-t-il, besoin du ruisseau... Ah! garce!

Et il eut vers la baronne un geste si violent, qu'elle prit peur. Elle était restée debout, immobile, ne parvenant à se voiler la gorge, avec le jupon, qu'en laissant à découvert le ventre et les cuisses. Alors, ayant compris que cette nudité coupable, ainsi étalée, l'exaspérait davantage, elle recula jusqu'à une chaise, s'y assit en serrant les jambes, en remontant les genoux, de façon à cacher tout ce qu'elle pouvait. Puis, elle demeura là, sans un geste, sans un mot, la tête un peu basse, les yeux obliques et sournois sur la bataille, en femelle que les mâles se disputent, et qui attend, pour être au vainqueur.

Saccard, courageusement, s'était jeté devant elle.

— Vous n'allez pas la battre, peut-être!

Les deux hommes se trouvèrent face à face.

— Enfin, monsieur, reprit-il, il faut en finir. Nous ne pouvons pas nous disputer comme des cochers... C'est très vrai, je suis l'amant de madame. Et je vous répète que, si vous avez payé les meubles ici, moi j'ai payé...

— Quoi ?

— Beaucoup de choses : par exemple, l'autre jour, les dix mille francs de son ancien compte chez Mazaud, que vous aviez absolument refusé de régler... J'ai autant de droits que vous. Un cochon, c'est possible ! mais un voleur, ah ! non ! Vous allez retirer le mot.

Hors de lui, Delcambre cria :

— Vous êtes un voleur, et je vais vous casser la tête, si vous ne déguerpissez pas à l'instant.

Mais Saccard, à son tour, s'irritait. Tout en remettant son pantalon, il protesta.

— Ah ! çà, dites donc, vous m'embêtez, à la fin ! Je m'en irai si je veux... Ce n'est pas encore vous qui me ferez peur, mon bonhomme !

Et, quand il eut enfilé ses bottines, il tapa résolument des pieds sur le tapis, en disant :

— Là, maintenant, je suis d'aplomb, je reste.

Étouffant de rage, Delcambre s'était rapproché, le mufle en avant.

— Sale cochon, veux-tu filer !

— Pas avant toi, vieille crapule !

— Et si je te flanque ma main sur la figure !

— Moi, je te plante mon pied quelque part !

Nez à nez, les crocs dehors, ils aboyaient. Oublieux d'eux-mêmes, dans cette débâcle de leur éducation, dans ce flot de vase immonde du rut qu'ils se disputaient, le magistrat et le financier en vinrent à une querelle de charretiers ivres, à des mots abominables, qu'ils se lançaient avec un besoin croissant de l'ordure, comme des crachats. Leurs voix s'étranglaient dans leur gorge, ils écumaient de la boue.

Sur sa chaise, la baronne attendait toujours que l'un des deux eût jeté l'autre dehors. Et, calmée déjà, arrangeant l'avenir, elle n'était plus gênée que par la présence de la femme de chambre, qu'elle devinait derrière la portière du cabinet de toilette, restée là pour se faire

20.

un peu de bon sang. Cette fille, en effet, ayant allongé la tête, avec un ricanement d'aise, à entendre des messieurs se dire des choses si dégoûtantes, les deux femmes s'aperçurent, la maîtresse accroupie et nue, la servante droite et correcte, avec son petit col plat; et elles échangèrent un flamboyant regard, la haine séculaire des rivales, dans cette égalité des duchesses et des vachères, quand elles n'ont plus de chemise.

Mais Saccard, lui aussi, avait vu Clarisse. Il achevait de s'habiller violemment, enfilait son gilet et revenait lâcher une injure dans la figure de Delcambre, passait la manche gauche de sa redingote et en criait une autre, passait la manche droite et en trouvait d'autres, d'autres toujours, à pleins baquets, à la volée. Puis, tout d'un coup, pour en finir :

— Clarisse, venez donc!... Ouvrez les portes, ouvrez les fenêtres, pour que toute la maison et toute la rue entendent!... Monsieur le procureur général veut qu'on sache qu'il est ici, et je vais le faire connaître, moi!

Pâlissant, Delcambre recula, en le voyant se diriger vers une des fenêtres, comme s'il voulait en tourner la crémone. Ce terrible homme était très capable d'exécuter sa menace, lui qui se moquait du scandale.

— Ah! canaille, canaille! murmura le magistrat. Ça fait bien la paire, vous et cette catin. Et je vous la laisse...

— C'est ça, décampez! On n'a pas besoin de vous... Au moins, ses factures seront payées, elle ne pleurera plus misère... Tenez! voulez-vous six sous, pour prendre l'omnibus?

Sous l'insulte, Delcambre s'arrêta un instant, au seuil du cabinet de toilette. Il avait de nouveau sa haute taille maigre, sa face blême, coupée de plis rigides. Il étendit le bras, il fit un serment.

— Je jure que vous me payerez tout ça... Oh! je vous retrouverai, prenez garde!

Puis, il disparut. Tout de suite, derrière lui, on entendit la fuite d'une jupe : c'était la femme de chambre qui, par crainte d'une explication, se sauvait, très égayée, à l'idée de la bonne farce.

Saccard, secoué encore, piétinant, alla fermer les portes, revint dans la chambre, où la baronne était restée, clouée sur sa chaise. Il se promena à grands pas, repoussa dans la cheminée un tison qui s'écroulait; et, la voyant seulement alors, si singulière et si peu couverte, avec ce jupon sur les épaules, il se montra très convenable.

— Habillez-vous donc, ma chère... Et ne vous émotionnez pas. C'est bête, mais ce n'est rien, rien du tout... Nous nous reverrons ici, après-demain, pour nous arranger, n'est-ce pas? Moi, il faut que je file, j'ai un rendez-vous avec Huret.

Et, comme elle remettait enfin sa chemise, et qu'il partait, il lui cria de l'antichambre :

— Surtout, si vous achetez de l'Italien, pas de bêtise ! ne le prenez qu'à prime.

Pendant ce temps, à la même heure, madame Caroline, la tête abattue sur sa table de travail, sanglotait. Le brutal renseignement du cocher, cette trahison de Saccard qu'elle ne pouvait ignorer désormais, remuait en elle tous les soupçons, toutes les craintes qu'elle avait voulu y ensevelir. Elle s'était forcée à la tranquillité et à l'espoir, dans les affaires de l'Universelle, complice, par l'aveuglement de sa tendresse, de ce qu'on ne lui disait pas, de ce qu'elle ne cherchait pas à apprendre. Aussi, maintenant, se reprochait-elle, avec un violent remords, la lettre rassurante qu'elle avait écrite à son frère, lors de la dernière assemblée générale ; car elle le savait, depuis que sa jalousie lui ouvrait de nouveau les yeux et les oreilles, les irrégularités continuaient, s'aggravaient sans cesse : ainsi le compte Sabatani avait grossi, la société jouait de plus en plus, sous le couvert de ce prête-nom, sans parler des réclames énormes et mensongères, des fondations de sable et de boue qu'on donnait à la colossale maison dont la montée si prompte, comme miraculeuse, la frappait de plus de terreur que de joie. Ce qui surtout l'angoissait, c'était ce terrible train, ce galop continu dont on menait l'Universelle, pareille à une machine, bourrée de charbon, lancée sur des rails diaboliques, jusqu'à ce que tout crevât et sautât, sous un dernier choc. Elle n'était point une naïve, une nigaude, que l'on pût tromper ; même ignorante de la technique des opérations de banque, elle comprenait parfaitement les raisons de ce surmenage, de cet enfièvrement, destiné à griser la foule, à l'entraîner dans cette épidémique folie de la danse des millions. Chaque matin devait apporter sa hausse, il fallait faire croire toujours à plus de succès, à des guichets monumentaux, des guichets enchantés qui absorbaient des rivières, pour rendre des fleuves, des océans d'or. Son pauvre frère, si crédule, séduit, emporté, allait-elle donc le trahir, l'abandonner à ce flot qui menaçait, un jour, de les noyer tous? Elle était désespérée de son inaction et de son impuissance.

Cependant, le crépuscule assombrissait la salle des épures, que le foyer éteint n'éclairait même pas d'un reflet ; et, dans ces ténèbres accrues, madame Caroline pleurait plus fort. C'était lâche de pleurer ainsi, car elle sentait bien que tant de larmes ne venaient point de son inquiétude sur les affaires de l'Universelle. Saccard, certainement, menait à lui seul le terrible galop, fouaillait la bête avec une férocité, une inconscience morale extraordinaire, quitte à la tuer. Il était l'unique coupable, elle avait un frisson à tâcher de lire en lui, dans cette âme obscure d'un homme d'argent, ignorée de lui-même, où l'ombre cachait de l'ombre, l'infini boueux de toutes les déchéances. Ce qu'elle n'y distinguait pas encore nettement, elle le soupçonnait, elle en tremblait. Mais la découverte lente de tant de plaies, la crainte d'une catastrophe possible, ne l'auraient pas ainsi jetée sur cette table, pleurante et sans force, l'auraient au contraire redressée, dans un besoin de lutte et de guérison. Elle se connaissait elle était une guerrière. Non ! si elle sanglotait si fort, telle qu'une enfant débile, c'était qu'elle aimait Saccard et que Saccard, à cette minute même, se trouvait avec une autre femme. Et cet aveu qu'elle était obligée de se faire, l'emplissait de honte, redoublait ses pleurs, au point de l'étouffer.

— N'avoir pas plus de fierté, mon Dieu ! balbutiait-elle à voix haute. Être à ce point fragile et misérable ! Ne pas pouvoir, quand on veut !

A ce moment, dans la pièce noire, elle eut l'étonnement d'entendre une voix. C'était Maxime qui, en familier de la maison, venait d'entrer.

— Comment ! vous êtes sans lumière, et vous pleurez !

Confuse d'être ainsi surprise, elle s'efforça de maîtriser ses sanglots, pendant qu'il ajoutait :

— Je vous demande pardon, je croyais mon père revenu de la Bourse... Une dame m'a prié de le lui amener à dîner.

Mais le valet de chambre apportait une lampe, et il se retira, après l'avoir posée sur la table. Toute la vaste pièce s'était éclairée de la calme lumière qui tombait de l'abat-jour.

— Ce n'est rien, voulut expliquer madame Caroline, un bobo de femme, moi qui suis pourtant si peu nerveuse.

Et, les yeux secs, le buste droit, elle souriait déjà, de son air héroïque de combattante. Un instant, le jeune homme la regarda, si fièrement redressée, avec ses grands yeux clairs, ses fortes lèvres, son visage de bonté virile, que l'épaisse couronne de ses cheveux blancs avait adouci et pénétré d'un grand charme ; et il la trouvait jeune encore, toute blanche ainsi, les dents également très blanches, une femme adorable, devenue belle. Puis, il songea à son père, il eut un haussement d'épaules plein d'une méprisante pitié.

— C'est lui, n'est-ce pas ? qui vous met dans un état pareil.

Elle voulut nier, mais elle étranglait, des larmes remontaient à ses paupières.

— Ah ! ma pauvre madame, je vous disais bien que vous aviez des illusions sur papa et que vous en seriez mal récompensée... C'était fatal, qu'il vous mangeât, vous aussi !

Alors, elle se souvint du jour où elle était allée lui emprunter les deux mille francs, pour l'acompte sur la rançon de Victor. Ne lui avait-il pas promis de causer avec elle, lorsqu'elle voudrait savoir? l'occasion ne s'offrait-elle pas de tout apprendre du passé, en le questionnant? Et un irrésistible besoin la poussait: maintenant qu'elle avait commencé de descendre, il lui fallait toucher le fond. Cela seul était brave, digne d'elle, utile à tous.

Mais elle répugnait à cette enquête, elle prit un détour, ayant l'air de rompre la conversation.

— Je vous dois toujours deux mille francs, dit-elle. Vous ne m'en voulez pas trop, de vous faire attendre?

Il eut un geste, pour lui donner tout le temps désirable. Puis, brusquement:

— A propos, et mon petit frère, ce monstre?

— Il me désole, je n'ai encore rien dit à votre père... Je voudrais tant décrasser un peu le pauvre être, pour qu'on pût l'aimer!

Un rire de Maxime l'inquiéta, et comme elle l'interrogeait des yeux:

— Dame! je crois que vous prenez encore là un souci bien inutile. Papa ne comprendra guère toute cette peine... Il en a tant vu, des ennuis de famille!

Elle le regardait toujours, si correct dans son égoïste jouissance de la vie, si joliment désabusé des liens humains, même de ceux que crée le plaisir. Il avait souri, goûtant seul la méchanceté cachée de sa dernière phrase. Et elle eut conscience qu'elle touchait au secret de ces deux hommes.

— Vous avez perdu votre mère de bonne heure?

— Oui, je l'ai à peine connue... J'étais encore à Plassans, au collège, lorsqu'elle est morte, ici, à Paris... Notre oncle, le docteur Pascal, a gardé là-bas avec lui ma sœur Clotilde, que je n'ai jamais revue qu'une fois.

— Mais votre père s'est remarié?

Il eut une hésitation. Ses yeux si clairs, si vides, s'étaient troublés d'une petite fumée rousse.

— Oh ! oui, oui, remarié... La fille d'un magistrat, une Béraud du Châtel... Renée, pas une mère pour moi, une bonne amie...

Puis, d'un mouvement familier, s'asseyant près d'elle :

— Voyez-vous, il faut comprendre papa. Il n'est pas, mon Dieu! pire que les autres. Seulement, ses enfants, ses femmes, enfin tout ce qui l'entoure, ça ne passe pour lui qu'après l'argent... Oh ! entendons-nous, il n'aime pas l'argent en avare, pour en avoir un gros tas, pour le cacher dans sa cave. Non ! s'il en veut faire jaillir de partout, s'il en puise à n'importe quelles sources, c'est pour le voir couler chez lui en torrents, c'est pour toutes les jouissances qu'il en tire, de luxe, de plaisir, de puissance... Que voulez-vous ? il a ça dans le sang. Il nous vendrait, vous, moi, n'importe qui, si nous entrions dans quelque marché. Et cela en homme inconscient et supérieur, car il est vraiment le poète du million, tellement l'argent le rend fou et canaille, oh ! canaille dans le très grand !

C'était bien ce que madame Caroline avait compris, et elle écoutait Maxime, en approuvant d'un hochement de tête. Ah ! l'argent, cet argent pourrisseur, empoisonneur, qui desséchait les âmes, en chassait la bonté, la tendresse, l'amour des autres ! Lui seul était le grand coupable, l'entremetteur de toutes les cruautés et de toutes les saletés humaines. A cette minute, elle le maudissait, l'exécrait, dans la révolte indignée de sa noblesse et de sa droiture de femme. D'un geste, si elle en avait eu le pouvoir, elle aurait anéanti tout l'argent du monde, comme on écraserait le mal d'un coup de talon, pour sauver la santé de la terre.

— Et votre père s'est remarié, répéta-t-elle au bout d'un silence, d'une voix lente et embarrassée, dans un éveil confus de souvenirs.

Qui donc, devant elle, avait fait allusion à cette histoire? Elle n'aurait pu le dire : une femme sans doute, quelque amie, aux premiers temps de son installation rue Saint-Lazare, lorsque le nouveau locataire était venu habiter le premier étage. Ne s'agissait-il pas d'un mariage d'argent, de quelque marché honteux conclu? et, plus tard, le crime n'était-il pas tranquillement entré dans le ménage, toléré et vivant là, un adultère monstrueux, touchant à l'inceste?

— Renée, reprit Maxime très bas, comme malgré lui, n'avait que quelques années de plus que moi...

Il avait levé la tête, il regardait madame Caroline; et, dans un abandon subit, dans une confiance irraisonnée en cette femme, qui lui semblait si bien portante et si sage, il conta le passé, non pas en phrases suivies, mais par lambeaux, par aveux incomplets, comme involontaires, qu'elle devait coudre. Était-ce une ancienne rancune contre son père qu'il soulageait, cette rivalité qui avait existé entre eux, qui les faisait étrangers, aujourd'hui encore, sans intérêts communs? Il ne l'accusait pas, semblait incapable de colère; mais son petit rire tournait au ricanement, il parlait de ces abominations avec la joie mauvaise et sournoise de le salir, en remuant tant de vilenies.

Et ce fut ainsi que madame Caroline apprit tout au long l'effrayante histoire : Saccard vendant son nom, épousant pour de l'argent une fille séduite; Saccard, par son argent, sa vie folle et éclatante, achevant de détraquer cette grande enfant malade; Saccard, dans un besoin d'argent, ayant à obtenir d'elle une signature, tolérant chez lui les amours de sa femme et de son fils, fermant les yeux en bon patriarche qui veut bien qu'on s'amuse. L'argent, l'argent roi, l'argent Dieu, au-dessus du sang, au-dessus des larmes, adoré plus haut que les vains scrupules humains, dans l'infini de sa puissance! Et, à mesure que l'argent grandissait, que Saccard se révélait à elle avec cette diabolique grandeur, madame Caroline se trouvait prise d'une véritable épouvante, glacée, éperdue, à l'idée qu'elle était au monstre, après tant d'autres.

— Voilà! dit en finissant Maxime. Vous me faites de la peine, il vaut mieux que vous soyez prévenue... Et que cela ne vous fâche pas avec mon père. J'en serais désolé, parce que ce serait encore vous qui en pleureriez, et pas lui... Comprenez-vous maintenant pourquoi je refuse de lui prêter un sou?

Comme elle ne répondait point, la gorge serrée, frappée au cœur, il se leva, donna un coup d'œil à une glace, avec la tranquille aisance d'un joli homme, certain de sa correction dans la vie. Puis, il revint devant elle.

— N'est-ce pas? des exemples pareils vous vieillissent vite... Moi, je me suis rangé tout de suite, j'ai épousé une jeune fille qui était malade et qui est morte, je jure bien aujourd'hui qu'on ne me fera pas refaire des bêtises... Non! voyez-vous, papa est incorrigible, parce qu'il n'a pas de sens moral.

Il lui prit la main, la garda un instant dans la sienne, en la sentant toute froide.

— Je m'en vais, puisqu'il ne rentre pas... Mais ne vous faites donc pas de chagrin! Je vous croyais si forte! Et dites-moi merci, car il n'y a qu'une chose de bête : c'est d'être dupe.

Enfin, il partait, lorsqu'il s'arrêta à la porte, riant, ajoutant encore :

— J'oubliais, dites-lui que madame de Jeumont veut l'avoir à dîner... Vous savez, madame de Jeumont, celle qui a couché avec l'empereur, pour cent mille francs... Et n'ayez pas peur, car, si fou que papa soit resté, j'ose espérer qu'il n'est pas capable de payer une femme ce prix-là.

Seule, madame Caroline ne bougea pas. Elle demeurait anéantie sur sa chaise, dans la vaste pièce tombée à un lourd silence, regardant fixement la lampe, de ses yeux élargis. C'était comme un brusque déchirement du voile : ce qu'elle n'avait pas voulu distinguer nettement jusque-là, ce qu'elle ne faisait que soupçonner en tremblant, elle le voyait à cette heure dans sa crudité affreuse, sans complaisance possible. Elle voyait Saccard à nu, cette âme dévastée d'un homme d'argent, compliquée et trouble dans sa décomposition. Il était en effet sans liens ni barrières, allant à ses appétits avec l'instinct déchaîné de l'homme qui ne connaît d'autre borne que son impuissance. Il avait partagé sa femme avec son fils, vendu son fils, vendu sa femme, vendu tous ceux qui lui étaient tombés sous la main; il s'était vendu lui-même, et il la vendrait elle aussi, il vendrait son frère, battrait monnaie avec leurs cœurs et leurs cerveaux. Ce n'était plus qu'un faiseur d'argent, qui jetait à la fonte les choses et les êtres pour en tirer de l'argent. Dans une brève lucidité, elle vit l'Universelle suer l'argent de toutes parts, un lac, un océan d'argent, au milieu duquel, avec un craquement effroyable, tout d'un coup, la maison coulait à pic. Ah! l'argent, l'horrible argent, qui salit et dévore!

D'un mouvement emporté, madame Caroline se leva. Non, non! c'était monstrueux, c'était fini, elle ne pouvait rester davantage avec cet homme. Sa trahison, elle la lui aurait pardonnée; mais un écœurement la prenait de toute cette ordure ancienne, une terreur l'agitait devant la menace des crimes possibles du lendemain. Elle n'avait plus qu'à partii sur-le-champ, si elle ne voulait pas elle-même être éclaboussée de boue, écrasée sous les décombres. Et le besoin lui venait d'aller loin, très loin, de rejoindre son frère au fond de l'Orient, plus encore pour disparaître que pour l'avertir. Partir, partir tout de suite! Il n'était pas six heures, elle pouvait prendre le rapide de Marseille, à sept heures cinquante-cinq, car cela lui semblait au-dessus de ses forces de revoir Saccard. A Marseille, avant de s'embarquer, elle ferait ses achats. Rien qu'un peu de linge dans une malle, une robe de rechange, et elle partait. En un quart 'dheure, elle allait être prête. Puis, la vue de son travail, sur la table, le mémoire commencé, l'arrêta un instant. A quoi bon emporter cela, puisque tout devait crouler, pourri à la base? Elle se mit pourtant à ranger avec soin les documents, les notes, par une habitude de bonne ménagère qui ne voulait rien laisser en désordre derrière elle. Cette besogne lui prit quelques minutes, calma la première fièvre de sa décision. Et c'était dans la pleine possession d'elle-même qu'elle donnait un dernier coup d'œil autour de la pièce, avant de la quitter, lorsque le valet de chambre reparut et lui remit un paquet de journaux et de lettres.

D'un coup d'œil machinal, madame Caroline regarda les suscriptions et, dans le tas, reconnut une lettre de son frère, qui lui était adressée. Elle arrivait de Damas, où Hamelin se trouvait alors, pour l'embranchement projeté, de cette ville à Beyrout. D'abord, elle commença à la parcourir, debout, près de la lampe, se promettant de la lire lentement, plus tard, dans le train. Mais chaque phrase la retenait, elle ne pouvait plus sauter un mot, elle finit par se rasseoir devant la table et par se donner tout entière à la lecture passionnante de cette longue lettre, qui avait douze pages.

Hamelin, justement, était dans un de ses jours de gaieté. Il remerciait sa sœur des dernières bonnes nouvelles qu'elle lui avait adressées de Paris, et il lui envoyait des nouvelles meilleures encore de là-bas, car tout y marchait à souhait. Le premier bilan de la Compagnie générale des Paquebots réunis s'annonçait superbe, les nouveaux transports à vapeur réalisaient de grosses recettes, grâce à leur installation parfaite et à leur vitesse plus grande. En plaisantant, il disait qu'on y voyageait pour le plaisir, et il montrait les ports de la côte envahis par le monde de l'Occident, il racontait qu'il ne pouvait faire une course à travers les sentiers perdus, sans se trouver nez à nez avec quelque Parisien du boulevard. C'était réellement, comme il l'avait prévu, l'Orient ouvert à la France. Bientôt, des villes repousseraient aux flancs fertiles du Liban. Mais, surtout, il faisait une peinture très vive de la gorge écartée du Carmel, où la mine d'argent était en pleine exploitation. Le site sauvage s'humanisait, on avait découvert des sources dans l'écroulement gigantesque de rochers qui bouchait le vallon au nord; et des champs se créaient, le blé remplaçait les lentisques, tandis que tout un village déjà s'était bâti près de la mine, d'abord de simples cabanes de bois, un baraquement pour abriter les ouvriers, maintenant de petites maisons de pierre avec des jardins, un commencement de cité qui allait grandir, tant que les filons ne s'épuiseraient pas. Il y avait là près de cinq cents habitants, une route venait d'être achevée, qui reliait le village à Saint-Jean-d'Acre. Du matin au soir, les machines d'extraction ronflaient, des chariots s'ébranlaient au claquement des fouets sonores, des femmes chantaient, des enfants jouaient et criaient, dans ce désert, dans ce silence de mort où seuls les aigles autrefois mettaient le bruit lent de leurs ailes. Et les myrtes et les genêts embaumaient toujours l'air tiède, d'une délicieuse pureté. Enfin, Hamelin ne tarissait pas sur la première ligne ferrée qu'il devait ouvrir, de Brousse à Beyrout, par Angora et Alep. Toutes les formalités étaient terminées à Constantinople ; certaines modifications heureuses qu'il avait fait subir au tracé, pour le passage difficile des cols du Taurus, l'enchantaient ; et il parlait de ces cols, des plaines qui s'étendaient au pied des montagnes, avec le ravissement d'un homme de science qui y avait trouvé de nouvelles mines de charbon et qui croyait voir le pays se couvrir d'usines. Ses points de repère étaient posés, les emplacements des stations choisis, quelques-uns en pleine solitude : une ville ici, une ville plus loin, des villes naîtraient autour de chacune de ces stations, au croisement des routes naturelles. Déjà la moisson des hommes et des grandes choses futures était semée, tout germait, ce serait avant quelques années un monde nouveau. Et il finissait en embrassant bien tendrement sa sœur adorée, heureux de l'associer à cette résurrection d'un peuple, lui disant qu'elle y serait pour beaucoup, elle qui depuis si longtemps l'aidait de sa bravoure et de sa belle santé.

Madame Caroline avait achevé sa lecture, la lettre restait ouverte sur la table, et elle songeait, les yeux de nouveau sur la lampe. Puis, machinalement, ses regards se levèrent, firent le tour des murs, s'arrêtant à chacun des plans, à chacune des aquarelles. A Beyrout, le pavillon pour le directeur de la Compagnie des Paquebots réunis était à cette heure construit, au milieu de vastes magasins. Au mont Carmel, c'était ce fond de gorge sauvage, obstrué de broussailles et de pierres, qui se peuplait, pareil au nid gigantesque d'une population naissante. Dans le Taurus, ces nivellements, ces profils, changeaient les horizons, ouvraient un chemin au libre commerce. Et, devant elle, de ces feuilles aux lignes géométriques, aux teintes lavées, que quatre pointes simplement clouaient, toute une évocation surgissait du lointain pays parcouru autrefois, tant aimé pour son beau ciel éternellement bleu, pour sa terre si fertile. Elle revoyait les jardins étagés de Beyrout, les vallées du Liban aux grands bois d'oliviers et de mûriers, les plaines d'Antioche et d'Alep, immenses vergers de fruits délicieux. Elle se revoyait avec son frère en continuelles courses par cette merveilleuse contrée, dont les richesses incalculables se perdaient, ignorées ou gâchées, sans routes, sans industrie ni agriculture, sans écoles, dans la paresse et l'ignorance. Mais tout cela, maintenant, se vivifiait, sous une extraordinaire poussée de sève jeune. L'évocation de cet Orient de demain dressait déjà devant ses yeux des cités prospères, des campagnes cultivées, toute une humanité heureuse. Et elle les voyait, et elle entendait la rumeur travailleuse des chantiers, et elle constatait que cette vieille terre endormie, réveillée enfin, venait d'entrer en enfantement.

Alors, madame Caroline eut la brusque conviction que l'argent était le fumier dans lequel poussait cette humanité de demain. Des phrases de Saccard lui revenaient, des lambeaux de théories sur la spéculation. Elle se rappelait cette idée que, sans la spéculation, il n'y aurait pas de grandes entreprises vivantes et fécondes, pas plus qu'il n'y aurait d'enfants, sans la luxure. Il faut cet excès de la passion, toute cette vie bassement dépensée et perdue, à la continuation même de la vie. Si, là-bas, son frère s'égayait, chantait victoire, au milieu des chantiers qui s'organisaient, des constructions qui sortaient du sol, c'était qu'à Paris l'argent pleuvait, pourrissait tout, dans la rage du jeu. L'argent, empoisonneur et destructeur, devenait le ferment de toute végétation sociale, servait de terreau nécessaire aux grands travaux dont l'exécution rapprocherait les peuples et pacifierait la terre. Elle avait maudit l'argent, elle tombait maintenant devant lui dans une admiration effrayée : lui seul n'était-il pas la force qui peut raser une montagne, combler un bras de mer, rendre la terre enfin habitable aux hommes, soulagés du travail, désormais simples conducteurs de machines? Tout le bien naissait de lui, qui faisait tout le mal. Et elle ne savait plus, ébranlée jusqu'au fond de son être, décidée déjà à ne pas partir, puisque le succès paraissait complet en Orient et que la bataille était à Paris, mais incapable encore de se calmer, le cœur saignant toujours.

Madame Caroline se leva, vint appuyer son front à la vitre d'une des fenêtres qui donnaient sur le jardin de l'hôtel Beauvilliers. La nuit s'était faite, elle ne distinguait qu'une faible lueur dans la petite pièce écartée où la comtesse et sa fille vivaient, pour ne rien salir et ne pas dépenser de feu. Vaguement, derrière la mince mousseline des rideaux, elle distinguait le profil de la comtesse, raccommodant elle-même quelque nippe, tandis qu'Alice peignait des aquarelles, bâclées à la douzaine, qu'elle devait vendre en cachette. Un malheur leur était arrivé, une maladie de leur cheval, qui pendant deux semaines les avait clouées chez elles, entêtées à ne pas être vues à pied, et reculant devant une location. Mais, dans cette gêne si héroïquement cachée, un espoir désormais les tenait debout, plus vaillantes, la hausse continue des actions de l'Universelle, ce gain déjà très gros, qu'elles voyaient resplendir et tomber en pluie d'or, le jour où elles réaliseraient, au cours le plus élevé. La comtesse se promettait une robe vraiment neuve, rêvait de donner quatre dîners par mois, l'hiver, sans se mettre pour cela au pain et à l'eau pendant quinze jours. Alice ne riait plus, de son air d'indifférence affectée, lorsque sa mère lui parlait mariage, l'écoutait avec un léger tremblement des mains, en commençant à croire que cela se réaliserait peut-être, qu'elle pourrait avoir, elle aussi, un mari et des enfants. Et madame Caroline, à regarder brûler la petite lampe qui les éclairait, sentait monter vers elle un grand calme, un attendrissement, frappée de cette remarque que l'argent encore, rien qu'un espoir d'argent, suffisait au bonheur de ces pauvres créatures. Si Saccard les enrichissait, ne le béniraient-elles pas, ne resterait-il pas, pour elles deux, charitable et bon? La bonté était donc partout, même chez les pires, qui sont toujours bons pour quelqu'un, qui ont toujours, au milieu de l'exécration d'une foule, d'humbles voix isolées les remerciant et les adorant. A cette réflexion, sa pensée, tandis que ses yeux s'aveuglaient sur les ténèbres du jardin, s'en était allée vers l'Œuvre du Travail. La veille, de la part de Saccard, elle y avait distribué des jouets et des dragées, en réjouissance d'un anniversaire; et elle souriait involontairement, au souvenir de la joie bruyante des enfants. Depuis un mois, on était plus content de Victor, elle avait lu des notes satisfaisantes chez la princesse d'Orviedo, avec laquelle, deux fois par semaine, elle causait longuement de la maison. Mais, à cette image de Victor, qui tout d'un coup apparaissait, elle s'étonnait de l'avoir oublié, dans sa crise de désespoir, lorsqu'elle voulait partir. Aurait-elle pu l'abandonner ainsi, compromettre la bonne action menée avec tant de peine? De plus en plus pénétrante, une douceur montait de l'obscurité des grands arbres, un flot d'ineffable renoncement, de tolérance divine qui lui élargissait le cœur; tandis que la petite lampe pauvre des dames de Beauvilliers continuait à briller là-bas, comme une étoile.

Lorsque madame Caroline revint devant sa table, elle eut un léger frisson. Quoi donc? elle avait froid! Et cela l'égaya, elle qui se vantait de passer l'hiver sans feu. Elle était comme au sortir d'un bain glacé, rajeunie et forte, le pouls très calme. Les matins de belle santé, elle se levait ainsi. Puis, elle eut l'idée de remettre une bûche dans la cheminée; et, en voyant que le feu était mort, elle s'amusa à le rallumer elle-même, sans vouloir sonner le domestique. Ce fut tout un travail, elle n'avait pas de petit bois, elle parvint à embraser les bûches, simplement avec de vieux journaux, qu'elle brûlait un à un. A genoux devant l'âtre, elle en riait toute seule. Un instant, elle resta là, heureuse et surprise. Voilà donc qu'une de ses grandes crises était encore passée, elle espérait de nouveau, quoi? elle n'en savait toujours rien, l'éternel inconnu qui était au bout de la vie, au bout de l'humanité. Vivre, cela devait suffire, pour que la vie lui apportât sans cesse la guérison des blessures que la vie lui faisait. Une fois de plus, elle se rappelait les débâcles de son existence, son mariage affreux, sa misère à Paris, son abandon par le seul homme qu'elle eût aimé; et, à chaque écroulement, elle retrouvait la vivace énergie, la joie immortelle qui la remettait debout, au milieu des ruines. Tout ne venait-il pas de crouler? Elle restait sans estime pour son amant, en face de son effroyable passé, comme de saintes femmes sont devant des plaies immondes qu'elles pansent matin et soir, sans compter les cicatriser jamais. Elle allait continuer à lui appartenir, en le sachant à d'autres, en ne cherchant même pas à le leur disputer. Elle allait vivre dans un brasier, dans la forge haletante de la spéculation, sous l'incessante menace d'une catastrophe finale, où son frère pouvait laisser son honneur et son sang. Et elle était quand même debout, presque insouciante, ainsi qu'au matin d'un beau jour, goûtant à faire face au danger une allégresse de bataille. Pourquoi? pour rien raisonnablement, pour le plaisir d'être! Son frère le lui disait, elle était l'invincible espoir.

Saccard, lorsqu'il rentra, vit madame Caroline enfoncée dans son travail, achevant, de sa ferme écriture, une page du mémoire sur les chemins de fer d'Orient. Elle leva la tête, lui sourit d'un air paisible, tandis qu'il effleurait des lèvres sa belle et rayonnante chevelure blanche.

— Vous avez beaucoup couru, mon ami?

— Oh! des affaires à n'en plus finir! J'ai vu le ministre des travaux publics, j'ai fini par rejoindre Huret, j'ai dû retourner chez le ministre, où il n'y avait plus qu'un secrétaire... Enfin, j'ai la promesse pour là-bas.

En effet, depuis qu'il avait quitté la baronne Sandorff, il ne s'était plus arrêté, tout aux affaires, dans son emportement de zèle accoutumé. Elle lui remit la lettre d'Hamelin, qui l'enchanta; et elle le regardait exulter du prochain triomphe, en se disant que, désormais, elle le surveillerait de près, afin d'empêcher les folies certaines. Pourtant, elle ne parvenait pas à lui être sévère.

— Votre fils est venu vous inviter, au nom de madame de Jeumont.

Il se récria.

— Mais elle m'a écrit!... J'ai oublié de vous dire que j'y allais ce soir... Ce que cela m'assomme, fatigué comme je suis!

Et il partit, après avoir de nouveau baisé ses cheveux blancs. Elle se remit à son travail, avec son sourire amical, plein d'indulgence. N'était-elle pas seulement une amie qui se donnait? La jalousie lui causait une honte, comme si elle eût sali davantage leur liaison. Elle voulait être supérieure à l'angoisse du partage, dégagée de l'égoïsme charnel de l'amour. Être à lui, le savoir à d'autres, cela n'avait pas d'importance. Et elle l'aimait pourtant, de tout son cœur courageux et charitable. C'était l'amour triomphant, ce Saccard, ce bandit du trottoir financier, aimé si absolument par cette adorable femme, parce qu'elle le voyait, actif et brave, créer un monde, faire de la vie.

VIII

Ce fut le 1er avril que l'Exposition universelle de 1867 ouvrit, au milieu de fêtes, avec un éclat triomphal. La grande saison de l'empire commençait, cette saison de gala suprême, qui allait faire de Paris l'auberge du monde, une auberge pavoisée, pleine de musiques et de chants, où l'on mangeait, où l'on forniquait dans toutes les chambres. Jamais règne, à son apogée, n'avait convoqué les nations à une si colossale ripaille. Vers les Tuileries flamboyantes, dans une apothéose de féerie, le long défilé des empereurs, des rois et des princes, se mettait en marche, des quatre coins de la terre.

Et ce fut à la même époque, quinze jours plus tard, que Saccard inaugura l'hôtel monumental qu'il avait voulu, pour y loger royalement l'Universelle. Six mois venaient de suffire, on avait travaillé jour et nuit, sans perdre une heure, faisant ce miracle qui n'est possible qu'à Paris; et la façade se dressait, fleurie d'ornements, tenant du temple et du café-concert, une façade dont le luxe étalé arrêtait le monde sur le trottoir. A l'intérieur, c'était une somptuosité, les millions des caisses ruisselant le long des murs. Un escalier d'honneur conduisait à la salle du conseil, rouge et or, d'une splendeur de salle d'opéra. Partout, des tapis, des tentures, des bureaux installés avec une richesse d'ameublement éclatante. Dans le sous-sol, où se trouvait le service des titres, des coffres-forts étaient scellés, immenses, ouvrant des gueules profondes de four, derrière les glaces sans tain des cloisons, qui permettaient au public de les voir, rangés comme les tonneaux des contes, où dorment les trésors incalculables des fées. Et les peuples avec leurs rois, en marche vers l'Exposition, pouvaient venir et défiler là : c'était prêt, l'hôtel neuf les attendait, pour les aveugler, les prendre un à un à cet irrésistible piège de l'or, flambant au grand soleil.

Saccard trônait dans le cabinet le plus somptueusement installé, un meuble Louis XIV, à bois doré, recouvert de velours de Gênes. Le personnel venait d'être augmenté encore, il dépassait quatre cents employés ; et c'était maintenant à cette armée que Saccard commandait, avec un faste de tyran adoré et obéi, car il se montrait très large de gratifications. En réalité, malgré son simple titre de directeur, il régnait, au-dessus du président du conseil, au-dessus du conseil d'administration lui-même, qui ratifiait simplement ses ordres. Aussi madame Caroline vivait-elle désormais dans une continuelle alerte, très occupée à connaître chacune de ses décisions, pour tâcher de se mettre en travers, s'il le fallait. Elle désapprouvait cette nouvelle installation, beaucoup trop magnifique, sans pouvoir cependant la blâmer en principe, ayant reconnu la nécessité d'un local plus vaste, aux beaux jours de tendre confiance, lorsqu'elle plaisantait son frère qui s'inquiétait. Sa crainte avouée, son argument, pour combattre tout ce luxe, était que la maison y perdait son caractère de probité décente, de haute gravité religieuse. Que penseraient les clients, habitués à la discrétion monacale, au demi-jour recueilli du rez-de-chaussée de la rue Saint-Lazare, lorsqu'ils entreraient dans ce palais de la rue de Londres, aux grands étages égayés de bruits, inondés de lumière ? Saccard répondait qu'ils seraient foudroyés d'admiration et de respect, que ceux qui apportaient cinq francs, en tireraient dix de leur poche, saisis d'amour-propre, grisés de confiance. Et ce fut lui, dans sa brutalité du clinquant, qui eut raison. Le succès de l'hôtel était prodigieux, dépassait en vacarme efficace les plus extraordinaires réclames de Jantrou. Les petits rentiers dévots des quartiers tranquilles, les pauvres prêtres de campagne débarqués le matin du chemin de fer, bâillaient de béatitude devant la porte, en ressortaient rouges du plaisir d'avoir des fonds là dedans.

A la vérité, ce qui contrariait surtout madame Caroline, c'était de ne plus pouvoir être toujours dans la maison même, à exercer sa surveillance. A peine lui était-il permis de se rendre rue de Londres, de loin en loin, sous un prétexte. Elle vivait seule à présent, dans la salle des épures, elle ne voyait guère Saccard que le soir. Il avait gardé là son appartement, mais tout le rez-de-chaussée restait fermé, ainsi que les bureaux du premier étage ; et la princesse d'Orviedo, heureuse au fond de ne plus avoir le sourd remords de cette banque, cette boutique d'argent installée chez elle, ne cherchait pas même à louer, avec son insouciance voulue de tout gain, même légitime. La maison vide, résonnante à chaque voiture qui passait, semblait un tombeau. Madame Caroline n'entendait plus, au travers des plafonds, monter que ce silence frissonnant des guichets clos, d'où, sans relâche, pendant deux années, il lui était venu un léger tintement d'or. Les journées lui en paraissaient plus lourdes et plus longues. Elle travaillait pourtant beaucoup, toujours occupée par son frère, qui, d'Orient, lui envoyait des tâches d'écritures. Mais, parfois, dans son travail, elle s'arrêtait, écoutait, prise d'une anxiété instinctive, ayant besoin de savoir ce qui se passait en bas ; et rien, pas un souffle, l'anéantissement des salles déménagées, vides, noires, fermées à double tour. Alors, un petit froid la prenait, elle s'oubliait quelques minutes, inquiète. Que faisait-on, rue de Londres ? n'était-ce point à cette seconde précise, que se produisait la lézarde dont périrait l'édifice ?

Le bruit se répandit, vague et léger encore, que Saccard préparait une nouvelle augmentation du capital. De cent millions, il voulait le porter à cent cinquante. C'était une heure de particulière excitation, l'heure fatale où toutes les prospérités du règne, les immenses travaux qui avaient transformé la ville, la circulation enragée de l'argent, les furieuses dépenses du luxe, devaient aboutir à une fièvre chaude de la spéculation. Chacun voulait sa part, risquait sa fortune sur le tapis vert, pour la décupler et jouir, comme tant d'autres, enrichis en une nuit. Les drapeaux de l'Exposition qui claquaient au soleil, les illuminations et les musiques du Champ de Mars, les foules du monde entier inondant les rues, achevaient de griser Paris, dans un rêve d'inépuisable richesse et de souveraine domination. Par les soirées claires, de l'énorme cité en fête, attablée dans les restaurants exotiques, changée en foire colossale où le plaisir se vendait librement sous les étoiles, montait le suprême coup de démence, la folie joyeuse et vorace des grandes capitales menacées de destruction. Et Saccard, avec son flair de coupeur de bourses, avait tellement bien senti chez tous cet accès, ce besoin de jeter au vent son argent, de vider ses poches et son corps, qu'il venait de doubler les fonds destinés à la publicité, en excitant Jantrou au plus assourdissant des tapages. Depuis l'ouverture de l'Exposition, tous les jours, c'étaient, dans la presse, des volées de cloche en faveur de l'Universelle. Chaque matin amenait son coup de cymbales, pour faire retourner le monde : un fait divers extraordinaire, l'histoire d'une dame qui avait oublié cent actions dans un fiacre ; un extrait d'un voyage en Asie Mineure, où il était expliqué que Napoléon avait prédit la maison de la rue de Londres ; un grand article de tête, où, politiquement, le rôle de cette maison était jugé par rapport à la solution prochaine de la question d'Orient ; sans compter les notes continuelles des journaux spéciaux, tous embrigadés, marchant en masse compacte. Jantrou avait imaginé, avec les petites feuilles financières, des traités à l'année, qui lui assuraient une colonne dans chaque numéro ; et il employait cette colonne, avec une fécondité, une variété d'imagination étonnantes, allant jusqu'à attaquer, pour le triomphe de vaincre ensuite. La fameuse brochure qu'il méditait, venait d'être lancée par le monde entier, à un million d'exemplaires. Son agence nouvelle était également créée, cette agence qui, sous le prétexte d'envoyer un bulletin financier aux journaux de province, se rendait maîtresse absolue du marché dans toutes les villes importantes. Et *l'Espérance* enfin, habilement conduite, prenait de jour en jour une importance politique plus grande. On y avait beaucoup remarqué une série d'articles, à la suite du décret du 19 janvier, qui remplaçait l'adresse par le droit d'interpellation, nouvelle concession de l'empereur, en marche vers la liberté. Saccard, qui les inspirait, n'y faisait pas encore attaquer ouvertement son frère, resté ministre d'État quand même, résigné, dans sa passion du pouvoir, à défendre aujourd'hui ce qu'il condamnait hier ; mais on l'y sentait aux aguets, surveillant la situation fausse de Rougon, pris à la Chambre entre le tiers parti, affamé de son héritage, et les cléricaux, ligués avec les bonapartistes autoritaires contre l'empire libéral ; et les insinuations commençaient déjà, le journal redevenait catholique militant, se montrait plein d'aigreur, à chacun des actes du ministre. *L'Espérance* passée à l'opposition, c'était la popularité, un vent de fronde achevant de lancer le nom de l'Universelle aux quatre coins de la France et du monde.

Alors, sous cette poussée formidable de publicité, dans ce milieu exaspéré, mûr pour toutes les folies, l'augmentation probable du capital, cette rumeur d'une émission nouvelle de cinquante millions, acheva d'enfiévrer les plus sages. Des humbles logis aux hôtels aristocratiques, de la loge des concierges au salon des duchesses, les têtes prenaient feu, l'engouement tournait à la foi aveugle, héroïque et batailleuse. On énumérait les grandes choses déjà faites par l'Universelle, les premiers succès foudroyants, les dividendes inespérés, tels qu'aucune autre société n'en avait distribués à ses débuts. On rappelait l'idée si heureuse de la Compagnie des Paquebots réunis, si prompte en magnifiques résultats, cette Compagnie dont les actions faisaient déjà cent francs de prime ; et la mine d'argent du Carmel, d'un produit miraculeux, à laquelle un orateur sacré, lors du dernier carême de Notre-Dame, avait fait une allusion, en parlant d'un cadeau de Dieu à la chrétienté confiante; et une autre société créée pour l'exploitation d'immenses gisements de houille, et celle qui allait mettre en coupes réglées les vastes forêts du Liban, et la fondation de la Banque nationale turque, à Constantinople, d'une solidité inébranlable. Pas un échec, un bonheur croissant qui changeait en or tout ce que la maison touchait, déjà un large ensemble de créations prospères donnant une base solide aux opérations futures, justifiant l'augmentation rapide du capital. Puis, c'était l'avenir qui s'ouvrait devant les imaginations surchauffées, cet avenir si gros d'entreprises plus considérables encore, qu'il nécessitait la demande des cinquante millions, dont l'annonce suffisait à bouleverser ainsi les cervelles. Là, le champ des bruits de Bourse et de salons était sans limite, mais la grande affaire prochaine de la Compagnie des chemins de fer d'Orient se détachait au milieu des autres projets, occupait toutes les conversations, niée par les uns, exaltée par les autres. Les femmes surtout se passionnaient, faisaient en faveur de l'idée une propagande enthousiaste. Dans des coins de boudoir, aux dîners de gala, derrière les jardinières en fleur, à l'heure tardive du thé, jusqu'au fond des alcôves, il y avait des créatures charmantes, d'une câlinerie persuasive, qui catéchisaient les hommes : « Comment, vous n'avez pas de l'Universelle? Mais il n'y a que ça! achetez vite de l'Universelle, si vous voulez qu'on vous aime! » C'était la nouvelle Croisade, comme elles disaient, la conquête de l'Asie, que les croisés de Pierre l'Ermite et de saint Louis n'avaient pu faire, et dont elles se chargeaient, elles, avec leurs petites bourses d'or. Toutes affectaient d'être bien renseignées, parlaient en termes techniques de la ligne mère qu'on allait ouvrir d'abord, de Brousse à Beyrout, par Angora et Alep. Plus tard, viendrait l'embranchement de Smyrne à Angora; plus tard, celui de Trébizonde à Angora, par Erzeroum et Sivas; plus tard encore, celui de Damas à Beyrout. Et là, elles souriaient, clignaient les yeux, chuchotaient qu'il y en aurait un autre peut-être, oh! dans longtemps, de Beyrout à Jérusalem, par les anciennes villes du littoral, Saïda, Saint-Jean-d'Acre, Jaffa, puis, mon Dieu! qui sait? de Jérusalem à Port-Saïd et à Alexandrie. Sans compter que Bagdad n'était pas loin de Damas, et que, si une ligne ferrée était poussée jusque-là, ce serait un jour la Perse, l'Inde, la Chine, acquises à l'Occident. Il semblait que, sur un mot de leurs jolies bouches, les trésors retrouvés des califes resplendissaient, dans un conte merveilleux des Mille et une Nuits. Les bijoux, les pierreries du rêve, pleuvaient dans les caisses de la rue de Londres, tandis que fumait l'encens du Carmel, un fond délicat et vague de légendes bibliques, qui divinisait les gros appétits de gain. N'était-ce pas l'Éden reconquis, la Terre sainte délivrée, la religion triomphante, au berceau même de l'humanité? Et elles s'arrêtaient, refusaient d'en dire davantage, les regards brillant de ce qu'il fallait cacher. Cela ne se confiait même pas à l'oreille. Beaucoup d'entre elles l'ignoraient, affectaient de le savoir. C'était le mystère, ce qui n'arriverait peut-être jamais, et qui peut-être éclaterait un jour comme un coup de foudre : Jérusalem rachetée au sultan, donnée au pape, avec la Syrie pour royaume; la papauté ayant un budget fourni par une banque catholique, le Trésor du Saint-Sépulcre, qui la mettrait à l'abri des perturbations politiques; enfin, le catholicisme rajeuni, dégagé des compromissions, retrouvant une autorité nouvelle, dominant le monde, du haut de la montagne où le Christ a expiré.

Maintenant, le matin, Saccard, dans son luxueux cabinet Louis XIV, était obligé de défendre sa porte, lorsqu'il voulait travailler; car c'était un assaut, le défilé d'une cour venant comme au lever d'un roi, des courtisans, des gens d'affaires, des solliciteurs, une adoration et une mendicité effrénées autour de la toute-puissance. Un matin des premiers jours de juillet surtout, il se montra impitoyable, ayant donné l'ordre formel de n'introduire personne. Pendant que l'antichambre regorgeait de monde, d'une foule qui s'entêtait, malgré l'huissier, attendant, espérant quand même, il s'était enfermé avec deux chefs de service, pour achever d'étudier l'émisssion nouvelle. Après l'examen de plusieurs projets, il venait de se décider en faveur d'une combinaison qui, grâce à cette émission nouvelle de cent mille actions, devait permettre de libérer complètement les deux cent mille actions anciennes, sur lesquelles cent vingt-cinq francs seulement avaient été versés; et, afin d'arriver à ce résultat, l'action réservée aux seuls actionnaires à raison d'un titre nouveau pour deux titres anciens, serait émise à huit cent cinquante francs, immédiatement exigibles, dont cinq cents francs pour le capital et une prime de trois cent cinquante francs pour la libération projetée. Mais des complications se présentaient, il y avait encore tout un trou à boucher, ce qui rendait Saccard très nerveux. Le bruit des voix, dans l'antichambre l'irritait. Ce Paris à plat ventre, ces hommages qu'il recevait d'habitude avec une bonhomie de despote familier, l'emplissaient de mépris, ce jour-là. Et Dejoie, qui parfois lui servait d'huissier le matin, s'étant permis de faire le tour et d'apparaître par une petite porte du couloir, il l'accueillit furieusement.

— Quoi? Je vous ai dit personne, personne, entendez-vous!... Tenez! prenez ma canne, plantez-la à ma porte, et qu'ils la baisent!

Dejoie, impassible, se permit d'insister.

— Pardon, monsieur, c'est la comtesse de Beauvilliers. Elle m'a supplié, et comme je sais que monsieur veut lui être agréable...

— Eh! cria Saccard emporté, qu'elle aille au diable avec les autres!

Mais tout de suite il se ravisa, d'un geste de colère contenue.

— Faites-là entrer, puisqu'il est dit qu'on ne me fichera pas la paix!... Et par cette petite porte, pour que le troupeau n'entre pas avec elle.

22.

L'accueil que Saccard fit à la comtesse de Beauvilliers fut d'une brusquerie d'homme tout secoué encore. La vue d'Alice, qui accompagnait sa mère, de son air muet et profond, ne le calma même pas. Il avait renvoyé les deux chefs de service, il ne songeait qu'à les rappeler pour continuer son travail.

— Je vous en prie, madame, dites vite, car je suis horriblement pressé.

La comtesse s'arrêta, surprise, toujours lente, avec sa tristesse de reine déchue.

— Mais, monsieur, si je vous dérange...

Il dut leur indiquer des sièges; et la jeune fille, plus brave, s'assit la première, d'un mouvement résolu, tandis que la mère reprenait :

— Monsieur, c'est pour un conseil... Je suis dans l'hésitation la plus douloureuse, je sens que je ne me déciderai jamais toute seule...

Et elle lui rappela qu'à la fondation de la banque, elle avait pris cent actions, qui, doublées lors de la première augmentation du capital, et doublées encore lors de la seconde, faisaient aujourd'hui un total de quatre cents actions, sur lesquelles elle avait versé, primes comprises, la somme de quatre-vingt-sept mille francs. En dehors de ses vingt mille francs d'économies, elle avait donc dû, pour payer cette somme, emprunter soixante-dix mille francs sur sa ferme des Aublets.

— Or, continua-t-elle, je trouve aujourd'hui un acquéreur pour les Aublets... Et, n'est-ce pas? il est question d'une émission nouvelle, de sorte que je pourrais peut-être placer toute notre fortune dans votre maison.

Saccard s'apaisait, flatté de voir les deux pauvres femmes, les dernières d'une grande et antique race, si confiantes, si anxieuses devant lui. Rapidement, avec des chiffres, il les renseigna.

— Une nouvelle émission, parfaitement, je m'en occupe... L'action sera de huit cent cinquante francs, avec la prime... Voyons, nous disons que vous avez quatre cents actions. Il va donc vous en être attribué deux cents, ce qui vous obligera à un versement de cent soixante-dix mille francs. Mais tous vos titres seront libérés, vous aurez six cents actions bien à vous, ne devant rien à personne.

Elles ne comprenaient pas, il dut leur expliquer cette libération des titres, à l'aide de la prime; et elles restaient un peu pâles, devant ces gros chiffres, oppressées à l'idée du coup d'audace qu'il fallait risquer.

— Comme argent, murmura enfin la mère, ce serait bien cela... On m'offre deux cent quarante mille francs des Aublets, qui en valaient autrefois quatre cent mille; de sorte que, lorsque nous aurions remboursé la somme empruntée déjà, il nous resterait juste de quoi faire le versement... Mais, mon Dieu! quelle terrible chose, cette fortune déplacée, toute notre existence jouée ainsi!

Et ses mains tremblaient, il y eut un silence, pendant lequel elle songeait à cet engrenage qui lui avait pris d'abord ses économies, puis les soixante-dix mille francs empruntés, et qui menaçait maintenant de lui prendre la ferme entière. Son ancien respect de la fortune domaniale, en labours, en prés, en forêts, sa répugnance pour le trafic sur l'argent, cette basse besogne de juifs, indigne de sa race, revenaient et l'angoissaient, à cette minute décisive où tout allait être consommé. Muette, sa fille la regardait, de ses yeux ardents et purs.

Saccard eut un sourire encourageant.

— Dame! il est bien certain qu'il faut que vous ayez confiance en nous... Seulement, les chiffres sont là. Examinez-les, et toute hésitation me semble dès lors impossible... Admettons que vous fassiez l'opération, vous avez donc six cents actions, qui, libérées, vous ont coûté la somme de deux cent cinquante-sept mille francs. Or, elles sont aujourd'hui au cours moyen de treize cents francs, ce qui vous fait un total de sept cent quatre-vingt mille francs. Déjà, vous avez plus que triplé votre argent... Et ça continuera, vous verrez la hausse, après l'émission! Je vous promets le million avant la fin de l'année.

— Oh! maman! laissa échapper Alice, dans un soupir, comme malgré elle.

Un million! L'hôtel de la rue Saint-Lazare débarrassé de ses hypothèques, nettoyé de sa crasse de misère! Le train de maison remis sur un pied convenable, tiré de ce cauchemar des gens qui ont voiture et qui manquent de pain! La fille mariée avec une dot décente, pouvant avoir enfin un mari et des enfants, cette joie que se permet la dernière pauvresse des rues! Le fils, que le climat de Rome tuait, soulagé là-bas, mis en état de tenir son rang, en attendant de servir la grande cause, qui l'utilisait si peu! La mère rétablie en sa haute situation, payant son cocher, ne lésinant plus pour ajouter un plat à ses dîners du mardi, et ne se condamnant plus au jeûne pour le reste de la semaine! Ce million flambait, était le salut, le rêve.

La comtesse, conquise, se tourna vers sa fille, pour l'associer à sa volonté.

— Voyons, qu'en penses-tu?

Mais celle-ci ne disait plus rien, fermait lentement les paupières, éteignant l'éclat de ses yeux.

— C'est vrai, reprit la mère, souriante à son tour, j'oublie que tu veux me laisser maîtresse absolue... Mais je sais combien tu es brave et tout ce que tu espères...

Et, s'adressant à Saccard :

— Ah! monsieur, on parle de vous avec tant d'éloges!.. Nous ne pouvons aller nulle part, sans qu'on nous raconte des choses très belles, très touchantes. Ce n'est pas seulement la princesse d'Orviedo, ce sont toutes mes amies qui sont enthousiastes de votre œuvre. Beaucoup me jalousent d'être de vos premières actionnaires, et si on les écoutait, on vendrait jusqu'à ses matelas, pour prendre de vos actions.

Elle plaisantait doucement.

— Je les trouve même un peu folles, oui! un peu folles, en vérité. C'est sans doute que je ne suis plus assez jeune... Mais ma fille est une de vos admiratrices. Elle croit en votre mission, elle fait de la propagande dans tous les salons où je la mène.

Charmé, Saccard regarda Alice, et elle était en ce moment si animée, si vibrante de foi, qu'elle lui parut vraiment très jolie, malgré son teint jaune et son cou trop mince, déjà fané. Aussi se trouvait-il grand et bon, à l'idée d'avoir fait le bonheur de cette triste créature, que l'espoir d'un mari suffisait à embellir.

— Oh! dit-elle d'une voix très basse et comme lointaine, c'est si beau, cette conquête, là-bas... Oui, une ère nouvelle, la croix rayonnante...

C'était le mystère, ce que personne ne disait; et sa voix baissait encore, se perdait en un souffle de ravissement. Lui, d'ailleurs, la faisait taire d'un geste amical; car il ne tolérait pas qu'on parlât en sa présence de la grande chose, le but suprême et caché. Son geste enseignait qu'il fallait toujours y tendre, mais n'en jamais ouvrir les lèvres. Dans le sanctuaire, les encensoirs se balançaient, aux mains des quelques initiés.

Après un silence attendri, la comtesse se leva enfin.

— Eh bien! monsieur, je suis convaincue, je vais écrire à mon notaire que j'accepte l'offre qui se présente pour les Aublets... Que Dieu me pardonne si je fais mal!

Saccard, debout, déclara avec une gravité émue :

— C'est Dieu lui-même qui vous inspire, madame, soyez-en certaine.

Et, comme il les accompagnait jusque dans le couloir, évitant l'antichambre, où l'entassement continuait, il rencontra Dejoie, qui rôdait, l'air gêné.

— Qu'y a-t-il? Ce n'est pas quelqu'un encore, j'imagine?

— Non, non, monsieur... Si j'osais demander un avis à monsieur... C'est pour moi...

Et il manœuvrait de telle façon que Saccard se retrouva dans son cabinet, tandis que lui restait sur le seuil, très déférent.

— Pour vous?... Ah! c'est vrai, vous êtes actionnaire, vous aussi... Eh bien! mon garçon, prenez les nouveaux titres qui vont vous être réservés, vendez plutôt vos chemises pour les prendre. C'est le conseil que je donne à tous nos amis.

— Oh! monsieur, le morceau est trop gros, ma fille et

moi n'avons pas tant d'ambition... Au début, j'ai pris huit actions, avec les quatre mille francs d'économies que ma pauvre femme nous a laissés; et je n'ai toujours que ces huit-là, parce que, n'est-ce pas? aux autres émissions, lorsqu'on a doublé deux fois le capital, nous n'avons pas eu l'argent, pour accepter les titres qui nous revenaient... Non, non, il ne s'agit pas de ça, il ne faut pas être si gourmand. Je voulais seulement demander à monsieur, sans l'offenser, si monsieur est d'avis que je vende.

— Comment! que vous vendiez?

Alors, Dejoie, avec toutes sortes de circonlocutions inquiètes et respectueuses, exposa son cas. Au cours de treize cents francs, ses huit actions représentaient dix mille quatre cents francs. Il pouvait donc largement donner à Nathalie les six mille francs de dot que le cartonnier exigeait. Mais, devant la hausse continue des titres, un appétit d'argent lui était venu, l'idée vague d'abord, puis tyrannique, de se faire sa part, d'avoir à lui une petite rente de six cents francs, qui lui permettrait de se retirer. Seulement, un capital de douze mille francs ajouté aux six mille francs de sa fille, cela faisait l'énorme total de dix-huit mille francs; et il désespérait d'arriver jamais à ce chiffre, car il avait calculé que, pour cela, il lui faudrait attendre le cours de deux mille trois cents francs.

— Vous comprenez, monsieur, que si ça ne doit plus monter, j'aime mieux vendre, parce que le bonheur de Nathalie avant tout, n'est-ce pas?... Tandis que, si ça monte encore, j'aurai un tel crève-cœur d'avoir vendu...

Saccard éclata.

— Ah! çà, mon garçon, vous êtes stupide!... Est-ce que vous croyez que nous allons nous arrêter à treize cents? est-ce que je vends, moi?... Vous les aurez vos dix-huit mille francs, j'en réponds. Et décampez! et flanquez-moi dehors tout ce monde qui est là, en disant que je suis sorti!

Quand il se retrouva seul, Saccard put rappeler les deux chefs de service et terminer son travail en paix.

Il fut décidé qu'une assemblée générale extraordinaire aurait lieu en août, pour voter la nouvelle augmentation du capital. Hamelin, qui devait la présider, débarqua à Marseille, dans les derniers jours de juillet. Sa sœur, depuis deux mois, à chacune de ses lettres, lui conseillait de revenir, d'une façon de plus en plus pressante. Elle avait, au milieu du succès brutal qui se déclarait chaque jour davantage, la sensation d'un danger sourd, une crainte irraisonnée, dont elle n'osait même parler; et elle préférait que son frère fût là, à se rendre compte des choses par lui-même, car elle en arrivait à douter d'elle, craignant d'être sans force contre Saccard, de se laisser aveugler, au point de trahir ce frère qu'elle aimait tant. N'aurait-il pas fallu lui avouer sa liaison, qu'il ne soupçonnait certainement pas, dans son innocence d'homme de foi et de science, traversant la vie en dormeur éveillé? Cette idée lui était extrêmement pénible; et elle se laissait aller aux capitulations lâches, elle discutait avec le devoir, qui, très net, lui ordonnait, maintenant qu'elle connaissait Saccard et son passé, de tout dire, pour qu'on se méfiât. Dans ses heures de force, elle se faisait la promesse d'avoir une explication décisive, de ne pas abandonner sans contrôle le maniement de sommes d'argent si considérables à des mains criminelles, entre lesquelles tant de millions déjà avaient craqué, s'étaient effondrés, écrasant le monde. C'était le seul parti à prendre, viril et honnête, digne d'elle. Puis, sa lucidité se troublait, elle faiblissait, temporisait, ne trouvait plus, comme griefs, que des irrégularités, communes à toutes les maisons de crédit, affirmait-il. Peut-être avait-il raison de lui dire en riant que le monstre dont elle avait peur, c'était le succès, ce succès à Paris qui retentit et frappe en coup de foudre, et qui la laissait tremblante, ainsi que sous l'imprévu et l'angoisse d'une catastrophe. Elle ne savait plus, il y avait même des heures où elle l'admirait davantage, pleine de cette infinie tendresse qu'elle lui gardait, tout en ayant cessé de l'estimer. Jamais elle n'aurait cru son cœur si compliqué, elle se sentait femme, elle redoutait de ne plus pouvoir agir. Et c'est pourquoi elle se montra très heureuse du retour de son frère.

Ce fut, dès le soir du retour d'Hamelin, que Saccard, dans la salle des épures où ils étaient certains de n'être pas dérangés, voulut lui soumettre les résolutions que le conseil d'administration aurait à approuver, avant de les faire voter par l'assemblée générale. Mais le frère et la sœur devancèrent l'heure du rendez-vous, d'un tacite accord, et ils se trouvèrent un instant seuls, ils purent causer. Hamelin revenait très gai, ravi d'avoir mené à bien l'affaire complexe des chemins de fer, dans ce pays d'Orient, si endormi de paresse, si obstrué d'obstacles politiques, administratifs et financiers. Enfin, le succès était complet, les premiers travaux allaient commencer, des chantiers s'ouvriraient, de toutes parts, aussitôt que la société aurait achevé de se constituer à Paris. Et il se montrait si enthousiaste, si confiant en l'avenir, que ce fut pour madame Caroline une nouvelle cause de silence, tellement cela lui coûtait de gâter cette belle joie. Cependant, elle exprima des doutes, le mit en garde contre l'engouement qui emportait le public. Il l'arrêta, la regarda en face : savait-elle quelque chose de louche ? pourquoi ne parlait-elle pas ? Et elle ne parla pas, elle ne trouvait à articuler rien de net.

Saccard, qui n'avait pas encore revu Hamelin, lui sauta au cou, l'embrassa, avec son exubérance méridionale. Puis, lorsque ce dernier lui eut confirmé ses dernières lettres, en lui donnant des détails sur l'absolue réussite de son long voyage, il s'exalta.

— Ah ! mon cher, cette fois, nous allons être les maîtres de Paris, les rois du marché... Moi aussi, j'ai bien travaillé, j'ai une idée extraordinaire. Vous allez voir.

Tout de suite, il lui expliqua sa combinaison, pour porter le capital de cent à cent cinquante millions, en émettant cent mille actions nouvelles, et pour libérer du même coup tous les titres, aussi bien les anciens que les nouveaux. Il lançait l'action à huit cent cinquante francs, se faisait ainsi, avec les trois cent cinquante francs de prime, une réserve qui, augmentée des sommes déjà mises de côté à chaque bilan, atteignait le chiffre de vingt-cinq millions; et il ne lui restait qu'à trouver une pareille somme, pour obtenir les cinquante millions nécessaires à la libération des deux cent mille actions anciennes. Or, c'est ici qu'il avait eu son idée extraordinaire, celle de faire dresser un bilan approximatif des gains de l'année courante, gains qui, selon lui, monteraient à un minimum de trente-six millions. Il y puisait tranquillement les vingt-cinq millions qui lui manquaient. Et l'Universelle allait ainsi, à partir du 31 décembre 1867, avoir un capital définitif de cent cinquante millions, divisé en trois cent mille actions entièrement libérées. On unifiait les actions, on les mettait au porteur, de façon à faciliter leur libre circulation sur le marché. C'était le triomphe définitif, l'idée de génie.

— Oui, de génie! cria-t-il, le mot n'est pas trop fort!

Un peu étourdi, Hamelin feuilletait les pages du projet, examinait les chiffres.

— Je n'aime guère ce bilan si hâtif, dit-il enfin. Ce sont de véritables dividendes que vous allez donner là à vos actionnaires, puisque vous libérez leurs titres; et il faut être certain que toutes les sommes sont bien acquises: autrement, on nous accuserait avec raison d'avoir distribué des dividendes fictifs.

Saccard s'emporta.

— Comment! mais je suis au-dessous de l'estimation! Voyez donc si je n'ai pas été raisonnable: est-ce que les Paquebots, est-ce que le Carmel, est-ce que la Banque turque ne vont pas donner des gains supérieurs à ceux que j'ai inscrits? Vous m'apportez de là-bas des bulletins de victoire, tout marche, tout prospère, et c'est vous qui me chicanez sur la certitude de notre succès!

Souriant, Hamelin le calma d'un geste. Si, si! il avait la foi. Seulement, il était pour le cours régulier des choses.

— En effet, dit doucement madame Caroline, à quoi bon se presser? Ne pourrait-on attendre avril pour cette augmentation de capital?... Ou encore, puisque vous avez besoin de vingt-cinq millions de plus, pourquoi n'émettez-vous pas les actions à mille ou douze cents francs tout de suite, ce qui vous éviterait d'anticiper sur les gains du prochain bilan?

Un instant interloqué, Saccard la regardait, en s'étonnant qu'elle eût trouvé cela.

— Sans doute, à onze cents francs, au lieu de huit cent cinquante, les cent mille actions produiraient juste les vingt-cinq millions.

— Eh bien! c'est tout trouvé, alors, reprit-elle. Vous ne craignez pas que les actionnaires regimbent. Ils donneront aussi bien onze cents francs que huit cent cinquante.

— Ah! oui, certes! ils donneront tout ce qu'on voudra! et ils se battront encore, à qui donnera davantage!... Les voilà en folie, ils démoliraient l'hôtel pour nous apporter leur argent.

Mais, brusquement, il revint à lui, il eut un sursaut de violente protestation.

— Qu'est-ce que vous me chantez là? Je ne veux pas leur demander onze cents francs, à aucun prix! Ce serait vraiment trop bête et trop simple... Comprenez donc que, dans ces questions de crédit, il faut toujours frapper l'imagination. L'idée de génie, c'est de prendre dans la poche des gens l'argent qui n'y est pas encore. Du coup, ils s'imaginent qu'ils ne le donnent pas, que c'est un cadeau qu'on leur fait. Et puis, vous ne voyez pas l'effet colossal de ce bilan anticipé paraissant dans tous les journaux, de ces trente-six millions de gain annoncés d'avance, à toute fanfare!... La Bourse va prendre feu, nous dépassons le cours de deux mille, et nous montons, et nous montons, et nous ne nous arrêtons plus!

Il gesticulait, il était debout, se grandissant sur ses petites jambes; et, en vérité, il devenait grand, le geste dans les étoiles, en poète de l'argent que les faillites et les ruines n'avaient pu assagir. C'était son système instinctif, l'élan même de tout son être, cette façon de fouailler les affaires, de les mener au triple galop de sa fièvre. Il avait forcé le succès, allumé les convoitises par cette foudroyante marche de l'Universelle : trois émissions en trois ans, le capital sautant de vingt-cinq, à cinquante, à cent, à cent cinquante millions, dans une progression qui semblait annoncer une miraculeuse prospérité. Et les dividendes, eux aussi, procédaient par bonds : rien la première année, puis dix francs, puis trente-trois francs, puis les trente-six millions, la libération de tous les titres ! Et cela dans le surchauffement mensonger de toute la machine, au milieu des souscriptions fictives, des actions gardées par la société pour faire croire au versement intégral, sous la poussée que le jeu déterminait à la Bourse, où chaque augmentation du capital exagérait la hausse !

Hamelin, toujours enfoncé dans l'examen du projet, n'avait pas soutenu sa sœur. Il hocha la tête, il revint aux observations de détail.

— N'importe ! c'est incorrect, votre bilan anticipé, du moment que les gains ne sont pas acquis... Je ne parle même plus de nos entreprises, bien qu'elles soient à la merci des catastrophes, comme toutes les œuvres humaines... Mais je vois là le compte Sabatani, trois mille et tant d'actions qui représentent plus de deux millions. Or, vous les mettez à notre crédit, et c'est à notre débit qu'il faudrait les mettre, puisque Sabatani n'est que notre homme de paille. N'est-ce pas? nous pouvons nous dire cela, entre nous... Et, tenez ! je reconnais également ici plusieurs de nos employés, même quelques-uns de nos administrateurs, tous des prête-noms, oh ! je le devine, vous n'avez pas besoin de me le dire... Cela me fait trembler, de voir que nous gardons un si grand nombre de nos actions. Non seulement, nous n'encaissons pas, mais nous nous immobilisons, et nous finirons par nous dévorer un jour.

Du regard, madame Caroline l'encourageait, car il disait enfin toutes ses craintes, il trouvait la cause de ce sourd malaise, qui grandissait en elle, avec le succès.

— Ah! le jeu! murmura-t-elle.

— Mais nous ne jouons pas! cria Saccard. Seulement, il est bien permis de soutenir ses valeurs, et nous serions vraiment ineptes de ne pas veiller à ce que Gundermann et les autres ne déprécient pas nos titres en jouant contre nous à la baisse. S'ils n'ont point trop osé encore, cela peut venir. C'est pourquoi je suis assez content d'avoir en main un certain nombre de nos actions; et, je vous en préviens, si l'on m'y force, je suis même prêt à en acheter, oui! j'en achèterai, plutôt que de les laisser tomber d'un centime!

Il avait prononcé ces derniers mots avec une force extraordinaire, comme s'il eût prêté le serment de mourir plutôt que d'être battu. Puis, il s'apaisa d'un effort, il se mit à rire, de son air de bonhomie un peu grimaçante.

— Voyons, voilà que ça va recommencer, la méfiance! Je croyais que nous nous étions expliqués une fois pour toutes sur ces choses. Vous aviez consenti à vous remettre entre mes mains, laissez-moi donc agir! Je ne veux que votre fortune, une grande, grande fortune!

Il s'interrompit, baissa la voix, comme effrayé lui-même de l'énormité de son désir.

— Vous ne savez pas ce que je veux? Je veux le cours de trois mille francs.

D'un geste, il l'indiquait dans le vide, il le voyait monter comme un astre, incendier l'horizon de la Bourse, ce cours triomphal de trois mille francs.

— C'est fou! dit madame Caroline.

— Dès que le cours aura dépassé deux mille francs, déclara Hamelin, toute hausse nouvelle deviendra un danger; et, quant à moi, je vous avertis que je vendrai, pour ne pas tremper dans une pareille démence.

Mais Saccard se mit à chantonner. On dit toujours qu'on vendra, et puis on ne vend pas. Il les enrichirait malgré eux. De nouveau, il souriait, très caressant, légèrement moqueur.

— Confiez-vous à moi, il me semble que je n'ai pas

trop mal conduit vos affaires... Sadowa vous a rapporté un million.

C'était vrai, les Hamelin n'y songeaient plus : ils avaient accepté ce million, pêché dans les eaux troubles de la Bourse. Ils restèrent un moment silencieux, pâlissants, avec ce trouble au cœur des gens honnêtes encore, qui ne sont plus certains d'avoir fait leur devoir. Est-ce qu'eux-mêmes étaient pris de la lèpre du jeu? est-ce qu'ils se pourrissaient, dans ce milieu enragé de l'argent, où leurs affaires les forçaient à vivre?

— Sans doute, finit par murmurer l'ingénieur, mais si j'avais été là...

Saccard ne voulut pas le laisser achever.

— Laissez donc, n'ayez aucun remords : c'est de l'argent reconquis sur ces sales juifs!

Tous les trois s'égayèrent. Et madame Caroline, qui s'était assise, eut un geste de tolérance et d'abandon. Pouvait-on se laisser manger et ne pas manger les autres? C'était la vie. Il aurait fallu des vertus trop sublimes ou la solitude sans tentation d'un cloître.

— Voyons, voyons! continuait-il gaiement, n'ayez pas l'air de cracher sur l'argent : c'est idiot d'abord, et ensuite il n'y a que les impuissants qui dédaignent une force... Ce serait illogique de vous tuer au travail pour enrichir les autres, sans vous tailler votre légitime part. Autrement, couchez-vous et dormez!

Il les dominait, ne leur permettait plus de placer un mot.

— Savez-vous que vous allez bientôt avoir en poche une jolie somme!... Attendez!

Et, avec une pétulance d'écolier, il s'était précipité à la table de madame Caroline, avait pris un crayon et une feuille de papier, sur laquelle il alignait des chiffres.

— Attendez! Je vais vous faire votre compte. Oh! je le connais... Vous avez eu, à la fondation, cinq cents actions, doublées une première fois, puis doublées encore, ce qui vous en fait actuellement deux mille. Vous en aurez donc trois mille, après notre émission prochaine.

Hamelin tenta de l'interrompre.

— Non, non! je sais que vous avez de quoi les payer, avec les trois cent mille francs de votre héritage d'une part, et avec votre million de Sadowa de l'autre... Regardez! vos deux mille premières actions vous ont coûté quatre cent trente-cinq mille francs, les mille autres vous coûteront huit cent cinquante mille francs, en tout douze cent quatre-vingt-cinq mille francs... Donc, il vous restera encore quinze mille francs pour faire le jeune homme, sans compter vos appointements de trente mille francs, que nous allons porter à soixante mille.

Étourdis, tous deux l'écoutaient, finissaient par s'intéresser violemment à ces chiffres.

— Vous voyez bien que vous êtes honnêtes, que vous payez ce que vous prenez... Mais tout ça, c'est des bagatelles. J'en voulais venir à ceci...

Il se releva, brandit la feuille de papier, d'un air de victoire.

— Au cours de trois mille, vos trois mille actions vous donneront neuf millions.

— Comment! au cours de trois mille! s'écrièrent-ils, protestant du geste contre cette obstination dans la folie.

— Eh! sans doute! Je vous défends bien de vendre plus tôt, je saurai vous en empêcher, oui! par la force, par le droit qu'on a d'empêcher ses amis de faire des bêtises... Le cours de trois mille, il me le faut, je l'aurai!

Que répondre à ce terrible homme, dont la voix perçante, pareille à une voix de coq, sonnait le triomphe? Ils rirent de nouveau, en affectant de hausser les épaules. Et ils déclarèrent qu'ils étaient bien tranquilles, que le fameux cours ne serait jamais atteint. Lui, venait de se remettre à la table, où il faisait d'autres calculs, son compte à lui. Avait-il payé, payerait-il ses trois mille actions? cela restait vague. Il devait même posséder un chiffre d'actions beaucoup plus fort; mais il était difficile de le savoir; car, lui aussi, servait de prête-nom à la société, et comment distinguer, dans le tas, les titres qui lui appartenaient? Le crayon allongeait les lignes de chiffres, à l'infini. Puis, il biffa tout d'un trait fulgurant, froissa le papier. Ça et les deux millions ramassés dans la boue et le sang de Sadowa, c'était sa part.

— J'ai un rendez-vous, je vous laisse, dit-il en reprenant son chapeau. Mais tout est bien convenu, n'est-ce pas? Dans huit jours, le conseil d'administration, et, immédiatement après, l'assemblée générale extraordinaire, pour voter.

Lorque madame Caroline et Hamelin se retrouvèrent seuls, effarés et las, ils demeurèrent un moment muets, en face l'un de l'autre.

— Que veux-tu? déclara-t-il enfin, répondant aux secrètes réflexions de sa sœur, nous y sommes, il faut bien y rester. Il a raison de dire que ce serait niais à nous de refuser cette fortune... Moi, je ne me suis jamais considéré que comme un homme de science qui amène de l'eau au moulin; et je l'y ai amenée, je crois, claire, abondante, des affaires excellentes, auxquelles la maison doit sa prospérité si rapide... Alors, puisque aucun reproche ne peut m'atteindre, ne nous décourageons pas, travaillons!

Elle avait quitté sa chaise, chancelante, balbutiante.

— Oh! tout cet argent... tout cet argent...

Et, étranglée d'une émotion invincible, à l'idée de ces millions qui allaient tomber sur eux, elle se pendit à son cou, elle pleura. C'était de la joie sans doute, le bonheur de le voir enfin dignement récompensé de son intelligence et de ses travaux; mais c'était de la peine aussi, une peine dont elle n'aurait pu dire au juste la cause, où il y avait comme de la honte et de la peur. Il la plaisanta, ils affectèrent de s'égayer encore, et pourtant un malaise leur restait, un sourd mécontentement d'eux-mêmes, le remords inavoué d'une complicité salissante.

— Oui, il a raison, répéta madame Caroline, tout le monde en est là. C'est la vie.

Le conseil d'administration eut lieu dans la nouvelle salle du somptueux hôtel de la rue de Londres. Ce n'était plus le salon humide que verdissait le pâle reflet d'un jardin voisin, mais une vaste pièce, éclairée sur la rue par quatre fenêtres, et dont le haut plafond, les murs majestueux, décorés de grandes peintures, ruisselaient d'or. Le fauteuil du président était un véritable trône, dominant les autres fauteuils, qui s'alignaient superbes et graves, ainsi que pour une réunion de ministres royaux, autour de l'immense table, recouverte d'un tapis de velours rouge. Et, sur la monumentale cheminée de marbre blanc, où, l'hiver, brûlaient des arbres, était un buste du pape, une figure aimable et fine, qui semblait sourire malicieusement de se trouver là.

Saccard avait achevé de mettre la main sur tous les membres du conseil, en les achetant simplement, pour la plupart. Grâce à lui, le marquis de Bohain, compromis dans une histoire de pot de vin frisant l'escroquerie, pris la main au fond du sac, avait pu étouffer le scandale, en désintéressant la compagnie volée; et il était devenu ainsi son humble créature, sans cesser de porter haut la tête, fleur de noblesse, le plus bel ornement du conseil. Huret, de même, depuis que Rougon l'avait chassé, après le vol de la dépêche annonçant la cession de la Vénétie, s'était donné tout entier à la fortune de l'Universelle, la représentant au Corps législatif, pêchant pour elle dans les eaux fangeuses de la politique, gardant la plus grosse part de ses effrontés maquignonnages, qui pouvaient, un beau matin, le jeter à Mazas. Et le vicomte de Robin-Chagot, le vice-président, touchait cent mille francs de prime secrète pour donner sans examen les signatures, pendant les longues absences d'Hamelin; et le banquier Kolb se faisait également payer sa complaisance passive, en utilisant à l'étranger la puissance de la maison, qu'il allait jusqu'à compromettre, dans ses arbitrages; et Sédille lui-même, le marchand de soie, ébranlé à la suite d'une liquidation terrible, s'était fait prêter une grosse somme, qu'il n'avait pu rendre. Seul, Daigremont gardait son indépendance absolue vis-à-vis de Saccard; ce qui inquiétait ce dernier, parfois, bien que l'aimable homme restât charmant, l'invitant à ses fêtes, signant tout lui aussi sans observation, avec sa bonne grâce de Parisien sceptique qui trouve que tout va bien, tant qu'il gagne.

Ce jour-là, malgré l'importance exceptionnelle de la séance, le conseil fut d'ailleurs mené aussi rondement que les autres jours. C'était devenu une affaire d'habitude : on ne travaillait réellement qu'aux petites réunions du 15, et les grandes réunions de la fin du mois sanctionnaient simplement les résolutions, en grand apparat. L'indifférence était telle chez les administrateurs, que, les procès-verbaux menaçant d'être toujours les mêmes, d'une constante banalité dans l'approbation générale, il avait fallu prêter à des membres des scrupules, des observations, toute une discussion imaginaire, qu'aucun ne s'étonnait d'entendre lire, à la séance suivante, et qu'on signait, sans rire.

Daigremont s'était précipité, avait serré les mains d'Hamelin, sachant les bonnes, les grandes nouvelles qu'il apportait.

— Ah! mon cher président, que je suis heureux de vous féliciter!

Tous l'entouraient, le fêtaient, Saccard lui-même, comme s'il ne l'eût pas encore vu; et, lorsque la séance fut ouverte, lorsqu'il eut commencé la lecture du rapport qu'il devait présenter à l'assemblée générale, on écouta, ce qu'on ne faisait jamais. Les beaux résultats acquis, les magnifiques promesses d'avenir, l'ingénieuse augmentation du capital qui libérait en même temps les anciens titres, tout fut accueilli avec des hochements de tête admiratifs. Et pas un n'eut l'idée de provoquer des explications. C'était parfait. Sédille ayant relevé une erreur dans un chiffre, on convint même de ne pas insérer sa remarque au procès-verbal, pour ne pas déranger la belle unanimité des membres, qui signèrent tous rapidement, à la file, sous le coup de l'enthousiasme, sans observation aucune.

Déjà la séance était levée, on était debout, riant, plaisantant, au milieu des dorures éclatantes de la salle. Le marquis de Bohain racontait une chasse à Fontainebleau;

tandis que le député Huret, qui était allé à Rome, disait comment il en avait rapporté la bénédiction du pape. Kolb venait de disparaître, courant à un rendez-vous. Et les autres administrateurs, les comparses, recevaient de Saccard des ordres à voix basse, sur l'attitude qu'ils devaient prendre à la prochaine assemblée.

Mais Daigremont, que le vicomte de Robin-Chagot ennuyait par ses éloges outrés du rapport d'Hamelin, saisit au passage le bras du directeur, pour lui souffler à l'oreille :

— Pas trop d'emballement, hein !

Saccard s'arrêta net, le regarda. Il se rappelait combien il avait hésité, au début, à le mettre dans l'affaire, le sachant d'un commerce peu sûr.

— Ah ! qui m'aime me suive ! répondit-il très haut, de façon à être entendu de tout le monde.

Trois jours plus tard, l'assemblée générale extraordinaire fut tenue dans la grande salle des fêtes de l'hôtel du Louvre. Pour une telle solennité, on avait dédaigné la pauvre salle nue de la rue Blanche, on voulait une galerie de gala, encore toute chaude, entre un repas de corps et un bal de mariage. Il fallait être, d'après les statuts, possesseur d'au moins vingt actions, pour être admis, et il vint plus de douze cents actionnaires, représentant quatre mille et quelques voix. Les formalités de l'entrée, la présentation des cartes et la signature sur le registre demandèrent près de deux heures. Un tumulte de conversations heureuses emplissait la salle, où l'on reconnaissait tous les administrateurs et beaucoup des hauts employés de l'Universelle. Sabatani était là, au milieu d'un groupe, parlant de l'Orient, son pays, avec des caresses de voix languissantes, racontant de merveilleuses histoires, comme si l'on n'avait eu qu'à s'y baisser pour ramasser l'argent, l'or et les pierres précieuses ; et Maugendre, qui s'était, en juin, décidé à acheter cinquante actions de l'Universelle à douze cents francs, convaincu de la hausse, l'écoutait bouche béante, ravi de son flair ; tandis que Jantrou, tombé décidément dans une noce crapuleuse, depuis qu'il était riche, ricanait en dessous, la bouche tordue d'ironie, dans l'accablement d'une débauche de la veille. Après la nomination du bureau, lorsque Hamelin, président de droit, eut ouvert la séance, Lavignière, réélu commissaire-censeur, et qu'on devait hausser après l'exercice au titre d'administrateur, son rêve, fut invité à lire un rapport sur la situation financière de la société, telle qu'elle serait au 31 décembre prochain : c'était, pour obéir aux statuts, une façon de contrôler d'avance le bilan anticipé dont il allait être question. Il rappela le bilan du dernier exercice, présenté à l'assemblée ordinaire du mois d'avril, ce bilan magnifique qui accusait un bénéfice net de onze millions et demi, et qui avait permis, après les prélèvements du cinq pour cent des actionnaires, du dix pour cent des administrateurs et du dix pour cent de la réserve, de distribuer encore un dividende de trente-trois pour cent. Puis, il établissait, sous un déluge de chiffres, que la somme de trente-six millions, donnée comme total approximatif des bénéfices de l'exercice courant, loin de lui paraître exagérée, se trouvait au-dessous des plus modestes espérances. Sans doute, il était de bonne foi, et il devait avoir examiné consciencieusement les pièces soumises à son contrôle ; mais rien n'est plus illusoire, car pour étudier à fond une comptabilité, il faut en refaire une autre, entièrement. D'ailleurs, les actionnaires n'écoutaient pas. Quelques dévots, Maugendre et d'autres, les petits qui représentaient une voix ou deux, buvaient seuls chaque chiffre, au milieu du murmure persistant des conversations. Le contrôle des commissaires-censeurs, cela n'avait pas la moindre importance. Et un silence religieux ne s'établit que lorsque Hamelin, enfin, se leva. Des applaudissements éclatèrent même avant qu'il eût ouvert la bouche, en hommage à son zèle, au génie obstiné et brave de cet homme qui était allé si loin chercher des tonneaux d'or pour les éventrer sur Paris. Ce ne fut plus, dès lors, qu'un succès croissant, tournant à l'apothéose. On acclama un nouveau rappel du bilan de l'année précédente, que Lavignière n'avait pu faire entendre. Mais les estimations sur le prochain bilan excitèrent surtout la joie : des millions pour les Paquebots réunis, des millions pour la Mine d'argent du Carmel, des millions pour la Banque nationale turque ; et l'addition n'en finissait plus, les trente-six millions se groupaient d'une façon aisée, toute naturelle, tombaient en cascade, avec un bruit retentissant. Puis, l'horizon s'élargit encore, sur les opérations futures. La Compagnie générale des chemins de fer d'Orient apparut, d'abord la grande ligne centrale dont les travaux étaient prochains, ensuite les embranchements, tout le filet de l'industrie moderne jeté sur l'Asie, le retour triomphal de l'humanité à son berceau, la résurrection d'un monde ; tandis que, dans le lointain perdu, entre deux phrases, se levait la chose qu'on ne disait pas, le mystère, le couronnement de l'édifice qui étonnerait les peuples. Et l'unanimité fut absolue, lorsque, pour conclure, Hamelin en arriva à expliquer les résolutions qu'il allait soumettre au vote de l'assemblée : le capital porté à cent cinquante millions, l'émission de cent mille actions nouvelles à huit cent cinquante francs, les anciens titres libérés, grâce à la prime de ces actions et aux bénéfices du prochain bilan, dont on disposait d'avance. Un tonnerre de bravos accueillit cette idée géniale. On voyait, par-dessus les têtes, les grosses mains de Maugendre tapant de toute leur force. Sur les premiers bancs, les administrateurs, les employés de la maison, faisaient rage, dominés par Sabatani qui, s'étant mis debout, lançait des : brava ! brava ! comme au théâtre. Toutes les résolutions furent votées d'enthousiasme.

Cependant, Saccard avait réglé un incident, qui se produisit alors. Il n'ignorait pas qu'on l'accusait de jouer, il voulait effacer jusqu'aux moindres soupçons des actionnaires défiants, s'il s'en trouvait dans la salle.

Jantrou, stylé par lui, se leva. Et, de sa voix pâteuse :

— Monsieur le président, je crois me faire l'interprète de beaucoup d'actionnaires en demandant qu'il soit bien établi que la société ne possède pas une de ses actions.

Hamelin, n'étant point prévenu, demeura un instant

gêné. Instinctivement, il se tourna vers Saccard, perdu à sa place jusque-là, et qui se haussa tout d'un coup, pour grandir sa petite taille, en répondant de sa voix perçante :

— Pas une, monsieur le président !

Des bravos, on ne sut pourquoi, éclatèrent de nouveau, à cette réponse. S'il mentait au fond, la vérité était pourtant que la société n'avait pas un seul titre à son nom, puisque Sabatani et d'autres la couvraient. Et ce fut tout, on applaudissait encore, la sortie fut très gaie et très bruyante.

Dès les jours suivants, le compte rendu de cette séance, publié dans les journaux, produisit un effet énorme à la Bourse et dans tout Paris. Jantrou avait réservé pour ce moment-là une poussée dernière de réclames, la plus tonitruante des fanfares qu'on eût soufflée depuis longtemps dans les trompettes de la publicité ; et il courut même une plaisanterie, on raconta qu'il avait fait tatouer ces mots : *Achetez de l'Universelle*, aux petits coins les plus secrets et les plus délicats des dames aimables, en les lançant dans la circulation. D'ailleurs, il venait d'exécuter enfin son grand coup, l'achat de *la Cote financière*, ce vieux journal solide, qui avait derrière lui une honnêteté impeccable de douze ans. Cela avait coûté cher, mais la sérieuse clientèle, les bourgeois trembleurs, les grosses fortunes prudentes, tout l'argent qui se respecte se trouvait conquis. En quinze jours, à la Bourse, on atteignit le cours de quinze cents ; et, dans la dernière semaine d'août, par bonds successifs, il était à deux mille. L'engouement s'était encore exaspéré, l'accès allait en s'aggravant à chaque heure, sous l'épidémique fièvre de l'agio. On achetait, on achetait, même les plus sages, dans la conviction que ça monterait encore, que ça monterait sans fin. C'étaient les cavernes mystérieuses des Mille et une Nuits qui s'ouvraient, les incalculables trésors des califes qu'on livrait à la convoitise de Paris. Tous les rêves, chuchotés depuis des mois, semblaient se réaliser devant l'enchantement public : le berceau de l'humanité réoccupé, les antiques cités historiques du littoral ressuscitées de leur sable, Damas, puis Bagdad, puis l'Inde et la Chine exploitées, par la troupe envahissante de nos ingénieurs. Ce que Napoléon n'avait pu faire avec son sabre, cette conquête de l'Orient, une Compagnie financière le réalisait, en y lançant une armée de pioches et de brouettes. On conquérait l'Asie à coups de millions, pour en tirer des milliards. Et la croisade des femmes surtout triomphait, aux petites réunions intimes de cinq heures, aux grandes réceptions mondaines de minuit, à table et dans les alcôves. Elles l'avaient bien prévu : Constantinople était prise, on aurait bientôt Brousse, Angora et Alep, on aurait plus tard Smyrne, Trébizonde, toutes les villes dont l'Universelle faisait le siège, jusqu'au jour où l'on aurait la dernière, la ville sainte, celle qu'on ne nommait pas, qui était comme la promesse eucharistique de la lointaine expédition. Les pères, les maris, les amants que violentait cette ardeur passionnée des femmes, n'allaient plus donner leurs ordres aux agents de change qu'au cri répété de : Dieu le veut ! Puis, ce fut enfin l'effrayante cohue des petits, la foule piétinante qui suit les grosses armées, la passion descendue du salon à l'office, du bourgeois à l'ouvrier et au paysan, et qui jetait, dans ce galop fou des millions, de pauvres souscripteurs n'ayant qu'une action, trois, quatre, dix actions, des concierges près de se retirer, des vieilles demoiselles vivant avec un chat, des retraités de province dont le budget est de dix sous par jour, des prêtres de campagne dénudés par l'aumône, toute la masse hâve et affamée des rentiers infimes, qu'une catastrophe de Bourse balaye comme une épidémie et couche d'un coup dans la fosse commune.

Et cette exaltation des titres de l'Universelle, cette ascension qui les emportait comme sous un vent religieux, semblait se faire aux musiques de plus en plus hautes qui montaient des Tuileries et du Champ de Mars, des continuelles fêtes dont l'Exposition affolait Paris. Les drapeaux claquaient plus sonores dans l'air lourd des chaudes journées, il n'y avait pas de soir où la ville en feu n'étincelât sous les étoiles, ainsi qu'un colossal palais au fond duquel la débauche veillait jusqu'à l'aube. La joie avait gagné de maison en maison, les rues étaient une ivresse, un nuage de vapeurs fauves, la fumée des festins, la sueur des accouplements, s'en allait à l'horizon, roulait au-dessus des toits la nuit des Sodome, des Babylone et des Ninive. Depuis mai, les empereurs et les rois étaient venus en pèlerinage des quatre coins du monde, des cortèges qui ne cessaient point, près d'une centaine de souverains et de souveraines, de princes et de princesses. Paris était repu de Majestés et d'Altesses; il avait acclamé l'empereur de Russie et l'empereur d'Autriche, le sultan et le vice-roi d'Égypte; et il s'était jeté sous les roues des carrosses pour voir de plus près le roi de Prusse, que M. de Bismarck suivait comme un dogue fidèle. Continuellement, des salves de réjouissance tonnaient aux Invalides, tandis que la foule qui s'écrasait à l'Exposition, faisait un succès populaire aux canons Krupp, énormes et sombres, que l'Allemagne avait exposés. Presque chaque semaine, l'Opéra allumait ses lustres pour quelque gala officiel. On s'étouffait dans les petits théâtres et dans les restaurants, les trottoirs n'étaient plus assez larges pour le torrent débordé de la prostitution. Et ce fut Napoléon III qui voulut distribuer lui-même les récompenses aux soixante mille exposants, dans une cérémonie qui dépassa en magnificence toutes les autres, une gloire brûlant au front de Paris, le resplendissement du règne, où l'empereur apparut, dans un mensonge de féerie, en maître de l'Europe, parlant avec le calme de la force et promettant la paix. Le jour même, on apprenait aux Tuileries l'effroyable catastrophe du Mexique, l'exécution de Maximilien, le sang et l'or français versés en pure perte; et l'on cachait la nouvelle, pour ne pas attrister les fêtes. Un premier coup de glas, dans cette fin de jour superbe, éblouissante de soleil.

Alors, il sembla, au milieu de cette gloire, que l'astre de Saccard, lui aussi, montât encore, à son éclat le plus grand. Enfin, comme il s'y efforçait depuis tant d'années, il la possédait donc, la fortune, en esclave, ainsi qu'une chose à soi, dont on dispose, qu'on tient sous clef, vivante, matérielle ! Tant de fois le mensonge avait habité ses caisses, tant de millions y avaient coulé, fuyant par toutes sortes de trous inconnus ! Non, ce n'était plus la richesse menteuse de la façade, c'était la vraie royauté de l'or, solide, trônant sur des sacs pleins ; et, cette royauté, il ne l'exerçait pas comme un Gundermann, après l'épargne d'une lignée de banquiers, il se flattait orgueilleusement de l'avoir conquise par lui-même, en capitaine d'aventure qui emporte un royaume d'un coup de main. Souvent, à l'époque de ses trafics sur les terrains du quartier de l'Europe, il était monté très haut ; mais jamais il n'avait senti Paris vaincu si humble à ses pieds. Et il se rappelait le jour où, déjeunant chez Champeaux, doutant de son étoile, ruiné une fois de plus, il jetait sur la Bourse des regards affamés, pris de la fièvre de tout recommencer pour tout reconquérir, dans une rage de revanche. Aussi, à cette heure qu'il redevenait le maître, quelle fringale de jouissances ! D'abord, dès qu'il se crut tout-puissant, il congédia Huret, il chargea Jantrou de lancer contre Rougon un article où le ministre, au nom des catholiques, se trouvait nettement accusé de jouer double jeu, dans la question romaine. C'était la déclaration de guerre définitive entre les deux frères. Depuis la convention du 15 septembre 1864, surtout depuis Sadowa, les cléricaux affectaient de montrer de vives inquiétudes sur la situation du pape ; et, dès lors, *l'Espérance*, reprenant son ancienne politique ultramontaine, attaqua violemment l'empire libéral, tel qu'avaient commencé à le faire les décrets du 19 janvier. Un mot de Saccard circulait à la Chambre : il disait que, malgré sa profonde affection pour l'empereur, il se résignerait à Henri V, plutôt que de laisser l'esprit révolutionnaire mener la France à des catastrophes. Ensuite, son audace croissant avec ses victoires, il ne cacha plus son plan de s'attaquer à la haute banque juive, dans la personne de Gundermann, dont il s'agissait de battre en brèche le milliard, jusqu'à l'assaut et à la capture finale. L'Universelle avait si miraculeusement grandi, pourquoi cette maison, soutenue par toute la chrétienté, ne serait-elle pas, en quelques années encore, la souveraine maîtresse de la Bourse? Et il se posait en rival, en roi voisin, d'une égale puissance, plein d'une forfanterie batailleuse; tandis que Gundermann, très flegmatique, sans même se permettre une moue d'ironie, continuait à guetter et à attendre, l'air simplement très intéressé par la hausse continue des actions, en homme qui a mis toute sa force dans la patience et la logique.

C'était sa passion qui élevait ainsi Saccard, et sa passion qui devait le perdre. Dans l'assouvissement de ses appétits, il aurait voulu se découvrir un sixième sens, pour le satisfaire. Madame Caroline, qui en était arrivée à sourire toujours, même lorsque son cœur saignait, restait une amie, qu'il écoutait avec une sorte de déférence conjugale. La baronne Sandorff, dont les paupières meurtries et les lèvres rouges mentaient décidément, commençait à ne plus l'amuser, d'une froideur de glace, au milieu de ses curiosités perverses. Et, d'ailleurs, lui-même n'avait jamais connu de grandes passions, étant de ce monde de l'argent, trop occupé, dépensant autre part ses nerfs, payant l'amour au mois. Aussi, lorsque l'idée de la femme lui vint, sur le tas de ses nouveaux millions, ne songea-t-il qu'à en acheter une très cher, pour l'avoir devant tout Paris, comme il se serait fait cadeau d'un très gros brillant, simplement vaniteux de le piquer à sa cravate. Puis, n'était-ce pas là une excellente publicité? un homme capable de mettre beaucoup d'argent à une femme, n'a-t-il pas dès lors une fortune cotée? Tout de suite son choix tomba sur madame de Jeumont, chez qui il avait dîné deux ou trois fois avec Maxime. Elle était encore fort belle à trente-six ans, d'une beauté régulière et grave de Junon, et sa grande réputation venait de ce que l'empereur lui avait payé une nuit cent mille francs, sans compter la décoration pour son mari, un homme correct qui n'avait d'autre situation que ce rôle d'être le mari de sa femme. Tous deux vivaient largement, allaient partout, dans les ministères, à la cour, alimentés par des marchés rares et choisis, se suffisant de trois ou quatre nuits par an. On savait que cela coûtait horriblement cher, c'était tout ce qu'il y avait de plus distingué. Et Saccard, qu'excitait particulièrement l'envie de mordre à ce morceau d'empereur, alla jusqu'à deux cent mille francs, le mari ayant d'abord fait la moue sur cet ancien financier louche, le trouvant trop mince personnage et d'une immoralité compromettante.

Ce fut vers cette même époque que la petite madame Conin refusa carrément de prendre du plaisir avec Saccard. Il fréquentait beaucoup la papeterie de la rue Feydeau, ayant toujours des carnets à acheter, très séduit par cette adorable blonde, rose et potelée, aux cheveux de soie pâle, en neige, un petit mouton frisé, et gracieuse, et câline, toujours gaie.

— Non, je ne veux pas, jamais avec vous!

Quand elle avait dit jamais, c'était chose réglée, rien ne la faisait revenir sur son refus.

— Mais pourquoi? Je vous ai bien vue avec un autre, un jour que vous sortiez d'un hôtel, passage des Panoramas...

Elle rougit, mais sans cesser de le regarder bravement en face. Cet hôtel, tenu par une vieille dame, son amie, lui servait en effet de lieu de rendez-vous, lorsqu'un caprice la faisait céder à un monsieur du monde de la Bourse, aux heures où son brave homme de mari collait ses registres et où elle battait Paris, toujours dehors pour les courses de la maison.

— Vous savez bien, Gustave Sédille, ce jeune homme, votre amant.

D'un joli geste, elle protesta. Non, non! elle n'avait pas d'amant. Pas un homme ne pouvait se vanter de l'avoir eue deux fois. Pour qui la prenait-il? Une fois, oui! par hasard, par plaisir, sans que ça tirât autrement à conséquence! Et tous restaient ses amis, très reconnaissants, très discrets.

— C'est donc parce que je ne suis plus jeune?

Mais, d'un nouveau geste, avec son continuel rire, elle sembla dire qu'elle s'en moquait bien, qu'on fût jeune! Elle avait cédé à des moins jeunes, à des moins beaux encore, à de pauvres diables souvent.

— Pourquoi alors, dites pourquoi?

— Mon Dieu! c'est simple... Parce que vous ne me plaisez pas. Avec vous, jamais!

Et elle restait tout de même très aimable, l'air désolé de ne pouvoir le satisfaire.

— Voyons, reprit-il brutalement, ce sera ce que vous voudrez... Voulez-vous mille, voulez-vous deux mille, pour une fois, une seule fois?

A chaque surenchère qu'il mettait, elle disait non de la tête, gentiment.

— Voulez-vous... Voyons, voulez-vous dix mille, voulez-vous vingt mille?

Doucement, elle l'arrêta, en posant sa petite main sur la sienne.

— Pas dix, pas cinquante, pas cent mille! Vous pourriez monter longtemps comme ça, ce serait non, toujours non... Vous voyez bien que je n'ai pas un bijou sur moi. Ah! on m'en a offert, des choses, de l'argent, et de tout! Je ne veux rien, est-ce que ça ne suffit pas, quand ça fait plaisir?... Mais comprenez donc que mon mari m'aime de tout son cœur, et que je l'aime aussi beaucoup, moi. C'est un très honnête homme, mon mari. Alors, bien sûr que je ne vais pas le tuer, en lui causant du chagrin... Qu'est-ce que vous voulez que j'en fasse, de votre argent, puisque je ne peux pas le donner à mon mari? Nous ne sommes pas malheureux, nous nous retirerons un jour avec une jolie fortune; et, si ces messieurs me font tous l'amitié de continuer à se fournir chez nous, ça je l'accepte... Oh! je ne me pose pas pour plus désintéressée que je ne suis. Si j'étais seule, je verrais. Seulement, encore un coup, vous ne vous imaginez pas que mon mari prendrait vos cent mille francs, après que j'aurais couché avec vous... Non, non! pas pour un million!

Et elle s'entêta. Saccard, exaspéré par cette résistance

inattendue, s'acharna de son côté pendant près d'un mois. Elle le bouleversait, avec sa figure rieuse, ses grands yeux tendres, pleins de compassion. Comment! l'argent ne donnait donc pas tout? Voilà une femme que d'autres avaient pour rien, et qu'il ne pouvait avoir, lui, en y mettant un prix fou! Elle disait non, c'était sa volonté. Il en souffrait cruellement, dans son triomphe, comme d'un doute à sa puissance, d'une désillusion secrète sur la force de l'or, qu'il avait crue jusque-là absolue et souveraine.

Mais, un soir, il eut pourtant la jouissance de vanité la plus vive. Ce fut la minute culminante de son existence. Il y avait bal au ministère des affaires étrangères, et il avait choisi cette fête, donnée à propos de l'Exposition, pour prendre acte publiquement de son bonheur d'une nuit, avec madame de Jeumont; car, dans les marchés que passait cette belle personne, il entrait toujours que l'heureux acquéreur aurait, une fois, le droit de l'afficher, de façon que l'affaire eût pleinement toute la publicité voulue. Donc, vers minuit, dans les salons où les épaules nues s'écrasaient parmi les habits noirs, sous la clarté ardente des lustres, Saccard entra, ayant au bras madame de Jeumont; et le mari suivait. Quand ils parurent, les groupes s'écartèrent, on ouvrit un large passage à ce caprice de deux cent mille francs qui s'étalait, à ce scandale fait de violents appétits et de prodigalité folle. On souriait, on chuchotait, l'air amusé, sans colère, au milieu de l'odeur grisante des corsages, dans le bercement lointain de l'orchestre. Mais, au fond d'un salon, tout un autre flot de curieux se pressait autour d'un colosse, vêtu d'un uniforme de cuirassier blanc, éclatant et superbe. C'était le comte de Bismarck, dont la grande taille dominait toutes les têtes, riant d'un rire large, les yeux gros, le nez fort, avec une mâchoire puissante, que barraient des moustaches de conquérant barbare. Après Sadowa, il venait de donner l'Allemagne à la Prusse; les traités d'alliance, longtemps niés, étaient depuis des mois signés contre la France; et la guerre, qui avait failli éclater en mai, à propos de l'affaire du Luxembourg, était désormais fatale. Lorsque Saccard, triomphal, traversa la pièce, ayant à son bras madame de Jeumont, et suivi du mari, le comte de Bismarck s'interrompit de rire un instant, en bon géant goguenard, pour les regarder curieusement passer.

IX

Madame Caroline, de nouveau, se trouva seule. Hamelin était resté à Paris jusqu'aux premiers jours de novembre, pour les formalités que nécessitait la constitution définitive de la société, au capital de cent cinquante millions; et ce fut encore lui, sur le désir de Saccard, qui alla faire, chez maître Lelorrain, rue Sainte-Anne, les déclarations légales, affirmant que toutes les actions étaient bien souscrites et le capital versé, ce qui n'était pas vrai. Ensuite, il partit pour Rome, où il devait passer deux mois, ayant à y étudier de grosses affaires, qu'il taisait, sans doute son fameux rêve du pape à Jérusalem, ainsi qu'un autre projet, plus pratique et considérable, celui de la transformation de l'Universelle en une banque catholique, s'appuyant sur les intérêts chrétiens du monde entier, toute une vaste machine destinée à écraser, à balayer du globe la banque juive; et, de là, il comptait retourner une fois encore en Orient, où l'appelaient les travaux du chemin de fer de Brousse à Beyrout. Il s'éloignait heureux de la rapide prospérité de la maison, absolument convaincu de sa solidité inébranlable, n'ayant même au fond que la sourde inquiétude de ce succès trop grand. Aussi, la veille de son départ, dans la conversation qu'il eut avec sa sœur, ne lui fit-il qu'une recommandation pressante, celle de résister à l'engouement général et de vendre leurs titres, si le cours de deux mille deux cents francs était dépassé, parce qu'il entendait protester personnellement contre cette hausse continue, qu'il jugeait folle et dangereuse.

Dès qu'elle fut seule, madame Caroline se sentit plus troublée encore par le milieu surchauffé où elle vivait. Vers la première semaine de novembre, on atteignit le cours de deux mille deux cents; et c'était, autour d'elle, un ravissement, des cris de remerciement et d'espoir illimité : Dejoie venait se fondre en gratitude, les dames de Beauvilliers la traitaient en égale, en amie du dieu qui allait relever leur antique maison. Un concert de bénédictions montait de la foule heureuse des petits et des grands, les filles enfin dotées, les pauvres brusquement enrichis, assurés d'une retraite, les riches brûlant de l'insatiable joie d'être plus riches encore. Au lendemain de l'Exposition, dans Paris grisé de plaisir et de puissance, l'heure était unique, une heure de foi au bonheur, la certitude d'une chance sans fin. Toutes les valeurs avaient monté, les moins solides trouvaient des crédules, une pléthore d'affaires véreuses gonflait le marché, le congestionnait jusqu'à l'apoplexie, tandis que, dessous, sonnait le vide, le réel épuisement d'un règne qui avait beaucoup joui, dépensé des milliards en grands travaux, engraissé des maisons de crédit énormes, dont les caisses béantes s'éventraient de toutes parts. Au premier craquement, dans ce vertige, c'était la débâcle. Et madame Caroline, sans doute, avait ce pressentiment anxieux, lorsqu'elle sentait son cœur se serrer, à chaque nouveau bond des cours de l'Universelle. Aucune rumeur mauvaise ne courait, à peine un léger frémissement des baissiers, étonnés et domptés. Pourtant, elle avait bien conscience d'un malaise, quelque chose qui déjà minait l'édifice; mais quoi? rien ne se précisait; et elle était forcée d'attendre, devant l'éclat du triomphe grandissant, malgré ces légères secousses d'ébranlement qui annoncent les catastrophes.

D'ailleurs, madame Caroline eut alors un autre ennui. A l'Œuvre du Travail, on était enfin satisfait de Victor, devenu silencieux et sournois; et, si elle n'avait pas déjà tout conté à Saccard, c'était par un singulier sentiment d'embarras, reculant de jour en jour son récit, souffrant de la honte qu'il en aurait. D'autre part, Maxime, à qui, vers ce temps, elle rendit, de sa poche, les deux mille francs, s'égaya au sujet des quatre mille que Busch et la Méchain réclamaient encore : ces gens la volaient, son père serait furieux. Aussi, désormais, repoussait-elle les demandes réitérées de Busch, qui exigeait le complément de la somme promise. Après des démarches sans nombre, celui-ci finit par se fâcher, d'autant plus que son ancienne idée de faire chanter Saccard renaissait, depuis la situation nouvelle de ce dernier, cette haute situation où il le croyait à sa merci, devant la peur du scandale. Un jour donc, exaspéré de ne rien tirer d'une affaire si belle, il résolut de s'adresser directement à lui, il lui écrivit de bien vouloir passer à son bureau, pour prendre connaissance d'anciens papiers trouvés dans une maison de la rue de la Harpe. Il donnait le numéro, il faisait une allusion si claire à la vieille histoire, que Saccard, saisi d'inquiétude, ne pouvait manquer d'accourir. Justement, cette lettre, portée rue Saint-Lazare, tomba entre les mains de madame Caroline, qui reconnut l'écriture. Elle trembla, elle se demanda un instant si elle n'allait pas courir chez Busch, afin de le désintéresser. Puis, elle se dit qu'il écrivait peut-être pour tout autre chose, et qu'en tous cas c'était une façon d'en finir, heureuse même dans son émoi qu'un autre eût l'embarras de la confidence. Mais, le soir, lorsque Saccard rentra et que, devant elle, il ouvrit la lettre, elle le vit simplement devenir grave, elle crut à quelque complication d'argent. Pourtant, il avait éprouvé une profonde surprise, sa gorge s'était serrée, à l'idée de tomber entre de si sales mains, flairant quelque ignominie. D'un geste tranquille, il mit la lettre dans sa poche, il décida qu'il irait au rendez-vous.

Des jours s'écoulèrent, la seconde quinzaine de novembre arriva, et Saccard remettait chaque matin la visite, étourdi par le torrent qui l'emportait. Le cours de deux mille trois cents francs venait d'être dépassé, il en était ravi, tout en sentant, à la Bourse, une résistance se faire, s'accentuer, à mesure que s'affolait la hausse : évidemment, il y avait un groupe de baissiers qui prenaient position, engageant la lutte, timides encore, dans de simples combats d'avant-poste. Et, à deux reprises, il se crut obligé de donner lui-même des ordres d'achat, sous des prête-noms, pour que la marche ascensionnelle des cours ne fût pas arrêtée. Le système de la société achetant ses propres titres, jouant sur eux, se dévorant, commençait.

Un soir, tout secoué de sa passion, Saccard ne put s'empêcher d'en parler à madame Caroline.

— Je crois bien que ça va chauffer. Oh ! nous voici trop forts, nous les gênons trop... Je flaire Gundermann, c'est sa tactique : il va procéder à des ventes régulières, tant aujourd'hui, tant demain, en augmentant le chiffre, jusqu'à ce qu'il nous ébranle...

Elle l'interrompit de sa voix grave.

— S'il a de l'Universelle, il a raison de vendre.

— Comment ! il a raison de vendre ?

— Sans doute, mon frère vous l'a dit : les cours, à partir de deux mille, sont absolument fous.

Il la regardait, il éclata, hors de lui.

— Vendez donc alors, osez donc vendre vous-même... Oui, jouez contre moi, puisque vous voulez ma défaite.

Elle rougit légèrement, car, la veille, elle avait précisément vendu mille de ses actions, pour obéir aux ordres de son frère, soulagée, elle aussi, par cette vente, comme par un acte tardif d'honnêteté. Mais, puisqu'il ne la questionnait pas directement, elle ne lui en fit pas l'aveu, d'autant plus gênée, qu'il ajouta :

— Ainsi, hier, il y a eu des défections, j'en suis sûr. Il est arrivé tout un paquet de valeurs sur le marché, les cours auraient certainement fléchi, si je n'étais intervenu... Ce n'est pas Gundermann qui fait de ces coups-là. Il a une méthode plus lente, plus écrasante à la longue... Ah ! ma chère, je suis bien rassuré, mais je tremble tout de même, car ce n'est rien de défendre sa vie, le pis est de défendre son argent et celui des autres.

En effet, à partir de ce moment, Saccard cessa de s'appartenir. Il fut l'homme des millions qu'il gagnait, triomphant, et sans cesse sur le point d'être battu. Il ne trouvait même plus le temps d'aller voir la baronne Sandorff, dans le petit rez-de-chaussée de la rue Caumartin. A la vérité, elle l'avait lassé par le mensonge de ses yeux de flamme, cette froideur que ses tentatives perverses ne parvenaient pas à échauffer. Puis, un désagrément lui était arrivé, le même qu'il avait fait subir à Delcambre : un soir, par la bêtise d'une femme de chambre, cette fois, il était entré au moment où la baronne se trouvait entre les bras de Sabatani. Dans l'orageuse explication qui avait suivi, il ne s'était calmé qu'après une confession entière, celle d'une simple curiosité, coupable sans doute, mais si explicable. Ce Sabatani, toutes les femmes en parlaient comme d'un tel phénomène, on chuchotait sur cette chose si énorme, qu'elle n'avait pu résister à l'envie de voir. Et Saccard pardonna, lorsque, à une question brutale, elle eut répondu que, mon Dieu! après tout, ce n'était pas si étonnant. Il ne la voyait plus guère qu'une fois par semaine, non pas qu'il lui gardât rancune, mais parce qu'elle l'ennuyait, simplement.

Alors, la baronne Sandorff, qui le sentait se détacher, retomba dans ses ignorances et ses doutes d'autrefois. Depuis qu'elle le confessait aux heures intimes, elle jouait presque à coup sûr, elle gagnait beaucoup, de moitié dans sa chance. Aujourd'hui, elle voyait bien qu'il ne voulait plus répondre, elle craignait même qu'il ne lui mentît; et, soit que la chance tournât, soit qu'il se fût en effet amusé à la lancer sur une piste fausse, il arriva un jour qu'elle perdit, en suivant un de ses conseils. Sa foi en fut ébranlée. S'il l'égarait ainsi, qui donc allait la guider maintenant? Et le pis était que le frémissement d'hostilité, à la Bourse, d'abord si léger, augmentait de jour en jour contre l'Universelle. Ce n'étaient encore que des rumeurs, on ne formulait rien de précis, aucun fait n'entamait la solidité de la maison. Seulement, on laissait entendre qu'il devait y avoir quelque chose, que le ver se trouvait dans le fruit. Ce qui, d'ailleurs, n'empêchait pas la hausse des titres de s'accentuer, formidable.

A la suite d'une opération manquée sur l'Italien, la baronne, décidément inquiète, résolut de se rendre aux bureaux de *l'Espérance*, pour tâcher de faire causer Jantrou.

— Voyons, qu'y a-t-il ? vous devez savoir, vous... L'Universelle, tout à l'heure, a encore monté de vingt francs, et pourtant un bruit courait, personne n'a pu me dire lequel, enfin quelque chose de pas bon.

Mais Jantrou était dans une égale perplexité. Placé à la source des bruits, les fabriquant lui-même au besoin, il se comparait plaisamment à un horloger, qui vit au milieu de centaines de pendules, et qui ne sait jamais l'heure exacte. Grâce à son agence de publicité, s'il était dans toutes les confidences, il n'y avait plus pour lui d'opinion unique et solide, car ses renseignements se contrecarraient et se détruisaient.

— Je ne sais rien, rien du tout.

— Oh ! vous ne voulez pas me dire.

— Non, je ne sais rien, parole d'honneur ! Et moi qui projetais d'aller vous voir pour vous questionner ! Saccard n'est donc plus gentil ?

Elle eut un geste, qui le confirma dans ce qu'il avait deviné : une fin de liaison par lassitude mutuelle, la femme maussade, l'amant refroidi, ne causant plus. Il regretta un instant de n'avoir pas joué le rôle de l'homme bien informé, pour se la payer enfin, comme il disait, cette petite Ladricourt, dont le père le recevait à coups de botte. Mais il sentait que son heure n'était pas venue ; et il continuait de la regarder, réfléchissant tout haut.

— Oui, c'est embêtant, moi qui comptais sur vous... Parce que, n'est-ce pas ? s'il doit y avoir quelque catastrophe, il faudrait être prévenu, afin de pouvoir se retourner... Oh ! je ne crois pas que ça presse, c'est très solide encore. Seulement, on voit des choses si drôles...

A mesure qu'il la regardait ainsi, un plan germait dans sa tête.

— Dites donc, reprit-il brusquement, puisque Saccard vous lâche, vous devriez vous mettre bien avec Gundermann.

Elle resta un moment surprise.

— Gundermann, pourquoi ?... Je le connais un peu, je l'ai rencontré chez les de Roiville et chez les Keller.

— Tant mieux, si vous le connaissez... Allez le voir sous un prétexte, causez avec lui, tâchez d'être son amie... Vous imaginez-vous cela : être la bonne amie de Gundermann, gouverner le monde !

Et il ricanait, aux images licencieuses qu'il évoquait du geste, car la froideur du juif était connue, rien ne devait être plus compliqué ni plus difficile que de le séduire. La baronne, ayant compris, eut un sourire muet, sans se fâcher.

— Mais, répéta-t-elle, pourquoi Gundermann ?

Il expliqua alors que, certainement, ce dernier était à la tête du groupe de baissiers qui commençaient à manœuvrer contre l'Universelle. Ça, il le savait, il en avait la preuve. Puisque Saccard n'était pas gentil, la simple prudence n'était-elle pas de se mettre bien avec son adversaire, sans rompre avec lui d'ailleurs ? On aurait un pied dans chaque camp, on serait assuré d'être, le jour de la bataille, en compagnie du vainqueur. Et, cette trahison, il la proposait d'un air aimable, simplement en homme de bon conseil. Si une femme travaillait pour lui, il dormirait bien tranquille.

— Hein ? voulez-vous ? soyons ensemble... Nous nous préviendrons, nous nous dirons tout ce que nous aurons appris.

Comme il s'emparait de sa main, elle la retira d'un mouvement instinctif, croyant à autre chose.

— Mais non, je n'y songe plus, puisque nous sommes camarades... Plus tard, c'est vous qui me récompenserez.

En riant, elle lui abandonna sa main, qu'il baisa. Et elle était déjà sans mépris, oubliant le laquais qu'il avait été, ne le voyant plus dans la crapuleuse fête où il tombait, le visage ruiné, avec sa belle barbe qui empoisonnait l'absinthe, sa redingote neuve souillée de taches, son chapeau luisant tout éraflé du plâtre de quelque escalier immonde.

Dès le lendemain, la baronne Sandorff se rendit chez Gundermann. Celui-ci, depuis que les titres de l'Universelle avaient atteint le cours de deux mille francs, menait en effet toute une campagne à la baisse, dans la discrétion la plus grande, n'allant jamais à la Bourse, n'y ayant pas même de représentant officiel. Son raisonnement était qu'une action vaut d'abord son prix d'émission, ensuite l'intérêt qu'elle peut rapporter, et qui dépend de la prospérité de la maison, du succès des entreprises. Il y a donc une valeur maximum qu'elle ne doit raisonnablement pas dépasser ; et, dès qu'elle la dépasse, par suite de l'engouement public, la hausse est factice, la sagesse est de se mettre à la baisse, avec la certitude qu'elle se produira. Dans sa conviction, dans son absolue croyance à la logique, il restait pourtant surpris des rapides conquêtes de Saccard, de cette puissance tout d'un coup grandie, dont la haute banque juive commençait à s'épouvanter. Il fallait au plus tôt abattre ce rival dangereux, non seulement pour rattraper les huit millions perdus au lendemain de Sadowa, mais surtout pour ne pas avoir à partager la royauté du marché avec ce terrible aventurier, dont les casse-cou semblaient réussir, contre tout bon sens, comme par miracle. Et Gundermann, plein du mépris de la passion, exagérait encore son flegme de joueur mathématique, d'une obstination froide d'homme chiffre, vendant toujours malgré la hausse continue, perdant à chaque liquidation des sommes de plus en plus considérables, avec la belle sécurité d'un sage qui met simplement son argent à la caisse d'épargne.

Lorsque la baronne put enfin entrer, au milieu de la bousculade des employés et des remisiers, de la grêle des pièces à signer et des dépêches à lire, elle trouva le banquier souffrant d'un horrible rhume qui lui arrachait la gorge. Cependant, il était là depuis six heures du matin, toussant et crachant, exténué de fatigue, solide quand même. Ce jour-là, à la veille d'un emprunt étranger, la vaste salle était envahie par un flot de visiteurs plus pressé encore, que recevaient en coup de vent deux de ses fils et un de ses gendres ; tandis que, par terre, près de l'étroite table qu'il s'était réservée au fond, dans l'embrasure d'une fenêtre, trois de ses petits-enfants, deux fillettes et un garçon, se disputaient avec des cris aigus une poupée dont un bras et une jambe gisaient déjà, arrachés.

Tout de suite la baronne donna son prétexte.

— Cher monsieur, j'ai voulu avoir en personne la bravoure de mon importunité... C'est pour une loterie de bienfaisance...

Il ne la laissa pas achever, il était fort charitable, et prenait toujours deux billets, surtout lorsque des dames, rencontrées par lui dans le monde, se donnaient ainsi la peine de les lui apporter.

Mais il dut s'excuser, un employé venait lui soumettre le dossier d'une affaire. Des chiffres énormes furent rapidement échangés.

— Cinquante-deux millions, dites-vous? Et le crédit était?

— De soixante millions, monsieur.

— Eh bien! portez-le à soixante-quinze millions.

Il revenait à la baronne, lorsqu'un mot surpris dans une conversation que son gendre avait avec un remisier, le fit se précipiter.

— Mais pas du tout! Au cours de cinq cent quatre-vingt-sept cinquante, cela fait dix sous de moins par action.

— Oh! monsieur, dit le remisier humblement, pour quarante-trois francs que ça ferait en moins!

— Comment, quarante-trois francs! mais c'est énorme! Est-ce que vous croyez que je vole l'argent? Chacun son compte, je ne connais que ça!

Enfin, pour causer à l'aise, il se décida à emmener la baronne dans la salle à manger, où le couvert était déjà mis. Il n'était pas dupe du prétexte de la loterie de bienfaisance, car il savait sa liaison, grâce à toute une police obséquieuse qui le renseignait, et il se doutait bien qu'elle venait, poussée par quelque intérêt grave. Aussi ne se gêna-t-il pas.

— Voyons, maintenant, dites-moi ce que vous avez à me dire.

Mais elle affecta la surprise. Elle n'avait rien à lui dire, elle avait à le remercier simplement de sa bonté.

— Alors, on ne vous a pas chargée d'une commission pour moi?

Et il parut désappointé, comme s'il avait cru un instant qu'elle venait avec une mission secrète de Saccard, quelque invention de ce fou.

A présent qu'ils étaient seuls, elle le regardait en souriant, de son air ardent et menteur, qui excitait si inutilement les hommes.

— Non, non, je n'ai rien à vous dire; et, puisque vous êtes si bon, j'aurais plutôt quelque chose à vous demander.

Elle s'était penchée vers lui, elle effleurait ses genoux de ses fines mains gantées. Et elle se confessait, disait son mariage déplorable avec un étranger qui n'avait rien compris à sa nature, ni à ses besoins, expliquait comment elle avait dû s'adresser au jeu pour ne pas déchoir de sa situation. Enfin, elle parla de sa solitude, de la nécessité d'être conseillée, dirigée, sur cet effrayant terrain de la Bourse, où chaque faux pas coûte si cher.

— Mais, interrompit-il, je croyais que vous aviez quelqu'un.

— Oh! quelqu'un, murmura-t-elle avec un geste de profond dédain. Non, non, ce n'est personne, je n'ai personne... C'est vous que je voudrais avoir, le maître, le dieu. Et cela, vraiment, ne vous coûterait guère d'être mon ami, de me dire un mot, rien qu'un mot, de loin en loin. Si vous saviez comme vous me rendriez heureuse, comme je vous serais reconnaissante, oh! de tout mon être!

Elle s'approchait encore, l'enveloppait de sa tiède haleine, de l'odeur fine et puissante qui s'exhalait d'elle tout entière. Mais il restait bien calme, et il ne se recula même pas, la chair morte, sans un aiguillon à réprimer. Tandis qu'elle parlait, lui dont l'estomac était également détruit, et qui vivait de laitage, il prenait un à un, dans un compotier, sur la table, des grains de raisin qu'il mangeait d'un geste machinal, l'unique débauche qu'il se permettait parfois, aux grandes heures de sensualité, quitte à la payer par des journées de souffrance.

Il eut un sourire narquois, en homme qui se sait invincible, lorsque la baronne, d'un air d'oubli, dans le feu de sa prière, lui posa enfin sur le genou sa petite main tentatrice, aux doigts dévorants, souples comme un nœud de couleuvres. Plaisamment, il prit cette main, l'écarta en disant merci d'un signe de tête, ainsi que pour un cadeau inutile qu'on refuse. Et, sans perdre son temps davantage, allant droit au but :

— Voyons, vous êtes bien gentille, je voudrais vous être agréable... Ma belle amie, le jour où vous m'apporterez un bon conseil, je m'engage à vous en donner un aussi. Venez me dire ce qu'on fait, et je vous dirai ce que je ferai... Affaire conclue, hein?

Il s'était levé, et elle dut rentrer avec lui dans la grande salle voisine. Elle avait parfaitement compris le marché qu'il proposait, l'espionnage, la trahison. Mais elle ne voulut pas répondre, elle affecta de reparler de sa loterie de bienfaisance; tandis que lui, de son hochement de tête goguenard, semblait ajouter qu'il ne tenait pas à être aidé, que le dénouement logique, fatal, arriverait quand même, un peu plus tard peut-être. Et, lorsqu'elle partit enfin, il était déjà repris par d'autres affaires, dans l'extraordinaire tumulte de cette halle aux capitaux, au milieu du défilé des gens de Bourse, de la galopade de ses employés, des jeux de ses petits-enfants, qui venaient d'arracher la tête de la poupée, avec des cris de triomphe. Il s'était assis à son étroite table, il s'absorba dans l'étude d'une idée soudaine, n'entendit plus rien.

Deux fois, la baronne Sandorff retourna aux bureaux

de *l'Espérance*, pour rendre compte de sa démarche à Jantrou, sans le rencontrer. Dejoie enfin l'introduisit, un jour que sa fille Nathalie causait avec madame Jordan, sur une banquette du couloir. Il tombait, depuis la veille, une pluie diluvienne; et, par ce temps humide et gris, l'entresol du vieil hôtel, au fond du puisard assombri de la cour, était d'une mélancolie affreuse. Le gaz brûlait dans un demi-jour boueux. Marcelle, qui attendait Jordan, en chasse pour donner un nouvel acompte à Busch, écoutait d'un air triste Nathalie caquetant comme une pie vaniteuse, avec sa voix sèche, ses gestes aigus de fille de Paris poussée trop vite.

— Vous comprenez, madame, papa ne veut pas vendre... Il y a une personne qui le pousse à vendre, en tâchant de lui faire peur. Je ne la nomme pas, cette personne, parce que son rôle, bien sûr, n'est guère d'effrayer le monde... C'est moi, maintenant, qui empêche papa de vendre. Plus souvent que je vende, quand ça monte! Faudrait être joliment godiche, n'est-ce pas?

— Certes! répondit simplement Marcelle.

— Vous savez que nous sommes à deux mille cinq cents, continua Nathalie. Je tiens les comptes, moi, car papa ne sait guère écrire... Alors, avec nos huit actions, ça nous donne déjà vingt mille francs. Hein? c'est joli!... Papa voulait d'abord s'arrêter à dix-huit mille, ça faisait son chiffre : six mille francs pour ma dot, et douze mille pour lui, une petite rente de six cents francs, qu'il aurait bien gagnée, avec toutes ces émotions... Mais est-ce heureux, dites? qu'il n'ait pas vendu, puisque voilà encore deux mille francs de plus!... Alors, maintenant, nous voulons davantage, nous voulons une rente de mille francs au moins. Et nous l'aurons, monsieur Saccard nous l'a bien dit... Il est si gentil, monsieur Saccard!

Marcelle ne put s'empêcher de sourire.

— Vous ne vous mariez donc plus?

— Si, si, lorsque ça aura fini de monter... Nous étions pressés, le père de Théodore surtout, à cause de son commerce. Seulement, que voulez-vous? on ne peut pas boucher la source, quand l'argent arrive. Oh! Théodore comprend très bien, attendu que si papa a davantage de rente, c'est davantage de capital qui nous reviendra un jour. Dame! c'est à considérer... Et voilà, tout le monde attend. On a les six mille francs depuis des mois, on pourrait se marier; mais on aime mieux leur laisser faire des petits... Est-ce que vous lisez les articles sur les actions, vous?

Et, sans attendre la réponse :

— Moi, je les lis, le soir. Papa m'apporte les journaux... Il les a déjà lus, et il faut que je les lui relise... Jamais on ne s'en lasserait, tant c'est beau, tout ce qu'ils promettent. Quand je me couche, j'en ai la tête pleine, j'en rêve la nuit. Et papa me dit aussi qu'il voit des choses qui sont un très bon signe. Avant-hier, nous avons fait le même songe, des pièces de cent sous que nous ramassions à la pelle, dans la rue. C'était très amusant.

De nouveau, elle s'interrompit pour demander :

— Combien avez-vous d'actions, vous?

— Nous, pas une! répondit Marcelle.

La petite figure blonde de Nathalie, avec ses mèches pâles envolées, prit un air de commisération immense. Ah! les pauvres gens qui n'avaient pas d'actions! Et, son père l'ayant appelée, pour la charger de remettre un paquet d'épreuves à un rédacteur, en remontant aux Batignolles, elle s'en alla, avec une importance amusante de capitaliste, qui, presque tous les jours, maintenant, descendait au journal, afin de connaître plus tôt le cours de la Bourse.

Restée seule sur la banquette, Marcelle retomba dans une songerie mélancolique, elle si gaie et si brave d'habitude. Mon Dieu! qu'il faisait noir, qu'il faisait triste! et son pauvre mari qui courait les rues par cette pluie diluvienne! Il avait un tel mépris de l'argent, un tel malaise à la seule idée de s'en occuper, cela lui coûtait un si gros effort d'en demander, même à ceux qui lui en devaient! Et, absorbée, n'entendant rien, elle revivait sa journée depuis son réveil, cette journée mauvaise; tan.

dis que, autour d'elle, se faisait le travail fiévreux du journal, le galop des rédacteurs, le va-et-vient de la copie, au milieu des battements de porte et des coups de sonnette.

D'abord, dès neuf heures, comme Jordan venait de partir pour toute une enquête sur un accident dont il devait rendre compte, Marcelle, à peine débarbouillée, encore en camisole, avait eu la stupeur de voir tomber chez eux Busch, en compagnie de deux messieurs très sales, peut-être des huissiers, peut-être des bandits, ce qu'elle n'avait jamais pu décider au juste. Cet abominable Busch, sans doute abusant de ce qu'il ne trouvait là qu'une femme, déclarait qu'ils allaient tout saisir, si elle ne le payait pas sur-le-champ. Et elle avait eu beau se débattre, n'ayant eu connaissance d'aucune des formalités légales : il affirmait la signification du jugement, l'apposition de l'affiche, avec une telle carrure, qu'elle en était restée éperdue, finissant par croire à la possibilité de ces choses, sans qu'on les sache. Mais elle ne se rendait point, expliquait que son mari ne rentrerait même pas déjeuner, qu'elle ne laisserait toucher à rien, avant qu'il fût là. Alors, entre les trois louches personnages et cette jeune femme, à moitié dévêtue, les cheveux sur les épaules, avait commencé la plus pénible des scènes, eux inventoriant déjà les objets, elle fermant les armoires, se jetant devant la porte, comme pour les empêcher de rien sortir. Son pauvre petit logement dont elle était si fière, ses quatre meubles qu'elle faisait reluire, la tenture d'andrinople de la chambre qu'elle avait clouée elle-même! Ainsi qu'elle le criait avec une bravoure guerrière, il faudrait lui marcher sur le corps; et elle traitait Busch de canaille et de voleur, à la volée : oui! un voleur, qui n'avait pas honte de réclamer sept cent trente francs quinze centimes, sans compter les nouveaux frais, pour une créance de trois cents francs, une créance achetée par lui cent sous, au tas, avec des chiffons et de la vieille ferraille! Dire qu'ils avaient déjà, par acomptes, donné quatre cents francs, et que ce voleur-là parlait d'emporter leurs meubles, en paiement des trois cents et tant de francs qu'il voulait leur voler encore! Et il savait parfaitement qu'ils étaient de bonne foi, qu'ils l'auraient payé tout de suite, s'ils avaient eu la somme. Et il profitait de ce qu'elle était seule, incapable de répondre, ignorante de la procédure, pour l'effrayer et la faire pleurer. Canaille! voleur! voleur! Furieux, Busch criait plus haut qu'elle, se tapait violemment la poitrine : est-ce qu'il n'était pas un honnête homme? est-ce qu'il n'avait pas payé la créance de bel et bon argent? Il était en règle avec la loi, il entendait en finir. Cependant, comme un des deux messieurs très sales ouvrait les tiroirs de la commode, à la recherche du linge, elle avait eu une attitude si terrible, menaçant d'ameuter la maison et la rue, que le juif s'était un peu radouci. Enfin, après une demi-heure encore de basse discussion, il avait consenti à attendre jusqu'au lendemain, avec l'enragé serment qu'il prendrait tout, le lendemain, si elle lui manquait de parole. Oh! quelle honte brûlante dont elle souffrait encore, ces vilains hommes chez eux, blessant toutes ses tendresses, toutes ses pudeurs, fouillant jusqu'au lit, empestant la chambre si heureuse, dont elle avait dû laisser la fenêtre grande ouverte, après leur départ!

Mais un autre chagrin, plus profond, attendait Marcelle, ce jour-là. L'idée lui était venue de courir tout de suite chez ses parents, pour leur emprunter la somme : de cette manière, lorsque son mari rentrerait, le soir, elle ne le désespérerait pas, elle pourrait le faire rire avec la scène du matin. Déjà, elle se voyait lui racontant la grande bataille, l'assaut féroce donné à leur ménage, la façon héroïque dont elle avait repoussé l'attaque. Le cœur lui battait très fort, en entrant dans le petit hôtel de la rue Legendre, cette maison cossue où elle avait grandi et où elle croyait ne plus trouver que des étrangers, tellement l'air lui semblait autre, glacial. Comme ses parents se mettaient à table, elle avait accepté à déjeuner, pour les disposer mieux. Tout le temps du repas, la conversation était restée sur la hausse des actions de l'Universelle, dont, la veille encore, le cours avait monté de vingt francs; et elle s'étonnait de trouver sa mère plus enfiévrée, plus âpre que son père, elle qui, au commencement, tremblait à la seule idée de spéculation : maintenant, avec une violence de femme conquise, c'était elle qui le gourmandait de sa timidité, acharnée aux grands coups du hasard. Dès les hors-d'œuvre, elle s'était emportée, saisie de ce qu'il parlait de vendre leurs soixante-quinze actions à ce cours inespéré de deux mille cinq cent vingt francs, ce qui leur aurait fait cent quatre-vingt-neuf mille francs, un joli gain, plus de cent mille francs sur le prix d'achat. Vendre! quand *la Cote financière* promettait le cours de trois mille francs! est-ce qu'il devenait fou? Car, enfin, *la Cote financière* était connue pour sa vieille honnêteté, lui-même répétait souvent qu'avec ce journal-là on pouvait dormir sur ses deux oreilles! Ah! non par exemple, elle ne le laisserait pas vendre! elle vendrait plutôt l'hôtel, pour acheter encore! Et Marcelle, silencieuse, le cœur serré, à entendre voler passionnément ces gros chiffres, cherchait comment elle allait oser demander un prêt de cinq cents francs, dans cette maison envahie par le jeu, où elle avait vu monter peu à peu le flot des journaux financiers, qui la submergeaient aujourd'hui du rêve grisant de leur publicité. Enfin, au dessert, elle s'était risquée : il leur fallait cinq cents francs, on allait les vendre, ses parents ne pouvaient les abandonner dans ce désastre. Le père, tout de suite, avait baissé la tête, avec un coup d'œil embarrassé vers sa femme. Mais déjà la mère refusait, d'une voix nette. Cinq cents francs! où voulait-on qu'elle les trouvât? Tous leurs capitaux étaient engagés dans des opérations; et, d'ailleurs, ses anciennes diatribes revenaient : quand on avait épousé un meurt-de-faim, un homme qui écrivait des livres, on acceptait les conséquences de sa sottise, on n'essayait pas de retomber à la charge des siens. Non! elle n'avait pas un sou pour les paresseux qui, avec leur beau mépris affecté de l'argent, ne rêvent que de manger celui des autres. Et elle avait laissé partir sa fille, et celle-ci s'en était allée désespérée, le cœur saignant de ne plus reconnaître sa mère, elle si raisonnable et si bonne autrefois.

Dans la rue, Marcelle avait marché, inconsciente, regardant si elle ne trouverait pas de l'argent par terre. Puis, l'idée brusque lui était venue de s'adresser à l'oncle Chave; et, immédiatement, elle s'était présentée au discret rez-de-chaussée de la rue Nollet, pour ne pas le manquer, avant la Bourse. Il y avait eu des chuchotements, des rires de fillettes. Pourtant, la porte ouverte, elle avait aperçu le capitaine seul, fumant sa pipe, et il s'était désolé, l'air furieux contre lui-même, en criant qu'il n'avait jamais cent francs d'avance, qu'il mangeait au jour le jour ses petits gains de Bourse, comme un sale cochon qu'il était. Ensuite, en apprenant le refus des Maugendre, il avait tonné contre eux, de vilains bougres encore ceux-là, qu'il ne voyait plus d'ailleurs, depuis que la hausse de leurs quatre actions les rendait fous. Est-ce que, l'autre semaine, sa sœur ne l'avait pas traité de liardeur, comme pour tourner en ridicule son jeu prudent, parce qu'il lui conseillait amicalement de vendre? En voilà une qu'il ne plaindrait pas, lorsqu'elle se casserait le cou!

Et Marcelle, de nouveau dans la rue, les mains vides, avait dû se résigner à se rendre au journal, pour avertir son mari de ce qui s'était passé, le matin. Il fallait absolument payer Busch. Jordan, dont le livre n'était encore accepté par aucun éditeur, venait de se lancer à la chasse de l'argent, au travers du Paris boueux de cette journée de pluie, sans savoir où frapper, chez des amis, dans les journaux où il écrivait, au hasard de la rencontre. Bien qu'il l'eût suppliée de rentrer chez eux, elle était tellement anxieuse, qu'elle avait préféré rester là, sur cette banquette, à l'attendre.

Après le départ de sa fille, lorsqu'il la vit seule, Dejoie lui apporta un journal.

— Si madame veut lire, pour prendre patience.

Mais elle refusa du geste, et comme Saccard arrivait,

elle fit la vaillante, elle expliqua gaiement qu'elle avait envoyé son mari dans le quartier, une course ennuyeuse dont elle s'était débarrassée. Saccard, qui avait de l'amitié pour le petit ménage, comme il les nommait, voulait absolument qu'elle entrât chez lui attendre à l'aise. Elle s'en défendit, elle était bien là. Et il cessa d'insister, dans la surprise qu'il éprouva à se trouver nez à nez, brusquement, avec la baronne Sandorff, qui sortait de chez Jantrou. D'ailleurs, ils se sourirent, d'un air d'aimable intelligence, en gens qui échangent un simple salut, pour ne pas s'afficher.

Jantrou, dans leur conversation, venait de dire à la baronne qu'il n'osait plus lui donner de conseil. Sa perplexité augmentait, devant la solidité de l'Universelle, sous les efforts croissants des baissiers : sans doute Gundermann l'emporterait, mais Saccard pouvait durer longtemps, et il y avait peut-être gros à gagner encore avec lui. Il l'avait décidée à temporiser, à les ménager tous deux. Le mieux était de tâcher d'avoir toujours les secrets de l'un, en se montrant aimable, de manière à les garder pour elle et à en profiter, ou bien à les vendre à l'autre, selon l'intérêt. Et cela sans complot noir, arrangé par lui d'un air de plaisanterie, tandis qu'elle-même lui promettait en riant de le mettre dans l'affaire.

— Alors, elle est sans cesse fourrée chez vous, c'est votre tour? dit Saccard avec sa brutalité, en entrant dans le cabinet de Jantrou.

Celui-ci joua l'étonnement.

— Qui donc?... Ah! la baronne!... Mais, mon cher maître, elle vous adore. Elle me le disait encore tout à l'heure.

D'un geste d'homme qu'on ne trompe pas, le vieux corsaire l'avait arrêté. Et il le regardait, dans sa déchéance de basse débauche, en pensant que, si elle avait cédé à la curiosité de savoir comment Sabatani était fait, elle pouvait bien vouloir goûter au vice de cette ruine.

— Ne vous défendez pas, mon cher. Quand une femme

joue, elle tomberait au commissionnaire du coin, qui lui porterait un ordre.

Jantrou fut très blessé, et il se contenta de rire, en s'obstinant à expliquer la présence chez lui de la baronne, qui était venue, disait-il, pour une question de publicité.

D'ailleurs, Saccard, d'un haussement d'épaules, avait déjà jeté de côté cette question de femme, sans intérêt, selon lui. Debout, allant et venant, se plantant devant la fenêtre pour regarder tomber l'éternelle pluie grise, il exhalait sa joie énervée. Oui, l'Universelle avait encore monté de vingt francs, la veille! Mais comment diable se faisait-il que des vendeurs s'acharnaient? car la hausse serait allée jusqu'à trente francs, sans un paquet de titres qui était tombé sur le marché, dès la première heure. Ce qu'il ignorait, c'était que madame Caroline avait de nouveau vendu mille de ses actions, luttant elle-même contre la hausse déraisonnable, ainsi que son frère lui en avait laissé l'ordre. Certes, Saccard ne pouvait se plaindre devant le succès grandissant, et cependant il était agité, ce jour-là, d'un tremblement intérieur, fait de sourde crainte et de colère. Il criait que les sales juifs avaient juré sa perte et que cette canaille de Gundermann venait de se mettre à la tête d'un syndicat de baissiers pour l'écraser. On le lui avait affirmé à la Bourse, on y parlait d'une somme de trois cents millions, destinée par le syndicat à nourrir la baisse. Ah! les brigands! Et ce qu'il ne répétait pas ainsi tout haut, c'étaient les autres bruits qui couraient, plus nets de jour en jour, des rumeurs contestant la solidité de l'Universelle, alléguant déjà des faits, des symptômes de difficultés prochaines, sans avoir encore, il est vrai, ébranlé en rien l'aveugle confiance du public.

Mais la porte fut poussée, et Huret entra, de son air d'homme simple.

— Ah! vous voilà donc, Judas! dit Saccard.

Huret, en apprenant que Rougon allait décidément abandonner son frère, s'était remis avec le ministre; car il avait la conviction que, le jour où Saccard aurait Rougon contre lui, ce serait la catastrophe inévitable. Pour obtenir son pardon, il était rentré dans la domesticité du grand homme, faisant de nouveau ses courses, risquant à son service les gros mots et les coups de pied au derrière.

— Judas, répéta-t-il avec le fin sourire qui éclairait parfois sa face épaisse de paysan, en tout cas un Judas brave homme qui vient donner un avis désintéressé au maître qu'il a trahi.

Mais Saccard, comme s'il ne voulait pas l'entendre, cria, simplement pour affirmer son triomphe :

— Hein? deux mille cinq cent vingt hier, deux mille cinq cent vingt-cinq aujourd'hui.

— Je sais, j'ai vendu tout à l'heure.

Du coup, la colère qu'il dissimulait sous son air de plaisanterie, éclata.

— Comment, vous avez vendu?... Ah bien ! c'est complet, alors ! Vous me lâchez pour Rougon et vous vous mettez avec Gundermann !

Le député le regardait, ébahi.

— Avec Gundermann, pourquoi?... Je me mets avec mes intérêts, oh ! simplement ! Moi, vous savez, je ne suis pas un casse-cou. Non, je n'ai pas tant d'estomac, j'aime mieux réaliser tout de suite, dès qu'il y a un joli bénéfice. Et c'est peut-être bien pour cela que je n'ai jamais perdu.

Il souriait de nouveau en Normand prudent et avisé, qui, sans fièvre, engrangeait sa moisson.

— Un administrateur de la société ! continuait Saccard violemment. Mais qui voulez-vous donc qui ait confiance? que doit-on penser, à vous voir vendre ainsi, en plein mouvement de hausse? Parbleu ! je ne m'étonne plus, si l'on prétend que notre prospérité est factice et que le jour de la dégringolade approche... Ces messieurs vendent, vendons tous. C'est la panique !

Huret, silencieux, eut un geste vague. Au fond, il s'en moquait, son affaire était faite. Il n'avait à présent que le souci de remplir la mission dont Rougon l'avait chargé, le plus proprement possible, sans avoir trop à en souffrir lui-même.

— Je vous disais donc, mon cher, que j'étais venu pour vous donner un avis désintéressé... Le voici. Soyez sage, votre frère est furieux, il vous abandonnera carrément, si vous vous laissez vaincre.

Saccard, refrénant sa colère, ne broncha pas.

— C'est lui qui vous envoie me dire ça?

Après une hésitation, le député jugea préférable d'avouer.

— Eh bien! oui, c'est lui... Oh! vous ne supposez pas que les attaques de *l'Espérance* soient pour quelque chose dans son irritation. Il est au-dessus de ces blessures d'amour-propre... Non! mais en vérité, songez combien la campagne catholique de votre journal doit gêner sa politique actuelle. Depuis ces malheureuses complications de Rome, il a tout le clergé à dos, il vient encore d'être forcé de faire condamner un évêque comme d'abus... Et, pour l'attaquer, vous allez justement choisir le moment où il a grand'peine à ne pas se laisser déborder par l'évolution libérale, née des réformes du 19 janvier, qu'il a consenti à appliquer, comme on dit, dans l'unique désir de les endiguer sagement... Voyons, vous êtes son frère, croyez-vous qu'il soit content?

— En effet, répondit Saccard railleur, c'est bien vilain de ma part... Voilà ce pauvre frère, qui, dans sa rage de rester ministre, gouverne au nom des principes qu'il combattait hier, et qui s'en prend à moi, parce qu'il ne sait plus comment se tenir en équilibre, entre la droite, fâchée d'avoir été trahie, et le tiers état, affamé du pouvoir. Hier encore, pour calmer les catholiques, il lançait son fameux : Jamais! il jurait que jamais la France ne laisserait l'Italie prendre Rome au pape. Aujourd'hui, dans sa terreur des libéraux, il voudrait bien leur donner aussi un gage, il daigne songer à m'égorger pour leur plaire... L'autre semaine, Émile Ollivier l'a secoué vertement à la Chambre...

— Oh ! interrompit Huret, il a toujours la confiance des Tuileries, l'empereur lui a envoyé une plaque de diamants.

Mais, d'un geste énergique, Saccard disait qu'il n'était pas dupe.

— L'Universelle est désormais trop puissante, n'est-ce pas? Une banque catholique, qui menace d'envahir le monde, de le conquérir par l'argent comme on le conquérait jadis par la foi, est-ce que cela peut se tolérer? Tous les libres penseurs, tous les francs-maçons, en passe de devenir ministres, en ont froid dans les os... Peut-être aussi a-t-on quelque emprunt à tripoter avec Gundermann. Qu'est-ce qu'un gouvernement deviendrait, s'il ne se laissait pas manger par ces sales juifs?... Et voilà mon imbécile de frère qui, pour garder le pouvoir six mois de plus, va me jeter en pâture aux sales juifs, aux libéraux, à toute la racaille, dans l'espérance qu'on le laissera un peu tranquille, pendant qu'on me dévorera... Eh bien ! retournez lui dire que je me fous de lui...

Il redressait sa petite taille, sa rage crevait enfin son ironie, en une fanfare batailleuse de clairon.

— Entendez-vous bien, je me fous de lui ! C'est ma réponse, je veux qu'il le sache.

Huret avait plié les épaules. Dès qu'on se fâchait, dans les affaires, ce n'était plus son genre. Après tout, il n'était là dedans qu'un commissionnaire.

— Bon, bon ! on le lui dira... Vous allez vous faire casser les reins. Mais ça vous regarde.

Il y eut un silence. Jantrou, qui était resté absolument muet, en affectant d'être tout entier à la correction d'un paquet d'épreuves, avait levé les yeux, pour admirer Saccard. Était-il beau, le bandit, dans sa passion ! Ces canailles de génie parfois triomphent, à ce degré d'inconscience, lorsque l'ivresse du succès les emporte. Et Jantrou, à ce moment, était pour lui, convaincu de sa fortune.

— Ah ! j'oubliais, reprit Huret. Il paraît que Delcambre, le procureur général, vous exècre... Et, ce que vous ignorez encore, l'empereur l'a nommé ce matin ministre de la justice.

Brusquement, Saccard s'était arrêté. Le visage assombri, il dit enfin :

— Encore de la propre marchandise! Ah! on a fait un ministre de ça. Qu'est-ce que vous voulez que ça me fiche?

— Dame! reprit Huret en exagérant son air simple, si un malheur vous arrivait, comme ça arrive à tout le monde, dans les affaires, votre frère veut que vous ne comptiez pas sur lui, pour vous défendre contre Delcambre.

— Mais, tonnerre de Dieu! hurla Saccard, quand je vous dis que je me fous de toute la clique, de Rougon, de Delcambre, et de vous par-dessus le marché!

Heureusement, à cette minute, Daigremont entra. Il ne montait jamais au journal, ce fut une surprise pour tous, qui coupa court aux violences. Très correct, il distribua des poignées de main en souriant, d'une amabilité flatteuse d'homme du monde. Sa femme allait donner une soirée, où elle chanterait; et il venait simplement inviter en personne Jantrou, pour avoir un bon article. Mais la présence de Saccard parut le ravir.

— Comment va, grand homme?

— Dites donc, vous n'avez pas vendu, vous? demanda celui-ci, sans répondre.

Vendre, ah! non, pas encore! Et son éclat de rire fut très sincère, il était réellement de solidité plus grande.

— Mais il ne faut jamais vendre, dans notre situation! s'écria Saccard.

— Jamais! c'est ce que je voulais dire. Nous sommes tous solidaires, vous savez que vous pouvez compter sur moi.

Ses paupières avaient battu, il venait d'avoir un regard oblique, tandis qu'il répondait des autres administrateurs, de Sédille, de Kolb, du marquis de Bohain, comme de lui-même. L'affaire marchait si bien, c'était vraiment un plaisir d'être tous d'accord, dans le plus extraordinaire succès que la Bourse eût vu depuis cinquante ans. Et il eut un mot charmant pour chacun, il s'en alla en répétant qu'il comptait sur eux trois, pour sa soirée. Mounier, le ténor de l'Opéra, y donnerait la réplique à sa femme. Oh! un effet considérable!

— Alors, demanda Huret partant à son tour, c'est tout ce que vous avez à me répondre?

— Parfaitement! déclara Saccard, de sa voix sèche.

Et il affecta de ne pas descendre avec lui, comme à son habitude. Puis, lorsqu'il se retrouva seul avec le directeur du journal :

— C'est la guerre, mon brave! Il n'y a plus rien à ménager, tapez-moi sur toutes ces fripouilles!... Ah! je vais donc pouvoir enfin mener la bataille comme je l'entends!

— Tout de même, c'est raide! conclut Jantrou, dont les perplexités recommençaient.

Dans le couloir, sur la banquette, Marcelle attendait toujours. Il était à peine quatre heures, et Dejoie venait déjà d'allumer les lampes, tellement la nuit tombait vite, sous le ruissellement blafard et entêté de la pluie. Chaque fois qu'il passait près d'elle, il trouvait un petit mot, pour la distraire. Du reste, les allées et venues des rédacteurs s'activaient, des éclats de voix sortaient de la salle voisine; toute cette fièvre qui montait, à mesure que se faisait le journal.

Marcelle, brusquement, en levant les yeux, aperçut Jordan devant elle. Il était trempé, l'air anéanti, avec ce tressaillement de la bouche, ce regard un peu fou des gens qui ont couru longtemps derrière quelque espoir, sans l'atteindre. Elle avait compris.

— Rien, n'est-ce pas? demanda-t-elle, pâlissante.

— Rien, ma chérie, rien du tout... Nulle part, pas possible...

Et elle n'eut alors qu'une plainte basse, où tout son cœur saignait.

— Oh! mon Dieu!

A ce moment, Saccard sortait du bureau de Jantrou, et il s'étonna de la trouver là encore.

— Comment, madame, votre coureur de mari ne fait que de revenir? Je vous disais bien d'entrer l'attendre dans mon cabinet.

Elle le regardait fixement, une pensée soudaine s'était éveillée dans ses grands yeux désolés. Elle ne réfléchit même pas, elle céda à cette bravoure qui jette les femmes en avant, aux minutes de passion.

— Monsieur Saccard, j'ai quelque chose à vous demander... Si vous vouliez bien, maintenant, que nous passions chez vous...

— Mais certainement, madame.

Jordan, qui craignait d'avoir deviné, voulut la retenir. Il lui balbutiait à l'oreille des : non! non! entrecoupés, dans l'angoisse maladive où le jetaient toujours ces questions d'argent. Elle s'était dégagée, il dut la suivre.

— Monsieur Saccard, reprit-elle, dès que la porte fut refermée, mon mari court inutilement depuis deux heures pour trouver cinq cents francs, et il n'ose pas vous les demander... Alors, moi, je vous les demande...

Et, de verve, avec ses airs drôles de petite femme gaie et résolue, elle conta son affaire du matin, l'entrée brutale de Busch, l'envahissement de sa chambre par les trois hommes, comment elle était parvenue à repousser l'assaut, l'engagement qu'elle avait pris de payer le jour même. Ah! ces plaies d'argent pour le petit monde, ces grandes douleurs faites de honte et d'impuissance, la vie remise sans cesse en question, à propos de quelques misérables pièces de cent sous!

— Busch, répéta Saccard, c'est ce vieux filou de Busch qui vous tient dans ses griffes...

Puis, avec une bonhomie charmante, se tournant vers Jordan, qui restait silencieux, blême d'un insupportable malaise :

— Eh bien! je vais vous les avancer, moi, vos cinq cents francs. Vous auriez dû me les demander tout de suite.

Il s'était assis à sa table, pour signer un chèque, lorsqu'il s'arrêta, réfléchissant. Il se rappelait la lettre qu'il avait reçue, la visite qu'il devait faire et qu'il reculait de jour en jour, dans l'ennui de l'histoire louche qu'il flairait. Pourquoi n'irait-il pas tout de suite rue Feydeau, profitant de l'occasion, ayant un prétexte?

— Ecoutez, je le connais à fond, votre gredin... Il vaut mieux que j'aille en personne le payer, pour voir si je ne pourrai pas ravoir vos billets à moitié prix.

Les yeux de Marcelle, à présent, luisaient de gratitude.

— Oh! monsieur Saccard, que vous êtes bon!

Et, s'adressant à son mari :

— Tu vois, grosse bête, que monsieur Saccard ne nous a pas mangés!

Il lui sauta au cou, d'un mouvement irrésistible, il l'embrassa, car c'était elle qu'il remerciait d'être plus énergique et plus adroite que lui, dans ces difficultés de la vie qui le paralysaient.

— Non! non! dit Saccard, lorsque le jeune homme lui serra enfin la main, le plaisir est pour moi, vous êtes très gentils tous les deux de vous aimer si fort... Allez-vous-en tranquilles!

Sa voiture, qui l'attendait, le mena en deux minutes rue Feydeau, au milieu de ce Paris boueux, dans la bousculade des parapluies et l'éclaboussement des flaques. Mais, en haut, il eut beau sonner à la vieille porte dépeinte, où une plaque de cuivre étalait le mot : *Contentieux*, en grosses lettres noires : elle ne s'ouvrit pas, rien ne bougeait à l'intérieur. Et il se retirait, lorsque, dans sa contrariété vive, il l'ébranla violemment du poing. Alors, un pas traînard se fit entendre, et Sigismond parut.

— Tiens! c'est vous!... Je croyais que c'était mon frère qui remontait et qui avait oublié sa clef. Moi, jamais je ne réponds aux coups de sonnette... Oh! il ne tardera pas, vous pouvez l'attendre, si vous tenez à le voir.

Du même pas pénible et chancelant, il retourna, suivi du visiteur, dans la chambre qu'il occupait, sur la place de la Bourse. Il y faisait encore plein jour, à ces hauteurs, au-dessus de la brume dont la pluie emplissait le fond des rues. La pièce était d'une nudité froide, avec son étroit lit de fer, sa table et ses deux chaises, ses quelques planches encombrées de livres, sans un meuble. Devant la cheminée, un petit poêle, mal entretenu, oublié, venait de s'éteindre.

— Asseyez-vous, monsieur. Mon frère m'a dit qu'il ne faisait que descendre et remonter.

Mais Saccard refusait la chaise en le regardant, frappé des progrès que la phtisie avait faits chez ce grand garçon pâle, aux yeux d'enfant, des yeux noyés de rêve, singuliers sous l'énergique obstination du front. Entre les longues boucles de ses cheveux, son visage s'était extraordinairement creusé, comme allongé et tiré vers la tombe.

— Vous avez été souffrant? demanda-t-il, ne sachant que dire.

Sigismond eut un geste de complète indifférence.

— Oh! comme toujours. La dernière semaine n'a pas été bonne, à cause de ce vilain temps... Mais ça va bien tout de même... Je ne dors plus, je puis travailler, et j'ai un peu de fièvre, ça me tient chaud... Ah! on aurait tant à faire!

Il s'était remis devant sa table, sur laquelle un livre, en langue allemande, se trouvait grand ouvert. Et il reprit :

— Je vous demande pardon de m'asseoir, j'ai veillé toute la nuit, pour lire cette œuvre que j'ai reçue hier... Une œuvre, oui! dix années de la vie de mon maître, Karl Marx, l'étude qu'il nous promettait depuis longtemps sur le capital... Voici notre Bible, maintenant, la voici!

Curieusement, Saccard vint jeter un regard sur le livre; mais la vue des caractères gothiques le rebuta tout de suite.

— J'attendrai qu'il soit traduit, dit-il en riant.

Le jeune homme, d'un hochement de tête, sembla dire que, même traduit, il ne serait guère pénétré que par les seuls initiés. Ce n'était pas un livre de propagande. Mais quelle force de logique, quelle abondance victorieuse de preuves, dans la fatale destruction de notre société actuelle, basée sur le système capitaliste! La plaine était rase, on pouvait reconstruire.

— Alors, c'est le coup de balai? demanda Saccard, toujours plaisantant.

— En théorie, parfaitement! répondit Sigismond. Tout ce que je vous ai expliqué un jour, toute la marche de l'évolution est là. Reste à l'exécuter en fait... Mais vous êtes aveugles, si vous ne voyez point les pas considérables que l'idée fait à chaque heure. Ainsi, vous qui, avec votre Universelle, avez remué et centralisé en trois ans des centaines de millions, vous ne semblez absolument pas vous douter que vous nous conduisez tout droit au collectivisme... J'ai suivi votre affaire avec passion, oui! de cette chambre perdue, si tranquille, j'en ai étudié le développement jour par jour, et je la connais aussi bien que vous, et je dis que c'est une fameuse leçon que vous nous donnez là, car l'État collectiviste n'aura à faire que ce que vous faites, vous exproprier en bloc, lorsque vous aurez exproprié en détail les petits, réaliser l'ambition de votre rêve démesuré, qui est, n'est-ce pas? d'absorber tous les capitaux du monde, d'être l'unique banque, l'entrepôt général de la fortune publique... Oh! je vous admire beaucoup, moi! je vous laisserais aller, si j'étais le maître, parce que vous commencez notre besogne, en précurseur de génie.

Et il souriait, de son pâle sourire de malade, en remarquant l'attention de son interlocuteur, très surpris de le trouver si au courant des affaires du jour, très flatté aussi de ses éloges intelligents.

— Seulement, continua-t-il, le beau matin où nous vous exproprierons au nom de la nation, remplaçant vos intérêts privés par l'intérêt de tous, faisant de votre grande machine à sucer l'or des autres la régulatrice même de la richesse sociale, nous commencerons par supprimer ça.

Il avait trouvé un sou parmi les papiers de sa table, il

le tenait en l'air, entre deux doigts, comme la victime désignée.

— L'argent! s'écria Saccard, supprimer l'argent! la bonne folie!

— Nous supprimerons l'argent monnayé... Songez donc que la monnaie métallique n'a aucune place, aucune raison d'être, dans l'État collectiviste. A titre de rémunération, nous le remplaçons par nos bons de travail; et, si vous le considérez comme mesure de la valeur, nous en avons une autre qui nous en tient parfaitement lieu, celle que nous obtenons en établissant la moyenne des journées de besogne, dans nos chantiers... Il faut le détruire, cet argent qui masque et favorise l'exploitation du travailleur, qui permet de le voler, en réduisant son salaire à la plus petite somme dont il a besoin, pour ne pas mourir de faim. N'est-ce pas épouvantable, cette possession de l'argent qui accumule les fortunes privées, barre le chemin à la féconde circulation, fait des royautés scandaleuses, maîtresses souveraines du marché financier et de la production sociale? Toutes nos crises, toute notre anarchie vient de là... Il faut tuer, tuer l'argent!

Mais Saccard se fâchait. Plus d'argent, plus d'or, plus de ces astres luisants, qui avaient éclairé sa vie! Toujours la richesse s'était matérialisée pour lui dans cet éblouissement de la monnaie neuve, pleuvant comme une averse de printemps, au travers du soleil, tombant en grêle sur la terre qu'elle couvrait, des tas d'argent, des tas d'or, qu'on remuait à la pelle, pour le plaisir de leur éclat et de leur musique. Et l'on supprimait cette gaieté, cette raison de se battre et de vivre!

— C'est imbécile, oh! ça, c'est imbécile!... Jamais, entendez-vous!

— Pourquoi jamais? pourquoi imbécile?... Est-ce que, dans l'économie de la famille, nous faisons usage de l'argent? Vous n'y voyez que l'effort en commun et que l'échange... Alors, à quoi bon l'argent, lorsque la société ne sera plus qu'une grande famille, se gouvernant elle-même?

— Je vous dis que c'est fou !... Détruire l'argent, mais c'est la vie même, l'argent ! Il n'y aurait plus rien, plus rien !

Il allait et venait, hors de lui. Et, dans cet emportement, comme il passait devant la fenêtre, il s'assura d'un regard que la Bourse était toujours là, car peut-être ce terrible garçon l'avait-il, elle aussi, effondrée d'un souffle. Elle y était toujours, mais très vague au fond de la nuit tombante, comme fondue sous le linceul de pluie, un pâle fantôme de Bourse près de s'évanouir en une fumée grise.

— D'ailleurs, je suis bien bête de discuter. C'est impossible... Supprimez donc l'argent, je demande à voir ça.

— Bah ! murmura Sigismond, tout se supprime, tout se transforme et disparaît... Ainsi, nous avons bien vu la forme de la richesse changer déjà une fois, lorsque la valeur de la terre a baissé, que la fortune foncière, domaniale, les champs et les bois, a décliné devant la fortune mobilière, industrielle, les titres de rente et les actions, et nous assistons aujourd'hui à une précoce caducité de cette dernière, à une sorte de dépréciation rapide, car il est certain que le taux s'avilit, que le cinq pour cent normal n'est plus atteint... La valeur de l'argent baisse donc, pourquoi l'argent ne disparaîtrait-il pas, pourquoi une nouvelle forme de la fortune ne régirait-elle pas les rapports sociaux ? C'est cette fortune de demain que nos bons de travail apporteront.

Il s'était absorbé dans la contemplation du sou, comme s'il eût rêvé qu'il tenait le dernier sou des vieux âges, un sou égaré, ayant survécu à l'antique société morte. Que de joies et que de larmes avaient usé l'humble métal ! Et il était tombé à la tristesse de l'éternel désir humain.

— Oui, reprit-il doucement, vous avez raison, nous ne verrons pas ces choses. Il faut des années, des années. Sait-on même si jamais l'amour des autres aura en soi assez de vigueur pour remplacer l'égoïsme, dans l'organisation sociale... Pourtant, j'ai espéré le triomphe plus prochain, j'aurais tant voulu assister à cette aube de la justice!

Un instant, l'amertume du mal dont il souffrait, brisa sa voix. Lui qui, dans sa négation de la mort, la traitait comme si elle n'était pas, eut un geste, pour l'écarter. Mais, déjà, il se résignait.

— J'ai fait ma tâche, je laisserai mes notes, dans le cas où je n'aurais pas le temps d'en tirer l'ouvrage complet de reconstruction que j'ai rêvé. Il faut que la société de demain soit le fruit mûr de la civilisation, car, si l'on ne garde le bon côté de l'émulation et du contrôle, tout croule... Ah! cette société, comme je la vois nettement à cette heure, créée enfin, complète, telle que je suis parvenu, après tant de veilles, à la mettre debout! Tout est prévu, tout est résolu, c'est enfin la souveraine justice, l'absolu bonheur. Elle est là, sur le papier, mathématique, définitive.

Et il promenait ses longues mains émaciées parmi les notes éparses, et il s'exaltait, dans ce rêve des milliards reconquis, partagés équitablement entre tous, dans cette joie et cette santé qu'il rendait d'un trait de plume à l'humanité souffrante, lui qui ne mangeait plus, qui ne dormait plus, qui achevait de mourir sans besoins, au milieu de la nudité de sa chambre.

Mais une voix rude fit tressaillir Saccard.

— Qu'est-ce que vous faites là?

C'était Busch qui rentrait et qui jetait sur le visiteur un regard oblique d'amant jaloux, dans sa continuelle crainte qu'on ne donnât une crise de toux à son frère, en le faisant trop parler. D'ailleurs, il n'attendit pas la réponse, il grondait maternellement, désespéré.

— Comment! tu as encore laissé mourir ton poêle! Je te demande un peu si c'est raisonnable, par une humidité pareille!

Déjà, pliant les genoux, malgré la lourdeur de son grand corps, il cassait du menu bois, il rallumait le feu. Puis, il alla chercher un balai, fit le ménage, s'inquiéta de la potion que le malade devait prendre toutes les deux heures. Et il ne se montra tranquille que lorsqu'il eut décidé celui-ci à s'allonger sur le lit, pour se reposer.

— Monsieur Saccard, si vous voulez passer dans mon cabinet...

Madame Méchain s'y trouvait, assise sur l'unique chaise. Elle et Busch venaient de faire, dans le voisinage, une visite importante, dont la pleine réussite les enchantait. C'était enfin, après une attente désespérée, l'heureuse mise en marche d'une des affaires qui les tenaient le plus au cœur. Pendant trois ans, la Méchain avait battu le pavé, en quête de Léonie Cron, cette fille séduite, à laquelle le comte de Beauvilliers avait signé une reconnaissance de dix mille francs, payable le jour de sa majorité. Vainement, elle s'était adressée à son cousin Fayeux, le receveur de rentes de Vendôme, qui avait acheté pour Busch la reconnaissance, dans un lot de vieilles créances, provenant de la succession du sieur Charpier, marchand de grains, usurier à ses heures : Fayeux ne savait rien, écrivait seulement que la fille Léonie Cron devait être en service chez un huissier, à Paris, qu'elle avait quitté depuis plus de dix ans Vendôme, où elle n'était jamais revenue et où il ne pouvait même questionner un seul de ses parents, tous étant morts. La Méchain avait bien découvert l'huissier, et elle était arrivée à suivre de là Léonie chez un boucher, chez une dame galante, chez un dentiste; mais, à partir du dentiste, le fil se cassait brusquement, la piste s'interrompait, une aiguille dans une botte de foin, une fille tombée, perdue dans la boue du grand Paris. Sans résultat, elle avait couru les bureaux de placement, visité les garnis borgnes, fouillé la basse débauche, toujours aux aguets, tournant la tête, interrogeant, dès que ce nom de Léonie frappait ses oreilles. Et cette fille, qu'elle était allée chercher bien loin, voilà qu'elle venait, ce jour-là, par un hasard, de mettre la main sur elle, rue Feydeau, dans la maison publique voisine, où elle relançait une ancienne locataire de la cité de Naples, qui lui devait trois francs. Un coup de génie la lui avait fait flairer et reconnaître, sous le nom distingué de Léonide, au moment où madame l'appelait au salon d'une voix perçante. Tout de suite, Busch, averti, était revenu avec elle à la maison, pour traiter; et cette grosse fille, aux durs cheveux noirs tombant sur les sourcils, à la face plate et molle, d'une bassesse immonde, l'avait d'abord surpris; puis, il s'était rendu compte de son charme spécial, surtout avant ses dix années de prostitution, ravi d'ailleurs qu'elle fût tombée si bas, abominable. Il lui avait offert mille francs, si elle lui abandonnait ses droits sur la reconnaissance. Elle était stupide, elle avait accepté le marché avec une joie d'enfant. Enfin, on allait donc pouvoir traquer la comtesse de Beauvilliers, on avait l'arme cherchée, inespérée même, à ce point de laideur et de honte !

— Je vous attendais, monsieur Saccard. Nous avons à causer... Vous avez reçu ma lettre, n'est-ce pas?

Dans l'étroite pièce, bondée de dossiers, déjà noire, qu'une maigre lampe éclairait d'une lumière fumeuse, la Méchain, immobile et muette, ne bougeait pas de l'unique chaise. Et, resté debout, ne voulant point avoir l'air d'être venu sur une menace, Saccard entama tout de suite l'affaire Jordan, d'une voix dure et méprisante.

— Pardon, je suis monté pour régler une dette d'un de mes rédacteurs... Le petit Jordan, un très charmant garçon, que vous poursuivez à boulets rouges, avec une férocité vraiment révoltante... Ce matin encore, paraît-il, vous vous êtes conduit envers sa femme comme un galant homme rougirait de le faire...

Saisi d'être attaqué de la sorte, lorsqu'il s'apprêtait à prendre l'offensive, Busch perdit pied, oublia l'autre histoire, s'irrita sur celle-ci.

— Les Jordan, vous venez pour les Jordan... Il n'y a pas de femme, il n'y a pas de galant homme, dans les affaires. Quand on doit, on paie, je ne connais que ça... Des bougres qui se fichent de moi depuis des années, dont j'ai eu une peine du diable à tirer quatre cents francs, sou à sou !... Ah ! tonnerre de Dieu, oui ! je les ferai vendre, je les jetterai à la rue demain matin, si je n'ai pas ce soir, là, sur mon bureau, les trois cent trente francs quinze centimes qu'ils me doivent encore.

Et Saccard, par tactique, pour le mettre hors de lui, ayant dit qu'il était déjà payé quarante fois de cette créance, qui ne lui avait sûrement pas coûté dix francs, il s'étrangla en effet de colère.

— Nous y voilà! vous n'avez tous que ça à dire... Et il y a aussi les frais, n'est-ce pas? cette dette de trois cents francs qui est montée à plus de sept cents... Mais est-ce que ça me regarde, moi? On ne me paie pas, je poursuis. Tant pis si la justice est chère, c'est sa faute!... Alors, quand j'ai acheté une créance dix francs, je devrais me faire rembourser dix francs, et ce serait fini. Eh bien! et mes risques, et mes courses, et mon travail de tête, oui! mon intelligence? Justement, tenez! pour cette affaire Jordan, vous pouvez consulter madame, qui est là. C'est elle qui s'en est occupée. Ah! elle en a fait des pas et des démarches, elle en a usé, de la chaussure, à monter les escaliers de tous les journaux, d'où on la flanquait à la porte comme une mendiante, sans jamais lui donner l'adresse. Cette affaire, mais nous l'avons nourrie pendant des mois, nous y avons rêvé, nous y avons travaillé comme à un de nos chefs-d'œuvre, elle me coûte une somme folle, à dix sous l'heure seulement!

Il s'exaltait, il montra d'un grand geste les dossiers qui emplissaient la pièce.

— J'ai ici pour plus de vingt millions de créances, et de tous les âges, de tous les mondes, d'infimes et de colossales... Les voulez-vous pour un million? je vous les donne... Quand on pense qu'il y a des débiteurs que je file depuis un quart de siècle! Pour obtenir d'eux quelques misérables centaines de francs, même moins parfois, je patiente des années, j'attends qu'ils réussissent ou qu'ils héritent... Les autres, les inconnus, les plus nombreux, dorment là, regardez! dans ce coin, tout ce tas énorme. C'est le néant, ça, ou plutôt c'est la matière brute, d'où il faut que je tire la vie, je veux dire ma vie, Dieu sait après quelle complication de recherches et d'ennuis !... Et vous voulez que, lorsque j'en tiens un enfin, solvable, je ne le saigne pas? Ah! non, vous me croiriez trop bête, vous ne seriez pas si bête, vous!

Sans s'attarder à discuter davantage, Saccard tira son portefeuille.

— Je vais vous donner deux cents francs, et vous allez me rendre le dossier Jordan, avec un acquit de tout compte.

Busch sursauta d'exaspération.

— Deux cents francs, jamais de la vie!... C'est trois cent trente francs quinze centimes. Je veux les centimes.

Mais, de sa voix égale, avec la tranquille assurance de l'homme qui connaît la puissance de l'argent, montré, étalé, Saccard répéta à deux, à trois reprises :

— Je vais vous donner deux cents francs...

Et le juif, convaincu au fond qu'il était raisonnable de transiger, finit par consentir, dans un cri de rage, les larmes aux yeux.

— Je suis trop faible. Quel sale métier!.... Parole d'honneur! on me dépouille, on me vole... Allez! pendant que vous y êtes, ne vous gênez pas, prenez-en d'autres, oui! fouillez dans le tas, pour vos deux cents francs!

Puis, lorsque Busch eut signé un reçu et écrit un mot pour l'huissier, car le dossier n'était plus chez lui, il souffla un moment devant son bureau, tellement secoué, qu'il aurait laissé partir Saccard, sans la Méchain, qui n'avait pas eu un geste ni une parole.

— Et l'affaire? dit-elle.

Il se souvint brusquement, il allait prendre sa revanche. Mais tout ce qu'il avait préparé, son récit, ses questions, la marche savante de l'entretien, se trouva emporté d'un coup, dans sa hâte d'arriver au fait.

— L'affaire, c'est vrai!... Je vous ai écrit, monsieur Saccard. Nous avons maintenant un vieux compte à régler ensemble...

Il avait allongé la main, pour prendre le dossier Sicardot, qu'il ouvrit devant lui.

— En 1852, vous êtes descendu dans un hôtel meublé de la rue de la Harpe, vous y avez souscrit douze billets de cinquante francs à une demoiselle Rosalie Chavaille, âgée de seize ans, que vous avez violentée, un soir, dans l'escalier... Ces billets, les voici. Vous n'en avez pas payé un seul, car vous êtes parti sans laisser d'adresse, avant l'échéance du premier. Et le pis est qu'ils sont signés d'un faux nom, Sicardot, le nom de votre première femme...

Très pâle, Saccard écoutait, regardait. C'était, au milieu d'un saisissement inexprimable, tout le passé qui s'évoquait, une sensation d'écroulement, une masse énorme et confuse qui retombait sur lui. Dans cette peur de la première minute, il perdit la tête, il bégaya.

— Comment savez-vous?... Comment avez-vous ça ?

Puis, de ses mains tremblantes, il se hâta de tirer de nouveau son portefeuille, n'ayant que l'idée de payer, de rentrer en possession de ce dossier fâcheux.

— Il n'y a pas eu de frais, n'est-ce pas?... C'est six cents francs... Oh! il y aurait beaucoup à dire, mais j'aime mieux payer, sans discussion.

Et il tendait six billets de banque.

— Tout à l'heure! cria Busch, qui repoussa l'argent. Je n'ai pas terminé... Madame, que vous voyez là, est la petite-cousine de Rosalie, et ces papiers sont à elle, c'est en son nom que je poursuis le remboursement... Cette pauvre Rosalie est restée infirme, à la suite de votre violence. Elle a eu beaucoup de malheurs, elle est morte dans une misère affreuse, chez madame, qui l'avait recueillie... Madame, si elle voulait, pourrait vous raconter des choses...

— Des choses terribles! accentua de sa petite voix la Méchain, rompant son silence.

Effaré, Saccard se tourna vers elle, l'ayant oubliée, tassée là comme une outre dégonflée à demi. Elle l'avait toujours inquiété, avec son louche commerce d'oiseau de carnage sur les valeurs déclassées; et il la retrouvait, mêlée à cette histoire désagréable.

— Sans doute, la malheureuse, c'est bien fâcheux, murmura-t-il. Mais, si elle est morte, je ne vois vraiment pas... Voici toujours les six cents francs.

Une seconde fois, Busch refusa de prendre la somme.

— Pardon, c'est que vous ne savez pas encore tout, c'est qu'elle a eu un enfant... Oui, un enfant qui est dans sa quatorzième année, un enfant qui vous ressemble à un tel point, que vous ne pouvez le renier.

Abasourdi, Saccard répéta à plusieurs reprises :

— Un enfant, un enfant...

Puis, replaçant d'un geste brusque les six billets de banque dans son portefeuille, tout d'un coup remis d'aplomb et très gaillard :

— Ah! çà, dites donc, est-ce que vous vous moquez de moi? S'il y a un enfant, je ne vous fiche pas un sou... Le petit a hérité de sa mère, c'est le petit qui aura ça et tout ce qu'il voudra par-dessus le marché... Un enfant, mais c'est très gentil, mais c'est tout naturel, il n'y a pas de mal à avoir un enfant. Au contraire, ça me fait beaucoup de plaisir, ça me rajeunit, parole d'honneur!... Où est-il, que j'aille le voir? Pourquoi ne me l'avez-vous pas amené tout de suite?

Stupéfié à son tour, Busch songeait à sa longue hésitation, aux ménagements infinis que madame Caroline prenait pour révéler l'existence de Victor à son père. Et, démonté, il se jeta dans les explications les plus violentes, les plus compliquées, lâchant tout à la fois, les six mille francs d'argent prêté et de frais d'entretien que la Méchain réclamait, les deux mille francs d'acompte donnés par madame Caroline, les instincts épouvantables de Victor, son entrée à l'Œuvre du Travail. Et, de son côté, Saccard sursautait, à chaque nouveau détail. Comment, six mille francs! qui lui disait qu'au contraire on n'avait pas dépouillé le gamin? Un acompte de deux mille francs! on avait eu l'audace d'extorquer à une dame de ses amies deux mille francs! mais c'était un vol, un abus de confiance! Ce petit, parbleu! on l'avait mal élevé, et l'on voulait qu'il payât ceux qui étaient responsables de cette mauvaise éducation! On le prenait donc pour un imbécile!

— Pas un sou! cria-t-il, entendez-vous, ne comptez pas tirer un sou de ma poche!

Busch, blême, s'était mis debout devant sa table.

— C'est ce que nous verrons. Je vous traînerai en justice.

— Ne dites donc pas de bêtises. Vous savez bien que la justice ne s'occupe pas de ces choses-là... Et, si vous espérez me faire chanter, c'est encore plus bête, parce que, moi, je me fiche de tout. Un enfant! mais je vous dis que ça me flatte!

Et, comme la Méchain bouchait la porte, il dut la bousculer, l'enjamber, pour sortir. Elle suffoquait, elle lui jeta dans l'escalier, de sa voix de flûte :

— Canaille! sans cœur!

— Vous aurez de nos nouvelles! hurla Busch, qui referma la porte à la volée.

Saccard était dans un tel état d'excitation, qu'il donna l'ordre à son cocher de rentrer directement, rue Saint-Lazare. Il avait hâte de voir madame Caroline, il l'aborda sans une gêne, la gronda tout de suite d'avoir donné les deux mille francs.

— Mais, ma chère amie, jamais on ne lâche de l'argent comme ça... Pourquoi diable avez-vous agi sans me consulter?

Elle, saisie qu'il sût enfin l'histoire, demeurait muette. C'était bien l'écriture de Busch qu'elle avait reconnue, et maintenant elle n'avait plus rien à cacher, puisqu'un autre venait de lui éviter le souci de la confidence. Cependant, elle hésitait toujours, confuse pour cet homme qui l'interrogeait si à l'aise.

— J'ai voulu vous éviter un chagrin... Ce malheureux enfant était dans une telle dégradation!... Depuis longtemps, je vous aurais tout raconté, sans un sentiment...

— Quel sentiment?... Je vous avoue que je ne comprends pas.

Elle n'essaya pas de s'expliquer, de s'excuser davantage, envahie d'une tristesse, d'une lassitude de tout, elle si courageuse à vivre; tandis que lui continuait à s'exclamer, enchanté, vraiment rajeuni.

— Ce pauvre gamin! je l'aimerai beaucoup, je vous assure... Vous avez très bien fait de le mettre à l'Œuvre du Travail, pour le décrasser un peu. Mais nous allons le retirer de là, nous lui donnerons des professeurs... Demain, j'irai le voir, oui! demain, si je ne suis pas trop pris.

Le lendemain, il y eut conseil, et deux jours se passèrent, puis la semaine, sans que Saccard trouvât une minute. Il parla de l'enfant souvent encore, remettant sa visite, cédant au fleuve débordé qui l'emportait. Dans les premiers jours de décembre, le cours de deux mille sept cents francs venait d'être atteint, au milieu de l'extraordinaire fièvre dont l'accès maladif continuait à bouleverser la Bourse. Le pis était que les nouvelles alarmantes avaient grandi, que la hausse s'enrageait, dans un malaise croissant, intolérable : désormais, on annonçait tout haut la catastrophe fatale, et on montait quand même, on montait sans cesse, par la force obstinée d'un de ces prodigieux engouements qui se refusent à l'évidence. Saccard ne vivait plus que dans la fiction exagérée de son triomphe, entouré comme d'une gloire par cette averse d'or qu'il faisait pleuvoir sur Paris, assez fin cependant pour avoir la sensation du sol miné, crevassé, qui menaçait de s'effondrer sous lui. Aussi, bien qu'à chaque liquidation il restât victorieux, ne décolérait-il pas contre les baissiers, dont les pertes déjà devaient être effroyables. Qu'avaient donc ces sales juifs à s'acharner? N'allait-il pas enfin les détruire? Et il s'exaspérait surtout de ce qu'il disait flairer, à côté de Gundermann, faisant son jeu, d'autres vendeurs, des soldats de l'Universelle, peut-être, des traîtres qui passaient à l'ennemi, ébranlés dans leur foi, ayant la hâte de réaliser.

Un jour que Saccard exhalait ainsi son mécontentement devant madame Caroline, celle-ci crut devoir lui tout dire.

— Vous savez, mon ami, que j'ai vendu, moi... Je viens

de vendre nos dernières mille actions au cours de deux mille sept cents.

Il resta anéanti, comme devant la plus noire des trahisons.

— Vous avez vendu, vous! vous, mon Dieu!

Elle lui avait pris les mains, elle les lui serrait, vraiment peinée, lui rappelant qu'elle et son frère l'avaient averti. Ce dernier, qui était toujours à Rome, écrivait des lettres pleines d'une mortelle inquiétude sur cette hausse exagérée, qu'il ne s'expliquait pas, qu'il fallait enrayer à tout prix, sous peine d'une culbute en plein gouffre. La veille encore, elle en avait reçu une, lui donnant l'ordre formel de vendre. Et elle avait vendu.

— Vous, vous! répétait Saccard. C'était vous qui me combattiez, que je sentais dans l'ombre! Ce sont vos actions que j'ai dû racheter!

Il ne s'emportait pas, selon son habitude, et elle souffrait davantage de son accablement, elle aurait voulu le raisonner, lui faire abandonner cette lutte sans merci qu'un massacre seul pouvait terminer.

— Mon ami, écoutez-moi... Songez que nos trois mille titres ont produit plus de sept millions et demi. N'est-ce point un gain inespéré, extravagant? Moi, tout cet argent m'épouvante, je ne puis pas croire qu'il m'appartienne... Mais ce n'est d'ailleurs pas de notre intérêt personnel qu'il s'agit. Songez aux intérêts de tous ceux qui ont remis leur fortune entre vos mains, un effrayant total de millions que vous risquez dans la partie. Pourquoi soutenir cette hausse insensée, pourquoi l'exciter encore? On me dit de tous les côtés que la catastrophe est au bout, fatalement... Vous ne pourrez monter toujours, il n'y a aucune honte à ce que les titres reprennent leur valeur réelle, et c'est la maison solide, c'est le salut.

Mais, violemment, il s'était remis debout.

— Je veux le cours de trois mille... J'ai acheté et j'achèterai encore, quitte à en crever... Oui! que je crève, que tout crève avec moi, si je ne fais pas et si je ne maintiens pas le cours de trois mille!

Après la liquidation du 15 décembre, les cours montèrent à deux mille huit cents, à deux mille neuf cents. Et ce fut le 21 que le cours de trois mille vingt francs fut proclamé à la Bourse, au milieu d'une agitation de foule démente. Il n'y avait plus ni vérité, ni logique, l'idée de la valeur était pervertie, au point de perdre tout sens réel. Le bruit courait que Gundermann, contrairement à ses habitudes de prudence, se trouvait engagé dans d'effroyables risques; depuis des mois qu'il nourrissait la baisse, ses pertes avaient grandi à chaque quinzaine, au fur et à mesure de la hausse, par sauts énormes; et l'on commençait à dire qu'il pourrait bien avoir les reins cassés. Toutes les cervelles étaient à l'envers, on s'attendait à des prodiges.

Et, à cette minute suprême, où Saccard, au sommet, sentait trembler la terre, dans l'angoisse inavouée de la chute, il fut roi. Lorsque sa voiture arrivait rue de Londres, devant le palais triomphal de l'Universelle, un valet descendait vivement, étalait un tapis, qui des marches du vestibule se déroulait sur le trottoir, jusqu'au ruisseau; et Saccard alors daignait quitter la voiture, et il faisait son entrée, en souverain à qui l'on épargne le commun pavé des rues.

X

A cette fin d'année, le jour de la liquidation de décembre, la grande salle de la Bourse se trouva pleine dès midi et demi, dans une extraordinaire agitation de voix et de gestes. Depuis quelques semaines, d'ailleurs, l'effervescence montait, et elle aboutissait à cette dernière journée de lutte, une cohue fiévreuse où grondait déjà la décisive bataille qui allait s'engager. Dehors, il gelait terriblement; mais un clair soleil d'hiver pénétrait, d'un rayon oblique, par le haut vitrage, égayant tout un côté de la salle nue, aux sévères piliers, à la voûte triste, que glaçaient encore des grisailles allégoriques; tandis que des bouches de calorifères, tout le long des arcades, soufflaient une haleine tiède, au milieu du courant froid des portes grillagées, continuellement battantes.

Le baissier Moser, plus inquiet et plus jaune que de coutume, se heurta contre le haussier Pillerault, arrogamment planté sur ses hautes jambes de héron.

— Vous savez ce qu'on dit...

Mais il dut élever la voix, pour se faire entendre, dans le bruit croissant des conversations, un roulement régulier, monotone, pareil à une clameur d'eaux débordées, coulant sans fin.

— On dit que nous aurons la guerre en avril... Ça ne peut pas finir autrement, avec ces armements formidables. L'Allemagne ne veut pas nous laisser le temps d'appliquer la nouvelle loi militaire que va voter la Chambre... Et, d'ailleurs, Bismarck...

Pillerault éclata de rire.

— Fichez-moi donc la paix, vous et votre Bismarck!...Moi qui vous parle, j'ai causé cinq minutes avec lui, cet été, quand il est venu. Il a l'air très bon garçon... Si vous n'êtes pas content, après l'écrasant succès de l'Exposition, que vous faut-il? Eh! mon cher, l'Europe entière est à nous.

Moser hocha désespérément la tête. Et, en phrases que coupaient à chaque seconde les bousculades de la foule, il continua à dire ses craintes. L'état du marché était trop prospère, d'une prospérité pléthorique qui ne valait rien, pas plus que la mauvaise graisse des gens trop gras. Grâce à l'Exposition, il avait poussé trop d'affaires, on s'était trop engoué, on en arrivait à la pure démence du jeu. Est-ce que ce n'était pas fou, par exemple, l'Universelle à trois mille trente?

— Ah! nous y voilà! cria Pillerault.

Et, de tout près, en accentuant chaque syllabe;

— Mon cher, on finira ce soir à trois mille soixante... Vous serez tous culbutés, c'est moi qui vous le dis.

Le baissier, facilement impressionnable pourtant, eut un petit sifflement de défi. Et il regarda en l'air, pour marquer sa fausse tranquillité d'âme, il resta un moment à examiner les quelques têtes de femme, qui se penchaient, là-haut, à la galerie du télégraphe, étonnées du spectacle de cette salle, où elles ne pouvaient entrer. Des écussons portaient des noms de villes, les chapiteaux et les corniches allongeaient une perspective blême, que des infiltrations avaient tachée de jaune.

— Tiens! c'est vous! reprit Moser en baissant la tête et en reconnaissant Salmon, qui souriait devant lui, de son éternel et profond sourire.

Puis, troublé, voyant dans ce sourire une approbation donnée aux renseignements de Pillerault:

— Enfin, si vous savez quelque chose, dites-le... Moi, mon raisonnement est simple. Je suis avec Gundermann, parce que Gundermann, n'est-ce pas? c'est Gundermann... Ça finit toujours bien, avec lui.

— Mais, dit Pillerault ricanant, qui vous dit que Gundermann est à la baisse ?

Du coup, Moser arrondit des yeux effarés. Depuis longtemps, le gros commérage de la Bourse était que Gundermann guettait Saccard, qu'il nourrissait la baisse contre l'Universelle, en attendant d'étrangler celle-ci, à quelque fin de mois, d'un effort brusque, lorsque l'heure serait venue d'écraser le marché sous ses millions ; et, si cette journée s'annonçait si chaude, c'était que tous croyaient, répétaient que la bataille allait enfin être pour ce jour-là, une de ces batailles sans merci où l'une des deux armées reste par terre, détruite. Mais est-ce qu'on était jamais certain, dans ce monde de mensonge et de ruse ? Les choses les plus sûres, les plus annoncées à l'avance, devenaient, au moindre souffle, des sujets de doute pleins d'angoisse.

— Vous niez l'évidence, murmura Moser. Sans doute, je n'ai pas vu les ordres, et on ne peut rien affirmer... Hein ? Salmon, qu'est-ce que vous en dites ? Gundermann ne peut pas lâcher, que diable !

Et il ne savait plus que croire devant le sourire silencieux de Salmon qui lui semblait s'amincir, d'une finesse extrême.

— Ah ! reprit-il, en désignant du menton un gros homme qui passait, si celui-là voulait parler, je ne serais pas en peine. Il voit clair.

C'était le célèbre Amadieu, qui vivait toujours sur sa réussite, dans l'affaire des mines de Selsis, les actions achetées à quinze francs, en un coup d'entêtement imbécile, revendues plus tard avec un bénéfice d'une quinzaine de millions, sans qu'il eût rien prévu ni calculé, au hasard. On le vénérait pour ses grandes capacités financières, une véritable cour le suivait, en tâchant de surprendre ses moindres paroles et en jouant dans le sens qu'elles semblaient indiquer.

— Bah ! s'écria Pillerault, tout à sa théorie favorite du casse-cou, le mieux est encore de suivre son idée, au petit bonheur... Il n'y a que la chance. On a de la chance ou l'on n'a pas de chance. Alors, quoi? il ne faut pas réfléchir. Moi, chaque fois que j'ai réfléchi, j'ai failli y rester... Tenez! tant que je verrai ce monsieur-là solide à son poste, avec son air de gaillard qui veut tout manger, j'achèterai.

D'un geste, il avait montré Saccard, qui venait d'arriver et qui s'installait à sa place habituelle, contre le pilier de la première arcade de gauche. Comme tous les chefs de maison importante, il avait ainsi une place connue, où les employés et les clients étaient certains de le trouver, les jours de Bourse. Gundermann seul affectait de ne jamais mettre les pieds dans la grande salle; il n'y envoyait même pas un représentant officiel; mais on y sentait une armée à lui, il y régnait en maître absent et souverain, par la légion innombrable des remisiers, des agents qui apportaient ses ordres, sans compter ses créatures, si nombreuses, que tout homme présent était peut-être le mystérieux soldat de Gundermann. Et c'était contre cette armée insaisissable et partout agissante que luttait Saccard, en personne, à front découvert. Derrière lui, dans l'angle du pilier, il y avait un banc, mais il ne s'y asseyait jamais, debout pendant les deux heures du marché, comme dédaigneux de la fatigue. Parfois, aux minutes d'abandon, il s'appuyait simplement du coude à la pierre, que la salissure de tous les contacts, à hauteur d'homme, avait noircie et polie; et, dans la nudité blafarde du monument, il y avait même là un détail caractéristique, cette bande de crasse luisante, contre les portes, contre les murs, dans les escaliers, dans la salle, un soubassement immonde, la sueur accumulée des générations de joueurs et de voleurs. Très élégant, très correct, ainsi que tous les boursiers, avec son drap fin et son linge éblouissant, Saccard avait la mine aimable et reposée d'un homme sans préoccupations, au milieu de ces murs bordés de noir.

— Vous savez, dit Moser en étouffant sa voix, qu'on l'accuse de soutenir la hausse par des achats considérables. Si l'Universelle joue sur ses propres actions, elle est fichue.

Mais Pillerault protestait.

— Encore un cancan !... Est-ce qu'on peut dire au juste qui vend et qui achète ?... Il est là pour les clients de sa maison, ce qui est bien naturel. Et il y est aussi pour son propre compte, car il doit jouer.

Moser, d'ailleurs, n'insista pas. Personne encore, à la Bourse, n'aurait osé affirmer la terrible campagne menée par Saccard, ces achats qu'il faisait pour le compte de la société, sous le couvert d'hommes de paille, Sabatani, Jantrou, d'autres encore, surtout des employés de sa direction. Une rumeur seulement courait, chuchotée à l'oreille, démentie, toujours renaissante, quoique sans preuve possible. D'abord, il n'avait fait que soutenir les cours avec prudence, revendant dès qu'il pouvait, afin de ne pas trop immobiliser les capitaux et encombrer les caisses de titres. Mais il était maintenant entraîné par la lutte, et il avait prévu, ce jour-là, la nécessité d'achats exagérés, s'il voulait rester maître du champ de bataille. Ses ordres étaient donnés, il affectait son calme souriant des jours ordinaires, malgré son incertitude sur le résultat final et le trouble qu'il éprouvait, à s'engager ainsi de plus en plus dans une voie qu'il savait effroyablement dangereuse.

Brusquement, Moser, qui était allé rôder derrière le dos du célèbre Amadieu, en grande conférence avec un petit homme chafouin, revint très exalté, bégayant :

— Je l'ai entendu, entendu de mes oreilles... Il a dit que les ordres de vente de Gundermann dépassaient dix millions... Oh ! je vends, je vends, je vendrais jusqu'à ma chemise !

— Dix millions, fichtre ! murmura Pillerault, la voix un peu altérée. C'est une vraie guerre au couteau.

Et, dans la clameur roulante qui croissait, grossie de toutes les conversations particulières, il n'y avait plus que ce duel féroce entre Gundermann et Saccard. On ne distinguait pas les paroles, mais le bruit en était fait, c'était cela seul qui grondait si haut, l'entêtement calme et logique de l'un à vendre, l'enfièvrement de passion à toujours acheter, qu'on soupçonnait chez l'autre. Les nouvelles contradictoires qui circulaient, murmurées d'abord, finissaient dans des éclats de trompette. Dès qu'ils ouvraient la bouche, les uns criaient, pour se faire entendre, au milieu du vacarme; tandis que d'autres, pleins de mystère, se penchaient à l'oreille de leurs interlocuteurs, parlaient très bas, même quand ils n'avaient rien à dire.

— Eh! je garde mes positions à la hausse! reprit Pillerault, déjà raffermi. Il fait un soleil trop beau, tout va monter encore.

— Tout va crouler, répliqua Moser avec son obstination dolente. La pluie n'est pas loin, j'ai eu une crise cette nuit.

Mais le sourire de Salmon, qui les écoutait à tour de rôle, devint si aigu, que tous deux restèrent mécontents, sans certitude possible. Est-ce que ce diable d'homme, si extraordinairement fort, si profond et si discret, avait trouvé une troisième façon de jouer, en ne se mettant ni à la hausse ni à la baisse?

Saccard, à son pilier, voyait grossir autour de lui la cohue de ses flatteurs et de ses clients. Continuellement, des mains se tendaient, et il les serrait toutes, avec la même facilité heureuse, mettant dans chaque étreinte de ses doigts une promesse de triomphe. Certains accouraient, échangeaient un mot, repartaient ravis. Beaucoup s'entêtaient, ne le lâchaient plus, glorieux d'être de son groupe. Souvent il se montrait aimable, sans se rappeler le nom des gens qui lui parlaient. Ainsi, il fallut que le capitaine Chave lui nommât Maugendre, pour qu'il reconnût celui-ci. Le capitaine, remis avec son beau-frère, le poussait à vendre; mais la poignée de main du directeur suffit à enflammer Maugendre d'un espoir sans limite. Ensuite, ce fut Sédille, l'administrateur, le grand marchand de soie, qui voulut avoir une consultation d'une minute. Sa maison de commerce périclitait, toute sa fortune était liée à celle de l'Universelle, à ce point que la baisse possible devait être pour lui un écroulement; et, anxieux, dévoré de sa passion, ayant d'autres ennuis du côté de son fils Gustave qui ne réussissait guère chez Mazaud, il éprouvait le besoin d'être rassuré, encouragé. D'une tape sur l'épaule, Saccard le renvoya plein de foi et d'ardeur. Puis, il y eut tout un défilé : Kolb, le banquier, qui avait réalisé depuis longtemps, mais qui ménageait le hasard; le marquis de Bohain, qui, avec sa condescendance hautaine de grand seigneur, affectait de fréquenter la Bourse, par curiosité et désœuvrement; Huret lui-même, incapable de rester fâché, trop souple pour n'être pas l'ami des gens jusqu'au jour de l'engloutissement final, venant voir s'il n'y avait plus rien à ramasser. Mais Daigremont parut, tous s'écartèrent. Il était très puissant, on remarqua son amabilité, la façon dont il plaisanta, d'un air de camaraderie confiante. Les haussiers en rayonnaient, car il avait la réputation d'un homme adroit, qui savait sortir des maisons aux premiers craquements des planchers; et il devenait certain que l'Universelle ne craquait pas encore. D'autres enfin circulaient, qui échangeaient simplement un coup d'œil avec Saccard, les hommes à lui, les employés chargés de donner les ordres, achetant aussi pour leur propre compte, dans la rage de jeu dont l'épidémie décimait le personnel de la rue de Londres, toujours aux aguets, l'oreille aux serrures, en chasse des renseignements. Ce fut ainsi que, deux fois, Sabatani passa, avec sa grâce molle d'Italien mâtiné d'Oriental, en affectant de ne pas même voir le patron; tandis que Jantrou, immobile à quelques pas, tournant le dos, semblait tout à la lecture des dépêches des Bourses étrangères, affichées dans des cadres grillagés. Le remisier Massias, qui, toujours courant, bouscula le groupe, eut un petit signe de la tête, pour rendre sans doute une réponse, quelque commission vivement faite. Et, à mesure que l'heure de l'ouverture approchait, le piétinement sans fin, le double courant de foule, sillonnant la salle, l'emplissait des secousses profondes et du retentissement d'une marée haute.

On attendait le premier cours.

A la corbeille, Mazaud et Jacoby, sortant du cabinet des agents de change, venaient d'entrer, côte à côte, d'un air de correcte confraternité. Ils se savaient pourtant adversaires, dans la lutte sans merci qui se livrait depuis des semaines, et qui pouvait finir par la ruine de l'un d'eux. Mazaud, petit, avec sa taille mince de joli homme, était d'une vivacité gaie, où se retrouvait sa chance si heureuse jusque-là, cette chance qui l'avait fait hériter, à trente-deux ans, de la charge d'un de ses oncles ; tandis que Jacoby, ancien fondé de pouvoir, devenu agent à l'ancienneté, grâce à des clients qui le commanditaient, avait le ventre épaissi et le pas lourd de ses soixante ans, grand gaillard grisonnant et chauve, étalant une large face de bon diable jouisseur. Et tous deux, leurs carnets à la main, causaient du beau temps, comme s'ils n'avaient pas tenu là, sur ces quelques feuilles, les millions qu'ils allaient échanger, ainsi que des coups de feu, dans la meurtrière mêlée de l'offre et de la demande.

— Hein ? une jolie gelée !

— Oh ! imaginez-vous, je suis venu à pied, tant c'était charmant !

Arrivés devant la corbeille, le vaste bassin circulaire, encore net des papiers inutiles, des fiches qu'on y jette, ils s'arrêtèrent un instant, appuyés à la rampe de velours rouge qui l'entoure, continuant à se dire des choses banales et interrompues, tout en guettant du coin de l'œil les alentours.

Les quatre travées, en forme de croix, fermées par des grilles, sorte d'étoile à quatre branches ayant pour centre la corbeille, étaient le lieu sacré interdit au public ; et, entre les branches, en avant, il y avait d'un côté un autre compartiment, où se trouvaient les commis du comptant, que dominaient les trois coteurs, assis sur de hautes chaises, devant leurs immenses registres ; tandis que, de l'autre côté, un compartiment plus petit, ouvert celui-là, nommé « la guitare », à cause de sa forme sans doute, permettait aux employés et aux spéculateurs de se mettre en contact direct avec les agents. Derrière, dans l'angle formé par deux autres branches, se tenait, en pleine foule, le marché des rentes françaises, où chaque agent était représenté, ainsi qu'au marché du comptant, par un commis spécial, ayant son carnet distinct; car les agents de change, autour de la corbeille, ne s'occupent exclusivement que des marchés à terme, tout entiers à la grande besogne effrénée du jeu.

Mais, apercevant, dans la travée de gauche, son fondé de pouvoir Berthier, qui lui faisait un signe, Mazaud alla échanger avec lui quelques mots à demi-voix, les fondés de pouvoir n'ayant que le droit d'être dans les travées, à distance respectueuse de la rampe de velours rouge, qu'aucune main profane ne saurait toucher. Chaque jour, Mazaud venait ainsi à la Bourse avec Berthier et ses deux commis, celui du comptant et celui de la rente, auxquels se joignait le plus souvent le liquidateur de la charge; sans compter l'employé aux dépêches, qui était toujours le petit Flory, la face de plus en plus enfouie dans son épaisse barbe, d'où ne sortait que l'éclat de ses yeux tendres. Depuis son gain de dix mille francs, au lendemain de Sadowa, Flory, affolé par les exigences de Chuchu, devenue capricieuse et dévorante, jouait éperdument pour son compte, sans calcul aucun d'ailleurs, tout au jeu de Saccard qu'il suivait avec une foi aveugle. Les ordres qu'il connaissait, les télégrammes qui lui passaient par les mains, suffisaient à le guider. Et, justement, comme il descendait en courant du télégraphe, installé au premier étage, les deux mains pleines de dépêches, il dut faire appeler par un garde Mazaud, qui lâcha Berthier, pour venir contre la guitare.

— Monsieur, faut-il aujourd'hui les dépouiller et les classer?

— Sans doute, si elles arrivent ainsi en masse... Qu'est-ce que c'est que tout ça?

— Oh! de l'Universelle, des ordres d'achat, presque toutes.

L'agent, d'une main exercée, feuilletait les dépêches, visiblement satisfait. Très engagé avec Saccard, qu'il reportait depuis longtemps pour des sommes considérables, ayant encore reçu de lui, le matin même, des ordres d'achat énormes, il avait fini par être l'agent en titre de l'Universelle. Et, quoique sans grosse inquiétude jusque-là, cet engouement persistant du public, ces achats entêtés, malgré l'exagération des cours, le rassuraient. Un nom le frappa, parmi les signataires des dépêches, celui de Fayeux, ce receveur de rentes de Vendôme, qui devait s'être fait une clientèle extrêmement nombreuse de petits acheteurs, parmi les fermiers, les dévotes et les prêtres de sa province, car il ne se passait pas de semaine, sans qu'il envoyât ainsi télégrammes sur télégrammes.

— Donnez ça au comptant, dit Mazaud à Flory. Et n'attendez pas qu'on vous descende les dépêches, n'est-ce pas ? Restez là-haut, prenez-les vous-même.

Flory alla s'accouder à la balustrade du comptant, criant à toute voix :

— Mazaud ! Mazaud !

Et ce fut Gustave Sédille qui s'approcha ; car, à la Bourse, les employés perdent leur nom, n'ont plus que le nom de l'agent qu'ils représentent. Flory, lui aussi, s'appelait Mazaud. Après avoir quitté la charge pendant près de deux ans, Gustave venait d'y rentrer, afin de décider son père à payer ses dettes ; et, ce jour-là, en l'absence du commis principal, il se trouvait chargé du comptant, ce qui l'amusait. Flory s'étant penché à son oreille, tous deux convinrent de n'acheter pour Fayeux qu'au dernier cours, après avoir joué pour eux sur ses ordres, en achetant et en revendant d'abord au nom de leur homme de paille habituel, de façon à toucher la différence, puisque la hausse leur semblait certaine.

Cependant, Mazaud revint vers la corbeille. Mais, à chaque pas, un garde lui remettait, de la part de quelque client qui n'avait pu s'approcher, une fiche, où un ordre était griffonné au crayon. Chaque agent avait sa fiche particulière, d'une couleur spéciale, rouge, jaune, bleue, verte, afin qu'on pût la reconnaître aisément. Celle de Mazaud était verte, couleur de l'espérance ; et les petits papiers verts continuaient à s'amasser entre ses doigts, dans le continuel va-et-vient des gardes, qui les prenaient au bout des travées, de la main des employés et des spéculateurs, tous pourvus d'une provision de ces fiches, de façon à gagner du temps. Comme il s'arrêtait de nouveau devant la rampe de velours, il y retrouva Jacoby, qui, lui également, tenait une poignée de fiches, sans cesse grossie, des fiches rouges, d'un rouge frais de sang répandu : sans doute des ordres de Gundermann et de ses fidèles, car personne n'ignorait que Jacoby, dans le massacre qui se préparait, était l'agent des baissiers, le principal exécuteur des hautes œuvres de la banque juive. Et il causait maintenant avec un autre agent, Delarocque, son beau-frère, un chrétien qui avait épousé une juive, un gros homme roux et trapu, très chauve, lancé dans le monde des cercles, connu pour recevoir les ordres de Daigremont, lequel s'était fâché depuis peu avec Jacoby, comme autrefois avec Mazaud. L'histoire que Delarocque racontait, une histoire grasse de femme rentrée chez son mari sans chemise, allumait ses petits yeux clignotants, tandis qu'il agitait, dans une mimique passionnée, son carnet, d'où débordait le paquet de ses fiches, bleues celles-ci, d'un bleu tendre de ciel d'avril.

— Monsieur Massias vous demande, vint dire un garde à Mazaud.

Vivement, ce dernier retourna au bout de la travée. Le remisier, complètement à la solde de l'Universelle, lui apportait des nouvelles de la coulisse, qui fonctionnait déjà sous le péristyle, malgré la terrible gelée. Quelques spéculateurs se risquaient quand même, rentraient par moments se chauffer dans la salle ; pendant que les coulissiers, au fond d'épais paletots, les collets de fourrure relevés, tenaient bon, en cercle comme d'habitude, au-dessous de l'horloge, s'animant, criant, gesticulant si fort, qu'ils ne sentaient pas le froid. Et le petit Nathansohn se montrait parmi les plus actifs, en train de devenir un gros monsieur, favorisé de la chance, depuis le jour, où, simple petit employé démissionnaire du Crédit Mobilier, il avait eu l'idée de louer une chambre et d'ouvrir un guichet.

D'une voix rapide, Massias expliqua que, les cours ayant l'air de fléchir, sous le paquet de valeurs dont les baissiers accablaient le marché, Saccard venait d'avoir l'idée d'opérer à la coulisse, pour influer sur le premier cours officiel de la corbeille. L'Universelle avait clôturé, la veille, à 3030 francs ; et il avait fait donner l'ordre à Nathansohn d'acheter cent titres, qu'un autre coulissier devait offrir à 3035. C'était cinq francs de majoration.

— Bon ! le cours nous arrivera, dit Mazaud.

Et il revint, parmi les groupes des agents, qui se trouvaient au complet. Les soixante étaient là, faisant déjà entre eux, malgré le règlement, les affaires au cours moyen, en attendant le coup de cloche réglementaire. Les ordres donnés à un cours fixé d'avance n'influaient pas sur le marché, puisqu'il fallait attendre ce cours ; tandis que les ordres au mieux, ceux dont on laissait la libre exécution au flair de l'agent, déterminaient la continuelle oscillation des cotes différentes. Un bon agent était fait de finesse et de prescience, de cervelle prompte et de muscles agiles, car la rapidité assurait souvent le succès ; sans compter la nécessité des belles relations dans la haute banque, des renseignements ramassés un peu partout, des dépêches reçues des Bourses françaises et étrangères, avant tout autre. Et il fallait encore une voix solide, pour crier fort.

Mais une heure sonna, la volée de la cloche passa en coup de vent sur la houle violente des têtes ; et la dernière vibration n'était pas éteinte, que Jacoby, les deux mains appuyées sur le velours, jetait d'une voix mugissante, la plus forte de la compagnie :

— J'ai de l'Universelle... J'ai de l'Universelle...

Il ne fixait pas de prix, attendant la demande. Les soixante s'étaient rapprochés et formaient le cercle autour de la corbeille, où déjà quelques fiches jetées faisaient des taches de couleurs vives. Face à face, ils se dévisageaient tous, se tâtaient comme les duellistes au début d'une affaire, très pressés de voir s'établir le premier cours.

— J'ai de l'Universelle, répétait la basse grondante de Jacoby. J'ai de l'Universelle.

— A quel cours, l'Universelle? demanda Mazaud d'une voix mince, mais si aiguë, qu'elle dominait celle de son collègue, comme un chant de flûte s'entend au-dessus d'un accompagnement de violoncelle.

Et Delarocque proposa le cours de la veille.

— A 3030, je prends l'Universelle.

Mais, tout de suite, un autre agent renchérit.

— A 3035, envoyez l'Universelle.

C'était le cours de la coulisse qui arrivait, empêchant l'arbitrage que Delarocque devait préparer : un achat à la corbeille et une vente prompte à la coulisse, pour empocher les cinq francs de hausse. Aussi Mazaud se décida-t-il, certain d'être approuvé par Saccard.

— A 3040, je prends... Envoyez l'Universelle à 3040.

— Combien? dut demander Jacoby.

— Trois cents.

Tous deux écrivirent un bout de ligne sur leur carnet, et le marché était conclu, le premier cours se trouvait fixé, avec une hausse de dix francs sur le cours de la veille. Mazaud se détacha, alla donner le chiffre à celui des coteurs qui avait l'Universelle sur son registre. Alors, pendant vingt minutes, ce fut une véritable écluse lâchée : les cours des autres valeurs s'étaient également établis, tout le paquet des affaires apportées par les agents, se concluait, sans grandes variations. Et, cependant, les coteurs, haut perchés, pris entre le vacarme de la corbeille et celui du comptant, qui fonctionnait fiévreusement lui aussi, avaient grand'peine à inscrire toutes les cotes nouvelles que venaient leur jeter les agents et les commis. En arrière, la rente également faisait rage.

Depuis que le marché était ouvert, la foule ne ronflait plus seule, avec le bruit continu des grandes eaux; et, sur ce grondement formidable, s'élevaient maintenant les cris discordants de l'offre et de la demande, un glapissement caractéristique, qui montait, descendait, s'arrêtait pour reprendre en notes inégales et déchirées, ainsi que des appels d'oiseaux pillards dans la tempête.

Saccard souriait, debout près de son pilier. Sa cour avait augmenté encore, la hausse de dix francs sur l'Universelle venait d'émotionner la Bourse, car on y pronostiquait depuis longtemps une débâcle pour le jour de la liquidation. Huret s'était rapproché avec Sédille et Kolb, en affectant de regretter tout haut sa prudence, qui lui avait fait vendre ses actions, dès le cours de 2500; tandis que Daigremont, l'air désintéressé, promenant à son bras le marquis de Bohain, lui expliquait gaiement la défaite de son écurie, aux courses d'automne. Mais, surtout, Maugendre triomphait, accablait le capitaine Chave, obstiné quand même dans son pessimisme, disant qu'il fallait attendre la fin. Et la même scène se reproduisait entre Pillerault vantard et Moser mélancolique, l'un radieux de cette folie de la hausse, l'autre serrant les poings, parlant de cette hausse têtue, imbécile, comme d'une bête enragée qu'on finirait pourtant bien par abattre.

Une heure se passa, les cours restaient à peu près les mêmes, les affaires continuaient à la corbeille, moins drues, au fur et à mesure que les ordres nouveaux et les dépêches les apportaient. Il y avait ainsi, vers le milieu de chaque Bourse, une sorte de ralentissement, l'accalmie des transactions courantes, en attendant la lutte décisive du dernier cours. Pourtant, on entendait toujours le mugissement de Jacoby, que coupaient les notes aiguës de Mazaud, engagés l'un et l'autre dans des opérations à prime. « J'ai de l'Universelle à 3040, dont 15... Je prends de l'Universelle à 3040, dont 10... Combien?... Vingt-cinq... Envoyez! » Ce devaient être des ordres de Fayeux que Mazaud exécutait, car beaucoup de joueurs de province, pour limiter leur perte, avant d'oser se lancer dans le ferme, achetaient et vendaient à prime. Puis, brusquement, une rumeur courut, des voix saccadées s'élevèrent : l'Universelle venait de baisser de cinq francs; et, coup sur coup, elle baissa de dix francs, de quinze francs, elle tomba à 3025.

Justement, à ce moment-là, Jantrou, qui avait reparu, après une courte absence, disait à l'oreille de Saccard que la baronne Sandorff était là, rue Brongniart, dans son coupé, et qu'elle lui faisait demander s'il fallait vendre. Cette question, tombant au moment où les cours fléchissaient, l'exaspéra. Il revoyait le cocher immobile, haut perché sur le siège, la baronne consultant son carnet, comme chez elle, glaces closes. Et il répondit :

— Qu'elle me fiche la paix! et si elle vend, je l'étrangle!

Massias accourait, à l'annonce des quinze francs de baisse, ainsi qu'à un appel d'alarme, sentant bien qu'il allait être nécessaire. En effet, Saccard, qui avait préparé un coup pour enlever le dernier cours, une dépêche qu'on devait envoyer de la Bourse de Lyon, où la hausse était certaine, commençait à s'inquiéter, en ne voyant pas arriver la dépêche; et cette dégringolade de quinze francs, imprévue, pouvait amener un désastre.

Habilement, Massias ne s'arrêta pas devant lui, le heurta du coude, puis reçut son ordre, l'oreille tendue.

— Vite, à Nathansohn, quatre cents, cinq cents, ce qu'il faudra.

Cela s'était fait si rapidement, que Pillerault et Moser seuls s'en aperçurent. Ils se lancèrent sur les pas de Massias, pour savoir. Massias, depuis qu'il était à la solde de l'Universelle, avait pris une importance énorme. On tâchait de le confesser, de lire par-dessus son épaule les ordres qu'il recevait. Et lui-même, maintenant, réalisait des gains superbes. Avec sa bonhomie souriante de malchanceux, que la fortune avait rudement traité jusque-là, il s'étonnait, il déclarait supportable cette vie de chien de la Bourse, où il ne disait plus qu'il fallait être juif pour réussir.

A la coulisse, dans le courant d'air glacé du péristyle, que le pâle soleil de trois heures ne chauffait guère, l'Universelle avait baissé moins rapidement qu'à la corbeille. Et Nathansohn, averti par ses courtiers, venait de réaliser l'arbitrage que n'avait pu réussir Delarocque, au début : acheteur dans la salle à 3025, il avait revendu sous la colonnade à 3035. Cela n'avait pas demandé trois minutes, et il gagnait soixante mille francs. Déjà l'achat faisait, à la corbeille, remonter la valeur à 3030, par cet effet d'équilibre que les deux marchés, le légal et le toléré, exercent l'un sur l'autre. Un galop de commis ne cessait pas, de la salle au péristyle, jouant des coudes à travers la cohue. Pourtant, le cours de la coulisse allait fléchir, lorsque l'ordre que Massias apportait à Nathansohn le soutint à 3035, le haussa à 3040; tandis que, par contre-coup, la valeur retrouvait aussi, au parquet, son premier cours. Mais il était difficile de l'y maintenir, car la tactique de Jacoby et des autres agents opérant au nom des baissiers, était, évidemment, de réserver les grosses ventes pour la fin de la Bourse, afin d'en écraser le marché et d'amener un effondrement, dans le désarroi de la dernière demi-heure. Saccard comprit si bien le péril, que, d'un signe convenu, il avertit Sabatani, en train de fumer une cigarette, à quelques pas, de son air détaché et alangui d'homme à femmes; et, tout de suite, se faufilant avec une souplesse de couleuvre, ce dernier se rendit dans la guitare, où, l'oreille aux aguets, suivant les cours, il ne s'arrêta plus d'envoyer à Mazaud des ordres, sur des fiches vertes, dont il avait une provision. Malgré tout, l'attaque était si rude, que l'Universelle, de nouveau, baissa de cinq francs.

Les trois quarts sonnèrent, il n'y avait plus qu'un quart d'heure, avant le coup de cloche de la fermeture. A ce moment, la foule tournoyait et criait, comme flagellée par quelque tourment d'enfer; la corbeille aboyait, hurlait, avec des retentissements fêlés de chaudronnerie qu'on brise; et ce fut alors que se produisit l'incident si anxieusement attendu par Saccard.

Le petit Flory, qui, depuis le commencement, n'avait cessé de descendre du télégraphe, toutes les dix minutes, les mains pleines de dépêches, reparut encore, fendant la foule, lisant cette fois un télégramme, dont il semblait enchanté.

— Mazaud! Mazaud! appela une voix.

Et Flory, naturellement, tourna la tête, comme s'il eût répondu à l'appel de son propre nom. C'était Jantrou qui voulait savoir. Mais le commis le bouscula, trop pressé, tout à la joie de se dire que l'Universelle finirait en hausse; car la dépêche annonçait que la valeur montait à la Bourse de Lyon, où des achats s'étaient produits, si importants, que le contre-coup allait se ressentir à la Bourse de Paris. En effet, d'autres télégrammes arrivaient déjà, un grand nombre d'agents recevaient des ordres. Le résultat fut immédiat et considérable.

— A 3040, je prends de l'Universelle, répétait Mazaud, de sa voix exaspérée de chanterelle.

Et Delarocque, débordé par la demande, renchérissait de cinq francs.

— A 3045, je prends...

— J'ai, à 3045, mugissait Jacoby. Deux cents, à 3045.

— Envoyez!

Alors, Mazaud monta lui-même.

— Je prends à 3050.

— Combien?

— Cinq cents... Envoyez!

Mais l'effroyable vacarme devenait tel, au milieu d'une gesticulation épileptique, que les agents eux-mêmes ne s'entendaient plus. Et, tout à la fureur professionnelle qui les agitait, ils continuèrent par gestes, puisque les basses caverneuses des uns avortaient, tandis que les flûtes des autres s'amincissaient jusqu'au néant. On voyait s'ouvrir les bouches énormes, sans qu'un bruit distinct parût en sortir, et les mains seules parlaient : un geste du dedans en dehors, qui offrait; un autre geste du dehors en dedans, qui acceptait; les doigts levés indiquaient les quantités, les têtes disaient oui ou non, d'un signe. C'était, intelligible aux seuls initiés, comme un de ces coups de démence qui frappent les foules. En haut, à la galerie du télégraphe, des têtes de femme se penchaient, stupéfiées, épouvantées, devant l'extraordinaire spectacle. À la rente, on aurait dit une rixe, un paquet central, acharné et faisant le coup de poing, tandis que le double courant de public dont ce côté de la salle était traversé, déplaçait les groupes, déformés et reformés sans cesse, en de continuels remous. Entre le comptant et la corbeille, au-dessus de la tempête déchaînée des têtes, il n'y avait plus que les trois coteurs, assis sur leurs hautes chaises, qui surnageaient ainsi que des épaves, avec la grande tache blanche de leur registre, tiraillés à gauche, tiraillés à droite, par la fluctuation rapide des cours qu'on leur jetait. Dans le compartiment du comptant surtout, la bousculade était à son comble, une masse compacte de chevelures, pas même de visages, un grouillement sombre qu'éclairaient seulement les petites notes claires des carnets, agités en l'air. Et, à la corbeille, autour du bassin que les fiches froissées emplissaient maintenant d'une floraison de toutes les couleurs, des cheveux grisonnaient, des crânes luisaient, on distinguait la pâleur des faces secouées, des mains tendues fébrilement, toute la mimique dansante des corps, plus au large, comme près de se dévorer, si la rampe ne les eût retenus. Cet enragement des dernières minutes avait d'ailleurs gagné le public, on s'écrasait dans la salle, un piétinement énorme, une débandade de grand troupeau lâché dans un couloir trop étroit; et seuls, au milieu de l'effacement des redingotes, les chapeaux de soie miroitaient, sous la lumière diffuse, qui tombait du vitrage.

Mais, brusquement, une volée de cloche perça le tumulte. Tout se calma, les gestes s'arrêtèrent, les voix se turent, au comptant, à la rente, à la corbeille. Il ne restait que le grondement sourd du public, pareil à la voix continue d'un torrent rentré dans son lit, qui achève de s'écouler. Et, dans l'agitation persistante, les derniers cours circulaient, l'Universelle était montée à 3 060, en hausse encore de trente francs sur le cours de la veille. La déroute des baissiers était complète, la liquidation allait une fois de plus être désastreuse pour eux, car les différences de la quinzaine se solderaient par des sommes considérables.

Un instant, Saccard, avant de quitter la salle, se haussa, comme pour mieux embrasser la foule autour de lui, d'un coup d'œil. Il était réellement grandi, soulevé d'un tel triomphe, que toute sa petite personne se gonflait, s'allongeait, devenait énorme. Celui qu'il semblait ainsi chercher, par-dessus les têtes, c'était Gundermann absent, Gundermann qu'il aurait voulu voir abattu, grimaçant, demandant grâce; et il tenait au moins à ce que toutes les créatures inconnues du juif, toute la sale juiverie qui se trouvait là, hargneuse, le vît lui-même, transfiguré, dans la gloire de son succès. Ce fut sa grande journée, celle dont on parle encore, comme on parle d'Austerlitz et de Marengo. Ses clients, ses amis s'étaient précipités. Le marquis de Bohain, Sédille, Kolb, Huret, lui serraient les deux mains, tandis que Daigremont, avec le sourire faux de son amabilité mondaine, le complimentait, sachant bien qu'on meurt, à la Bourse, de pareilles victoires. Maugendre l'aurait embrassé sur les deux joues, exalté, exaspéré, en voyant le capitaine Chave hausser quand même les épaules. Mais l'adoration complète, religieuse, était celle de Dejoie, qui, venu du journal en courant, pour connaître tout de suite le dernier cours, restait à quelques pas, immobile, cloué par la tendresse et l'admiration, les yeux luisants de larmes. Jantrou avait disparu, portant sans doute la nouvelle à la baronne Sandorff. Massias et Sabatani soufflaient, rayonnants, comme au soir triomphal d'une grande bataille.

— Eh bien! qu'est-ce que je disais? criait Pillerault ravi.

Moser, le nez allongé, grognait de sourdes menaces.

— Oui, oui, au bout du fossé la culbute... La carte du Mexique à payer, les affaires de Rome qui s'embrouillent encore depuis Mentana, l'Allemagne qui va tomber sur nous un de ces quatre matins... Oui, oui, et ces imbéciles qui montent encore, pour culbuter de plus haut. Ah! tout est bien fichu, vous verrez!

Puis, comme Salmon, cette fois, demeurait grave, en le regardant :

— C'est votre avis, n'est-ce pas? Quand tout marche trop bien, c'est que tout va craquer.

Cependant, la salle se vidait, il n'allait y rester, en l'air, que la fumée des cigares, une nuée bleuâtre, épaissie et jaunie de toutes les poussières envolées. Mazaud et Jacoby, redevenus corrects, étaient rentrés ensemble dans le cabinet des agents de change, le second plus ému par de secrètes pertes personnelles que par la défaite de ses clients; tandis que le premier, qui ne jouait pas, était tout à la joie du dernier cours, si vaillamment enlevé. Ils causèrent quelques minutes avec Delarocque, pour des échanges d'engagements, tenant à la main leurs carnets pleins de notes, que leurs liquidateurs devaient dépouiller dès le soir, afin d'appliquer les affaires faites. Pendant ce temps, dans la salle des commis, une salle basse, coupée de gros piliers, pareille à une classe mal tenue, avec des rangées de pupitres et un vestiaire tout au fond, Flory et Gustave Sédille, qui étaient allés chercher leurs chapeaux, s'égayaient bruyamment, en attendant de connaître le cours moyen, que les employés du syndicat, à un des pupitres, établissaient d'après le cours le plus haut et le cours le plus bas. Vers trois heures et demie, lorsque l'affiche eut été collée sur un pilier, tous deux hennirent, gloussèrent, imitèrent le chant du coq, dans le contentement de la belle opération qu'ils avaient réalisée, en trafiquant sur les ordres d'achat de Fayeux. C'était une paire de solitaires pour Chuchu qui tyrannisait maintenant Flory de ses exigences, et un semestre d'avance pour Germaine Cœur que Gustave avait fait la bêtise d'enlever définitivement à Jacoby, lequel venait de prendre au mois une écuyère de l'Hippodrome. D'ailleurs, le vacarme continuait dans la salle des commis, des farces ineptes, un massacre des chapeaux, au milieu d'une bousculade d'écoliers en récréation. Et, d'autre part, sous le péristyle, la coulisse finissait de bâcler des affaires, Nathansohn se décidait à descendre les marches, enchanté de son arbitrage, parmi le flot des derniers spéculateurs, qui s'attardaient, malgré le froid devenu terrible. Dès six heures, tout ce monde de joueurs, d'agents de change, de coulissiers et de remisiers, après avoir, les uns établi leur gain ou leur perte, les autres arrêté leurs notes de courtage, allaient se mettre en habit, pour finir d'étourdir leur journée, avec leur notion pervertie de l'argent, dans les restaurants et les théâtres, les soirées mondaines et les alcôves galantes.

Ce soir-là, Paris qui veille et qui s'amuse, ne parla que du duel formidable engagé entre Gundermann et Saccard. Les femmes, tout entières au jeu par passion et par mode, affectaient de se servir des mots techniques de liquidation, prime, report, déport, sans toujours les comprendre. On causait surtout de la position critique des baissiers qui, depuis tant de mois, payaient, à chaque liquidation nouvelle, des différences de plus en plus fortes, à mesure que l'Universelle montait, dépassant toute limite raisonnable. Certainement, beaucoup jouaient à découvert et se faisaient reporter, ne pouvant livrer les titres; ils s'acharnaient, continuaient leurs opérations à la baisse, avec l'espoir d'une débâcle prochaine des actions; mais, malgré les reports qui tendaient à s'élever d'autant plus que l'argent se faisait plus rare, les baissiers épuisés, écrasés, allaient être anéantis, si la hausse continuait. A la vérité, la situation de Gundermann, du chef tout-puissant qu'on leur donnait, était différente, car lui avait dans ses caves son milliard, d'inépuisables troupes qu'il envoyait au massacre, si longue et meurtrière que fût la campagne. C'était l'invincible force, pouvoir rester vendeur à découvert, avec la certitude de toujours payer ses différences, jusqu'au jour où la baisse fatale lui donnerait la victoire.

Et l'on causait, on calculait les sommes considérables qu'il devait déjà avoir englouties, à faire avancer ainsi, le 15 et le 30 de chaque mois, pareils à des rangées de soldats que les boulets emportent, des sacs d'écus qui fondaient au feu de la spéculation. Jamais encore, il n'avait subi, en Bourse, une si rude attaque à sa puissance, qu'il y voulait souveraine, indiscutable ; car, s'il était, comme il aimait à le répéter, un simple marchand d'argent, et non un joueur, il avait la nette conscience que, pour rester ce marchand, le premier du monde, disposant de la fortune publique, il lui fallait être le maître absolu du marché ; et il se battait, non pour le gain immédiat, mais pour sa royauté elle-même, pour sa vie. De là, l'obstination froide, la farouche grandeur de la lutte. On le rencontrait sur les boulevards, le long de la rue Vivienne, avec sa face blême et impassible, son pas de vieillard épuisé, sans que rien en lui décelât la moindre inquiétude. Il ne croyait qu'à la logique. Au-dessus du cours de deux mille francs, la folie commençait pour les actions de l'Universelle ; à trois mille, c'était la démence pure, elles devaient retomber, comme la pierre lancée en l'air retombe forcément ; et il attendait. Irait-il jusqu'au bout de son milliard ? On frémissait d'admiration autour de Gundermann, du désir aussi de le voir enfin dévorer ; tandis que Saccard, qui soulevait un enthousiasme plus tumultueux, avait pour lui les femmes, les salons, tout le beau monde des joueurs, lesquels empochaient de si belles différences, depuis qu'ils battaient monnaie avec leur foi, en trafiquant sur le mont Carmel et sur Jérusalem. La ruine prochaine de la haute banque juive était décrétée, le catholicisme allait avoir l'empire de l'argent, comme il avait eu celui des âmes. Seulement, si ses troupes gagnaient gros, Saccard se trouvait à bout d'argent, vidant ses caisses pour ses continuels achats. De deux cents millions disponibles, près des deux tiers venaient d'être ainsi immobilisés : c'était la prospérité trop grande, le triomphe asphyxiant, dont on étouffe. Toute société qui veut être maîtresse à la Bourse, pour maintenir le cours de ses actions, est une société condamnée. Aussi, dans les commencements, n'était-il intervenu qu'avec prudence. Mais il avait toujours été l'homme d'imagination, voyant trop grand, transformant en poèmes ses trafics louches d'aventurier; et, cette fois, avec cette affaire réellement colossale et prospère, il en arrivait à des rêves extravagants de conquête, à une idée si folle, si énorme, qu'il ne se la formulait même pas nettement à lui-même. Ah ! s'il avait eu des millions, des millions toujours, comme ces sales juifs ! Le pis était qu'il voyait la fin de ses troupes, encore quelques millions bons pour le massacre. Puis, si la baisse venait, ce serait son tour à payer des différences; et lui, ne pouvant lever les titres, serait bien forcé de se faire reporter. Dans sa victoire, le moindre gravier devait culbuter sa vaste machine. On en avait la sourde conscience, même parmi les fidèles, ceux qui croyaient à la hausse comme au bon Dieu. C'était ce qui achevait de passionner Paris, la confusion et le doute où l'on s'agitait, ce duel de Saccard et de Gundermann dans lequel le vainqueur perdait tout son sang, ce corps à corps des deux monstres légendaires, écrasant entre eux les pauvres diables qui se risquaient à jouer leur jeu, menaçant de s'étrangler l'un l'autre, sur le monceau des ruines qu'ils entassaient.

Brusquement, le 3 janvier, le lendemain même du jour où venaient d'être réglés les comptes de la dernière liquidation, l'Universelle baissa de cinquante francs. Ce fut une forte émotion. A la vérité, tout avait baissé; le marché, surmené depuis trop longtemps, gonflé outre mesure, craquait de toutes parts; deux ou trois affaires véreuses s'effondraient avec bruit; et, d'ailleurs, on aurait dû être habitué à ces sautes violentes des cours, qui parfois variaient de plusieurs centaines de francs dans une même Bourse, affolés, pareils à l'aiguille de la boussole au milieu d'un orage. Mais, au grand frisson qui passa, tous sentirent le commencement de la débâcle.

L'Universelle baissait, le cri en courut, se propagea, dans une clameur de foule, faite d'étonnement, d'espoir et de crainte.

Dès le lendemain, Saccard, solide et souriant à son poste, relevait le cours d'une hausse de trente francs, grâce à des achats considérables. Seulement, le 5, malgré ses efforts, la baisse fut de quarante francs. L'Universelle n'était plus qu'à trois mille. Et, dès lors, chaque jour amena sa bataille. Le 6, l'Universelle remontait. Le 7, le 8, elle baissait de nouveau. C'était un mouvement irrésistible, qui l'entraînait peu à peu, dans une chute lente. On allait la prendre pour le bouc émissaire, lui faire expier la folie de tous, les crimes des autres affaires moins en vue, de ce pullulement d'entreprises louches, surchauffées de réclames, grandies comme des champignons monstrueux dans le terreau décomposé du règne. Mais Saccard, qui ne dormait plus, qui chaque après-midi reprenait sa place de combat, près de son pilier, vivait dans l'hallucination de la victoire toujours possible. En chef d'armée convaincu de l'excellence de son plan, il ne cédait le terrain que pas à pas, sacrifiant ses derniers soldats, vidant les caisses de la société de leurs derniers sacs d'écus, pour barrer la route aux assaillants. Le 9, il remporta encore un avantage signalé : les baissiers tremblèrent, reculèrent, est-ce que la liquidation du 15 s'engraisserait une fois de plus de leurs dépouilles? Et lui, déjà sans ressources, réduit à lancer du papier de circulation, osait maintenant, comme ces affamés qui voient des festins immenses dans le délire de leur faim, s'avouer à lui-même le but prodigieux et impossible où il tendait, l'idée géante de racheter toutes les actions, pour tenir les vendeurs à découvert, pieds et poings liés, à sa merci. Cela venait d'être fait pour une petite compagnie de chemins de fer, la maison d'émission avait tout ramassé sur le marché; et les vendeurs, ne pouvant livrer, s'étaient rendus en esclaves, forcés d'offrir leur fortune et leur personne. Ah ! s'il avait traqué, effaré Gundermann jusqu'à le tenir, impuissant à découvert! S'il l'avait ainsi vu, un matin, apportant son milliard, en le suppliant de ne pas le prendre tout entier, de lui laisser les dix sous de lait dont il vivait par jour ! Seulement, pour ce coup-là, il fallait sept à huit cents millions. Il en avait déjà jeté deux cents au gouffre, c'était cinq ou six cents encore qu'il s'agissait de mettre en ligne. Avec six cents millions, il balayait les juifs, il devenait le roi de l'or, le maître du monde. Quel rêve ! et c'était très simple, l'idée de la valeur de l'argent se trouvait abolie à ce degré de fièvre, il n'y avait plus que des pions que l'on poussait sur l'échiquier. Dans ses nuits d'insomnie, il levait l'armée des six cents millions et les faisait tuer pour sa gloire, victorieux enfin au milieu des désastres, sur les ruines de tout.

Saccard, le 10, eut malheureusement une terrible journée. A la Bourse, il était toujours superbe de gaieté et de calme. Et jamais guerre pourtant n'avait eu cette férocité muette, un égorgement de chaque heure, le guet-apens embusqué partout. Dans ces batailles de l'argent, sourdes et lâches, où l'on éventre les faibles, sans bruit, il n'y a plus de liens, plus de parenté, plus d'amitié : c'est l'atroce loi des forts, ceux qui mangent pour ne pas être mangés. Aussi se sentait-il absolument seul, n'ayant d'autre soutien que son insatiable appétit, qui le tenait debout, sans cesse dévorant. Il redoutait surtout la journée du 14, où devait avoir lieu la réponse des primes. Mais il trouva encore de l'argent pour les trois jours qui précédèrent, et le 14, au lieu d'amener une débâcle, raffermit l'Universelle, qui, le 15, finit en liquidation à 2 860, en baisse seulement de cent francs sur le dernier cours de décembre. Il avait craint un désastre, il affecta de croire à une victoire. En réalité, pour la première fois, les baissiers l'emportaient, touchaient enfin des différences, eux qui en payaient depuis des mois ; et, la situation se retournant, lui dut se faire reporter chez Mazaud, lequel se trouva dès lors fortement engagé. La seconde quinzaine de janvier allait être décisive.

Depuis qu'il luttait de la sorte, dans ces secousses quotidiennes qui le jetaient et le reprenaient à l'abîme, Saccard avait, chaque soir, un besoin effréné d'étourdissement. Il ne pouvait rester seul, dînait en ville, achevait ses nuits au cou d'une femme. Jamais il n'avait ainsi brûlé sa vie, se montrant partout, courant les théâtres et les cabarets où l'on soupe, affectant une dépense exagérée d'homme trop riche. Il évitait madame Caroline, dont les remontrances le gênaient, toujours à lui parler des lettres inquiètes qu'elle recevait de son frère, désespérée elle-même de sa campagne à la hausse, d'un effrayant danger. Et il revoyait davantage la baronne Sandorff, comme si cette froide perversion, dans le petit rez-de-chaussée inconnu de la rue Caumartin, l'eût dépaysé, en lui donnant l'heure d'oubli, nécessaire à la détente de son cerveau surmené de fatigue. Parfois, il s'y réfugiait pour examiner certains dossiers, réfléchir à certaines affaires, heureux de se dire que personne au monde ne l'y dérangerait. Le sommeil l'y terrassait, il y dormait une heure ou deux, les seules heures délicieuses d'anéantissement; et la baronne, alors, ne se faisait aucun scrupule de fouiller ses poches, de lire les lettres de son portefeuille; car il était devenu complètement muet, elle n'en tirait plus un seul renseignement utile, convaincue même qu'il mentait, quand elle lui arrachait un mot, au point qu'elle n'osait plus jouer sur ses indications. C'était en lui volant ainsi ses secrets, qu'elle avait acquis la certitude des embarras d'argent où commençait à se débattre l'Universelle, tout un vaste système de papier de circulation, des billets de complaisance que la maison escomptait à l'étranger, prudemment. Saccard, un soir, s'étant réveillé trop tôt et l'ayant trouvée en train de visiter son portefeuille, l'avait giflée comme une fille qui pêche des sous dans le gilet des messieurs; et, depuis lors, il la battait, ce qui les enrageait, puis les brisait et les calmait tous les deux.

Cependant, après la liquidation du 15, qui lui avait emporté une dizaine de mille francs, la baronne se mit à nourrir un projet. Elle en était obsédée, elle finit par consulter Jantrou.

— Ma foi, lui répondit celui-ci, je crois que vous avez raison, il est temps de passer à Gundermann... Allez donc le voir, et contez-lui l'affaire, puisqu'il vous a promis, le jour où vous lui apporteriez un bon conseil, de vous en donner un autre en échange.

Gundermann, le matin où la baronne se présenta, était d'une humeur de dogue. La veille encore, l'Universelle avait remonté. On n'en finirait donc pas, avec cette bête vorace, qui lui avait mangé tant d'or et qui s'entêtait à ne pas mourir! Elle était bien capable de se relever, de finir de nouveau en hausse, le 31 du mois; et il grondait de s'être engagé dans cette rivalité désastreuse, lorsque peut-être il aurait mieux valu faire sa part à la maison nouvelle. Ébranlé dans sa tactique ordinaire, perdant sa foi dans la logique fatalement triomphante, il se serait, à cette minute, résigné à battre en retraite, s'il avait pu reculer sans tout perdre. Ils étaient rares chez lui, ces moments de découragement que les plus grands capitaines ont connus, à la veille même de la victoire, lorsque les hommes et les choses veulent leur succès. Et ce trouble d'une vue puissante, si nette d'habitude, venait du brouillard qui se produit à la longue, de ce mystère des opérations de Bourse, sous lesquelles il n'est jamais possible de mettre un nom à coup sûr. Certes, Saccard achetait, jouait. Mais était-ce pour des clients sérieux, était-ce pour la société elle-même? Il finissait par ne plus le savoir, au milieu des commérages qu'on lui rapportait de toutes parts. Les portes de son cabinet immense claquaient, tout son personnel tremblait de sa colère, il accueillait les remisiers si brutalement, que leur défilé accoutumé se tournait en un galop de déroute.

— Ah! c'est vous, dit Gundermann à la baronne, sans politesse aucune. Je n'ai pas de temps à perdre avec les femmes, aujourd'hui.

Elle en fut déconcertée, au point qu'elle supprima toutes les préparations et lâcha d'un coup la nouvelle qu'elle apportait.

— Si l'on vous prouvait que l'Universelle est à bout

d'argent, après les achats considérables qu'elle a faits, et qu'elle en est réduite à escompter, à l'étranger, du papier de complaisance, pour continuer la campagne ?

Le juif avait réprimé un tressaillement de joie. Son œil restait mort, il répondit de la même voix grondeuse :

— Ce n'est pas vrai.

— Comment! pas vrai? Mais j'ai entendu de mes oreilles, j'ai vu de mes yeux.

Et elle voulut le convaincre, en lui expliquant qu'elle avait eu entre les mains les billets signés par des hommes de paille. Elle nommait ces derniers, elle disait aussi les noms des banquiers, qui, à Vienne, à Francfort, à Berlin, avaient escompté les billets. Ses correspondants pourraient le renseigner, il verrait bien qu'elle ne lui apportait pas un cancan en l'air. De même, elle affirmait que la société avait acheté pour elle, dans l'unique but de maintenir la hausse, et que deux cents millions déjà étaient engloutis.

Gundermann, qui l'écoutait de son air morne, réglait déjà sa campagne du lendemain, d'un travail d'intelligence si prompt, qu'il avait en quelques secondes réparti ses ordres, arrêté les chiffres. Maintenant, il était certain de la victoire, sachant bien de quelle ordure lui venaient les renseignements, plein de mépris pour ce Saccard jouisseur, stupide au point de s'abandonner à une femme et de se laisser vendre.

Quand elle eut fini, il leva la tête, et, la regardant de ses gros yeux éteints :

— Eh bien! qu'est-ce que vous voulez que ça me fasse, tout ce que vous me racontez là?

Elle en resta saisie, tellement il paraissait désintéressé et calme.

— Mais il me semble que votre situation à la baisse...

— Moi! qui vous a dit que j'étais à la baisse? Je ne vais jamais à la Bourse, je ne spécule pas... Tout ça m'est bien égal!

Et sa voix était si innocente, que la baronne, ébranlée, effarée, aurait fini par le croire, sans certaines inflexions d'une naïveté trop goguenarde. Évidemment, il se moquait d'elle, dans son absolu dédain, en homme fini, sans désir aucun.

— Alors, ma bonne amie, comme je suis très pressé, si vous n'avez rien de plus intéressant à me dire...

Il la mettait à la porte. Alors, furieuse, elle se révolta.

— J'ai eu confiance en vous, j'ai parlé la première... C'est un guet-apens véritable... Vous m'aviez promis, si je vous étais utile, de m'être utile à votre tour, de me donner un conseil...

Se levant, il l'interrompit. Lui qui ne riait jamais, il eut un petit ricanement, tellement cette duperie brutale à l'égard d'une femme jeune et jolie, l'amusait.

— Un conseil, mais je ne vous le refuse pas, ma bonne amie... Écoutez-moi bien. Ne jouez pas, ne jouez jamais. Ça vous rendra laide, c'est très vilain, une femme qui joue.

Et, quand elle s'en fut allée, hors d'elle, il s'enferma avec ses deux fils et son gendre, distribua les rôles, envoya tout de suite chez Jacoby et chez d'autres agents de change, pour préparer le grand coup du lendemain. Son plan était simple : faire ce que la prudence l'avait empêché de risquer jusque-là, dans son ignorance de la véritable situation de l'Universelle ; écraser le marché sous des ventes énormes, maintenant qu'il savait cette dernière à bout de ressources, incapable de soutenir les cours. Il allait faire avancer la réserve formidable de son milliard, en général qui veut en finir et que ses espions ont renseigné sur le point faible de l'ennemi. La logique triompherait, toute action est condamnée, qui monte au delà de la valeur vraie qu'elle représente.

Justement, ce jour-là, vers cinq heures, Saccard, averti du danger par son flair, se rendit chez Daigremont. Il était fiévreux, il sentait que l'heure devenait pressante de porter un coup aux baissiers, si l'on ne voulait se laisser battre définitivement par eux. Et son idée géante le travaillait, la colossale armée de six cents millions à lever encore, pour la conquête du monde. Daigremont le reçut avec son amabilité ordinaire, dans son hôtel princier, au milieu de ses tableaux de prix, de tout ce luxe éclatant, que payaient, chaque quinzaine, les différences de Bourse, sans qu'on sût au juste ce qu'il y avait de solide derrière ce décor, toujours sous la menace d'être emporté par un caprice de la chance. Jusque-là, il n'avait pas trahi l'Universelle, refusant de vendre, affectant de montrer une confiance absolue, heureux de cette attitude de beau joueur à la hausse, dont il tirait du reste de gros profits; et même il s'était plu à ne pas broncher, après la liquidation mauvaise du 15, convaincu, disait-il partout, que la hausse allait reprendre, l'œil aux aguets pourtant, prêt à passer à l'ennemi, dès le premier symptôme grave. La visite de Saccard, l'extraordinaire énergie dont il faisait preuve, l'idée énorme qu'il lui développa de tout ramasser sur le marché, le frappèrent d'une véritable admiration. C'était fou, mais les grands hommes de guerre et de finance ne sont-ils pas souvent que des fous qui réussissent? Et il promit formellement de se porter à son secours, dès la Bourse du lendemain : il avait déjà de fortes positions, il passerait chez Delarocque, son agent, pour en prendre de nouvelles; sans compter ses amis qu'il irait voir, toute une sorte de syndicat dont il amènerait le renfort. On pouvait, selon lui, chiffrer à une centaine de millions ce nouveau corps d'armée, d'un emploi immédiat. Cela suffirait. Saccard, radieux, certain de vaincre, arrêta sur-le-champ le plan de la bataille, tout un mouvement tournant d'une rare hardiesse, emprunté aux plus illustres capitaines : d'abord, au début de la Bourse, une simple escarmouche pour attirer les baissiers et leur donner confiance; puis, quand ils auraient obtenu un premier succès, quand les cours baisseraient, l'arrivée de Daigremont et de ses amis, avec leur grosse artillerie, tous ces millions inattendus, débouchant d'un pli de terrain, prenant les baissiers en queue et les culbutant. Ce serait un écrasement, un massacre. Les deux hommes se séparèrent avec des poignées de main et des rires de triomphe.

Une heure plus tard, comme Daigremont, qui dînait en ville, allait s'habiller, il reçut une autre visite, celle de la baronne Sandorff. Dans son désarroi, elle venait d'avoir l'inspiration de le consulter. On l'avait un instant dite sa maîtresse; mais, réellement, il n'y avait eu entre eux qu'une camaraderie très libre d'homme à femme. Tous deux étaient trop félins, se devinaient trop, pour en arriver à la duperie d'une liaison. Elle conta ses craintes, la démarche chez Gundermann, la réponse de celui-ci, en mentant d'ailleurs sur la fièvre de trahison qui l'avait poussée. Et Daigremont s'égaya, s'amusa à l'effarer davantage, l'air ébranlé, près de croire que Gundermann disait vrai, quand il jurait qu'il n'était pas à la baisse; car est-ce qu'on sait jamais? c'est un vrai bois que la Bourse, un bois par une nuit obscure, où chacun marche à tâtons. Dans ces ténèbres, si l'on a le malheur d'écouter tout ce qu'on invente d'inepte et de contradictoire, on est certain de se casser la figure.

— Alors, demanda-t-elle anxieusement, je ne dois pas vendre?

— Vendre, pourquoi? En voilà une folie! Demain, nous serons les maîtres, l'Universelle remontera à trois mille cent. Et tenez bon, quoi qu'il arrive : vous serez contente du dernier cours... Je ne puis pas vous en dire davantage.

La baronne était partie, Daigremont s'habillait enfin, lorsqu'un coup de timbre annonça une troisième visite. Ah! celui-là, non! il ne le recevrait pas. Mais, lorsqu'on lui eut remis la carte de Delarocque, il cria tout de suite de faire entrer; et, comme l'agent, l'air très ému, attendait pour parler, il renvoya son valet de chambre, achevant lui-même de mettre sa cravate blanche, devant une haute glace.

— Mon cher, voilà! dit Delarocque, avec sa familiarité d'homme du même cercle. Je m'en remets à votre amitié, n'est-ce pas? parce que c'est assez délicat... Imaginez-vous que Jacoby, mon beau-frère, vient d'avoir la gentillesse de me prévenir d'un coup qui se prépare. A la Bourse de demain, Gundermann et les autres sont décidés à faire sauter l'Universelle. Ils vont jeter tout le paquet sur le marché... Jacoby a déjà les ordres, il est accouru...

— Fichtre! lâcha simplement Daigremont, devenu pâle.

— Vous comprenez, j'ai de très fortes positions à la hausse engagées chez moi, oui! pour une quinzaine de millions, de quoi y laisser bras et jambes... Alors, n'est-ce pas? j'ai pris une voiture et je fais le tour de mes clients sérieux. Ce n'est pas correct, mais l'intention est bonne...

— Fichtre! répéta l'autre.

— Enfin, mon bon ami, comme vous jouez à découvert, je viens vous prier de me couvrir ou de défaire votre position.

Daigremont eut un cri :

— Défaites, défaites, mon cher... Ah! non, par exemple! je ne reste pas dans les maisons qui croulent, c'est de l'héroïsme inutile... N'achetez pas, vendez! J'en ai pour près de trois millions chez vous, vendez, vendez tout!

Et, comme Delarocque se sauvait, en disant qu'il avait d'autres clients à voir, il lui prit les mains, les serra énergiquement.

— Merci, je n'oublierai jamais. Vendez, vendez tout!

Resté seul, il rappela son valet de chambre, pour se faire arranger la chevelure et la barbe. Ah! quelle école! il avait failli, cette fois, se laisser jouer comme un enfant. Voilà ce que c'était que de se mettre avec un fou!

Le soir, à la petite Bourse de huit heures, la panique commença. Cette Bourse se tenait alors sur le trottoir du boulevard des Italiens, à l'entrée du passage de l'Opéra; et il n'y avait là que la coulisse, opérant au milieu d'une cohue louche de courtiers, de remisiers, de spéculateurs véreux. Des camelots circulaient, des ramasseurs de bouts de cigare se jetaient à quatre pattes, au milieu du piétinement des groupes. C'était, barrant le boulevard, un entassement obstiné de troupeau, que le flot des promeneurs emportait, séparait, et qui se reformait toujours. Ce soir-là, près de deux mille personnes stationnaient ainsi, grâce à la douceur du ciel couvert et fumeux, qui annonçait de la pluie, après des froids terribles. Le marché était très actif, on offrait l'Universelle de tous côtés, les cours tombaient rapidement. Aussi, bientôt, des rumeurs coururent, toute une anxiété naissante. Que se passait-il donc? A demi-voix, on se nommait les vendeurs probables, selon le remisier qui donnait l'ordre, ou le coulissier qui l'exécutait. Puisque les gros vendaient de la sorte, il se préparait quelque chose de grave, sûrement. Et, de huit heures à dix heures, ce fut une bousculade, tous les joueurs de flair défirent leurs positions, il y en eut même qui, d'acheteurs, eurent le temps de se mettre vendeurs. On alla se coucher dans un malaise de fièvre, comme à la veille des grands désastres.

Le lendemain, le temps fut exécrable. Il avait plu toute la nuit, une petite pluie glaciale noyait la ville, changée par le dégel en un cloaque de boue, jaune et liquide. La Bourse, dès midi et demi, clamait dans ce ruissellement. Réfugiée sous le péristyle et dans la salle, la foule était énorme; et la salle, bientôt, avec les parapluies mouillés qui s'égouttaient, se trouva changée en une immense flaque d'eau bourbeuse. La crasse noire des murs suintait; il ne tombait du toit vitré qu'un jour bas et roussâtre, d'une désespérée mélancolie.

Au milieu des mauvais bruits qui couraient, des histoires extraordinaires détraquant les têtes, tous les regards, dès l'entrée, cherchaient Saccard, le dévisageaient. Il était à son poste, debout, près du pilier accoutumé; et il avait l'air des autres jours, des jours triomphants, son air de gaieté brave et d'absolue confiance. Il n'ignorait pas que l'Universelle avait baissé de trois cents francs la veille, à la petite Bourse du soir; il flairait un danger immense, il s'attendait à un furieux assaut des baissiers; mais son plan de bataille lui semblait inattaquable, le mouvement tournant de Daigremont, l'arrivée imprévue d'une armée fraîche de millions devait tout emporter et lui assurer une fois de plus la victoire. Lui, désormais, se trouvait sans ressources; les caisses de l'Universelle étaient vides, il en avait gratté jusqu'aux centimes; et il ne désespérait pourtant pas, il s'était fait reporter par Mazaud, il l'avait conquis à un tel point, en lui confiant l'appui du syndicat de Daigremont, que l'agent, sans couverture, venait encore d'accepter des ordres d'achat pour plusieurs millions. La tactique arrêtée entre eux était de ne pas trop laisser tomber les cours, au début de la Bourse, de les soutenir, de guerroyer, en attendant l'armée de renfort. L'émotion était si vive, que Massias et Sabatani, renonçant à des ruses inutiles, maintenant que la vraie situation faisait l'objet de tous les commérages, vinrent causer ouvertement avec Saccard, puis coururent porter ses recommandations dernières, l'un à Nathansohn, sous le péristyle, l'autre à Mazaud, encore dans le cabinet des agents de change.

Il était une heure moins dix, et Moser qui arrivait, blême d'une crise de foie, dont la morsure l'avait empêché de fermer l'œil, la nuit précédente, fit remarquer à Pillerault que tout le monde, ce jour-là, était jaune et avait l'air malade. Pillerault, que l'approche des désastres redressait dans des fanfaronnades de chevalier errant, partit d'un éclat de rire.

— Mais c'est vous, mon cher, qui avez la colique. Tout le monde est très gai. Nous allons vous flanquer une de ces tripotées dont on se souvient longtemps.

La vérité était que, dans l'anxiété générale, la salle restait morne, sous le jour roussâtre, et cela se sentait surtout au grondement affaibli des voix. Ce n'était plus l'éclat tumultueux des grands jours de hausse, l'agitation, le vacarme d'une marée, débordant de toutes parts en conquérante. On ne courait plus, on ne criait plus, on se glissait, on parlait bas, comme dans la maison d'un malade. Bien que la foule fût considérable, et que l'on s'étouffât pour circuler, un murmure seulement s'élevait, navré, le chuchotement des craintes qui couraient, des nouvelles déplorables qu'on échangeait à l'oreille. Beaucoup se taisaient, livides, la face contractée, avec des yeux élargis, qui interrogeaient désespérément les autres visages.

— Salmon, vous ne dites rien? demanda Pillerault, plein d'une ironie agressive.

— Parbleu! murmura Moser, il est comme les autres, il n'a rien à dire, il a peur.

En effet, ce jour-là, les silences de Salmon n'inquiétaient plus personne, dans l'attente profonde et muette de tous.

Mais c'était autour de Saccard que se pressait surtout un flot de clients, frémissants d'incertitude, avides d'une bonne parole. On remarqua plus tard que Daigremont ne s'était pas montré, pas plus que le député Huret, averti sans doute, redevenu le chien fidèle de Rougon. Kolb, au milieu d'un groupe de banquiers, affectait d'être pris par une grosse affaire d'arbitrage. Le marquis de Bohain, au-dessus des vicissitudes du sort, promenait tranquillement sa petite tête pâle et aristocratique, certain de gagner quand même, ayant donné à Jacoby l'ordre d'acheter autant d'Universelle qu'il avait chargé Mazaud d'en vendre. Et Saccard, assiégé par la foule des autres, les croyants, les naïfs, se montra particulièrement aimable et rassurant pour Sédille et pour Maugendre, qui, les lèvres tremblantes, les yeux humides de supplications, quêtaient l'espoir du triomphe. Il leur serra vigoureusement la main, en mettant dans son étreinte l'absolue promesse de vaincre. Puis, en homme constamment heureux, à l'abri de tout péril, il se lamenta d'une misère.

— Vous me voyez consterné. Par ces grands froids, on a oublié un camélia dans ma cour, et il est perdu.

Le mot courut, on s'attendrit sur le camélia. Quel homme, ce Saccard! d'une assurance impassible, le visage toujours souriant, sans qu'on pût savoir si ce n'était là qu'un masque, posé sur les effroyables préoccupations qui auraient torturé tout autre !

— L'animal! est-il beau! murmura Jantrou à l'oreille de Massias, qui revenait.

Justement, Saccard appelait Jantrou, envahi d'un souvenir à cette minute suprême, se rappelant l'après-midi, où, avec ce dernier, il avait vu le coupé de la baronne Sandorff, arrêté rue Brongniart. Est-ce qu'il était là encore, dans cette journée de crise? est-ce que le cocher, haut perché, gardait sous la pluie battante son immobilité de pierre, pendant que la baronne, derrière les glaces closes, attendait les cours?

— Certainement, elle est là, répondit Jantrou, à demi-voix, et de tout cœur avec vous, bien décidée à ne pas reculer d'une semelle... Nous sommes tous là, solides à notre poste.

Saccard fut heureux de cette fidélité, bien qu'il doutât du désintéressement de la dame et des autres. D'ailleurs, dans l'aveuglement de sa fièvre, il croyait encore marcher à la conquête, avec tout son peuple d'actionnaires derrière lui, ce peuple des humbles et du beau monde, engoué, fanatisé, les jolies femmes mêlées aux servantes, en un même élan de foi.

Enfin, le coup de cloche retentit, passa avec une lamentation de tocsin sur la houle effarée des têtes. Et Mazaud, qui donnait des ordres à Flory, revint vivement vers la corbeille, pendant que le jeune employé se précipitait au télégraphe, très ému pour lui-même; car, en perte depuis quelque temps, s'entêtant à suivre la fortune de l'Universelle, il risquait ce jour-là un coup décisif, sur l'histoire de l'intervention de Daigremont, surprise à la charge, derrière une porte. La corbeille était tout aussi anxieuse que la salle, les agents sentaient bien, depuis la dernière liquidation, le sol trembler sous eux, au milieu de symptômes si graves, que leur expérience s'en alarmait. Déjà, des écroulements partiels s'étaient produits, le marché exténué, trop chargé, se lézardait de toutes parts. Allait-ce donc être un de ces grands cataclysmes, comme il en survient un tous les dix à quinze ans, une de ces crises mortelles du jeu à l'état de fièvre aiguë, qui décime la Bourse, la balaye d'un vent de mort? A la rente, au comptant, les cris semblaient s'étrangler, la bousculade se faisait plus rude, dominée par les hautes silhouettes noires des coteurs, qui attendaient, la plume aux doigts. Et, tout de suite, Mazaud, les mains serrant la rampe de velours rouge, aperçut Jacoby, de l'autre côté du bassin circulaire, criant de sa voix profonde :

— J'ai de l'Universelle... A 2 800, j'ai de l'Universelle...

C'était le dernier cours de la petite Bourse de la veille; et, pour enrayer immédiatement la baisse, il crût prudent de prendre à ce prix. Sa voix aiguë s'éleva, domina toutes les autres.

— A 2 800, je prends... Trois cents Universelle, envoyez!

Le premier cours se trouva ainsi fixé. Mais il lui fut impossible de le maintenir. De toutes parts, les offres affluaient. Il lutta désespérément pendant une demi-heure, sans autre résultat que de ralentir la chute rapide. Sa surprise était de ne pas être plus soutenu par la coulisse. Que faisait donc Nathansohn, dont il attendait des ordres d'achat? et il ne sut que plus tard l'adroite tactique de ce dernier, qui, tout en achetant pour Saccard, vendait pour son propre compte, averti de la vraie situation par son flair de juif. Massias, très engagé lui-même comme acheteur, accourut, essoufflé, dire la déroute de la coulisse à Mazaud, qui perdit la tête et brûla ses dernières cartouches, en lâchant d'un coup les ordres qu'il se réservait d'échelonner, jusqu'à l'arrivée des renforts. Cela fit remonter un peu les cours : de 2 500, ils revinrent à 2 650, affolés, avec les sauts brusques des jours de tempête; et, un instant encore, l'espoir fut sans bornes chez Mazaud, chez Saccard, chez tous ceux qui étaient dans la confidence du plan de bataille. Puisque cela remontait dès maintenant, la journée était gagnée, la victoire allait être foudroyante, lorsque la réserve déboucherait sur le flanc des baissiers et changerait leur défaite en une effroyable déroute. Il y eut un mouvement de joie profonde, Sédille et Maugendre auraient baisé les mains de Saccard, Kolb se rapprocha, tandis que Jantrou disparut, courant porter à la baronne Sandorff la bonne nouvelle. Et l'on vit à ce moment le petit Flory, radieux, chercher partout Sabatani, qui lui servait maintenant d'intermédiaire, pour lui donner un nouvel ordre d'achat.

Mais deux heures venaient de sonner, et Mazaud, sur qui portait l'effort de l'attaque, faiblissait de nouveau. Sa surprise augmentait, du retard que les renforts mettaient à entrer en ligne. Il était grand temps, qu'attendaient-ils donc pour le dégager de la position intenable où il s'épuisait? Bien que, par fierté professionnelle, il montrât un visage impassible, il sentait un grand froid monter à ses joues, il craignait de pâlir. Jacoby, tonitruant, continuait de lui jeter, par paquets méthodiques, ses offres, qu'il cessait de relever. Et ce n'était plus lui qu'il regardait, ses yeux s'étaient tournés vers Delarocque, l'agent de Daigremont, dont il ne comprenait pas le silence. Gros et trapu, avec sa barbe rousse, l'air béat et souriant d'une noce de la veille, celui-ci restait paisible, dans son attente inexplicable. Est-ce qu'il n'allait pas ramasser toutes ces offres, tout sauver, par les ordres d'achat dont devaient déborder les fiches qu'il avait en main?

Tout d'un coup, de sa voix gutturale, légèrement enrouée, Delarocque se jeta dans la lutte.

— J'ai de l'Universelle... J'ai de l'Universelle...

Et, en quelques minutes, il en offrit pour plusieurs millions. Des voix lui répondaient. Les cours s'effondraient.

— J'ai à 2400... J'ai à 2300... Combien?... Cinq cents, six cents... Envoyez!

Que disait-il donc? que se passait-il? Au lieu des secours attendus, était-ce une nouvelle armée ennemie qui débouchait des bois voisins? Comme à Waterloo, Grouchy n'arrivait pas, et c'était la trahison qui achevait la déroute. Sous ces masses profondes et fraîches de vendeurs, accourant au pas de charge, une effroyable panique se déclarait.

A cette seconde, Mazaud sentit passer la mort sur sa face. Il avait reporté Saccard pour des sommes trop considérables, il eut la sensation nette que l'Universelle lui cassait les reins en s'écroulant. Mais sa jolie figure brune, aux minces moustaches, resta impénétrable et brave. Il acheta encore, épuisa les ordres qu'il avait reçus, de sa voix chantante de jeune coq, aiguë comme dans le succès. Et, en face de lui, ses contre-parties, Jacoby mugissant, Delarocque apoplectique, malgré leur effort d'indifférence, laissaient percer plus d'inquiétude; car ils le voyaient désormais en grand danger, et les payerait-il, s'il sautait? Leurs mains étreignaient le velours de la rampe, leurs voix continuaient à glapir, comme mécaniquement, par habitude de métier, pendant que, dans leurs regards fixes, s'échangeait toute l'affreuse angoisse du drame de l'argent.

Alors, pendant la dernière demi-heure, ce fut la débâcle, la déroute s'aggravant et emportant la foule en un galop désordonné. Après l'extrême confiance, l'engouement aveugle, arrivait la réaction de la peur, tous se ruant pour vendre, s'il en était temps encore. Une grêle d'ordres de vente s'abattit sur la corbeille, on ne voyait plus que des fiches pleuvoir; et ces paquets énormes de titres, jetés ainsi sans prudence, accéléraient la baisse, un véritable effondrement. Les cours, de chute en chute, tombèrent à 1500, à 1200, à 900. Il n'y avait plus d'acheteurs, la plaine restait rase, jonchée de cadavres. Au-dessus du sombre grouillement des redingotes, les trois coteurs semblaient être des greffiers mortuaires, enregistrant des décès. Par un singulier effet du vent de désastre qui traversait la salle, l'agitation s'y était figée, le vacarme s'y mourait, comme dans la stupeur d'une grande catastrophe. Un silence effrayant régna, lorsque, après le coup de cloche de la clôture, le dernier cours de 830 francs fut connu. Et la pluie entêtée ruisselait toujours sur le vitrage, qui ne laissait plus filtrer qu'un crépuscule louche; la salle était devenue un cloaque, sous l'égouttement des parapluies et le piétinement de la foule, un sol fangeux d'écurie mal tenue, où traînaient toutes sortes de papiers déchirés; tandis que, dans la corbeille, éclatait le bariolage des fiches, les vertes, les rouges, les bleues, jetées à pleines mains, si abondantes ce jour-là, que le vaste bassin débordait.

Mazaud était rentré dans le cabinet des agents de change, en même temps que Jacoby et Delarocque. Il s'approcha du buffet, but un verre de bière, dévoré d'une soif ardente, et il regardait l'immense pièce, avec son vestiaire, sa longue table centrale autour de laquelle étaient rangés les fauteuils des soixante agents, ses tentures de velours rouge, tout son luxe banal et défraîchi qui la faisait ressembler à une salle d'attente de première classe, dans une grande gare; il la regardait de l'air étonné d'un homme qui ne l'aurait jamais bien vue. Puis, comme il partait, sans une parole, il serra les mains de Jacoby et de Delarocque, de l'étreinte accoutumée, tous les trois pâlissant, sous leur attitude correcte de chaque jour. Il avait dit à Flory de l'attendre à la porte; et il l'y trouva, en compagnie de Gustave, qui avait définitivement quitté la charge depuis une semaine, et qui était venu en simple curieux, toujours souriant, menant la vie de fête, sans se demander si son père, le lendemain, pourrait encore payer ses dettes; tandis que Flory, blême, avec de petits ricanements imbéciles, s'efforçait de causer, sous l'effroyable perte d'une centaine de mille francs, qu'il venait de faire, en ne sachant pas où en prendre le premier sou. Mazaud et son employé disparurent au milieu de l'averse.

Mais, dans la salle, la panique venait surtout de souffler autour de Saccard, et c'était là que la guerre avait fait ses ravages. Sans comprendre au premier moment, il avait assisté à cette déroute, faisant face au danger. Pourquoi donc cette rumeur? n'étaient-ce pas les troupes de Daigremont qui arrivaient? Puis, lorsqu'il avait entendu les cours s'effondrer, tout en ne s'expliquant pas la cause du désastre, il s'était raidi pour mourir debout. Un froid de glace montait du sol à son crâne, il avait la sensation de l'irréparable, c'était sa défaite, à jamais; et le regret bas de l'argent, la colère des jouissances perdues n'entraient pour rien dans sa douleur : il ne saignait que de son humiliation de vaincu, que de la victoire de Gundermann, éclatante, définitive, qui consolidait une fois de plus la toute-puissance de ce roi de l'or. A cette minute, il fut vraiment superbe, toute sa mince personne bravait la destinée, les yeux sans un battement, le visage têtu, seul contre le flot de désespoir et de rancune qu'il sentait déjà monter contre lui. La salle entière bouillonnait, débordait vers son pilier; des poings se serraient, des bouches bégayaient des paroles mauvaises; et il avait gardé aux lèvres un inconscient sourire, qu'on pouvait prendre pour une provocation.

D'abord, au milieu d'une sorte de brouillard, il distingua Maugendre, d'une pâleur mortelle, que le capitaine Chave emmenait à son bras, en lui répétant qu'il l'avait bien prédit, avec une cruauté de joueur infime, ravi de voir les gros spéculateurs se casser les reins. Puis, ce fut Sédille, la face contractée, avec l'air fou du commerçant dont la maison croule, qui vint lui donner une poignée de main vacillante, en bon homme, comme pour lui dire qu'il ne lui en voulait point. Dès le premier craquement, le marquis de Bohain s'était écarté, passant à l'armée triomphante des baissiers, racontant à Kolb, qui se mettait prudemment à part, lui aussi, quels doutes fâcheux ce Saccard lui inspirait, depuis la dernière assemblée générale. Jantrou, éperdu, avait disparu de nouveau, à toutes jambes, pour porter le dernier cours à la baronne Sandorff, qui allait sûrement avoir une attaque de nerfs dans son coupé, comme la chose lui arrivait les jours de grosse perte.

Et c'était encore, en face de Salmon toujours muet et énigmatique, le baissier Moser et le haussier Pillerault, celui-ci provocant, la mine fière, malgré sa ruine, l'autre, qui gagnait une fortune, se gâtant la victoire par de lointaines inquiétudes.

— Vous verrez qu'au printemps nous aurons la guerre

avec l'Allemagne. Tout ça ne sent pas bon, et Bismarck nous guette.

— Eh! fichez-nous la paix! J'ai encore eu tort, cette fois, de trop réfléchir... Tant pis! c'est à refaire, tout ira bien.

Jusque-là, Saccard n'avait pas faibli. Le nom de Fayeux, prononcé derrière son dos, ce receveur de rentes de Vendôme, avec lequel il se trouvait en rapport, pour toute une clientèle d'infimes actionnaires, venait seulement de lui causer un malaise, en le faisant songer à la masse énorme des petits, des capitalistes misérables qui allaient être broyés sous les décombres de l'Universelle. Mais, brusquement, la vue de Dejoie, livide, décomposé, porta ce malaise à l'aigu, en personnifiant toutes les humbles et lamentables ruines dans ce pauvre homme qu'il connaissait. En même temps, par une sorte d'hallucination, s'évoquèrent les pâles, les désolés visages de la comtesse de Beauvilliers et de sa fille, qui le regardaient éperdument de leurs grands yeux pleins de larmes. Et, à cette minute, Saccard, ce corsaire au cœur tanné par vingt ans de brigandage, Saccard dont l'orgueil était de n'avoir jamais senti trembler ses jambes, de ne s'être jamais assis sur le banc qui était là, contre le pilier, Saccard eut une défaillance et dut s'y laisser tomber un instant. La cohue refluait toujours, menaçait de l'étouffer. Il leva la tête, dans un besoin d'air, et il fut tout de suite debout, en reconnaissant en haut, à la galerie du télégraphe, penchée au-dessus de la salle, la Méchain qui dominait de son énorme personne grasse le champ de bataille. Son vieux sac de cuir noir était posé près d'elle, sur la rampe de pierre. En attendant d'y entasser les actions dépréciées, elle guettait les morts, telle que le corbeau vorace qui suit les armées, jusqu'au jour du massacre.

Saccard, alors, d'un pas raffermi, s'en alla. Tout son être lui semblait vide; mais, par un effort de volonté extraordinaire, il s'avançait solide et droit. Ses sens seulement s'étaient comme émoussés, il n'avait plus la sensation du sol, il croyait marcher sur un tapis de haute laine. De même, une brume noyait ses yeux, une clameur faisait bourdonner ses oreilles. Tandis qu'il sortait de la Bourse et qu'il descendait le perron, il ne reconnaissait plus les gens, c'étaient des fantômes flottants qui l'entouraient, des formes vagues, des sons perdus. N'avait-il pas vu passer la large face grimaçante de Busch? Ne s'était-il pas arrêté un instant pour causer avec Nathansohn, très à l'aise, et dont la voix affaiblie lui paraissait venir de loin? Sabatani et Massias ne l'accompagnaient-ils pas, au milieu de la consternation générale? Il se revoyait entouré d'un groupe nombreux, peut-être Sédille et Maugendre encore, toutes sortes de figures qui s'effaçaient, se transformaient. Et, comme il allait s'éloigner, se perdre dans la pluie, dans la boue liquide dont Paris était submergé, il répéta d'une voix aiguë à tout ce monde fantomatique, mettant sa gloire dernière à montrer sa liberté d'esprit :

— Ah! que je suis donc contrarié de ce camélia qu'on a oublié dans ma cour, et qui est mort de froid!

XI

Madame Caroline, épouvantée, envoya le soir même une dépêche à son frère, qui était à Rome pour une semaine encore ; et, trois jours après, Hamelin débarquait à Paris, accourant au danger.

L'explication fut rude, entre Saccard et l'ingénieur, rue Saint-Lazare, dans cette salle des épures, où l'affaire, autrefois, avait été discutée et résolue avec tant d'enthousiasme. Pendant les trois jours, la débâcle à la Bourse venait de s'aggraver terriblement, les actions de l'Universelle étaient tombées, coup sur coup, au-dessous du pair, à 430 francs ; et la baisse continuait, l'édifice craquait et s'écroulait, d'heure en heure.

Silencieuse, madame Caroline écouta, évitant d'intervenir. Elle était pleine de remords, car elle s'accusait de complicité, puisque c'était elle qui, après s'être promis de veiller, avait laissé tout faire. Au lieu de se contenter de vendre ses titres, simplement, afin d'entraver la hausse, n'aurait-elle pas dû trouver autre chose, prévenir les gens, agir enfin ? Dans son adoration pour son frère, son cœur saignait, à le voir ainsi compromis, au milieu de ses grands travaux ébranlés, de toute l'œuvre de sa vie remise en question ; et elle souffrait d'autant plus, qu'elle ne se sentait pas libre de juger Saccard : ne l'avait-elle pas aimé, n'était-elle pas à lui, de ce lien secret, dont elle sentait davantage la honte ? C'était, placée ainsi entre ces deux hommes, tout un combat qui la déchirait. Le soir de la catastrophe, elle avait accablé Saccard, dans un bel emportement de franchise, vidant son cœur de ce qu'elle y amassait depuis longtemps de reproches et de craintes. Puis, en le voyant sourire, tenace, invaincu quand même, en songeant à la force dont il avait besoin pour rester debout, elle s'était dit qu'elle n'avait pas le droit, après s'être montrée faible avec lui, de l'achever, de le frapper ainsi à terre. Et, réfugiée dans le silence, apportant seulement le blâme de son attitude, elle ne voulait être qu'un témoin.

Mais Hamelin, cette fois, s'emportait, lui si conciliant d'ordinaire, désintéressé de tout ce qui n'était pas ses travaux. Il attaqua le jeu avec une violence extrême, l'Universelle succombait à la folie du jeu, une crise d'absolue démence. Sans doute, il n'était pas de ceux qui prétendaient qu'une banque peut laisser fléchir ses titres, comme une compagnie de chemins de fer par exemple : la compagnie de chemins de fer a son immense matériel, qui fait ses recettes; tandis que le vrai matériel d'une banque est son crédit, elle agonise, dès que son crédit chancelle. Seulement, il y avait là une question de mesure. S'il était nécessaire et même sage de maintenir le cours de 2000 francs, il devenait insensé et complètement criminel de le pousser, de vouloir l'imposer à 3000 et davantage. Dès son arrivée, il avait exigé la vérité, toute la vérité. On ne pouvait plus lui mentir maintenant, lui dire, comme il avait toléré qu'on le déclarât en sa présence, devant la dernière assemblée, que la société ne possédait pas une de ses actions. Les livres étaient là, il en pénétrait aisément les mensonges. Ainsi, le compte Sabatani, il savait que ce prête-nom cachait les opérations faites par la société ; et il pouvait y suivre, mois par mois, depuis deux ans, la fièvre croissante de Saccard, d'abord timide, n'achetant qu'avec prudence, poussé ensuite à des achats de plus en plus considérables, pour arriver à l'énorme chiffre de vingt-sept mille actions ayant coûté près de quarante-huit millions. N'était-ce pas fou, d'une impudente folie qui avait l'air de se moquer des gens, un pareil chiffre d'affaires mis sous le nom d'un Sabatani! Et ce Sabatani n'était pas le seul, il y avait d'autres hommes de paille, des employés de la banque, des administrateurs même, dont les achats, portés au compte des reports, dépassaient vingt mille actions, représentant elles aussi près de quarante-huit millions de francs. Enfin, tout cela n'était encore que les achats fermes, auxquels il fallait ajouter les achats à terme, opérés dans le courant de la dernière liquidation de janvier; plus de vingt mille actions pour une somme de soixante-sept millions et demi, dont l'Universelle avait à prendre livraison ; sans compter, à la Bourse de Lyon, dix mille autres titres, vingt-quatre millions encore. Ce qui, en additionnant tout, démontrait que la société avait en main près du quart des actions émises par elle, et qu'elle avait payé ces actions de l'effroyable somme de deux cents millions. Là était le gouffre, où elle s'engloutissait.

Des larmes de douleur et de colère étaient montées aux yeux d'Hamelin. Lui qui venait de jeter si heureusement, à Rome, les bases de sa grande banque catholique, le Trésor du Saint-Sépulcre, pour permettre, aux jours prochains de la persécution, d'installer royalement le pape à Jérusalem, dans la gloire légendaire des lieux saints : une banque destinée à mettre le nouveau royaume de Palestine à l'abri des perturbations politiques, en basant son budget, avec la garantie des ressources du pays, sur toute une série d'émissions dont les chrétiens du monde entier allaient se disputer les titres ! Et tout cela croulait d'un coup, dans cette imbécile démence du jeu! Il était parti laissant un bilan admirable, des millions à la pelle, une société dans une prospérité si prompte et si haute, qu'elle faisait l'étonnement du monde; et, moins d'un mois après, lorsqu'il revenait, les millions étaient fondus, la société était par terre, en poudre, il n'y avait plus rien qu'un trou noir, où le feu semblait avoir passé. Sa stupeur croissait, il exigeait violemment des explications, voulait comprendre quelle puissance mystérieuse venait de pousser Saccard à s'acharner ainsi contre l'édifice colossal qu'il avait élevé, à le détruire pierre par pierre d'un côté, tandis qu'il prétendait l'achever de l'autre.

Saccard, très nettement, sans se fâcher, répondit. Après les premières heures d'émotion et d'anéantissement, il s'était retrouvé, debout, solide, avec son indomptable espoir. Des trahisons avaient rendu la catastrophe terrible, mais rien n'était perdu, il allait tout relever. Et, d'ailleurs, si l'Universelle avait eu une prospérité si rapide et si grande, ne la devait-elle pas aux moyens qu'on lui reprochait? la création du syndicat, les augmentations successives du capital, le bilan hâtif du dernier exercice, les actions gardées par la société et plus tard les actions achetées en masse, follement. Tout cela faisait corps. Si l'on acceptait le succès, il fallait bien accepter les risques. Quand on chauffe trop une machine, il arrive qu'elle éclate. Du reste, il n'avouait aucune faute, il avait fait, simplement avec plus de carrure intelligente, ce que tout directeur de banque fait; et il ne lâchait pas son idée géniale, son idée géante, de racheter la totalité des titres, d'abattre Gundermann. L'argent lui avait manqué, voilà tout. Maintenant, c'était à recommencer. Une assemblée générale extraordinaire venait d'être convoquée pour le lundi suivant, il se disait absolument certain de ses actionnaires, il obtiendrait d'eux les sacrifices indispensables, convaincu que, sur un mot de lui, tous apporteraient leur fortune. En attendant, on vivrait, grâce aux petites sommes que les autres maisons de crédit, les grandes banques, avançaient chaque matin pour les besoins pressants de la journée, dans la crainte d'un trop brusque effondrement, qui les aurait ébranlées elles-mêmes. La crise passée, tout allait reprendre et resplendir de nouveau.

— Mais, objecta Hamelin, que calmait déjà cette tranquillité souriante, ne voyez-vous pas, dans ces secours fournis par nos rivaux, une tactique, une idée de se garer d'abord et de rendre ensuite notre chute plus profonde, en la retardant?... Ce qui m'inquiète, c'est de voir Gundermann là dedans.

En effet, Gundermann, un des premiers, s'était offert, pour éviter l'immédiate déclaration de faillite, avec l'extraordinaire sens pratique d'un monsieur, qui, forcé de mettre le feu chez un voisin, se hâterait ensuite d'apporter des seaux d'eau, afin que le quartier entier ne fût pas détruit. Il était au-dessus de la rancune, il n'avait d'autre gloire que d'être le premier marchand d'argent du monde, le plus riche et le plus avisé, ayant réussi à sacrifier toutes ses passions à l'accroissement continu de sa fortune.

Saccard eut un geste d'impatience, exaspéré par cette preuve que le vainqueur donnait de sa sagesse et de son intelligence.

— Oh ! Gundermann, il fait la grande âme, il croit qu'il me poignarde, avec sa générosité.

Un silence régna, et ce fut madame Caroline, restée jusque-là muette, qui reprit enfin :

— Mon ami, j'ai laissé mon frère vous parler comme il devait le faire, dans la légitime douleur qu'il a éprouvée, en apprenant toutes ces déplorables choses... Mais notre situation, à nous autres, me semble claire, et, n'est-ce pas? il me paraît impossible qu'il se trouve compromis, si l'affaire tournait décidément mal. Vous savez à quel cours j'ai vendu, on ne pourra pas dire qu'il a poussé à la hausse, pour tirer un plus gros profit de ses titres. Et, d'ailleurs, si la catastrophe arrive, nous savons ce que nous avons à faire... Je n'ai point, je l'avoue, votre espoir entêté. Seulement, vous avez raison, il faut lutter jusqu'à la dernière minute, et ce n'est pas mon frère qui vous découragera, soyez-en sûr.

Elle était émue, reprise par sa tolérance pour cet homme si obstinément vivace, ne voulant pas cependant montrer cette faiblesse, car elle ne pouvait plus s'aveugler sur l'exécrable besogne qu'il avait faite, qu'il aurait sûrement faite encore, avec sa passion voleuse de corsaire sans scrupules.

— Certainement, déclara à son tour Hamelin, las et à bout de résistance, je ne vais pas vous paralyser, lorsque vous vous battez pour nous sauver tous. Comptez sur moi, si je puis vous être utile.

Et, une fois de plus, à cette heure dernière, sous les plus effroyables menaces, Saccard les rassura, les reconquit, en les quittant sur ces paroles, pleines de promesses et de mystère :

— Dormez tranquilles... Je ne puis encore parler, mais j'ai l'absolue certitude de tout remettre à flot avant la fin de l'autre semaine.

Cette phrase, qu'il n'expliquait pas, il la répéta à tous les amis de la maison, à tous les clients qui vinrent, effarés, terrifiés, lui demander conseil. Depuis trois jours, le galop ne cessait pas, rue de Londres, au travers de son cabinet. Les Beauvilliers, les Maugendre, Sédille, Dejoie, accoururent à la file. Il les recevait, très calme, d'un air militaire, avec des mots vibrants qui leur remettaient du courage au cœur ; et, quand ils parlaient de vendre, de réaliser à perte, il se fâchait, leur criait de ne pas faire une pareille bêtise, s'engageant sur l'honneur à rattraper les cours de 2 000 et même de 3 000 francs. Malgré les fautes commises, tous gardaient en lui une foi aveugle : qu'on le leur laissât, qu'il fût libre de les voler encore, et il débrouillerait tout, il finirait par tous les enrichir, ainsi qu'il l'avait juré. Si aucun accident ne se produisait avant le lundi, si on lui donnait le temps de réunir l'assemblée générale extraordinaire, personne ne doutait qu'il ne tirât l'Universelle saine et sauve des décombres.

Saccard avait songé à son frère Rougon, et c'était là ce secours tout-puissant dont il parlait, sans vouloir s'expliquer davantage. S'étant trouvé face à face avec Daigremont, le traître, et lui ayant fait d'amers reproches, il n'en avait obtenu que cette réponse : « Mais, mon cher, ce n'est pas moi qui vous ai lâché, c'est votre frère ! » Evidemment, cet homme était dans son droit : il n'avait fait l'affaire qu'à la condition que Rougon en serait, on lui avait promis Rougon formellement, rien d'étonnant à ce qu'il se fût retiré, du moment où le ministre, loin d'en être, vivait en guerre avec l'Universelle et son directeur. C'était au moins une excuse sans réplique. Très frappé, Saccard venait de sentir sa faute immense, cette brouille avec ce frère qui seul pouvait le défendre, le rendre à ce point sacré, que personne n'oserait achever sa ruine, lorsqu'on saurait le grand homme derrière lui. Et ce fut, pour son orgueil, une des heures les plus dures, celle où il se décida à prier le député Huret d'intervenir en sa faveur. Du reste, il gardait une attitude de menace, refusait toujours de disparaître, exigeait comme une chose due l'aide de Rougon, qui avait plus d'intérêt que lui à éviter le scandale. Le lendemain, comme il attendait la visite promise d'Huret, il reçut simplement un billet, dans lequel, en termes vagues, on lui faisait dire de ne pas s'impatienter et de compter sur une bonne issue, si les circonstances ne s'y opposaient pas, plus tard. Il se contenta de ces quelques lignes, qu'il regarda comme une promesse de neutralité.

Mais la vérité était que Rougon venait de prendre l'énergique parti d'en finir, avec ce membre gangrené de sa famille, qui, depuis des années, le gênait, dans d'éternelles terreurs d'accidents malpropres, et qu'il préférait enfin trancher violemment. Si la catastrophe arrivait, il était résolu à laisser aller les choses. Puisqu'il n'obtiendrait jamais de Saccard son exil, le plus simple n'était-il pas de le forcer à s'expatrier lui-même, en lui facilitant la fuite, après quelque bonne condamnation? Un brusque scandale, un coup de balai, ce serait fini. D'ailleurs, la situation du ministre devenait difficile, depuis qu'il avait déclaré au Corps législatif, dans un mouvement d'éloquence mémorable, que jamais la France ne laisserait l'Italie s'emparer de Rome. Très applaudi par les catholiques, très attaqué par le tiers état, de plus en plus puissant, il voyait arriver l'heure où ce dernier, aidé des bonapartistes libéraux, allait le faire sauter du pouvoir, à moins qu'il ne leur donnât aussi un gage. Et le gage, si les circonstances le voulaient, allait être l'abandon de cette Universelle, patronnée par Rome, devenue, une force inquiétante. Enfin, ce qui avait achevé de le décider, c'était une communication secrète de son collègue des finances, qui, sur le point de lancer un emprunt, avait trouvé Gundermann et tous les banquiers juifs très réservés, donnant à entendre qu'ils refuseraient leurs capitaux, tant que le marché resterait incertain pour eux, livré aux aventures. Gundermann triomphait. Plutôt les juifs, avec leur royauté acceptée de l'or, que les catholiques ultramontains maîtres du monde, s'ils devenaient les rois de la Bourse !

On raconta plus tard que le garde des sceaux Delcambre, acharné dans sa rancune contre Saccard, ayant fait pressentir Rougon sur la conduite à suivre vis-à-vis de son frère, au cas où la justice aurait à intervenir, en avait simplement reçu ce cri du cœur : « Ah ! qu'il m'en débarrasse donc, je lui devrai un fameux cierge ! » Dès lors, du moment où Rougon l'abandonnait, Saccard était perdu. Delcambre, qui le guettait depuis son arrivée au pouvoir, le tenait enfin sur la marge du Code, au bord même du vaste filet judiciaire, n'ayant plus qu'à trouver le prétexte pour lancer ses gendarmes et ses juges.

Un matin, Busch, furieux de n'avoir pas agi encore, se rendit au palais de justice. S'il ne se hâtait pas, jamais maintenant il ne tirerait de Saccard les quatre mille francs qui restaient dus à la Méchain, sur le fameux compte de frais, pour le petit Victor. Son plan était simplement de soulever un abominable scandale, en l'accusant de séquestration d'enfant, ce qui permettrait d'étaler les détails immondes du viol de la mère et de l'abandon du gamin. Un pareil procès fait au directeur de l'Universelle, dans l'émotion soulevée par la crise que traversait cette banque, cela remuerait certainement tout Paris ; et Busch espérait encore que Saccard, à la première menace, payerait. Mais le substitut qui se trouva chargé de le recevoir, un propre neveu de Delcambre, écouta son histoire d'un air d'impatience et d'ennui : non ! non ! rien à faire de sérieux avec de pareils commérages, ça ne tombait sous le coup d'aucun article du Code. Déconcerté, Busch s'emportait, parl[illegible] de sa longue patience, lorsque le magistrat l'interrompit brusquement, en lui entendant dire qu'il avait poussé la bonhomie, vis-à-vis de Saccard, jusqu'à placer des fonds en report, à l'Universelle. Comment! il avait des fonds compromis dans la déconfiture certaine de cette maison, et il n'agissait pas! Rien n'était plus simple, il n'avait qu'à déposer une plainte en escroquerie, car la justice, dès maintenant, se trouvait avertie de manœuvres frauduleuses, qui allaient entraîner la banqueroute. C'était là le coup terrible à porter, et non l'autre histoire, le mélodrame d'une fille morte d'ivrognerie et d'un enfant grandi dans le ruisseau. Busch écoutait, la face attentive et grave, lancé sur cette nouvelle voie, entraîné à un acte qu'il n'était pas venu faire, dont il devinait les décisives conséquences : Saccard arrêté, l'Universelle frappée à mort. La seule peur de perdre son argent l'aurait décidé tout de suite. Il ne demandait d'ailleurs que désastres, pour pêcher en eau trouble. Cependant, il hésita, il disait qu'il réfléchirait, qu'il reviendrait, et il fallut que le substitut lui mît la plume aux doigts, lui fît écrire, dans son cabinet même, sur son bureau, la plainte en escroquerie, qu'immédiatement, l'homme congédié, il porta, tout bouillant de zèle, à son oncle le garde des sceaux. L'affaire était bâclée.

Le lendemain, rue de Londres, au siège de la société, Saccard eut une longue entrevue avec les commissaires-censeurs et avec l'administrateur judiciaire, pour arrêter le bilan qu'il désirait présenter à l'assemblée générale. Malgré les sommes prêtées par les autres établissements financiers, on avait dû fermer les guichets, suspendre les payements, devant les demandes croissantes. Cette banque qui, un mois plus tôt, possédait près de deux cents millions dans ses caisses, n'avait pu rembourser, à sa clientèle affolée, que les quelques premières centaines de mille francs. Un jugement du tribunal de commerce avait déclaré d'office la faillite, à la suite d'un rapport sommaire, remis la veille par un expert, chargé d'examiner les livres. Malgré tout, Saccard, inconscient, promettait encore de sauver la situation, avec un aveuglement d'espoir, un entêtement de bravoure extraordinaires. Et précisément, ce jour-là, il attendait la réponse du parquet des agents de change, pour la fixation d'un cours de compensation, lorsque l'huissier entra lui dire que trois messieurs le demandaient, dans un salon voisin. C'était le salut peut-être, il se précipita, très gai, et il trouva un commissaire de police, aidé de deux agents, qui procéda à son arrestation immédiate. Le mandat d'amener venait d'être lancé, sur la lecture du rapport de l'expert, dénonçant des irrégularités d'écritures, et particulièrement sur la plainte en abus de confiance de Busch, qui prétendait que des fonds, confiés par lui pour être placés en report, avaient reçu une destination autre. A la même heure, on arrêtait également Hamelin, à son domicile, rue Saint-Lazare. Cette fois, c'était bien la fin, comme si toutes les haines, toutes les malechances aussi se fussent acharnées. L'assemblée générale extraordinaire ne pouvait plus se réunir, la Banque Universelle avait vécu.

Madame Caroline n'était pas chez elle, au moment de l'arrestation de son frère, qui ne put que lui laisser quelques lignes écrites à la hâte. Lorsqu'elle rentra, ce fut une stupeur. Jamais elle n'avait cru qu'on songeât même une minute à le poursuivre, tellement il lui apparaissait pur de tout trafic louche, innocenté par ses longues absences. Dès le lendemain de la faillite, le frère et la sœur s'étaient dépouillés de tout ce qu'ils possédaient, en faveur de l'actif, voulant rester nus, au sortir de cette aventure, comme ils y étaient entrés nus ; et la somme était forte, près de huit millions, dans lesquels se trouvaient engloutis les trois cent mille francs qu'ils avaient hérités d'une tante. Tout de suite, elle se lança en démarches, en sollicitations, elle ne vécut plus que pour améliorer le sort, préparer la défense de son pauvre Georges, reprise de crises de larmes, malgré sa vaillance, chaque fois qu'elle se l'imaginait innocent et sous les verrous, éclaboussé de cet affreux scandale, la vie dévastée, salie à jamais. Lui si doux, si faible, d'une dévotion d'enfant, d'une ignorance de « grosse bête », comme elle disait, en dehors de ses travaux techniques! Et, d'abord, elle s'était emportée contre Saccard, l'unique cause du désastre, l'ouvrier de leur malheur, dont elle reconstruisait et jugeait nettement l'œuvre exécrable, depuis les jours du début, lorsqu'il la plaisantait si gaiement de lire le Code, jusqu'à ces jours de la fin, où, dans les sévérités de l'insuccès, devaient se payer toutes les irrégularités, qu'elle avait prévues et laissé commettre. Puis, torturée par ce remords de complicité qui la hantait, elle s'était tue, elle évitait de s'occuper ouvertement de lui, avec la volonté d'agir comme s'il n'était pas. Quand elle devait prononcer son nom, elle semblait parler d'un étranger, d'une partie adverse dont les intérêts étaient différents des siens. Elle, qui visitait presque quotidiennement son frère à la Conciergerie, n'avait pas même demandé une autorisation, pour aller voir Saccard. Et elle était très brave, elle campait toujours dans leur appartement de la rue Saint-Lazare, recevant tous ceux qui se présentaient, même ceux qui venaient l'injure à la bouche, transformée ainsi en une femme d'affaires résolue à sauver ce qu'elle pourrait de leur honnêteté et de leur bonheur.

Durant les longues journées qu'elle passait de la sorte, en haut, dans ce cabinet des épures, où elle avait vécu de si belles heures de travail et d'espoir, un spectacle surtout la navrait. Lorsqu'elle s'approchait d'une fenêtre et qu'elle jetait un regard sur l'hôtel voisin, elle ne pouvait y voir sans un serrement de cœur, derrière les vitres de l'étroite pièce où les deux pauvres femme se tenaient, les profils pâles de la comtesse de Beauvilliers et de sa fille Alice. Ces journées de février étaient très douces, elle les apercevait souvent aussi marchant à pas ralentis, la tête basse, le long des allées du jardin moussu, ravagé par l'hiver. L'écroulement venait d'être effroyable dans ces deux existences. Les malheureuses qui, quinze jours plus tôt, possédaient dix-huit cent mille francs avec leurs six cents actions, n'en auraient tiré que dix-huit mille, aujourd'hui que le titre était tombé de trois mille francs à trente francs. Et leur fortune entière se trouvait fondue, emportée du coup : les vingt mille francs de la dot, mis si péniblement de côté par la comtesse, les soixante-dix mille francs empruntés d'abord sur la ferme des Aublets, les Aublets eux-mêmes vendus ensuite deux cent quarante mille francs, lorsqu'ils en valaient quatre cent mille. Que devenir, quand les hypothèques dont l'hôtel était écrasé, mangeaient déjà huit mille francs par an, et qu'elles n'avaient jamais pu réduire le train de la maison à moins de sept mille, malgré leur ladrerie, les miracles d'économie sordide qu'elles accomplissaient, pour sauver les apparences et garder leur rang ? Même en vendant leurs actions, comment vivre désormais, comment faire face à tous les besoins, avec ces dix-huit mille francs, l'épave dernière du naufrage ? Une nécessité s'imposait, que la comtesse n'avait pas voulu encore envisager résolument : quitter l'hôtel, l'abandonner aux créanciers hypothécaires, puisqu'il devenait impossible de payer les intérêts, ne pas attendre que ceux-ci le fissent mettre en vente, se retirer tout de suite au fond de quelque petit logement, pour y vivre une vie étroite et effacée, jusqu'au dernier morceau de pain. Mais, si la comtesse résistait, c'était qu'il y avait là un arrachement de toute sa personne, la mort même de ce qu'elle avait cru être, l'effondrement de l'édifice de sa race que, depuis des années, elle soutenait de ses mains tremblantes, avec une obstination héroïque. Les Beauvilliers en location, n'ayant plus le toit des ancêtres, vivant chez les autres, dans la misère avouée des vaincus : est-ce que, vraiment, ce ne serait pas à mourir de honte ? Et elle luttait toujours.

Un matin, madame Caroline vit ces dames, sous le petit hangar du jardin, qui lavaient leur linge. La vieille cuisinière, presque impotente, ne leur était plus d'un grand secours ; pendant les derniers froids, elles avaient dû la soigner ; et il en était de même du mari, à la fois concierge, cocher et valet de chambre, qui avait grand' peine à balayer la maison et à tenir debout l'antique cheval, trébuchant et ravagé comme lui. Aussi ces dames s'étaient-elles mises résolument au ménage, la fille lâchant parfois ses aquarelles pour faire les maigres soupes dont vivaient chichement les quatre personnes, la mère époussetant les meubles, raccommodant les vêtements et les chaussures, avec cette idée d'économie infime qu'on usait moins les plumeaux, les aiguilles et le fil, depuis que c'était elle qui s'en servait. Seulement, dès que survenait une visite, il fallait les voir toutes deux fuir, jeter le tablier, se débarbouiller violemment, reparaître en maîtresses de maison, aux mains blanches et paresseuses. Sur la rue, le train n'avait pas changé, l'honneur était sauf : le coupé sortait toujours correctement attelé, menant la comtesse et sa fille à leurs courses, les dîners de quinzaine réunissaient toujours les convives de chaque hiver, sans qu'il y eût un plat de moins sur la table, ni une bougie dans les candélabres. Et il fallait, comme madame Caroline, dominer le jardin, pour savoir de quels terribles lendemains de jeûne était payé tout ce décor, cette façade mensongère d'une fortune disparue. Lorsqu'elle les voyait, au fond de ce puits humide, étranglé entre les maisons voisines, promenant leur mortelle mélancolie, sous les squelettes verdâtres des arbres centenaires, elle était prise d'une pitié immense, elle s'écartait de la fenêtre, le cœur déchiré de remords, comme si elle s'était sentie la complice de Saccard, dans cette misère.

Puis, un autre matin, madame Caroline eut une tristesse plus directe, plus douloureuse encore. On lui annonça la visite de Dejoie, et elle tint bravement à le recevoir.

— Eh bien ! mon pauvre Dejoie...

Mais elle s'arrêta, effrayée, en remarquant la pâleur de l'ancien garçon de bureau. Les yeux semblaient morts, dans sa face décomposée ; et lui, très grand, avait rapetissé, comme plié en deux.

— Voyons, il ne faut pas vous laisser abattre, à l'idée que tout cet argent est perdu.

Alors, il parla d'une voix lente.

— Oh! madame, ce n'est pas ça... Sans doute, dans le premier moment, j'ai reçu un rude coup, parce que je m'étais habitué à croire que nous étions riches. Ça vous monte à la tête, on est comme si l'on avait bu, quand on gagne... Mon Dieu! j'étais déjà résigné à me remettre au travail, j'aurais tant travaillé, que je serais parvenu à refaire la somme... Seulement, vous ne savez pas...

De grosses larmes roulèrent sur ses joues.

— Vous ne savez pas... Elle est partie.

— Partie, qui donc? demanda madame Caroline, surprise.

— Nathalie, ma fille... Son mariage était manqué, elle a été furieuse, quand le père de Théodore est venu nous dire que son fils avait trop attendu et qu'il allait épouser la demoiselle d'une mercière, qui apportait près de huit mille francs. Ça, je comprends qu'elle se soit mise en colère, à l'idée de ne plus avoir le sou et de rester fille... Mais moi qui l'aimais tant! L'hiver dernier encore, je me relevais la nuit, pour border ses couvertures. Et je me passais de tabac afin qu'elle eût de plus jolis chapeaux, et j'étais sa vraie mère, je l'avais élevée, je ne vivais que du plaisir de la voir, dans notre petit logement.

Ses larmes l'étranglèrent, il sanglota.

— Aussi, c'est la faute de mon ambition... Si j'avais vendu, dès que mes huit actions me donnaient les six mille francs de la dot, elle serait mariée à cette heure. Seulement, n'est-ce pas? ça montait toujours, et j'ai songé à moi, j'ai voulu d'abord six cents, puis huit cents, puis mille francs de rente; d'autant plus que la petite aurait hérité de cet argent-là, plus tard... Dire qu'un moment, au cours de trois mille, j'ai eu dans la main vingt-quatre mille francs, de quoi lui constituer sa dot de six mille francs et de me retirer moi-même avec neuf cents francs de rente. Non! j'en voulais mille, est-ce assez bête! Et, maintenant, ça ne représente seulement pas deux cents francs... Ah! c'est ma faute, j'aurais mieux fait de me flanquer à l'eau!

Madame Caroline, très émue de sa douleur, le laissait se soulager. Elle aurait pourtant voulu savoir.

— Partie, mon pauvre Dejoie, comment partie?

Alors, il eut un embarras, tandis qu'une faible rougeur montait à sa face blême.

— Oui, partie, disparue, depuis trois jours... Elle avait fait la connaissance d'un monsieur, en face de chez nous, oh! un monsieur très bien, un homme de quarante ans... Enfin, elle s'est sauvée.

Et, tandis qu'il donnait des détails, cherchant les mots, la langue embarrassée, madame Caroline revoyait Nathalie, mince et blonde, avec sa grâce frêle de jolie fille du pavé parisien. Elle revoyait surtout ses larges yeux, au regard si tranquille et si froid, d'une extraordinaire limpidité d'égoïsme. L'enfant s'était laissé adorer par son père, en idole heureuse, sage aussi longtemps qu'elle avait eu intérêt à l'être, incapable d'une chute sotte, tant qu'elle espérait une dot, un mariage un comptoir dans une petite boutique où elle aurait trôné. Mais continuer une vie de sans-le-sou, vivre en torchon avec son bonhomme de père, obligé de se remettre au travail, ah! non, elle en avait assez de cette existence pas drôle, désormais sans espoir! Et elle avait filé, elle avait mis froidement ses bottines et son chapeau, pour aller ailleurs.

— Mon Dieu! continuait à bégayer Dejoie, elle ne s'amusait guère chez nous, c'est bien vrai; et, quand on est gentille, c'est agaçant de perdre sa jeunesse à s'ennuyer... Mais, tout de même, elle a été bien dure. Songez donc! sans me dire seulement adieu, pas un mot de lettre, pas la plus petite promesse de venir me revoir de temps à autre... Elle a fermé la porte, et ç'a été fini. Vous voyez, mes mains tremblent, j'en suis resté comme une bête. C'est plus fort que moi, je la cherche toujours, chez nous. Après tant d'années, mon Dieu! est-ce possible que je ne l'aie plus, que je ne l'aurai plus jamais, ma pauvre petite enfant!

Il avait cessé de pleurer, et sa douleur ahurie était si navrante, que madame Caroline lui saisit les deux mains, ne trouvant d'autre consolation que de lui répéter :

— Mon pauvre Dejoie, mon pauvre Dejoie...

Puis, pour le distraire, elle revint à la déconfiture de l'Universelle. Elle s'excusait de lui avoir laissé prendre des actions, elle jugeait sévèrement Saccard, sans le nommer. Mais, tout de suite, l'ancien garçon de bureau se ranima. Mordu par le jeu, il se passionnait encore.

— Monsieur Saccard, eh! il a eu bien raison de m'empêcher de vendre. L'affaire était superbe, nous les aurions mangés tous, sans les traîtres qui nous ont lâchés... Ah! madame, si monsieur Saccard était là, ça marcherait autrement. Ç'a été notre mort, qu'on le mette en prison. Et il n'y a encore que lui qui pourrait nous sauver... Je l'ai dit au juge : « Monsieur, rendez-le-nous, et je lui confie de nouveau ma fortune, et je lui confie ma vie, parce que cet homme-là, c'est le bon Dieu, voyez-vous! Il fait tout ce qu'il veut. »

Stupéfaite, madame Caroline le regardait. Comment! pas une parole de colère, pas un reproche? C'était la foi ardente d'un croyant. Quelle puissante action Saccard avait-il donc eue sur le troupeau, pour le discipliner sous un tel joug de crédulité?

— Enfin, madame, j'étais venu seulement vous dire ça, et il faut m'excuser, si je vous ai parlé de mon chagrin, à moi, parce que je n'ai plus la tête très solide... Quand vous verrez monsieur Saccard, répétez-lui bien que nous sommes toujours avec lui.

Il s'en alla de son pas vacillant, et, restée seule, elle eut un instant horreur de l'existence. Ce malheureux lui avait fendu le cœur. Elle avait contre l'autre, contre celui qu'elle ne nommait pas, un redoublement de colère, dont elle renfonçait l'éclat en elle. D'ailleurs, des visites lui arrivaient, elle était débordée, ce matin-là.

Dans le flot, les Jordan surtout l'émurent encore. Ils venaient, Paul et Marcelle, en bon ménage qui risquait toujours à deux les démarches graves, lui demander si leurs parents, les Maugendre, n'avaient réellement plus rien à tirer de leurs actions de l'Universelle. De ce côté, c'était aussi un désastre irréparable. Avant les grandes batailles des deux dernières liquidations, l'ancien fabricant de bâches possédait déjà soixante-quinze titres, qui lui avaient coûté environ quatre-vingt mille francs : affaire superbe, puisque, à un moment, au cours de trois mille francs, ces titres en représentaient deux cent vingt-cinq mille. Mais le terrible était que, dans la passion de la lutte, il avait joué à découvert, croyant au génie de Saccard, achetant toujours ; de sorte que d'effroyables différences à payer, plus de deux cent mille francs, venaient d'emporter le reste de sa fortune, ces quinze mille francs de rente gagnés si rudement par trente années de travail. Il n'avait plus rien, c'était à peine s'il en sortirait complètement acquitté, lorsqu'il aurait vendu son petit hôtel de la rue Legendre, dont il se montrait si fier. Et, dans ce désastre, madame Maugendre était certainement plus coupable que lui.

— Ah ! madame, expliqua Marcelle avec son aimable figure, qui, même au milieu des catastrophes, restait fraîche et riante, vous ne vous imaginez pas ce qu'était devenue maman ! Elle, si prudente, si économe, la terreur de ses bonnes, toujours sur leurs talons, à éplucher leurs comptes, elle ne parlait plus que par centaines de mille francs, elle poussait papa, oh ! lui, beaucoup moins brave, au fond, tout prêt à écouter l'oncle Chave, si elle ne l'avait pas rendu fou, avec son rêve de décrocher le gros lot, le million... D'abord, ça les avait pris en lisant les journaux financiers ; et papa s'était passionné le premier, si bien qu'il se cachait dans les commencements ; puis, lorsque maman s'y est mise, après avoir longtemps professé contre le jeu une haine de bonne ménagère, tout a flambé, ça n'a pas été long. Est-il possible que la rage du gain change à ce point de braves gens !

Jordan intervint, égayé lui aussi par la figure de l'oncle Chave, qu'un mot de sa femme venait d'évoquer.

— Et si vous aviez vu le calme de l'oncle, au milieu de ces catastrophes ! Il l'avait bien prédit, il triomphait, serré dans son col de crin... Pas un jour il n'a manqué la Bourse, pas un jour il n'a cessé de jouer son jeu infime, sur le comptant, satisfait d'emporter sa pièce de quinze à vingt francs, chaque soir, ainsi qu'un bon employé qui a bravement rempli sa journée. Autour de lui, les millions croulaient de toutes parts, des fortunes géantes se faisaient et se défaisaient en deux heures, l'or pleuvait à pleins seaux parmi les coups de foudre, et il continuait, sans fièvre, à gagner sa petite vie, son petit gain pour ses petits vices... Il est le malin des malins, les jolies filles de la rue Nollet ont eu leurs gâteaux et leurs bonbons.

Cette allusion, faite de belle humeur, aux farces du capitaine, acheva d'amuser les deux femmes. Mais, tout de suite, la tristesse de la situation les reprit.

— Hélas ! non, déclara madame Caroline, je ne crois pas que vos parents aient rien à tirer de leurs actions. Tout me paraît bien fini. Elles sont à trente francs, elles vont tomber à vingt francs, à cent sous... Mon Dieu ! les pauvres gens, à leur âge, avec leurs habitudes d'aisance, que vont-ils devenir ?

— Dame ! répondit simplement Jordan, il va falloir s'occuper d'eux... Nous ne sommes pas bien riches encore, mais enfin ça commence à marcher, et nous ne les laisserons pas dans la rue.

Il venait d'avoir une chance. Après tant d'années de travail ingrat, son premier roman, publié d'abord dans un journal, lancé ensuite par un éditeur, avait pris brusquement l'allure d'un gros succès ; et il se trouvait riche de quelques milliers de francs, toutes les portes ouvertes devant lui désormais, brûlant de se remettre au travail, certain de la fortune et de la gloire.

— Si nous ne pouvons les prendre, nous leur louerons un petit logement. On s'arrangera toujours, parbleu !

Marcelle, qui le regardait avec une tendresse éperdue, fut agitée d'un léger tremblement.

— Oh ! Paul, Paul, que tu es bon !

Et elle se mit à sangloter.

— Mon enfant, calmez-vous, je vous en prie, répéta à plusieurs reprises madame Caroline, qui s'empressait, étonnée. Il ne faut pas vous faire de la peine.

— Non, laissez-moi, ce n'est pas de la peine... Mais, en vérité, c'est tellement bête, tout ça! Je vous demande un peu, lorsque j'ai épousé Paul, si maman et papa n'auraient pas dû me donner la dot dont ils avaient toujours parlé! Sous prétexte que Paul ne possédait plus un sou et que je faisais une sottise en tenant quand même ma promesse, ils n'ont pas lâché un centime... Ah! les voilà bien avancés, aujourd'hui! Ils la retrouveraient, ma dot, ce serait toujours ça que la Bourse n'aurait pas mangé!

Madame Caroline et Jordan ne purent s'empêcher de rire. Mais cela ne consolait pas Marcelle, elle pleurait plus fort.

— Et puis, ce n'est pas encore ça... Moi, quand Paul a été pauvre, j'ai fait un rêve. Oui! comme dans les contes de fées, j'ai rêvé que j'étais une princesse et qu'un jour j'apporterais à mon prince ruiné beaucoup, beaucoup d'argent, pour l'aider à être un grand poète... Et voilà qu'il n'a pas besoin de moi, voilà que je ne suis plus rien qu'un embarras, avec ma famille! C'est lui qui aura toute la peine, c'est lui qui fera tous les cadeaux... Ah! ce que mon cœur étouffe!

Vivement, il l'avait prise dans ses bras.

— Qu'est-ce que tu nous racontes, grosse bête? Est-ce que la femme a besoin d'apporter quelque chose! Mais c'est toi que tu apportes, ta jeunesse, ta tendresse, ta belle humeur, et il n'y a pas une princesse au monde qui puisse donner davantage!

Tout de suite, elle s'apaisa, heureuse d'être aimée ainsi, trouvant en effet qu'elle était bien sotte de pleurer. Lui, continuait :

— Si ton père et ta mère veulent, nous les installerons à Clichy, où j'ai vu des rez-de-chaussée avec des jardins pour pas cher... Chez nous, dans notre trou empli de nos quatre meubles, c'est très gentil, mais c'est trop étroit ; d'autant plus qu'il va nous falloir de la place...

Et, souriant de nouveau, se tournant vers madame Caroline, qui assistait très touchée à cette scène de ménage :

— Eh ! oui, nous allons être trois, on peut bien l'avouer, maintenant que je suis un monsieur qui gagne sa vie !... N'est-ce pas ? madame, encore un cadeau qu'elle va me faire, elle qui pleure de ne m'avoir rien apporté !

Madame Caroline, dans l'incurable désespoir de sa stérilité, regarda Marcelle un peu rougissante et dont elle n'avait pas remarqué la taille déjà épaissie. A son tour, elle eut des larmes plein les yeux.

— Ah ! mes chers enfants, aimez-vous bien, vous êtes les seuls raisonnables et les seuls heureux !

Puis, avant de prendre congé, Jordan donna des détails sur le journal, *l'Espérance*. Gaiement, avec son horreur instinctive des affaires, il en parlait comme de la plus extraordinaire caverne, toute retentissante des marteaux de la spéculation. Le personnel entier, depuis le directeur jusqu'au garçon de bureau, spéculait, et lui seul, disait-il en riant, n'y avait pas joué, très mal vu, accablé sous le mépris de tous. D'ailleurs, l'écroulement de l'Universelle, surtout l'arrestation de Saccard, venaient de tuer net le journal. Il y avait eu une débandade des rédacteurs, tandis que Jantrou s'entêtait, aux abois, se cramponnant à cette épave, pour vivre encore des débris du naufrage. Il était fini, ces trois années de prospérité l'avaient dévasté, dans un monstrueux abus de tout ce qui s'achète, pareil à ces meurt-de-faim qui crèvent d'indigestion, le jour où ils s'attablent. Et la chose curieuse, logique du reste, c'était la déchéance finale de la baronne Sandorff, tombée à cet homme, au milieu du désarroi de la catastrophe, enragée et voulant rattraper son argent.

Au nom de la baronne, madame Caroline avait légèrement pâli, pendant que Jordan, qui ignorait la rivalité des deux femmes, complétait son récit.

— Je ne sais pourquoi elle s'est donnée. Peut-être a-t-elle

cru qu'il la renseignerait, grâce à ses relations d'agent de publicité. Peut-être n'a-t-elle roulé jusqu'à lui que par les lois mêmes de la chute, toujours de plus en plus bas. Il y a, dans la passion du jeu, un ferment désorganisateur que j'ai observé souvent, qui ronge et pourrit tout, qui fait de la créature de race la mieux élevée et la plus fière une loque humaine, le déchet balayé au ruisseau... En tous cas, si cette fripouille de Jantrou avait gardé sur le cœur les coups de pied au derrière que lui allongeait, dit-on, le père de la baronne, quand il allait jadis quémander ses ordres, il est bien vengé aujourd'hui; car, moi qui vous parle, comme j'étais retourné au journal pour tâcher d'être payé, je suis tombé sur une explication en poussant trop vivement une porte, j'ai vu, de mes yeux vu, Jantrou giflant la Sandorff, à la volée... Oh! cet homme ivre, perdu d'alcool et de vices, tapant avec une brutalité de cocher sur cette dame du monde!

D'un geste de souffrance, madame Caroline le fit taire. Il lui semblait que cet excès d'abaissement l'éclaboussait elle-même.

Très caressante, Marcelle lui avait pris la main, sur le point de partir.

— Ne croyez pas au moins, chère madame, que nous soyons venus pour vous ennuyer. Paul au contraire défend beaucoup monsieur Saccard.

— Mais certainement! s'écria le jeune homme. Il a toujours été gentil avec moi. Je n'oublierai jamais la façon dont il nous a débarrassés du terrible Busch. Et puis, c'est tout de même un monsieur très fort... Quand vous le verrez, madame, dites-lui bien que le petit ménage lui garde une vive reconnaissance.

Lorsque les Jordan furent partis, madame Caroline eut un geste de muette colère. De la reconnaissance, pourquoi? pour la ruine des Maugendre! Ces Jordan étaient comme Dejoie, s'en allaient avec les mêmes paroles d'excuse et de bons souhaits. Et pourtant ils savaient, ceux-là! ce n'était pas un ignorant, cet écrivain qui avait traversé le monde de la finance, plein d'un si beau mépris de l'argent. En elle, la révolte continuait, grandissait. Non! il n'y avait point de pardon possible, la boue était trop profonde. Cela ne la vengeait pas, la gifle de Jantrou à la baronne. C'était Saccard qui avait tout pourri.

Ce jour-là, madame Caroline devait aller chez Mazaud, au sujet de certaines pièces qu'elle voulait joindre au dossier de son frère. Elle désirait également savoir quelle serait son attitude, dans le cas où la défense le citerait comme témoin. Le rendez-vous pris n'était que pour quatre heures, après la Bourse; et, seule enfin, elle passa plus d'une heure et demie à classer les renseignements qu'elle avait obtenus déjà. Elle commençait à voir clair, dans le monceau des ruines. De même, au lendemain d'un incendie, quand la fumée s'est dissipée et que le brasier s'est éteint, on déblaie les matériaux, avec le vivace espoir de trouver l'or des bijoux fondus.

D'abord, elle s'était demandé où avait pu passer l'argent. Dans cet engloutissement de deux cents millions, il fallait bien, si des poches s'étaient vidées, que d'autres se fussent emplies. Cependant, il paraissait certain que le râteau des baissiers n'avait pas ramassé toute la somme, un effroyable coulage en avait emporté un bon tiers. A la Bourse, les jours de catastrophe, on dirait que le sol boit l'argent, il s'en égare, il en reste un peu à tous les doigts. Gundermann devait, à lui seul, avoir empoché une cinquantaine de millions. Puis, venait Daigremont, avec douze à quinze. On citait encore le marquis de Bohain, dont le coup classique avait réussi une fois de plus : à la hausse chez Mazaud, il refusait de payer, tandis qu'il avait touché près de deux millions chez Jacoby, où il était à la baisse; seulement, cette fois, tout en sachant que le marquis avait mis ses meubles au nom de sa femme, en simple filou, Mazaud, affolé par ses pertes, parlait de lui envoyer du papier timbré. Presque tous les administrateurs de l'Universelle s'étaient, d'ailleurs, taillé royalement leur part, les uns comme Huret et Kolb en réalisant au plus haut cours, avant l'effondrement, les autres comme le marquis et Daigremont en passant aux baissiers, par une tactique de traîtres; sans compter que, dans une de ses dernières réunions, lorsque la société était déjà aux abois, le conseil d'administration avait fait créditer chacun de ses membres de cent et quelques mille francs. Enfin, à la corbeille, Delarocque et Jacoby surtout passaient pour avoir gagné personnellement de grosses sommes, déjà englouties du reste dans les deux gouffres toujours béants, impossibles à combler, que creusaient chez le premier l'appétit de la femme et chez l'autre la passion du jeu. De même, le bruit courait que Nathansohn devenait un des rois de la coulisse, grâce à un gain de trois millions, qu'il avait réalisé en jouant pour son compte à la baisse, tandis qu'il jouait à la hausse pour Saccard; et la chance extraordinaire était qu'il aurait sauté certainement, engagé pour des achats considérables au nom de l'Universelle qui ne payait plus, si l'on n'avait pas été forcé de passer l'éponge, de faire cadeau de ce qu'elle devait, plus de cent millions, à la coulisse tout entière, reconnue insolvable. Un homme décidément heureux et adroit, ce petit Nathansohn! et quelle jolie aventure, dont on souriait, garder ce qu'on a gagné, ne pas payer ce qu'on a perdu!

Mais les chiffres restaient vagues, madame Caroline ne pouvait arriver à une appréciation exacte des gains, car les opérations de Bourse se font en plein mystère, et le secret professionnel est strictement gardé par les agents de change. Même on n'aurait rien su en dépouillant les carnets, où les noms ne sont pas inscrits. Ainsi elle tenta en vain de connaître la somme qu'avait dû emporter Sabatani, disparu à la suite de la dernière liquidation. Encore une ruine, de ce côté, qui atteignait durement Mazaud. C'était la commune histoire : le client louche accueilli d'abord avec défiance, déposant une petite couverture de deux ou trois mille francs, jouant sagement pendant les premiers mois, jusqu'au jour où, la médiocrité de la garantie oubliée, devenu l'ami de l'agent de change, il prenait la fuite, au lendemain de quelque tour de brigand. Mazaud parlait d'exécuter Sabatani, ainsi qu'il avait jadis exécuté Schlosser, un filou de la même bande, de l'éternelle bande qui exploite le marché, comme les voleurs d'autrefois exploitaient une forêt. Et le Levantin, cet Italien mâtiné d'Oriental, aux yeux de velours, qu'une légende douait d'un phénomène dont chuchotaient les femmes curieuses, était allé écumer la Bourse de quelque capitale étrangère, Berlin, disait-on, en attendant qu'on l'oubliât à celle de Paris, et qu'il y revînt, de nouveau salué, prêt à recommencer son coup, au milieu de la tolérance générale.

Puis, madame Caroline avait dressé une liste des désastres. La catastrophe de l'Universelle venait d'être une de ces terribles secousses qui ébranlent toute une ville. Rien n'était resté d'aplomb et solide, les crevasses gagnaient les maisons voisines, il y avait chaque jour de nouveaux écroulements. Les unes sur les autres, les banques s'effondraient, avec le fracas brusque des pans de murs demeurés debout après un incendie. Dans une muette consternation, on écoutait ces bruits de chute, on se demandait où s'arrêteraient les ruines. Elle, ce qui la frappait au cœur, c'était moins les banquiers, les sociétés, les hommes et les choses de la finance détruits, emportés dans la tourmente, que tous les pauvres gens, actionnaires, spéculateurs même, qu'elle avait connus et aimés, et qui étaient parmi les victimes. Après la défaite, elle comptait ses morts. Et il n'y avait pas seulement son pauvre Dejoie, les Maugendre imbéciles et lamentables, les tristes dames de Beauvilliers, si touchantes. Un autre drame l'avait bouleversée, la faillite du fabricant de soie Sédille, déclarée la veille. Celui-là, l'ayant vu à l'œuvre comme administrateur, le seul du conseil, disait-elle, à qui elle aurait confié dix sous, elle le déclarait le plus honnête homme du monde. L'effrayante chose, que cette passion du jeu! Un homme qui avait mis trente ans à fonder par son travail et sa probité une des plus solides maisons de Paris, et qui, en moins de trois années, venait de l'entamer, de la ronger, au point que, d'un coup, elle était tombée en poudre! Quels regrets amers des jours laborieux d'autrefois, lorsqu'il croyait encore à la fortune gagnée d'un lent effort, avant qu'un premier gain de hasard la lui eût fait prendre en mépris, dévoré par le rêve de conquérir à la Bourse, en une heure, le million qui demande toute la vie d'un commerçant honnête! Et la Bourse avait tout emporté, le malheureux restait foudroyé, déchu, incapable et indigne de reprendre les affaires, avec un fils dont la misère allait peut-être faire un escroc, ce Gustave, cette âme de joie et de fête, vivant sur un pied de quarante à cinquante mille francs de dette, déjà compromis dans une vilaine histoire de billets signés à Germaine Cœur. Puis, c'était encore un autre pauvre diable qui navrait madame Caroline, le remisier Massias, et Dieu savait si elle se montrait tendre d'ordinaire à l'égard de ces entremetteurs du mensonge et du vol! Seulement, elle l'avait connu aussi, celui-là, avec ses gros yeux rieurs, son air de bon chien battu, quand il courait Paris, pour arracher quelques maigres ordres. Si, un instant, il s'était cru, à son tour enfin, un des maîtres du marché, ayant violé la chance, sur les talons de Saccard, quelle chute affreuse l'avait éveillé de son rêve, par terre, les reins cassés! Il devait soixante-dix mille francs, et il il avait payé, lorsqu'il pouvait alléguer l'exception de jeu, comme tant d'autres; il avait fait, en empruntant à des amis, en engageant sa vie entière, cette bêtise sublime et inutile de payer, car personne ne lui en savait gré, on haussait même un peu les épaules derrière lui. Sa rancune ne s'exhalait que contre la Bourse, retombé dans son dégoût du sale métier qu'il y faisait, criant qu'il fallait être juif pour y réussir, se résignant pourtant à y rester, puisqu'il y était, avec l'espoir entêté d'y gagner le gros lot quand même, tant qu'il aurait l'œil vif et de bonnes jambes. Mais les morts inconnus, les victimes sans nom, sans histoire, emplissaient surtout d'une pitié infinie le cœur de madame Caroline. Ceux-là étaient légion, jonchaient les buissons écartés, les fossés pleins d'herbe, et il y avait ainsi des cadavres perdus, des blessés râlant d'angoisse, derrière chaque tronc d'arbre. Que d'effroyables drames muets, la cohue des petits rentiers pauvres, des petits actionnaires ayant mis toutes leurs économies dans une même valeur, les concierges retirés, les pâles demoiselles vivant avec un chat, les retraités de province à l'existence réglée de maniaques, les prêtres de campagne dénudés par l'aumône, tous ces êtres infimes dont le budget est de quelques sous, tant pour le lait, tant pour le pain, un budget si exact et si réduit, que deux sous de moins amènent des cataclysmes! Et, brusquement, plus rien, la vie coupée, emportée, de vieilles mains tremblantes, éperdues, tâtonnantes dans les ténèbres, incapables de travail, toutes ces existences humbles et tranquilles jetées d'un coup à l'épouvante du besoin! Cent lettres désespérées étaient arrivées de Vendôme, où le sieur Fayeux, receveur de rentes, avait aggravé le désastre en levant le pied. Dépositaire de l'argent et des titres des clients pour qui il opérait à la Bourse, il s'était mis à jouer lui-même un jeu terrible; et, ayant perdu, ne voulant pas payer, il avait filé avec les quelques centaines de mille francs qui se trouvaient entre ses mains. Autour de Vendôme, dans les fermes les plus reculées, il laissait la misère et les larmes. Partout, l'ébranlement avait ainsi gagné les chaumières. Comme après les grandes épidémies, les pitoyables victimes n'étaient-elles pas cette population moyenne, la petite épargne, que les fils seuls allaient pouvoir reconstruire après des années de dur labeur?

Enfin, madame Caroline sortit pour se rendre chez Mazaud; et, tandis qu'elle descendait à pied vers la rue de la Banque, elle pensait aux coups répétés qui atteignaient l'agent de change, depuis une quinzaine de jours. C'était Fayeux qui lui volait trois cent mille francs, Sabatani qui lui laissait un compte impayé de près du double, le marquis de Bohain et la baronne Sandorff qui refusaient d'acquitter à eux deux plus d'un million de différences, Sédille dont la faillite lui emportait environ la même somme, sans compter les huit millions que lui devait l'Universelle, ces huit millions pour lesquels il avait reporté Saccard, la perte effroyable, le gouffre où, d'heure en heure, la Bourse anxieuse s'attendait à le voir sombrer. A deux reprises déjà, le bruit avait couru de la catastrophe. Et, dans cet acharnement du sort, un dernier malheur venait de se produire, qui allait être la goutte d'eau faisant déborder le vase : on avait arrêté l'avant-veille l'employé Flory, convaincu d'avoir détourné cent quatre-vingt mille francs. Peu à peu, les exigences de mademoiselle Chuchu, l'ancienne petite figurante, la maigre sauterelle du trottoir parisien, s'étaient accrues : d'abord de joyeuses parties pas chères, puis l'appartement de la rue Condorcet, puis des bijoux, des dentelles ; et ce qui avait perdu le malheureux et tendre garçon, c'était son premier gain de dix mille francs, après Sadowa, cet argent de plaisir si vite gagné, si vite dépensé, qui en avait nécessité d'autre, d'autre encore, toute une fièvre de passion pour la femme si chèrement achetée. Mais l'histoire devenait extraordinaire, dans ce fait que Flory avait volé son patron, simplement pour payer sa dette de jeu, chez un autre agent : singulière honnêteté, effarement devant la peur de l'exécution immédiate, espoir sans doute de cacher le vol, de combler le trou par quelque opération miraculeuse. En prison, il avait beaucoup pleuré, dans un affreux réveil de honte et de désespoir ; et l'on racontait que sa mère, arrivée le matin même de Saintes pour le voir, avait dû s'aliter chez les amis où elle était descendue.

Quelle étrange chose que la chance ! songeait madame Caroline, en traversant la place de la Bourse. L'extraordinaire succès de l'Universelle, cette montée rapide dans le triomphe, dans la conquête et la domination, en moins de quatre années, puis cet écroulement brusque, ce colossal édifice qu'un mois avait suffi pour réduire en poudre, la stupéfiaient toujours. Et n'était-ce pas là aussi l'histoire de Mazaud ? Certes, jamais homme n'avait vu la destinée lui sourire à ce point. Agent de change à trente-deux ans, très riche déjà par la mort de son oncle, heureux mari d'une femme charmante qui l'adorait, qui lui avait donné deux beaux enfants, il était en outre joli homme, il prenait chaque jour à la corbeille une place plus considérable, par ses relations, son activité, son flair vraiment surprenant, sa voix aiguë même, cette voix de fifre qui devenait aussi célèbre que le tonnerre de Jacoby. Et, soudainement, voilà que la situation craquait, il se trouvait au bord de l'abîme, où il suffisait d'un souffle maintenant pour le jeter. Lui, n'avait pas joué pourtant, protégé encore par sa flamme au travail, sa jeunesse inquiète. Il était frappé en pleine lutte loyale, par inexpérience et passion, pour avoir trop cru aux autres. D'ailleurs, les sympathies restaient vives, on prétendait qu'il pourrait s'en tirer, avec beaucoup d'aplomb.

Lorsque madame Caroline fut montée à la charge, elle sentit bien l'odeur de ruine, le frisson d'angoisse secrète, dans les bureaux devenus mornes. En traversant la caisse, elle aperçut une vingtaine de personnes, toute une foule qui attendait, pendant que le caissier d'argent et le caissier des titres faisaient encore honneur aux engagements de la maison, mais d'une main ralentie, en hommes qui vident les derniers tiroirs. Par une porte entr'ouverte, le bureau de la liquidation lui apparut endormi, avec ses sept employés lisant leur journal, n'ayant plus à appliquer que de rares affaires, depuis que la Bourse chômait. Seul, le bureau du comptant gardait quelque vie. Et ce fut Berthier, le fondé de pouvoir, qui la reçut, très agité lui-même, le visage pâle, dans le malheur de la maison.

— Je ne sais pas, madame, si monsieur Mazaud pourra vous recevoir... Il est un peu souffrant, il a eu froid en s'obstinant à travailler sans feu toute la nuit dernière, et il vient de descendre chez lui, au premier étage, pour prendre quelque repos.

Alors, madame Caroline insista.

— Je vous en prie, monsieur, faites que je lui dise quelques mots... Il y va peut-être du salut de mon frère. Monsieur Mazaud sait bien que jamais mon frère ne s'est occupé des opérations de Bourse, et son témoignage serait d'une grande importance... D'autre part, j'ai des chiffres à lui demander, lui seul peut me renseigner sur certains documents.

Berthier, plein d'hésitation, finit par la prier d'entrer dans le cabinet de l'agent de change.

— Attendez là un instant, madame, je vais voir.

Et, dans cette pièce, en effet, madame Caroline eut une grande sensation de froid. Le feu devait être mort depuis la veille, personne n'avait songé à le rallumer. Mais ce qui la frappait plus encore, c'était l'ordre parfait, comme si toute la nuit et la matinée entière venaient d'être employées à vider les meubles, à détruire les papiers inutiles, à classer ceux qu'il fallait conserver. Rien ne traînait, pas un dossier, pas même une lettre. Sur le bureau, il n'y avait, méthodiquement rangés, que l'encrier, le plumier, un grand buvard, au milieu duquel était seulement resté un paquet de fiches de la maison, des fiches vertes, couleur de l'espérance. Dans cette nudité, une tristesse infinie tombait avec le lourd silence.

Au bout de quelques minutes, Berthier reparut.

— Ma foi! madame, j'ai sonné deux fois, et je n'ose insister... En descendant, voyez si vous devez sonner vous-même. Mais je vous conseille de revenir.

Madame Caroline dut se résigner. Cependant, sur le palier du premier étage, elle hésita encore, elle avança même la main vers le bouton de la sonnette. Et elle finissait par s'en aller, lorsque des cris, des sanglots, toute une rumeur sourde, au fond de l'appartement, l'arrêta. Brusquement, la porte fut ouverte, et un domestique s'en élança, effaré, disparut dans l'escalier, en bégayant :

— Mon Dieu! mon Dieu! monsieur...

Elle était demeurée immobile, devant cette porte béante, dont sortait, distincte maintenant, une plainte d'affreuse douleur. Et elle devenait toute froide, devinant, envahie par la vision nette de ce qui se passait là. D'abord elle voulut fuir, puis elle ne le put, éperdue de pitié, attirée, ayant le besoin de voir et d'apporter ses larmes, elle aussi. Elle entra, trouva toutes les portes grandes ouvertes, arriva jusqu'au salon.

Deux servantes, la cuisinière et la femme de chambre sans doute, y allongeaient le cou, avec des faces de terreur, balbutiantes.

— Oh! monsieur, oh! mon Dieu! mon Dieu!

Le jour mourant de la grise journée d'hiver entrait faiblement, par l'écartement des épais rideaux de soie. Mais il faisait très chaud, de grosses bûches achevaient de se consumer en braise dans la cheminée, éclairant les murs d'un grand reflet rouge. Sur une table, une gerbe de roses, un royal bouquet pour la saison, que, la veille encore, l'agent de change avait apporté à sa femme, s'épanouissait dans cette tiédeur de serre, embaumait toute la pièce. C'était comme le parfum même du luxe raffiné de l'ameublement, la bonne odeur de chance, de richesse, de félicité d'amour, qui, pendant quatre années, avaient fleuri là. Et, sous le reflet rouge du feu, Mazaud était renversé au bord du canapé, la tête fracassée d'une balle, la main crispée sur la crosse du revolver; tandis que, debout devant lui, sa jeune femme, accourue, poussait cette plainte, ce cri continu et sauvage qui s'entendait de l'escalier. Au moment de la détonation, elle avait au bras son petit garçon de quatre ans et demi, dont les petites mains s'étaient cramponnées à son cou, dans l'épouvante; et sa fillette, âgée de six ans déjà, l'avait suivie, pendue à sa jupe, se serrant contre elle; et les deux enfants criaient aussi, d'entendre crier leur mère, éperdument.

Tout de suite, madame Caroline voulut les emmener.

— Madame, je vous en supplie... Madame, ne restez pas là...

Elle-même tremblait, se sentait défaillir. De la tête trouée de Mazaud, elle voyait le sang couler encore, tomber goutte à goutte sur le velours du canapé, d'où il ruisselait sur le tapis. Il y avait par terre une large tache qui s'élargissait. Et il lui semblait que ce sang la gagnait, lui éclaboussait les pieds et les mains.

— Madame, je vous en supplie, suivez-moi...

Mais, avec son fils pendu à son cou, avec sa fille serrée à sa taille, la malheureuse n'entendait pas, ne bougeait pas, raidie, plantée là, à ce point qu'aucune puissance au monde ne l'en aurait déracinée. Tous les trois étaient blonds, d'une fraîcheur de lait, la mère d'air aussi délicat et ingénu que les enfants. Et, dans la stupeur de leur félicité morte, dans ce brusque anéantissement du bonheur qui devait durer toujours, ils continuaient de jeter leur grand cri, le hurlement où passait toute l'effroyable souffrance de l'espèce.

Alors, madame Caroline tomba sur les deux genoux. Elle sanglotait, elle balbutiait.

— Oh! madame, vous me déchirez le cœur... De grâce, madame, arrachez-vous à ce spectacle, venez avec moi dans la pièce voisine, laissez-moi tâcher de vous épargner un peu du mal qu'on vous a fait...

Et toujours le groupe farouche et lamentable, la mère avec les deux petits, comme entrés en elle, immobiles dans leurs longs cheveux pâles dénoués. Et toujours ce hurlement affreux, cette lamentation du sang, qui monte de la forêt, quand les chasseurs ont tué le père.

Madame Caroline s'était relevée, la tête perdue. Il y eut des pas, des voix, sans doute l'arrivée d'un médecin, la constatation de la mort. Et elle ne put rester davantage, elle se sauva, poursuivie par la plainte abominable et sans fin, que, même sur le trottoir, dans le roulement des fiacres, elle croyait entendre toujours.

Le ciel pâlissait, il faisait froid, et elle marcha lentement, de peur qu'on ne l'arrêtât, en la prenant pour une meurtrière, à son air égaré. Tout remontait en elle, toute l'histoire du monstrueux écroulement de deux cents millions, qui amoncelait tant de ruines et écrasait tant de victimes. Quelle force mystérieuse, après avoir édifié si rapidement cette tour d'or, venait donc ainsi de la détruire? Les mêmes mains qui l'avaient construite, semblaient s'être acharnées, prises de folie, à ne pas en laisser une pierre debout. Partout, des cris de douleur s'élevaient, des fortunes s'effondraient avec le bruit des tombereaux de démolitions, qu'on vide à la décharge publique. C'étaient les derniers biens domaniaux des Beauvilliers, les sous grattés un à un des économies de Dejoie, les gains réalisés dans la grande industrie par Sédille, les rentes des Maugendre retirés du commerce, qui, pêle-mêle, étaient jetés avec fracas au fond du même cloaque, que rien ne comblait. C'était encore Jantrou noyé dans l'alcool, la Sandorff noyée dans la boue, Massias retombé à sa misérable condition de chien rabatteur, cloué pour la vie à la Bourse par la dette; et c'était Flory voleur, en prison, expiant ses faiblesses d'homme tendre, Sabatani et Fayeux en fuite, galopant avec la peur des gendarmes; et c'étaient, plus navrantes et pitoyables, les victimes inconnues, le grand troupeau anonyme de tous les pauvres que la catastrophe avait faits, grelottant d'abandon, criant de faim. Puis, c'était la mort, des coups de pistolet qui partaient aux quatre coins de Paris, c'était la tête fracassée de Mazaud, le sang de Mazaud qui, goutte à goutte, dans le luxe et dans le parfum des roses, éclaboussait sa femme et ses petits, hurlant de douleur.

Et, alors, tout ce qu'elle avait vu, tout ce qu'elle avait entendu, depuis quelques semaines, s'exhala du cœur meurtri de madame Caroline en un cri d'exécration contre Saccard. Elle ne pouvait plus se taire, le mettre à part comme s'il n'existait pas, pour s'éviter de le juger et de le condamner. Lui seul était coupable, cela sortait de chacun de ces désastres accumulés, dont l'effrayant amas la terrifiait. Elle le maudissait, sa colère et son indignation, contenues si longtemps, débordaient en une haine vengeresse, la haine même du mal. N'aimait-elle donc plus son frère, qu'elle avait attendu jusque-là, pour haïr l'homme effrayant, qui était l'unique cause de leur malheur? Son pauvre frère, ce grand innocent, ce grand travailleur, si juste et si droit, sali maintenant de la tare ineffaçable de la prison, la victime qu'elle oubliait, plus chère et plus douloureuse que toutes les autres! Ah! que Saccard ne trouvât pas de pardon, que personne n'osât plaider encore sa cause, même ceux qui continuaient à croire en lui, qui ne connaissaient de lui que sa bonté, et qu'il mourût seul, un jour, dans le mépris!

Madame Caroline leva les yeux. Elle était arrivée sur la place, et elle vit, devant elle, la Bourse. Le crépuscule tombait, le ciel d'hiver, chargé de brume, mettait derrière le monument comme une fumée d'incendie, une nuée d'un rouge sombre, qu'on aurait crue faite des flammes et des poussières d'une ville prise d'assaut. Et la Bourse, grise et morne, se détachait, dans la mélancolie de la catastrophe, qui, depuis un mois, la laissait déserte, ouverte aux quatre vents du ciel, pareille à une halle qu'une disette a vidée. C'était l'épidémie fatale, périodique, dont les ravages balayent le marché tous les dix à quinze ans, les vendredis noirs, ainsi qu'on les nomme, semant le sol de décombres. Il faut des années pour que la confiance renaisse, pour que les grandes maisons de banque se reconstruisent, jusqu'au jour où, la passion du jeu ravivée peu à peu, flambant et recommençant l'aventure, amène une nouvelle crise, effondre tout, dans un nouveau désastre. Mais, cette fois, derrière cette fumée rousse de l'horizon, dans les lointains troubles de la ville, il y avait comme un grand craquement sourd, la fin prochaine d'un monde.

XII

L'instruction du procès marcha avec une telle lenteur, que sept mois déjà s'étaient écoulés, depuis l'arrestation de Saccard et d'Hamelin, sans que l'affaire pût être mise au rôle. On était au milieu de septembre, et, ce lundi-là, madame Caroline qui allait voir son frère deux fois par semaine, devait se rendre vers trois heures à la Conciergerie. Elle ne prononçait jamais le nom de Saccard, elle avait dix fois répondu par un refus formel, aux demandes pressantes qu'il lui faisait transmettre de le venir visiter. Pour elle, raidie dans sa volonté de justice, il n'était plus. Et elle espérait toujours sauver son frère, elle était toute gaie, les jours de visite, heureuse de l'entretenir de ses dernières démarches et de lui apporter un gros bouquet des fleurs qu'il aimait.

Le matin, ce lundi-là, elle préparait donc une botte d'œillets rouges, lorsque la vieille Sophie, la bonne de la princesse d'Orviedo, descendit lui dire que madame désirait lui parlait tout de suite. Étonnée, vaguement inquiète, elle se hâta de monter. Depuis plusieurs mois, elle n'avait pas vu la princesse, ayant donné sa démission de secrétaire, à l'Œuvre du Travail, dès la catastrophe de l'Universelle. Elle ne se rendait plus, de loin en loin, boulevard Bineau, que pour voir Victor, que la sévère discipline semblait dompter maintenant, l'œil en dessous, avec sa joue gauche plus forte que la droite, tirant la bouche dans une moue de férocité goguenarde. Tout de suite, elle eut le pressentiment qu'on la faisait appeler à cause de Victor.

La princesse d'Orviedo, enfin, était ruinée. Dix ans à

peine lui avaient suffi pour rendre aux pauvres les trois cents millions de l'héritage du prince, volés dans les poches des actionnaires crédules. S'il lui avait fallu cinq années d'abord pour dépenser en bonnes œuvres folles les cent premiers millions, elle était arrivée, en quatre ans et demi, à engloutir les deux cents autres, dans des fondations d'un luxe plus extraordinaire encore. A l'Œuvre du Travail, à la Crèche Sainte-Marie, à l'Orphelinat Saint-Joseph, à l'Asile de Châtillon et à l'Hôpital Saint-Marceau, s'ajoutaient aujourd'hui une Ferme modèle, près d'Évreux, deux Maisons de convalescence pour les enfants, sur les bords de la Manche, une autre Maison de retraite pour les vieillards, à Nice, des Hospices, des Cités ouvrières, des Bibliothèques et des Écoles, aux quatre coins de la France ; sans compter des donations considérables à des œuvres de charité déjà existantes. C'était, d'ailleurs, toujours la même volonté de royale restitution, non pas le morceau de pain jeté par la pitié ou la peur aux misérables, mais la jouissance de vivre, le superflu, tout ce qui est bon et beau donné aux humbles qui n'ont rien, aux faibles que les forts ont volés de leur part de joie, enfin les palais des riches grands ouverts aux mendiants des routes, pour qu'ils dorment, eux aussi, dans la soie et mangent dans la vaisselle d'or. Pendant dix années, la pluie des millions n'avait pas cessé, les réfectoires de marbre, les dortoirs égayés de peintures claires, les façades monumentales comme des Louvres, les jardins fleuris de plantes rares, dix années de travaux superbes, dans un gâchis incroyable d'entrepreneurs et d'architectes ; et elle était bien heureuse, soulevée par le grand bonheur d'avoir désormais les mains nettes, sans un centime. Même elle venait d'atteindre l'étonnant résultat de s'endetter, on la poursuivait pour un reliquat de mémoires montant à plusieurs centaines de mille francs, sans que son avoué et son notaire pussent réussir à parfaire la somme, dans l'émiettement final de la colossale fortune, jetée ainsi aux quatre vents de l'aumône. Et un écriteau, cloué au-dessus de la porte cochère, annonçait la mise en vente de l'hôtel, le coup de balai suprême qui emporterait jusqu'aux vestiges de l'argent maudit, ramassé dans la boue et dans le sang du brigandage financier.

En haut, la vieille Sophie attendait madame Caroline pour l'introduire. Elle, furieuse, grondait toute la journée. Ah ! elle l'avait bien dit que madame finirait par mourir sur la paille ! Est-ce que madame n'aurait pas dû se remarier et avoir des enfants avec un autre monsieur, puisqu'elle n'aimait que ça au fond ? Ce n'était pas qu'elle eût à se plaindre et à s'inquiéter, elle, car elle avait reçu depuis longtemps une rente de deux mille francs, qu'elle allait manger dans son pays, du côté d'Angoulême. Mais une colère l'emportait, lorsqu'elle songeait que madame ne s'était pas même réservé les quelques sous nécessaires, chaque matin, au pain et au lait dont elle vivait maintenant. Des querelles sans cesse éclataient entre elles. La princesse souriait de son divin sourire d'espérance, en répondant qu'elle n'aurait plus besoin, à la fin du mois, que d'un suaire, lorsqu'elle serait entrée dans le couvent où elle avait depuis longtemps marqué sa place, un couvent de Carmélites muré au monde entier. Le repos, l'éternel repos !

Telle qu'elle la voyait depuis quatre années, madame Caroline retrouva la princesse, vêtue de son éternelle robe noire, les cheveux cachés sous un fichu de dentelle, jolie encore à trente-neuf ans, avec son visage rond aux dents de perle, mais le teint jaune, la chair morte, comme après dix ans de cloître. Et l'étroite pièce, pareille à un bureau d'huissier de province, s'était emplie d'un encombrement de paperasses plus inextricable encore, des plans, des mémoires, des dossiers, tout le papier gâché d'un gaspillage de trois cents millions.

— Madame, dit la princesse, de sa voix douce et lente, qu'aucune émotion ne faisait plus trembler, j'ai voulu vous apprendre une nouvelle qui m'a été apportée ce matin... Il s'agit de Victor, ce garçon que vous avez placé à l'Œuvre du Travail...

Le cœur de madame Caroline se mit à battre douloureusement. Ah! le misérable enfant, que son père n'était pas même allé voir, malgré ses formelles promesses, pendant les quelques mois qu'il avait connu son existence, avant d'être emprisonné à la Conciergerie! Que deviendrait-il désormais? Et elle qui se défendait de penser à Saccard, était continuellement ramenée à lui, bouleversée dans sa maternité d'adoption.

— Il s'est passé hier des choses terribles, continua la princesse, tout un crime que rien ne saurait réparer.

Et elle conta, de son air glacé, une épouvantable aventure. Depuis trois jours, Victor s'était fait mettre à l'infirmerie, en alléguant des douleurs de tête insupportables. Le médecin avait bien flairé une simulation de paresseux; mais l'enfant était réellement ravagé par des névralgies fréquentes. Or, cet après-midi-là, Alice de Beauvilliers se trouvait à l'Œuvre sans sa mère, venue pour aider la sœur de service à l'inventaire trimestriel de l'armoire aux remèdes. Cette armoire était dans la pièce qui séparait les deux dortoirs, celui des filles de celui des garçons, où il n'y avait en ce moment que Victor couché, occupant un des lits; et la sœur, s'étant absentée quelques minutes, avait eu la surprise de ne pas retrouver Alice, si bien qu'après avoir attendu un instant, elle s'était mise à la chercher. Son étonnement avait grandi en constatant que la porte du dortoir des garçons venait d'être fermée en dedans. Que se passait-il donc? Il lui avait fallu faire le tour par le couloir, et elle était restée béante, terrifiée, par le spectacle qui s'offrait à elle: la jeune fille à demi étranglée, une serviette nouée sur son visage pour étouffer ses cris, ses jupes en désordre relevées, étalant sa nudité pauvre de vierge chlorotique, violentée, souillée avec une brutalité immonde. Par terre, gisait un porte-monnaie vide. Victor avait disparu. Et la scène se reconstruisait: Alice, appelée peut-être, entrant pour donner un bol de lait à ce garçon de quinze ans, velu comme un homme, puis la brusque faim du monstre pour cette chair frêle, ce cou trop long, le saut du mâle en chemise, la fille étouffée, jeté sur le lit ainsi qu'une loque, violée, volée, et les vêtements passés à la hâte, et la fuite. Mais que de points obscurs, que de questions stupéfiantes et insolubles! Comment n'avait-on rien entendu, pas un bruit de lutte, pas une plainte? Comment de si effroyables choses s'étaient-elles passées si vite, dix minutes à peine? Surtout, comment Victor avait-il pu se sauver, s'évaporer pour ainsi dire, sans laisser de trace? car, après les plus minutieuses recherches, on avait acquis la certitude qu'il n'était plus dans l'établissement. Il devait s'être enfui par la salle de bains, donnant sur le corridor, et dont une fenêtre ouvrait au-dessus d'une série de toits étagés, allant jusqu'au boulevard; et encore un tel chemin offrait de si grands périls, que beaucoup se refusaient à croire qu'un être humain avait pu le suivre. Ramenée chez sa mère, Alice gardait le lit, meurtrie, éperdue, sanglotante, secouée d'une intense fièvre.

Madame Caroline écouta ce récit dans un saisissement tel, qu'il lui semblait que tout le sang de son cœur se glaçait. Un souvenir s'était éveillé, l'épouvantait d'un affreux rapprochement: Saccard, autrefois, prenant la misérable Rosalie sur une marche, lui démettant l'épaule, au moment de la conception de cet enfant qui en avait gardé comme une joue écrasée; et, aujourd'hui, Victor violentant à son tour la première fille que le sort lui livrait. Quelle inutile cruauté! cette jeune fille si douce, la fin désolée d'une race, qui était sur le point de se donner à Dieu, ne pouvant avoir un mari, comme toutes les autres! Avait-elle donc un sens, cette rencontre imbécile et abominable? Pourquoi avoir brisé ceci contre cela?

— Je ne veux vous adresser aucun reproche, madame, conclut la princesse, car il serait injuste de faire remonter jusqu'à vous la moindre responsabilité. Seulement, vous aviez vraiment là un protégé bien terrible.

Et, comme si une liaison d'idées avait lieu en elle, inexprimée, elle ajouta :

— On ne vit pas impunément dans certains milieux...

Moi-même, j'ai eu les plus grands troubles de conscience, je me suis sentie complice, lorsque, dernièrement, cette banque a croulé, en amoncelant tant de ruines et tant d'iniquités. Oui, je n'aurais pas dû consentir à ce que ma maison devînt le berceau d'une abomination pareille... Enfin, le mal est fait, la maison sera purifiée, et moi, oh ! moi, je ne suis plus, Dieu me pardonnera.

Son pâle sourire d'espoir enfin réalisé avait reparu, elle disait d'un geste sa sortie du monde, sa disparition à jamais de bonne déesse invisible.

Madame Caroline lui avait saisi les mains, les serrait, les baisait, tellement bouleversée de remords et de pitié, qu'elle bégayait des paroles sans suite.

— Vous avez tort de m'excuser, je suis coupable... Cette malheureuse enfant, je veux la voir, je cours tout de suite la voir...

Et elle s'en alla, laissant la princesse et sa vieille bonne Sophie commencer leurs paquets, pour le grand départ qui devait les séparer, après quarante ans de vie commune.

L'avant-veille, le samedi, la comtesse de Beauvilliers s'était résignée à abandonner son hôtel à ses créanciers. Depuis six mois qu'elle ne payait plus les intérêts des hypothèques, la situation était devenue intolérable, au milieu des frais de toutes sortes, dans la continuelle menace d'une vente judiciaire ; et son avoué lui avait donné le conseil de lâcher tout, de se retirer au fond d'un petit logement, où elle vivrait sans dépense, tandis qu'il tâcherait de liquider les dettes. Elle n'aurait pas cédé, elle se serait obstinée peut-être à garder son rang, son mensonge de fortune intacte, jusqu'à l'anéantissement de sa race, sous l'écroulement des plafonds, sans un nouveau malheur qui l'avait terrassée. Son fils Ferdinand, le dernier des Beauvilliers, l'inutile jeune homme, écarté de tout emploi, devenu zouave pontifical pour échapper à sa nullité et à son oisiveté, était mort à Rome, sans gloire, si pauvre de sang, si éprouvé par le soleil trop lourd, qu'il n'avait pu se battre à Mentana, déjà fiévreux, la poitrine prise. Alors, en elle, il y avait eu un brusque vide, un effondrement de toutes ses idées, de toutes ses volontés, de l'échafaudage laborieux qui, depuis tant d'années, soutenait si fièrement l'honneur du nom. Vingt-quatre heures suffirent, la maison s'était lézardée, la misère apparût, navrante, parmi les décombres. On vendit le vieux cheval, la cuisinière seule resta, fit son marché en tablier sale, deux sous de beurre et un litre de haricots secs, la comtesse fut aperçue sur le trottoir en robe crottée, ayant aux pieds des bottines qui prenaient l'eau. C'était l'indigence du soir au lendemain, le désastre emportait jusqu'à l'orgueil de cette croyante des jours d'autrefois, en lutte contre son siècle. Et elle s'était réfugiée avec sa fille, rue de la Tour-des-Dames, chez une ancienne marchande à la toilette, devenue dévote, qui sous-louait des chambres meublées à des prêtres. Là, elles habitaient toutes deux une grande chambre nue, d'une misère digne et triste, dont une alcôve fermée occupait le fond. Deux petits lits emplissaient l'alcôve, et lorsque les châssis, tendus du même papier que les murs, étaient clos, la chambre se transformait en salon. Cette disposition heureuse les avait un peu consolées.

Mais il n'y avait pas deux heures que la comtesse de Beauvilliers était installée, le samedi, lorsqu'une visite inattendue, extraordinaire, l'avait rejetée dans une nouvelle angoisse. Alice, heureusement, venait de descendre, pour une course. C'était Busch, avec sa face plate et sale, sa redingote graisseuse, sa cravate blanche roulée en corde, qui, averti sans doute par son flair de la minute favorable, se décidait enfin à réaliser sa vieille affaire de la reconnaissance de dix mille francs, signée par le comte à la fille Léonie Cron. D'un coup d'œil sur le logis, il avait jugé la situation de la veuve : aurait-il tardé trop longtemps? Et, en homme capable, à l'occasion, d'urbanité et de patience, il avait longuement expliqué le cas à la comtesse effarée. C'était bien, n'est-ce pas? l'écriture de son mari, ce qui établissait nettement l'histoire : une passion du comte pour la jeune personne, une façon de l'avoir d'abord, puis de se débarrasser d'elle. Même il ne lui avait pas caché que, légalement, et après quinze années bientôt, il ne la croyait pas forcée de payer. Seulement, il n'était, lui, que le représentant de sa cliente, il la savait résolue à saisir les tribunaux, à soulever le plus effroyable des scandales, si l'on ne transigeait pas. La comtesse, toute blanche, frappée au cœur par ce passé affreux qui ressuscitait, s'étant étonnée qu'on eût attendu si longtemps, avant de s'adresser à elle, il avait inventé une histoire, la reconnaissance perdue, retrouvée au fond d'une malle ; et, comme elle refusait définitivement d'examiner l'affaire, il s'en était allé, toujours très poli, en disant qu'il reviendrait avec sa cliente, pas le lendemain, parce que celle-ci ne pouvait guère quitter le dimanche la maison où elle travaillait, mais certainement le lundi ou le mardi.

Le lundi, au milieu de l'épouvantable aventure arrivée à sa fille, depuis qu'on la lui avait ramenée délirante, et qu'elle la veillait, les yeux aveuglés de larmes, la comtesse de Beauvilliers ne songeait plus à cet homme mal mis et à sa cruelle histoire. Enfin, Alice venait de s'endormir, la mère s'était assise, épuisée, écrasée par cet acharnement du sort, quand Busch de nouveau se présenta, accompagnée cette fois de Léonide.

— Madame, voici ma cliente, et il va falloir en finir.

Devant l'apparition de la fille, la comtesse avait frémi. Elle la regardait, habillée de couleurs crues, avec ses durs cheveux noirs tombant sur les sourcils, sa face large et molle, la bassesse immonde de toute sa personne, usée par dix années de prostitution. Et elle était torturée, elle saignait dans son orgueil de femme, après tant d'années de pardon et d'oubli. C'était, mon Dieu ! pour des créatures destinées à de telles chutes, que le comte la trahissait !

— Il faut en finir, insista Busch, parce que ma cliente est très tenue, rue Feydeau.

— Rue Feydeau, répéta la comtesse sans comprendre.

— Oui, elle est là... Enfin, elle est là en maison.

Éperdue, les mains tremblantes, la comtesse alla fermer complètement l'alcôve, dont un seul des vantaux était poussé. Alice, dans sa fièvre, venait de s'agiter sous la couverture. Pourvu qu'elle se rendormît, qu'elle ne vît pas, qu'elle n'entendît pas!

Busch, déjà, reprenait :

— Voilà! madame, comprenez bien... Mademoiselle m'a chargé de son affaire, et je la représente, simplement. C'est pourquoi j'ai voulu qu'elle vînt en personne expliquer sa réclamation... Allons, Léonide, expliquez-vous.

Inquiète, mal à l'aise dans ce rôle qu'il lui faisait jouer, celle-ci levait sur lui ses gros yeux troubles de chien battu. Mais l'espoir des mille francs qu'il lui avait promis, la décida. Et, de sa voix rauque, éraillée par l'alcool, tandis que lui, de nouveau, dépliait, étalait la reconnaissance du comte :

— C'est bien ça, c'est le papier que monsieur Charles m'a signé... J'étais la fille au charretier, à Cron le cocu, comme on disait, vous savez bien, madame?... Et alors, monsieur Charles était toujours pendu à mes jupes, à me demander des saletés. Moi, ça m'ennuyait. Quand on est jeune, n'est-ce pas? on ne sait rien, on n'est pas gentille pour les vieux... Et alors, monsieur Charles m'a signé le papier, un soir qu'il m'avait emmenée dans l'écurie...

Debout, crucifiée, la comtesse la laissait dire, lorsqu'il lui sembla entendre une plainte dans l'alcôve. Elle eut un geste d'angoisse.

— Taisez-vous!

Mais Léonide était lancée, voulait finir.

— Ce n'est guère honnête tout de même, lorsqu'on ne veut pas payer, d'aller débaucher une petite fille sage... Oui, madame, votre monsieur Charles était un voleur. C'est ce qu'en pensent toutes les femmes à qui je raconte ça... Et je vous réponds que ça valait bien l'argent.

— Taisez-vous! taisez-vous! cria furieusement la comtesse, les deux bras en l'air, comme pour l'écraser, si elle continuait.

Léonide eut peur, leva le coude, afin de se protéger la figure, dans le mouvement instinctif des filles habituées aux gifles. Et un effrayant silence régna, durant lequel il sembla qu'une nouvelle plainte, un petit bruit étouffé de larmes venait de l'alcôve.

— Enfin, que voulez-vous? reprit la comtesse, tremblante, baissant la voix.

Ici, Busch intervint.

— Mais, madame, cette fille veut qu'on la paye. Et elle a raison, la malheureuse, de dire que monsieur le comte de Beauvilliers a fort mal agi avec elle. C'est de l'escroquerie, simplement.

— Jamais je ne payerai une pareille dette.

— Alors, nous allons prendre une voiture, en sortant d'ici, et nous rendre au Palais, où je déposerai la plainte que j'ai rédigée d'avance, et que voici... Tous les faits que mademoiselle vient de vous dire y sont relatés.

— Monsieur, c'est un abominable chantage, vous ne ferez pas cela.

— Je vous demande pardon, madame, je vais le faire à l'instant. Les affaires sont les affaires.

Une fatigue immense, un suprême découragement envahit la comtesse. Le dernier orgueil qui la tenait debout, venait de se briser; et toute sa violence, toute sa force tomba. Elle joignit les mains, elle bégayait.

— Mais vous voyez où nous en sommes. Regardez donc cette chambre... Nous n'avons plus rien, demain peut-être il ne nous restera pas de quoi manger... Où voulez-vous que je prenne de l'argent, dix mille francs, mon Dieu!

Busch eut un sourire d'homme accoutumé à pêcher dans ces ruines.

— Oh! les dames comme vous ont toujours des ressources. En cherchant bien, on trouve.

Depuis un moment, il guettait, sur la cheminée, un vieux coffret à bijoux, que la comtesse avait laissé là, le matin, en achevant de vider une malle; et il flairait des pierreries, avec la certitude de l'instinct. Son regard brilla d'une telle flamme, qu'elle en suivit la direction et comprit.

— Non, non ! cria-t-elle, les bijoux, jamais !

Et elle saisit le coffret, comme pour le défendre. Ces derniers bijoux depuis si longtemps dans la famille, ces quelques bijoux qu'elle avait gardés au travers des plus grandes gênes, comme l'unique dot de sa fille, et qui restaient à cette heure sa suprême ressource !

— Jamais, j'aimerais mieux donner de ma chair !

Mais, à cette minute, il y eut une diversion, madame Caroline frappa et entra. Elle arrivait bouleversée, elle demeura saisie de la scène au milieu de laquelle elle tombait. D'un mot, elle avait prié la comtesse de ne point se déranger ; et elle serait partie, sans un geste suppliant de celle-ci, qu'elle crut comprendre. Immobile au fond de la pièce, elle s'effaça.

Busch venait de remettre son chapeau, tandis que, de plus en plus mal à l'aise, Léonide gagnait la porte.

— Alors, madame, il ne nous reste donc qu'à nous retirer...

Pourtant, il ne se retirait pas. Il reprit toute l'histoire, en termes plus honteux, comme s'il avait voulu humilier encore la comtesse devant la nouvelle venue, cette dame qu'il affectait de ne pas reconnaître, selon son habitude, quand il était en affaire.

— Adieu, madame, nous allons de ce pas au parquet. Le récit détaillé sera dans les journaux, avant trois jours. C'est vous qui l'aurez voulu.

Dans les journaux ! Cet horrible scandale sur les ruines mêmes de sa maison ! Ce n'était donc pas assez de voir tomber en poudre l'antique fortune, il fallait que tout croulât dans la boue ! Ah ! que l'honneur du nom au moins fût sauvé ! Et, d'un mouvement machinal, elle ouvrit le coffret. Les boucles d'oreilles, le bracelet, trois bagues apparurent, des brillants et des rubis, avec leurs montures anciennes.

Busch, vivement, s'était approché. Ses yeux s'attendrissaient, d'une douceur de caresse.

— Oh ! il n'y en a pas pour dix mille francs... Permettez que je voie.

Déjà, un à un, il prenait les bijoux, les retournait, les élevait en l'air, de ses gros doigts tremblants d'amoureux, avec sa passion sensuelle des pierreries. La pureté des rubis surtout semblait le jeter dans une extase. Et ces brillants anciens, si la taille en est parfois maladroite, quelle eau merveilleuse !

— Six mille francs ! dit-il d'une voix dure de commissaire-priseur, cachant son émotion sous ce chiffre d'estimation totale. Je ne compte que les pierres, les montures sont bonnes à fondre. Enfin, nous nous contenterons de six mille francs.

Mais le sacrifice était trop rude pour la comtesse. Elle eut un réveil de violence, elle lui reprit les bijoux, les serra dans ses mains convulsées. Non, non ! c'était trop, d'exiger d'elle qu'elle jetât encore au gouffre ces quelques pierres, que sa mère avait portées, que sa fille devait porter le jour de son mariage. Et des larmes brûlantes jaillirent de ses yeux, ruisselèrent sur ses joues, dans une telle douleur tragique, que Léonide, le cœur touché, éperdue d'apitoiement, se mit à tirer Busch par sa redingote, pour le forcer de partir. Elle voulait s'en aller, ça la bousculait à la fin, de faire tant de peine à cette pauvre vieille dame, qui avait l'air si bon. Busch, très froid, suivait la scène, certain maintenant de tout emporter, sachant par sa longue expérience que les crises de larmes, chez les femmes, annoncent la débâcle de la volonté ; et il attendait.

Peut-être l'affreuse scène se serait-elle prolongée, si, à ce moment, une voix lointaine, étouffée, n'avait éclaté en sanglots. C'était Alice qui criait du fond de l'alcôve :

— Oh ! maman, ils me tuent !... Donne-leur tout, qu'ils emportent tout !... Oh ! maman, qu'ils s'en aillent ! ils me tuent, ils me tuent !

Alors, la comtesse eut un geste d'abandon désespéré, un geste dans lequel elle aurait donné sa vie. Sa fille avait entendu, sa fille se mourait de honte. Et elle jeta les bijoux à Busch, et elle lui laissa à peine le temps de poser sur la table, en échange, la reconnaissance du comte, le poussant dehors, derrière Léonide déjà disparue. Puis, elle rouvrit l'alcôve, elle alla s'abattre sur l'oreiller d'Alice, toutes les deux achevées, anéanties, mêlant leurs larmes.

Madame Caroline, révoltée, avait été un moment sur le point d'intervenir. Laisserait-elle donc le misérable dépouiller ainsi ces deux pauvres femmes? Mais elle venait d'entendre l'ignoble histoire, et que faire pour éviter le scandale? car elle le savait homme à aller jusqu'au bout de ses menaces. Elle-même restait honteuse devant lui, dans la complicité des secrets qu'il y avait entre eux. Ah! que de souffrances, que d'ordures! Une gêne l'envahissait, qu'était-elle accourue faire là, puisqu'elle ne trouvait ni une parole à dire ni un secours à donner? Toutes les phrases qui lui montaient aux lèvres, les questions, les simples allusions, au sujet du drame de la veille, lui semblaient blessantes, salissantes, impossibles à risquer devant la victime, égarée encore, agonisant de sa souillure. Et quel secours aurait-elle laissé, qui n'aurait pas paru une aumône dérisoire, elle ruinée également, embarrassée déjà pour attendre l'issue du procès? Enfin, elle s'avança, les yeux pleins de larmes, les bras ouverts, dans une infinie pitié, un attendrissement éperdu dont elle tremblait toute.

Au fond de la banale alcôve d'hôtel meublé, ces deux misérables créatures effondrées, finies, c'était tout ce qui restait de l'antique race des Beauvilliers, autrefois si puissante, souveraine. Elle avait eu des terres aussi grandes qu'un royaume, vingt lieues de la Loire lui avaient appartenu, des châteaux, des prairies, des labours, des forêts. Puis, cette immense fortune domaniale peu à peu s'en était allée avec les siècles en marche, et la comtesse venait d'engloutir la dernière épave dans une de ces tempêtes de la spéculation moderne, où elle n'entendait rien: d'abord ses vingt mille francs d'économies, épargnés sou à sou pour sa fille, puis les soixante mille francs empruntés sur les Aublets, puis cette ferme tout entière. L'hôtel de la rue Saint-Lazare ne payerait pas les créanciers. Son fils était mort loin d'elle et sans gloire. On lui avait ramené sa fille blessée, salie par un bandit, comme on remonte, saignant et couvert de boue, un enfant qu'une voiture vient d'écraser. Et la comtesse, si noble naguère, mince, haute, toute blanche, avec son grand air suranné, n'était plus qu'une pauvre vieille femme détruite, cassée par cette dévastation ; tandis que, sans beauté, sans jeunesse, montrant la disgrâce de son cou trop long, dans le désordre de sa chemise, Alice avait des yeux de folle, où se lisait la mortelle douleur de son dernier orgueil, sa virginité violentée. Et, toutes deux, elles sanglotaient toujours, elles sanglotaient sans fin.

Alors, madame Caroline ne prononça pas un mot, les prit simplement toutes deux, les serra étroitement sur son cœur. Elle ne trouvait rien autre chose, elle pleurait avec elles. Et les deux malheureuses comprirent, leurs larmes redoublèrent, plus douces. S'il n'y avait pas de consolation possible, ne faudrait-il pas vivre encore, vivre quand même ?

Lorsque madame Caroline fut de nouveau dans la rue, elle aperçut Busch en grande conférence avec la Méchain. Il avait arrêté une voiture, il y poussa Léonide, et disparut. Mais, comme madame Caroline se hâtait, la Méchain marcha droit à elle. Sans doute, elle la guettait, car tout de suite elle lui parla de Victor, en personne renseignée déjà sur ce qui s'était passé la veille, à l'Œuvre du Travail. Depuis que Saccard avait refusé de payer les quatre mille francs, elle ne décolérait pas, elle s'ingéniait à chercher de quelle façon elle pourrait encore exploiter l'affaire ; et elle venait ainsi d'apprendre l'histoire, au boulevard Bineau, où elle se rendait fréquemment, dans l'espoir de quelque incident profitable. Son plan devait être fait, elle déclara à madame Caroline qu'elle allait immédiatement se mettre en quête de Victor. Ce malheureux enfant, c'était trop terrible de l'abandonner de la sorte à ses mauvais instincts, il fallait le reprendre, si l'on ne voulait pas le voir un beau matin en cour d'assises. Et, tandis qu'elle parlait, ses petits yeux, perdus dans la graisse de son visage, fouillaient la bonne dame, heureuse de la sentir bouleversée, se disant que le jour où elle aurait retrouvé le gamin, elle continuerait à tirer d'elle des pièces de cent sous.

— Alors, madame, c'est entendu, je vais m'en occuper... Dans le cas où vous désireriez avoir des nouvelles, ne prenez pas la peine de courir là-bas, rue Marcadet, montez simplement chez monsieur Busch, rue Feydeau, où vous êtes certaine de me rencontrer tous les jours, vers quatre heures.

Madame Caroline rentra rue Saint-Lazare, tourmentée d'une anxiété nouvelle. C'était vrai, ce monstre, lâché par le monde, errant et traqué, quelle hérédité du mal allait-il assouvir au travers des foules, comme un loup dévorateur ? Elle déjeuna rapidement, elle prit une voiture, ayant le temps de passer boulevard Bineau, avant d'aller à la Conciergerie, brûlée du désir d'avoir des renseignements tout de suite. Puis, en chemin, dans le trouble de sa fièvre, une idée s'empara d'elle, la domina : se rendre d'abord chez Maxime, l'emmener à l'Œuvre, le forcer à s'occuper de Victor, dont il était le frère après tout. Lui seul restait riche, lui seul pouvait intervenir, s'occuper de l'affaire d'une façon efficace.

Mais, avenue de l'Impératrice, dès le vestibule du petit hôtel luxueux, madame Caroline se sentit glacée. Des tapissiers enlevaient les tentures et les tapis, des domestiques mettaient des housses aux sièges et aux lustres ; tandis que, de toutes les jolies choses remuées, sur les meubles, sur les étagères, s'exhalait un parfum mourant, ainsi que d'un bouquet jeté au lendemain d'un bal. Et, au fond de la chambre à coucher, elle trouva Maxime, entre deux énormes malles que le valet de chambre achevait d'emplir de tout un trousseau merveilleux, riche et délicat comme pour une mariée.

En l'apercevant, ce fut lui qui parla le premier, très froid, la voix sèche.

— Ah! c'est vous! vous tombez bien, ça m'évitera de vous écrire... J'en ai assez et je pars.

— Comment, vous partez?

— Oui, je pars ce soir, je vais m'installer à Naples, où je passerai l'hiver.

Puis, lorsqu'il eut, d'un geste, renvoyé le valet de chambre :

— Si vous croyez que ça m'amuse d'avoir, depuis six mois, un père à la Conciergerie! Je ne vais certainement pas rester pour le voir en correctionnelle... Moi qui déteste les voyages! Enfin, il fait beau là-bas, j'emporte à peu près l'indispensable, je ne m'ennuierai peut-être pas trop.

Elle le regardait, si correct, si joli ; elle regardait les malles débordantes, où pas un chiffon d'épouse ni de maîtresse ne traînait, où il n'y avait que le culte de lui-même; et elle osa pourtant se risquer.

— Moi qui venais encore vous demander un service...

Puis, elle conta l'histoire, Victor bandit, violant et volant, Victor en fuite, capable de tous les crimes.

— Nous ne pouvons l'abandonner. Accompagnez-moi, unissons nos efforts...

Il ne la laissa pas finir, livide, pris d'un petit tremblement de peur, comme s'il avait senti quelque main meurtrière et sale se poser sur son épaule.

— Ah bien! il ne manquait plus que ça!... Un père voleur, un frère assassin... J'ai trop tardé, je voulais partir la semaine dernière. Mais c'est abominable, abominable, de mettre un homme tel que moi dans une situation pareille!

Alors, comme elle insistait, il devint insolent.

— Laissez-moi tranquille, vous! Puisque ça vous amuse, cette vie de chagrins, restez-y. Je vous avais prévenue, c'est bien fait, si vous pleurez... Mais moi, voyez-vous, plutôt que de donner un de mes cheveux, je balayerais au ruisseau tout ce vilain monde.

Elle s'était levée.

— Adieu donc!

— Adieu!

Et, en se retirant, elle le vit qui rappelait le valet de chambre et qui assistait au soigneux emballement de son nécessaire de toilette, un nécessaire dont toutes les pièces en vermeil étaient du plus galant travail, la cuvette surtout, gravée d'une ronde d'Amours. Pendant que celui-ci s'en allait vivre d'oubli et de paresse, sous le clair soleil de Naples, elle eut brusquement la vision de l'autre, rôdant un soir de noir dégel, affamé, un couteau au poing, dans quelque ruelle écartée de la Villette ou de Charonne. N'était-ce pas la réponse à cette question de savoir si l'argent n'est point l'éducation, la santé, l'intelligence? Puisque la même boue humaine reste dessous, toute la civilisation se réduit-elle à cette supériorité de sentir bon et de bien vivre?

Lorsqu'elle arriva à l'Œuvre du Travail, madame Caroline éprouva une singulière sensation de révolte contre le luxe énorme de l'établissement. A quoi bon ces deux ailes majestueuses, le logis des garçons et le logis des filles, reliés par le pavillon monumental de l'administration? à quoi bon les préaux grands comme des parcs, les faïences des cuisines, les marbres des réfectoires, les escaliers, les couloirs, vastes à desservir un palais? à quoi bon toute cette charité grandiose, si l'on ne pouvait, dans ce milieu large et salubre, redresser un être mal venu, faire d'un enfant perverti un homme bien portant, ayant la droite raison de la santé? Tout de suite, elle se rendit chez le directeur, le pressa de questions, voulut connaître les moindres détails. Mais le drame restait obscur, il ne put que lui répéter ce qu'elle savait déjà par la princesse. Depuis la veille, les recherches avaient continué, dans la maison et aux alentours, sans amener le moindre résultat. Victor, déjà, était loin, galopait là-bas, par la ville, au fond de l'effrayant inconnu. Il ne devait pas avoir d'argent, car le porte-monnaie d'Alice, qu'il avait vidé, ne contenait que trois francs quatre sous. Le directeur avait d'ailleurs évité de mettre la police dans l'affaire, pour épargner à ces pauvres dames de Beauvilliers le scandale public; et madame Caroline l'en remercia, promit qu'elle-même ne ferait aucune démarche à la préfecture, malgré son ardent désir de savoir. Puis, désespérée de s'en aller aussi ignorante qu'elle était venue, elle eut l'idée de monter à l'infirmerie, pour interroger les sœurs. Mais elle n'en tira non plus aucun renseignement précis, et elle ne goûta en haut, dans la petite pièce calme qui séparait le dortoir des filles de celui des garçons, que quelques minutes de profond apaisement. Un joyeux vacarme montait, c'était l'heure de la récréation, elle se sentit injuste pour les guérisons heureuses, obtenues par le grand air, le bien-être et le travail. Il y avait certainement là des hommes sains et forts qui poussaient. Un bandit sur quatre ou cinq honnêtetés moyennes, que cela serait beau encore, dans les hasards qui aggravent ou qui amoindrissent les tares héréditaires!

Et madame Caroline, laissée seule un instant par la sœur de service, s'approchait de la fenêtre, pour voir les enfants jouer, en bas, lorsque des voix cristallines de petites filles, dans l'infirmerie voisine, l'attirèrent. La porte se trouvait à demi ouverte, elle put assister à la scène, sans être remarquée. C'était une pièce très gaie, cette infirmerie blanche, aux murs blancs, avec les quatre lits drapés de rideaux blancs. Une large nappe de soleil dorait cette blancheur, toute une floraison de lis au milieu de l'air tiède. Dans le premier lit, à gauche, elle reconnut très bien Madeleine, la fillette qui était déjà là, convalescente, mangeant des tartines de confiture, le jour où elle avait amené Victor. Toujours elle retombait malade, dévastée par l'alcoolisme de sa race, si pauvre de sang, qu'avec ses grands yeux de femme faite, elle était mince et blanche comme une sainte de vitrail. Elle avait treize ans, seule au monde désormais, sa mère étant morte, un soir de soûlerie, d'un coup de pied dans le ventre, qu'un homme lui avait allongé, pour ne pas lui donner les six sous dont ils étaient convenus. Et c'était elle, dans sa longue chemise blanche, agenouillée au milieu de son lit, avec ses cheveux blonds dénoués sur les épaules, qui enseignait une prière à trois petites filles occupant les trois autres lits.

— Joignez vos mains comme ça, ouvrez votre cœur tout grand...

Les trois petites filles étaient, elles aussi, agenouillées au milieu de leurs draps. Deux avaient de huit à dix ans, la troisième n'en avait pas cinq. Dans les longues chemises blanches, avec leurs frêles mains jointes, leurs visages sérieux et extasiés, on aurait dit de petits anges.

— Et vous allez répéter après moi ce que je vais dire. Écoutez bien... Mon Dieu! faites que monsieur Saccard soit récompensé de sa bonté, qu'il ait de longs jours et qu'il soit heureux.

Alors, avec des voix de chérubin, un zézaiement d'une maladresse adorable d'enfance, les quatre fillettes répétèrent ensemble, dans un élan de foi où tout leur petit être pur se donnait :

— Mon Dieu! faites que monsieur Saccard soit récompensé de sa bonté, qu'il ait de longs jours et qu'il soit heureux.

D'un mouvement emporté, madame Caroline allait entrer dans la pièce, faire taire ces enfants, leur défendre ce qu'elle regardait comme un jeu blasphématoire et cruel. Non, non! Saccard n'avait pas le droit d'être aimé, c'était salir l'enfance que de la laisser prier pour son bonheur! Puis, un grand frisson l'arrêta, des larmes lui montaient aux yeux. Pourquoi donc aurait-elle fait épouser sa querelle, la colère de son expérience, à ces êtres innocents, ne sachant rien encore de la vie? Est-ce que Saccard n'avait pas été bon pour eux, lui qui était un peu le créateur de cette maison, qui leur envoyait tous les mois des jouets? Un trouble profond l'avait saisie, elle retrouvait cette preuve qu'il n'y a point d'homme condamnable, qui, au milieu de tout le mal qu'il a pu faire, n'ait encore fait beaucoup de bien. Et elle partit, pendant que les fillettes reprenaient leur prière, elle emporta dans son oreille ces voix angéliques appelant les bénédictions du ciel sur l'homme d'inconscience et de catastrophe, dont les mains folles venaient de ruiner un monde.

Comme elle quittait enfin son fiacre, boulevard du Palais, devant la Conciergerie, elle s'aperçut que, dans son émotion, elle avait oublié, chez elle, la botte d'œillets qu'elle avait préparée le matin pour son frère. Une marchande était là, vendant des petits bouquets de roses de deux sous, et elle en prit un, et elle fit sourire Hamelin, qui adorait les fleurs, lorsqu'elle lui conta son étourderie. Ce jour-là pourtant, elle le trouva triste. D'abord, pendant les premières semaines de son emprisonnement, il n'avait pu croire à des charges sérieuses contre lui. Sa défense lui semblait si simple : on ne l'avait nommé président que contre son gré, il était resté en dehors de toutes les opérations financières, presque toujours absent de Paris, ne pouvant exercer aucun contrôle. Mais les conversations avec son avocat, les démarches que faisait madame Caroline et dont elle lui disait l'inutile fatigue, lui avaient ensuite fait entrevoir les effrayantes responsabilités qui l'accablaient. Il allait être solidaire des moindres illégalités commises, jamais on n'admettrait qu'il en ignorât une seule, Saccard l'entraînait dans une déshonorante complicité. Et ce fut alors qu'il dut à sa foi un peu simple de catholique pratiquant une résignation, une tranquillité d'âme, qui étonnaient sa sœur. Quand elle arrivait du dehors, de ses courses anxieuses, de cette humanité en liberté si trouble et si dure, elle restait saisie de le voir paisible, souriant, dans sa cellule nue, où il avait, en grand enfant pieux, cloué quatre images de sainteté, coloriées violemment, autour d'un petit crucifix de bois noir. Dès qu'on se met dans la main de Dieu, il n'y a plus de révolte, toute souffrance imméritée est un gage de salut. Son unique tristesse, parfois, venait de l'arrêt désastreux de ses grands travaux. Qui reprendrait son œuvre? qui continuerait la résurrection de l'Orient, si heureusement commencée par la Compagnie générale des Paquebots réunis et par la Société des mines d'argent du Carmel? qui construirait le réseau de lignes ferrées, de Brousse à Beyrout et à Damas, de Smyrne à Trébizonde, toute cette circulation de sang jeune dans les veines du vieux monde ? Là d'ailleurs encore, il croyait, il disait que l'œuvre entreprise ne pouvait mourir, il n'éprouvait que la douleur de n'être plus celui que le ciel avait élu pour l'exécuter. Surtout, sa voix se brisait, lorsqu'il cherchait en punition de quelle faute Dieu ne lui avait pas permis de réaliser la grande banque catholique destinée à transformer la société moderne, ce Trésor du Saint-Sépulcre qui rendrait un royaume au pape et qui finirait par faire une seule nation de tous les peuples, en enlevant aux juifs la puissance souveraine de l'argent. Il la prédisait aussi, cette banque, inévitable, invincible ; il annonçait le Juste aux mains pures qui la fonderait un jour. Et si, cette après-midi-là, il semblait soucieux, ce devait être simplement que, dans sa sérénité de prévenu dont on allait faire un coupable, il avait songé que, jamais, au sortir de prison, il n'aurait les mains assez nettes pour reprendre la grande besogne.

D'une oreille distraite, il écouta sa sœur lui expliquer que, dans les journaux, l'opinion paraissait lui redevenir un peu plus favorable. Puis, sans transition, la regardant de ses yeux de dormeur éveillé :

— Pourquoi refuses-tu de le voir ?

Elle frémit, elle comprit bien qu'il lui parlait de Saccard. D'un signe de tête, elle dit non, encore non. Alors, il se décida, confus, à voix très basse.

— Après ce qu'il a été pour toi, tu ne peux refuser, va le voir !

Mon Dieu ! il savait, elle fut envahie d'une ardente rougeur, elle se jeta dans ses bras pour cacher son visage ; et elle bégayait, demandait qui avait pu lui dire, comment il savait cette chose qu'elle croyait ignorée, ignorée de lui surtout.

— Ma pauvre Caroline, il y a longtemps... Des lettres anonymes, de vilaines gens qui nous jalousaient... Jamais je ne t'en ai parlé, tu es libre, nous ne pensons plus de même... Je sais que tu es la meilleure femme de la terre. Va le voir.

Et, gaiement, retrouvant son sourire, il reprit le petit bouquet de roses qu'il avait déjà glissé derrière le crucifix, il le lui remit dans la main, en ajoutant :

— Tiens ! porte-lui ça et dis-lui que je ne lui en veux pas non plus.

Madame Caroline, bouleversée de cette tendresse si pitoyable de son frère, dans la honte affreuse et le délicieux soulagement qu'elle éprouvait à la fois, ne résista pas davantage. Du reste, depuis le matin, la sourde nécessité de voir Saccard s'imposait à elle. Pouvait-elle ne pas l'avertir de la fuite de Victor, de l'atroce aventure dont elle était encore toute tremblante ? Dès le premier jour, il l'avait faite inscrire parmi les personnes qu'il désirait recevoir ; et elle n'eut qu'à dire son nom, un gardien la conduisit tout de suite à la cellule du prisonnier.

Lorsqu'elle entra, Saccard tournait le dos à la porte, assis devant une petite table, couvrant de chiffres une feuille de papier.

Il se leva vivement, il eut un cri de joie.

— Vous !... Oh ! que vous êtes bonne, et que je suis heureux !

Il lui avait pris une main entre les deux siennes, elle souriait d'un air embarrassé, très émue, ne trouvant pas la parole qu'il aurait fallu dire. Puis, de sa main restée libre, elle posa son petit bouquet de deux sous parmi les feuilles, sabrées de chiffres, qui encombraient la table.

— Vous êtes un ange ! murmura-t-il, ravi, en lui baisant les doigts.

Enfin, elle parla.

— C'est vrai, c'était fini, je vous avais condamné dans mon cœur. Mais mon frère veut que je vienne...

— Non, non, ne dites pas cela ! Dites que vous êtes trop intelligente, que vous êtes trop bonne, et que vous avez compris, et que vous me pardonnez...

D'un geste, elle l'interrompit.

— Je vous en conjure, ne me demandez pas tant. Je ne sais pas moi-même... Cela ne vous suffit-il pas que je sois venue?... Et puis, j'ai une chose bien triste à vous apprendre.

Alors, d'un trait, à demi-voix, elle lui conta le sauvage réveil de Victor, son attentat sur mademoiselle de Beauvilliers, sa fuite extraordinaire, inexplicable, l'inutilité jusque-là de toutes les recherches, le peu d'espoir qu'on avait de le rejoindre. Il l'écoutait, saisi, sans une question, sans un geste ; et, quand elle se tut, deux grosses larmes gonflèrent ses yeux, ruisselèrent sur ses joues, pendant qu'il bégayait :

— Le malheureux... le malheureux...

Jamais elle ne l'avait vu pleurer. Elle en resta profondément remuée et stupéfaite, tellement ces larmes de Saccard étaient singulières, grises et lourdes, venues de loin, d'un cœur durci, encrassé par des années de brigandage. Tout de suite, d'ailleurs, il se désespéra bruyamment.

— Mais c'est épouvantable, je ne l'ai seulement pas embrassé, moi, ce gamin... Car vous savez que je ne l'ai pas vu. Mon Dieu ! oui, je m'étais bien juré d'aller le voir, et je n'ai pas eu le temps, pas une heure libre, avec ces sacrées affaires qui me mangent... Ah ! c'est bien toujours comme ça : lorsqu'on ne fait pas une chose tout de suite, on est certain de ne jamais la faire... Et, alors, maintenant, vous êtes sûre que je ne puis pas le voir ? On me l'amènerait ici.

Elle hocha la tête.

— Qui sait où il est, à cette heure, dans l'inconnu de ce terrible Paris !

Un instant encore, il se promena violemment, en lâchant des lambeaux de phrase.

— On me retrouve cet enfant, et, voilà ! je le perds... Jamais je ne le verrai... Tenez ! c'est que je n'ai pas de chance, non ! pas de chance du tout !... Oh ! mon Dieu ! l'histoire est la même que pour l'Universelle.

Il venait de se rasseoir devant la table, et madame Caroline prit une chaise, en face de lui. Déjà, les mains errantes parmi les papiers, tout le dossier volumineux qu'il préparait depuis des mois, il entamait l'histoire du procès et l'exposé de ses moyens de défense, comme s'il eût éprouvé le besoin de s'innocenter auprès d'elle. L'accusation lui reprochait : le capital sans cesse augmenté pour enfiévrer les cours et pour faire croire que la société possédait l'intégralité de ses fonds ; la simulation de souscriptions et de versements non effectués, grâce aux comptes ouverts à Sabatani et aux autres hommes de paille, lesquels payaient seulement par des jeux d'écritures ; la distribution de dividendes fictifs, sous forme de libération des anciens titres ; enfin, l'achat par la société de ses propres actions, toute une spéculation effrénée qui avait produit la hausse extraordinaire et factice, dont l'Universelle était morte, épuisée d'or. A cela, il répondait par des explications abondantes, passionnées : il avait fait ce que fait tout directeur de banque, seulement il l'avait fait en grand, avec une carrure d'homme fort. Pas un des chefs des plus solides maisons de Paris qui n'aurait dû partager sa cellule, si l'on s'était piqué d'un peu de logique. On le prenait pour le bouc émissaire des illégalités de tous. D'autre part, quelle étrange façon d'apprécier les responsabilités ! Pourquoi ne poursuivait-on pas aussi les administrateurs, les Daigremont, les Huret, les Bohain, qui, outre leurs cinquante mille francs de jetons de présence, touchaient le dix pour cent sur les bénéfices, et qui avaient trempé dans tous les tripotages ? Pourquoi encore l'impunité complète dont jouissaient les commissaires-censeurs, Lavignière entre autres, qui en étaient quittes pour alléguer leur incapacité et leur bonne foi ? Évidemment, ce procès allait être la plus monstrueuse des iniquités, car on avait dû écarter la plainte en escroquerie de Busch, comme alléguant des faits non prouvés, et le rapport remis par l'expert, après un premier examen des livres, venait d'être reconnu plein d'erreurs. Alors, pourquoi la faillite, déclarée d'office à la suite de ces deux pièces, lorsque pas un sou des dépôts n'avait été détourné et que tous les clients devaient rentrer dans leurs fonds ? Était-ce donc qu'on voulait uniquement ruiner les actionnaires? Dans ce cas, on avait réussi, le désastre s'aggravait, s'élargissait sans limite. Et ce n'était pas lui qu'il en accusait, c'était la magistrature, le gouvernement, tous ceux qui avaient comploté de le supprimer, pour tuer l'Universelle.

— Ah! les gredins, s'ils m'avaient laissé libre, vous auriez vu, vous auriez vu!

Madame Caroline le regardait, saisie de son inconscience, qui en arrivait à une véritable grandeur. Elle se rappelait ses théories d'autrefois, la nécessité du jeu dans les grandes entreprises, où toute rémunération juste est impossible, la spéculation regardée comme l'excès humain, l'engrais nécessaire, le fumier sur lequel pousse le progrès. N'était-ce donc pas lui qui, de ses mains sans scrupules, avait chauffé l'énorme machine follement, jusqu'à la faire sauter en morceaux et à blesser tous ceux qu'elle emportait avec elle? Ce cours de trois mille francs, d'une exagération insensée, imbécile, n'était-ce pas lui qui l'avait voulu? Une société au capital de cent cinquante millions, et dont les trois cent mille titres, cotés trois mille francs, représentent neuf cents millions : cela pouvait-il se justifier, n'y avait-il pas un danger effroyable dans la distribution du colossal dividende qu'une pareille somme engagée exigeait, au simple taux de cinq pour cent?

Mais il s'était levé, il allait et venait, dans l'étroite pièce, d'un pas saccadé de grand conquérant mis en cage.

— Ah! les gredins, ils ont bien su ce qu'ils faisaient en m'enchaînant ici... J'allais triompher, les écraser tous.

Elle eut un sursaut de surprise et de protestation.

— Comment, triompher? mais vous n'aviez plus un sou, vous étiez vaincu!

— Évidemment, reprit-il avec amertume, j'étais vaincu, je suis une canaille... L'honnêteté, la gloire, ce n'est que le succès. Il ne faut pas se laisser battre, autrement l'on n'est plus le lendemain qu'un imbécile et un filou... Oh! je devine bien ce qu'on peut dire, vous n'avez pas besoin de me le répéter. N'est-ce pas? on me traite couramment de voleur, on m'accuse d'avoir mis tous ces millions dans mes poches, on m'égorgerait, si l'on me tenait ; et, ce qui est pis, on hausse les épaules de pitié, un simple fou, une pauvre intelligence... Mais, si j'avais réussi, imaginez-vous cela? Oui, si j'avais abattu Gundermann, conquis le marché, si j'étais à cette heure le roi indiscuté de l'or, hein? quel triomphe! Je serais un héros, j'aurais Paris à mes pieds.

Nettement, elle lui tint tête.

— Vous n'aviez avec vous ni la justice, ni la logique, vous ne pouviez pas réussir.

Il s'était arrêté devant elle d'un mouvement brusque, il s'emportait.

— Pas réussir, allons donc! L'argent m'a manqué, voilà tout. Si Napoléon, le jour de Waterloo, avait eu cent mille hommes encore à faire tuer, il l'emportait, la face du monde était changée. Moi, si j'avais eu à jeter au gouffre les quelques centaines de millions nécessaires, je serais le maître du monde.

— Mais c'est affreux! cria-t-elle, révoltée. Quoi? vous trouvez qu'il n'y a pas eu assez de ruines, pas assez de larmes, pas assez de sang! Il vous faudrait d'autres désastres encore, d'autres familles dépouillées, d'autres malheureux réduits à mendier dans les rues!

Il reprit sa promenade violente, il eut un geste d'indifférence supérieure, en jetant ce cri :

— Est-ce que la vie s'inquiète de ça! Chaque pas que l'on fait, écrase des milliers d'existences.

Et un silence régna, elle le suivit dans sa marche, le cœur envahi de froid. Était-ce un coquin, était-ce un héros? Elle frémissait, en se demandant quelles pensées de grand capitaine vaincu, réduit à l'impuissance, il pouvait rouler depuis six mois qu'il était enfermé dans cette cellule; et elle jeta seulement alors un regard autour d'elle : les quatre murs nus, le petit lit de fer, la table de bois blanc, les deux chaises de paille. Lui qui avait vécu au milieu d'un luxe prodigué, éclatant!

Mais, tout d'un coup, il revint s'asseoir, les jambes

comme brisées de lassitude. Et, longuement, il parla à demi-voix, dans une sorte de confession involontaire.

— Gundermann avait raison, décidément : ça ne vaut rien, la fièvre, à la Bourse... Ah! le gredin, est-il heureux, lui, de n'avoir plus ni sang, ni nerfs, de ne plus pouvoir coucher avec une femme, ni boire une bouteille de bourgogne! Je crois d'ailleurs qu'il a toujours été comme ça, ses veines charrient de la glace... Moi, je suis trop passionné, c'est évident. La raison de ma défaite n'est pas ailleurs, voilà pourquoi je me suis si souvent cassé les reins. Et il faut ajouter que, si ma passion me tue, c'est aussi ma passion qui me fait vivre. Oui, elle m'emporte, elle me grandit, me pousse très haut, et puis elle m'abat, elle détruit d'un coup toute son œuvre. Jouir n'est peut-être que se dévorer... Certainement, quand je songe à ces quatre ans de lutte, je vois bien que tout ce qui m'a trahi, c'est tout ce que j'ai désiré, tout ce que j'ai possédé... Ça doit être incurable, ça. Je suis fichu.

Alors, une colère le souleva contre son vainqueur.

— Ah! ce Gundermann, ce sale juif, qui triomphe parce qu'il est sans désirs!... C'est bien la juiverie entière, cet obstiné et froid conquérant, en marche pour la souveraine royauté du monde, au milieu des peuples achetés un à un par la toute-puissance de l'or. Voilà des siècles que la race nous envahit et triomphe, malgré les coups de pied au derrière et les crachats. Lui a déjà un milliard, il en aura deux, il en aura dix, il en aura cent, il sera un jour le maître de la terre... Je m'entête depuis des années à crier cela sur les toits, personne n'a l'air de m'écouter, on croit que c'est un simple dépit d'homme de Bourse, lorsque c'est le cri même de mon sang. Oui, la haine du juif, je l'ai dans la peau, oh! de très loin, aux racines mêmes de mon être!

— Quelle singulière chose! murmura tranquillement madame Caroline, avec son vaste savoir, sa tolérance universelle. Pour moi, les juifs, ce sont des hommes comme les autres. S'ils sont à part, c'est qu'on les y a mis.

Saccard, qui n'avait pas même entendu, continuait avec plus de violence :

— Et ce qui m'exaspère, c'est que je vois les gouvernements complices, aux pieds de ces gueux. Ainsi l'empire est-il assez vendu à Gundermann! comme s'il était impossible de régner sans l'argent de Gundermann! Certes, Rougon, mon grand homme de frère, s'est conduit d'une façon bien dégoûtante à mon égard; car, je ne vous l'ai pas dit, j'ai été assez lâche pour chercher à me réconcilier, avant la catastrophe, et si je suis ici, c'est qu'il l'a bien voulu. N'importe, puisque je le gêne, qu'il se débarrasse donc de moi! je ne lui en voudrai quand même que de son alliance avec ces sales juifs... Avez-vous songé à cela? l'Universelle étranglée pour que Gundermann continue son commerce! toute banque catholique trop puissante écrasée, comme un danger social, pour assurer le définitif triomphe de la juiverie, qui nous mangera, et bientôt!... Ah! que Rougon prenne garde! il sera mangé, lui d'abord, balayé de ce pouvoir auquel il se cramponne, pour lequel il renie tout. C'est très malin, son jeu de bascule, les gages donnés un jour aux libéraux, l'autre jour aux autoritaires; mais, à ce jeu-là, on finit fatalement par se rompre le cou... Et, puisque tout craque, que le désir de Gundermann s'accomplisse donc, lui qui a prédit que la France serait battue, si nous avions la guerre avec l'Allemagne! Nous sommes prêts, les Prussiens n'ont plus qu'à entrer et à prendre nos provinces.

D'un geste terrifié et suppliant, elle le fit taire, comme s'il allait attirer la foudre.

— Non, non! ne dites pas ces choses. Vous n'avez pas le droit de les dire... Du reste, votre frère n'est pour rien dans votre arrestation. Je sais de source certaine que c'est le garde des sceaux Delcambre qui a tout fait.

La colère de Saccard tomba brusquement, il eut un sourire.

— Oh! celui-là se venge.

Elle le regardait d'un air d'interrogation, et il ajouta :

— Oui, une vieille histoire entre nous... Je sais d'avance que je serai condamné.

Sans doute, elle se méfia de l'histoire, car elle n'insista pas. Un court silence régna, pendant lequel il reprit les papiers sur la table, tout entier de nouveau à son idée fixe.

— Vous êtes bien charmante, chère amie, d'être venue, et il faut me promettre de revenir, parce que vous êtes de bon conseil et que je veux vous soumettre des projets... Ah! si j'avais de l'argent!

Vivement, elle l'interrompit, saisissant l'occasion pour s'éclairer sur un point qui la hantait et la tourmentait depuis des mois. Qu'avait-il fait des millions qu'il devait posséder pour sa part? les avait-il envoyés à l'étranger, enterrés au pied de quelque arbre connu de lui seul?

— Mais vous en avez, de l'argent! Les deux millions de Sadowa, les neuf millions de vos trois mille actions, si vous les avez vendues au cours de trois mille!

— Moi, ma chère, cria-t-il, je n'ai pas un sou!

Et cela était parti d'une voix si nette et si désespérée, il la regardait d'un tel air de surprise, qu'elle fut convaincue.

— Jamais je n'ai eu un sou, dans les affaires qui ont mal tourné... Comprenez donc que je me ruine avec les autres... Certes, oui, j'ai vendu; mais j'ai racheté aussi; et où ils s'en sont allés, mes neuf millions, augmentés de deux autres millions encore, je serais fort embarrassé pour vous l'expliquer clairement... Je crois bien que mon compte se soldait chez ce pauvre Mazaud par une dette de trente à quarante mille francs... Plus un sou, le grand coup de balai, comme toujours!

Elle en fut si soulagée, si égayée, qu'elle plaisanta sur leur propre ruine, à elle et à son frère.

— Nous aussi, quand tout va être terminé, je ne sais pas si nous aurons de quoi manger un mois... Ah! cet argent, ces neuf millions que vous nous aviez promis, vous vous rappelez comme ils me faisaient peur! Jamais je n'ai vécu dans un tel malaise, et quel soulagement, le soir du jour où j'ai tout rendu en faveur de l'actif!... Même, les trois cent mille francs de l'héritage de notre tante y ont passé. Ça, ce n'est pas très juste. Mais, je vous l'avais dit, de l'argent trouvé, de l'argent qu'on n'a pas gagné, on n'y tient guère... Et vous voyez bien que je suis gaie et que je ris maintenant!

Il l'arrêta d'un geste fiévreux, il avait pris les papiers, sur la table, et les brandissait.

— Laissez donc! nous serons très riches...

— Comment?

— Est-ce que vous croyez que je lâche mes idées?... Depuis six mois, je travaille ici, je veille les nuits entières, pour tout reconstruire. Les imbéciles qui me font surtout un crime de ce bilan anticipé, en prétendant que, des trois grandes affaires, les Paquebots réunis, le Carmel et la Banque nationale turque, la première seulement a donné les bénéfices prévus! Parbleu! si les deux autres ont périclité, c'est que je n'étais plus là. Mais, quand ils m'auront lâché, oui! quand je redeviendrai le maître vous verrez, vous verrez...

Suppliante, elle voulut l'empêcher de poursuivre. Il s'était mis debout, il se grandissait sur ses petites jambes, criant de sa voix aiguë :

— Les calculs sont faits, les chiffres sont là, regardez!... Des amusettes simplement, le Carmel et la Banque nationale turque! Il nous faut le vaste réseau des chemins de fer d'Orient, il nous faut tout le reste, Jérusalem, Bagdad, l'Asie Mineure entière conquise, ce que Napoléon n'a pu faire avec son sabre, et ce que nous ferons, nous autres, avec nos pioches et notre or... Comment avez-vous pu croire que j'abandonnais la partie? Napoléon est bien revenu de l'île d'Elbe. Moi aussi, je n'aurai qu'à me montrer, tout l'argent de Paris se lèvera pour me suivre; et il n'y aura pas, cette fois, de Waterloo, je vous en réponds, parce que mon plan est d'une rigueur mathématique, prévu jusqu'aux derniers centimes... Enfin, nous allons donc l'abattre, ce Gundermann de malheur! Je ne demande que quatre cents millions, cinq cents millions peut-être, et le monde est à moi!

Elle avait réussi à lui prendre les mains, elle se serrait contre lui.

— Non, non! Taisez-vous, vous me faites peur!

Et, malgré elle, de son effroi, une admiration montait. Brusquement, dans cette cellule misérable et nue, verrouillée, séparée des vivants, elle venait d'avoir la sensation d'une force débordante, d'un resplendissement de vie : l'éternelle illusion de l'espoir, l'entêtement de l'homme qui ne veut pas mourir. Elle cherchait en elle la colère, l'exécration des fautes commises, et elle ne les trouvait déjà plus. Ne l'avait-elle pas condamné, après les irréparables malheurs dont il était la cause? N'avait-elle pas appelé le châtiment, la mort solitaire, dans le mépris? Elle n'en gardait que sa haine du mal et sa pitié pour la douleur. Lui, cette force inconsciente et agissante, elle le subissait de nouveau, comme une des violences de la nature, sans doute nécessaires. Et puis, si ce n'était là qu'une faiblesse de femme, elle s'y abandonnait délicieusement, toute à la maternité souffrante, toute à l'infini besoin de tendresse, qui le lui avait fait aimer sans estime, dans sa haute raison dévastée par l'expérience.

— C'est fini, répéta-t-elle à plusieurs reprises, sans cesser de lui serrer les mains dans les siennes. Ne pouvez-vous donc vous calmer et vous reposer enfin!

Puis, comme il se haussait, pour effleurer des lèvres ses cheveux blancs, dont les boucles foisonnaient sur ses tempes, avec une abondance vivace de jeunesse, elle le maintint, elle ajouta d'un air d'absolue résolution et de tristesse profonde, en donnant aux mots toute leur signification :

— Non, non! c'est fini, fini à jamais... Je suis contente de vous avoir vu une dernière fois, pour qu'il ne reste pas de la colère entre nous... Adieu!

Quand elle partit, elle le vit debout, près de la table, véritablement ému de la séparation, mais reclassant déjà d'une main instinctive les papiers, qu'il avait mêlés dans

37

sa fièvre ; et, le petit bouquet de deux sous s'étant effeuillé parmi les pages, il secouait celles-ci une à une, il balayait des doigts les pétales de rose.

Ce ne fut que trois mois plus tard, vers le milieu de décembre, que l'affaire de la Banque Universelle vint enfin devant le tribunal. Elle tint cinq grandes audiences de la police correctionnelle, au milieu d'une curiosité très vive. La presse avait fait un bruit énorme autour de la catastrophe, des histoires extraordinaires circulaient sur les lenteurs de l'instruction. On remarqua beaucoup l'exposé des faits que le parquet avait dressé, un chef-d'œuvre de féroce logique, où les plus petits détails étaient groupés, utilisés, interprétés avec une clarté impitoyable. D'ailleurs, on disait partout que le jugement était rendu à l'avance. Et, en effet, l'évidente bonne foi d'Hamelin, l'héroïque attitude de Saccard qui tint tête à l'accusation pendant les cinq jours, les plaidoiries magnifiques et retentissantes de la défense, n'empêchèrent pas les juges de condamner les deux prévenus à cinq années d'emprisonnement et à trois mille francs d'amende. Seulement, remis en liberté provisoire sous caution, un mois avant le procès, et s'étant ainsi présentés devant le tribunal en qualité de prévenus libres, ils purent faire appel et quitter la France dans les vingt-quatre heures. C'était Rougon qui avait exigé ce dénouement, ne voulant pas garder sur les bras l'ennui d'un frère en prison. La police veilla elle-même au départ de Saccard, qui fila en Belgique, par un train de nuit. Le même jour, Hamelin était parti pour Rome.

Et trois nouveaux mois s'écoulèrent, on était dans les premiers jours d'avril, madame Caroline se trouvait encore à Paris, où l'avait retenue le règlement d'affaires inextricables. Elle occupait toujours le petit appartement de l'hôtel d'Orviedo, dont des affiches annonçaient la vente. Du reste, elle venait enfin d'arranger les dernières difficultés, elle pouvait partir, certes sans un sou en poche, mais sans laisser aucune dette derrière elle ; et elle devait quitter Paris le lendemain, pour aller à Rome rejoindre son frère, qui avait eu la chance d'y obtenir une petite situation d'ingénieur. Il lui avait écrit que des leçons l'y attendaient. C'était toute leur existence à recommencer.

En se levant, le matin de cette dernière journée qu'elle passerait à Paris, un désir lui vint de ne pas s'éloigner sans tenter d'avoir des nouvelles de Victor. Jusque-là, toutes les recherches étaient restées vaines. Mais elle se rappelait les promesses de la Méchain, elle se disait que peut-être cette femme savait quelque chose ; et il était facile de la questionner, en se rendant chez Busch, vers quatre heures. D'abord, elle repoussa cette idée : à quoi bon, tout cela n'était-il pas mort? Puis, elle en souffrit réellement, le cœur douloureux, comme d'un enfant qu'elle aurait perdu, et sur la tombe duquel elle n'aurait pas porté des fleurs, en s'en allant. A quatre heures, elle descendit rue Feydeau.

Les deux portes du palier étaient ouvertes, de l'eau bouillait violemment dans la cuisine noire, tandis que, de l'autre côté, dans l'étroit cabinet, la Méchain qui occupait le fauteuil de Busch, semblait submergée au milieu d'un tas de papiers qu'elle tirait par liasses énormes de son vieux sac de cuir.

— Ah! c'est vous, ma bonne madame! Vous tombez dans un bien vilain moment. Monsieur Sigismond est à l'agonie. Et le pauvre monsieur Busch en perd la tête, positivement, tant il aime son frère. Il ne fait que courir comme un fou, il est encore sorti pour ramener un médecin... Vous voyez, je suis obligée de m'occuper de ses affaires, car voilà huit jours qu'il n'a seulement pas acheté un titre ni mis le nez dans une créance. Heureusement, j'ai fait tout à l'heure un coup, oh! un vrai coup, qui le consolera un peu de son chagrin, le cher homme, quand il reviendra à la raison.

Madame Caroline, saisie, oubliait qu'elle était là pour Victor, car elle avait reconnu des titres déclassés de l'Universelle, dans les papiers que la Méchain tirait à poignées de son sac. Le vieux cuir en craquait, et elle en sortait toujours, devenue bavarde, au milieu de sa joie.

— Tenez ! j'ai eu tout ça pour deux cent cinquante francs, il y en a bien cinq mille, ce qui les met à un sou... Hein? un sou, des actions qui ont été cotées trois mille francs ! Les voilà presque retombées au prix du papier, oui ! du papier à la livre... Mais elles valent mieux tout de même, nous les revendrons au moins dix sous, parce qu'elles sont recherchées par les gens en faillite. Vous comprenez, elles ont eu une si bonne réputation, qu'elles meublent encore. Elles font très bien dans un passif, c'est très distingué d'avoir été victime de la catastrophe... Enfin, j'ai eu une chance extraordinaire, j'avais flairé la fosse où, depuis la bataille, toute cette marchandise dormait, un vieux fond d'abattoir qu'un imbécile, mal renseigné, m'a lâché pour rien. Et vous pensez si je suis tombée dessus ! Ah ! ça n'a pas traîné, je vous ai nettoyé ça vivement !

Et elle s'égayait en oiseau carnassier des champs de massacre de la finance, son énorme personne suait les immondes nourritures dont elle s'était engraissée, tandis que, de ses mains courtes et crochues, elle remuait les morts, ces actions dépréciées, déjà jaunies et exhalant une odeur rance.

Mais une voix ardente et basse s'éleva, venant de la chambre voisine, dont la porte était grande ouverte, comme les deux portes du palier.

— Bon ! voilà monsieur Sigismond qui se remet à causer. Il ne fait que ça depuis ce matin... Mon Dieu ! et l'eau qui bout ! l'eau que j'oublie ! C'est pour un tas de tisanes... Ma bonne madame, puisque vous êtes là, voyez donc s'il ne demande pas quelque chose.

La Méchain fila dans la cuisine, et madame Caroline, que la souffrance attirait, entra dans la chambre. La nudité en était tout égayée par un clair soleil d'avril, dont un rayon tombait droit sur la petite table de bois blanc, encombrée de notes écrites, de dossiers volumineux, d'où débordait le travail de dix ans ; et il n'y avait toujours rien autre que les deux chaises de paille et les quelques volumes entassés sur des planches. Dans l'étroit lit de fer, Sigismond, assis contre trois oreillers, vêtu jusqu'à mi-corps d'une courte blouse de flanelle rouge, parlait, parlait sans relâche, sous la singulière excitation cérébrale, qui précède parfois la mort des phtisiques. Il délirait, avec des moments d'extraordinaire lucidité ; et, au milieu de sa face amaigrie, encadrée de ses longs cheveux bouclés, ses yeux, élargis démesurément, interrogeaient le vide.

Tout de suite, quand madame Caroline parut, il sembla la reconnaître, bien que jamais ils ne se fussent rencontrés.

— Ah ! c'est vous, madame... Je vous avais vue, je vous appelais de toutes mes forces... Venez, venez plus près, que je vous dise à voix basse...

Malgré le petit frisson de peur qui l'avait prise, elle s'approcha, elle dut s'asseoir sur une chaise, contre le lit même.

— Je ne savais pas, mais je sais maintenant. Mon frère vend des papiers, et il y a des gens que j'ai entendus pleurer là, dans son cabinet... Mon frère, ah ! j'en ai eu le cœur comme traversé d'un fer rouge. Oui, c'est ça qui m'est resté dans la poitrine, ça me brûle toujours, parce que c'est abominable, l'argent, le pauvre monde qui souffre... Alors, tout à l'heure, quand je serai mort, mon frère vendra mes papiers, et je ne veux pas, je ne veux pas !

Sa voix s'élevait peu à peu, suppliante.

— Tenez ! madame, ils sont là, sur la table. Donnez-les-moi, que nous en fassions un paquet, et vous les emporterez, vous emporterez tout... Oh ! je vous appelais, je vous attendais ! Mes papiers perdus ! toute ma vie de recherches et d'effort anéantie !

Et, comme elle hésitait à lui donner ce qu'il demandait, il joignit les mains.

— De grâce, que je m'assure qu'ils y sont bien tous, avant de mourir... Mon frère n'est pas là, mon frère ne dira pas que je me tue... Je vous en supplie...

Alors, elle céda, bouleversée par l'ardeur de sa prière.

— Vous voyez que j'ai tort, puisque votre frère dit que cela vous fait du mal.

— Du mal, oh! non. Et puis, qu'importe!... Enfin, cette société de l'avenir, je suis parvenu à la mettre debout, après tant de nuits passées! Tout y est prévu, résolu, c'est toute la justice et tout le bonheur possibles... Quel regret de n'avoir pas eu le temps de rédiger l'œuvre, avec les développements nécessaires! Mais voici mes notes complètes, classées. Et, n'est-ce pas? vous allez les sauver, pour qu'un autre, un jour, leur donne la forme du livre définitif, lancé par le monde...

De ses longues mains frêles, il avait pris les papiers, il les feuilletait amoureusement, tandis que, dans ses grands yeux déjà troubles, se rallumait une flamme. Il parlait très vite, d'un ton cassé et monotone, avec le tic tac d'une chaîne d'horloge que le poids emporte; et c'était le bruit même de la mécanique cérébrale fonctionnant sans arrêt, dans le déroulement de l'agonie.

— Ah! comme je la vois, comme elle se dresse là, nettement, la cité de justice et de bonheur!... Tous y travaillent, d'un travail personnel, obligatoire et libre. La nation n'est qu'une société de coopération immense, les outils deviennent la propriété de tous, les produits sont centralisés dans de vastes entrepôts généraux. On a effectué tant de labeur utile, on a droit à tant de consommation sociale. C'est l'heure d'ouvrage qui est la commune mesure, un objet ne vaut que ce qu'il a coûté d'heures, il n'y a plus qu'un échange, entre tous les producteurs, à l'aide des bons de travail, et cela sous la direction de la communauté, sans qu'aucun autre prélèvement soit fait que l'impôt unique pour élever les enfants et nourrir les vieillards, renouveler l'outillage, défrayer les services publics gratuits... Plus d'argent, et dès lors plus de spéculation, plus de vol, plus de trafics abominables, plus de ces crimes que la cupidité exaspère, les filles épousées pour leur dot, les vieux parents étranglés pour leur héritage, les passants assassinés pour leur bourse!... Plus de classes hostiles, de patrons et d'ouvriers, de prolétaires et de bourgeois, et dès lors plus de lois restrictives ni de tribunaux, de force armée gardant l'inique accaparement des uns contre la faim enragée des autres!... Plus d'oisif d'aucune sorte, et dès lors plus de propriétaires nourris par le loyer, de rentiers entretenus comme des filles par la chance, plus de luxe enfin ni de misère!... Ah! n'est-ce pas l'idéale équité, la souveraine sagesse pas de privilégiés, pas de misérables, chacun faisant son bonheur par son effort, la moyenne du bonheur humain!.

Il s'exaltait, et sa voix devenait douce, lointaine, comme si elle s'éloignait et se perdait très haut, dans l'avenir dont il annonçait la venue.

— Et si j'entrais dans les détails... Vous voyez, cette feuille séparée, avec toutes ces notes marginales: c'est l'organisation de la famille, le contrat libre, l'éducation et l'entretien des enfants mis à la charge de la communauté... Pourtant, ce n'est point l'anarchie. Regardez cette autre note: je veux un comité directeur pour chaque branche de la production, chargé de proportionner celle-ci à la consommation, en établissant les besoins réels... Et ici, encore un détail d'organisation: dans les villes, dans les champs, des armées industrielles, des armées agricoles manœuvreront sous la conduite des chefs élus par elles, obéissant à des règlements qu'elles auront votés... Tenez! j'ai aussi indiqué là, par des calculs approximatifs, à combien d'heures la journée de travail pourra être réduite dans vingt ans. Grâce au grand nombre des bras nouveaux, grâce surtout aux machines, on ne travaillera que quatre heures, trois peut-être; et que de temps on aura pour jouir de la vie! car ce n'est pas une caserne, c'est une cité de liberté et de gaieté, où chacun reste libre de son plaisir, avec tout le temps de satisfaire ses légitimes appétits, la joie d'aimer, d'être fort, d'être beau, d'être intelligent, de prendre sa part de l'inépuisable nature.

Et son geste, autour de la misérable chambre, possédait le monde. Dans cette nudité où il avait vécu, cette pauvreté sans besoins où il se mourait, il faisait d'une main fraternelle le partage des biens de la terre. C'était l'universelle félicité, tout ce qui est bon et dont il n'avait pas joui, qu'il distribuait de la sorte, en sachant qu'il n'en jouirait jamais. Il avait hâté sa mort pour ce suprême cadeau à l'humanité souffrante. Mais ses mains s'égaraient, tâtonnantes, parmi les notes éparses, tandis que ses yeux qui ne voyaient déjà plus, emplis de l'éblouissement de la mort, semblaient apercevoir l'infinie perfection, au delà de la vie, dans un ravissement d'extase dont toute sa face s'éclairait.

— Ah! que d'activités nouvelles, l'humanité entière au travail, les mains de tous les vivants améliorant le monde!... Il n'y a plus de landes, plus de marais, plus de terres incultes. Les bras de mer sont comblés, les montagnes gênantes disparaissent, les déserts se changent en vallées fertiles, sous les eaux qui jaillissent de toutes parts. Aucun prodige n'est irréalisable, les anciens grands travaux font sourire, tant ils semblent timides et enfantins. La terre enfin est habitable... Et c'est tout l'homme développé, grandi, jouissant de ses pleins appétits, devenu le vrai maître. Les écoles et les ateliers sont ouverts, l'enfant choisit librement son métier, que les aptitudes déterminent. Des années déjà se sont écoulées, et la sélection s'est faite, grâce à des examens sévères. Il ne suffit plus de pouvoir payer l'instruction, il faut en profiter. Chacun se trouve ainsi arrêté, utilisé, au juste degré de son intelligence, ce qui répartit équitablement les fonctions publiques, d'après les indications mêmes de la nature. Chacun pour tous, selon sa force... Ah! cité active et joyeuse, cité idéale de saine exploitation humaine, où n'existe plus le vieux préjugé contre le travail manuel, où l'on voit un grand poète menuisier, un serrurier grand savant! Ah! cité bienheureuse, cité triomphale vers qui les hommes marchent depuis tant de siècles, cité dont les murs blancs resplendissent, là-bas... Là-bas, dans le bonheur, dans l'aveuglant soleil...

Ses yeux pâlirent, les derniers mots s'exhalèrent,

indistincts, en un petit souffle ; et sa tête retomba, gardant le sourire extasié de ses lèvres. Il était mort.

Bouleversée de pitié et de tendresse, madame Caroline le regardait, lorsqu'elle eut, derrière elle, la sensation d'une tempête qui entrait. C'était Busch, revenant sans médecin, haletant, ravagé d'angoisse ; tandis que la Méchain, sur ses talons, lui expliquait pourquoi elle n'avait pu encore faire la tisane, l'eau s'étant renversée. Mais il avait aperçu son frère, son petit enfant, comme il le nommait, couché sur le dos, immobile, avec la bouche ouverte, les yeux fixes ; et il comprit, et il poussa un hurlement de bête égorgée. D'un bond, il s'était jeté sur le corps, il l'avait soulevé dans ses deux grands bras, comme pour lui souffler de la vie. Ce terrible mangeur d'or, qui aurait tué un homme pour dix sous, qui avait si longtemps écumé le Paris immonde, hurlait d'une abominable souffrance. Son petit enfant, mon Dieu ! Lui qui le couchait, qui le dorlotait ainsi qu'une mère ! Il ne l'aurait jamais plus, son petit enfant ! Et, dans une crise d'enragé désespoir, il ramassa les papiers épars sur le lit, il les déchira, les broya, comme s'il avait voulu anéantir tout ce travail imbécile et jalousé, qui lui avait tué son frère.

Madame Caroline, alors, sentit son cœur se fondre. Le malheureux ! il ne l'emplissait plus que d'une divine pitié. Mais où donc avait-elle entendu hurler ainsi ? Une seule fois déjà, le cri de la douleur humaine l'avait pénétrée d'un tel frisson. Et elle se souvint, c'était chez Mazaud, le hurlement de la mère et des petits, devant le cadavre du père. Comme incapable de se soustraire à cette souffrance, elle resta encore un instant, rendit des services. Puis, au moment de partir, se retrouvant seule avec la Méchain, dans l'étroit cabinet d'affaires, elle se rappela qu'elle était venue pour la questionner sur Victor. Et elle l'interrogea. Ah bien ! Victor, il était loin, s'il courait toujours ! Elle avait battu Paris pendant trois mois, sans seulement découvrir une piste. Elle y renonçait, il serait toujours temps de retrouver un jour ce bandit sur l'échafaud. Et madame Caroline l'écoutait, glacée et muette. Oui, c'était fini, le monstre était lâché par le monde, à l'avenir, à l'inconnu, ainsi qu'une bête écumante du virus héréditaire, qui devait élargir le mal à chacun de ses coups de dent.

Dehors, sur le trottoir de la rue Vivienne, madame Caroline fut surprise de la douceur de l'air. Il était cinq heures; le soleil se couchait dans un ciel d'une pureté tendre, dorant au loin les enseignes hautes du boulevard. Cet avril, si charmant d'une nouvelle jeunesse, était comme une caresse à tout son être physique, jusqu'au cœur. Elle respira fortement, soulagée, plus heureuse déjà, avec la sensation de l'invincible espoir qui revenait et grandissait. C'était sans doute la mort si belle de ce rêveur, donnant son dernier souffle à sa chimère de justice et d'amour, qui l'attendrissait ainsi, dans le songe qu'elle avait également fait d'une humanité purgée du mal exécrable de l'argent; et c'était encore le hurlement de l'autre, la tendresse exaspérée et saignante du terrible loup-cervier, qu'elle croyait sans cœur, incapable de larmes. Non pourtant! elle ne s'en était pas allée sous l'impression consolante de tant de bonté humaine, au milieu de tant de douleur; elle avait au contraire emporté la désespérance finale du petit monstre échappé, galopant, semant par les routes le ferment de pourriture dont jamais la terre n'arriverait à se guérir. Alors, pourquoi donc cette gaieté renaissante qui l'envahissait toute?

Lorsqu'elle fut au boulevard, madame Caroline tourna à gauche, ralentit le pas, au milieu de l'animation de la foule. Un instant, elle s'arrêta devant une petite voiture, pleine de bottes de lilas et de giroflées, dont le fort parfum l'enveloppa d'une bouffée de printemps. Et, maintenant, en elle, tandis qu'elle reprenait sa marche, le flot de la joie montait, comme d'une source bouillonnante, qu'elle aurait tenté vainement d'arrêter, de boucher avec ses deux mains. Elle avait compris, elle ne voulait pas. Non, non! les affreuses catastrophes étaient trop récentes, elle ne pouvait être gaie, s'abandonner à ce jaillissement d'éternelle vie qui la soulevait. Et elle s'efforçait de garder son deuil, elle se rappelait au désespoir par tant de souvenirs cruels. Quoi? elle aurait ri encore, après l'écroulement de tout, une si effrayante somme de misères! Oubliait-elle qu'elle était complice? et elle se citait les faits, celui-ci, celui-là, cet autre, qu'elle aurait dû mettre tout son reste d'existence à pleurer. Mais, entre ses doigts serrés sur son cœur, le bouillonnement de sève devenait plus impétueux, la source de vie débordait, écartait les obstacles pour couler librement, en rejetant les épaves aux deux bords, claire et triomphante sous le soleil.

Dès ce moment, vaincue, madame Caroline dut s'abandonner à la force irrésistible du continuel rajeunissement. Comme elle le disait en riant parfois, elle ne pouvait être triste. L'épreuve était faite, elle venait de toucher le fond du désespoir, et voici que l'espoir ressuscitait de nouveau, brisé, ensanglanté, mais vivace quand même, plus large de minute en minute. Certes, aucune illusion ne lui restait, la vie était décidément injuste et ignoble, comme la nature. Pourquoi donc cette déraison de l'aimer, de la vouloir, de compter, ainsi que l'enfant à qui l'on promet un plaisir toujours différé, sur le but lointain et inconnu vers lequel, sans fin, elle nous conduit? Puis, lorsqu'elle tourna dans la rue de la Chaussée-d'Antin, elle ne raisonna même plus; la philosophe, en elle, la savante et la lettrée abdiquait, fatiguée de l'inutile recherche des causes; elle n'était plus qu'une créature heureuse du beau ciel et de l'air doux, goûtant l'unique jouissance de se bien porter, d'entendre ses petits pieds fermes battre le trottoir. Ah! la joie d'être, est-ce qu'au fond il en existe une autre? La vie telle qu'elle est, dans sa force, si abominable qu'elle soit, avec son éternel espoir!

Rentrée dans son appartement de la rue Saint-Lazare, qu'elle quittait le lendemain, madame Caroline acheva ses malles; et, comme elle faisait le tour de la salle des épures, vide déjà, elle aperçut, sur les murs, les plans et les aquarelles, qu'elle s'était promis de ficeler en un rouleau unique, au dernier moment. Mais une songerie l'arrêta, à chaque feuille de papier, avant d'arracher les quatre pointes, aux quatre angles. Elle revivait ses journées lointaines d'Orient, de ce pays tant aimé, dont elle semblait avoir gardé en elle l'éclatante lumière; elle revivait les cinq années qu'elle venait de passer à Paris, cette crise de chaque jour, cette activité folle, le monstrueux ouragan de millions qui avait traversé sa vie, en la saccageant; et, de ces ruines chaudes encore, elle sentait déjà germer, s'épanouir au soleil toute une floraison. Si la Banque nationale turque s'était effondrée à la suite de l'Universelle, la Compagnie générale des Paquebots réunis restait debout et prospère. Elle revoyait la côte enchantée de Beyrout, où s'élevaient, au milieu d'immenses magasins, les bâtiments de l'administration, dont elle était en train d'épousseter le plan : Marseille mise aux portes de l'Asie Mineure, la Méditerranée conquise, les nations rapprochées, pacifiées peut-être. Et cette gorge du Carmel, cette aquarelle qu'elle déclouait, ne savait-elle pas, par une lettre récente, que tout un peuple y avait poussé? Le village de cinq cents habitants, né d'abord autour de la mine en exploitation, était à présent une ville, plusieurs milliers d'âmes, toute une civilisation, des routes, des usines, des écoles, fécondant ce coin mort et sauvage. Puis, c'étaient les tracés, les nivellements et les profils, pour la ligne ferrée de Brousse à Beyrout par Angora et Alep, une série de grandes feuilles, qu'une à une elle roulait : sans doute, il s'écoulerait des années, avant que les cols du Taurus fussent traversés à toute vapeur; mais déjà la vie affluait de partout, le sol de l'antique berceau venait d'être ensemencé d'une nouvelle moisson d'hommes, le progrès de demain y grandirait, avec une vigueur de végétation extraordinaire, dans ce merveilleux climat, sous les grands soleils. N'y avait-il pas là le réveil d'un monde, l'humanité élargie et plus heureuse?

Maintenant, madame Caroline, à l'aide d'une forte

ficelle nouait le paquet des plans. Son frère, qui l'attendait à Rome, où tous deux allaient recommencer une existence, lui avait bien recommandé de les emballer avec soin ; et, comme elle serrait les nœuds, l'idée lui vint de Saccard, qu'elle savait en Hollande, lancé de nouveau dans une affaire colossale, le dessèchement d'immenses marais, un petit royaume conquis sur la mer, grâce à un système compliqué de canaux. Il avait raison : l'argent, jusqu'à ce jour, était le fumier dans lequel poussait l'humanité de demain ; l'argent, empoisonneur et destructeur, devenait le ferment de toute végétation sociale, le terreau nécessaire aux grands travaux qui facilitaient l'existence. Cette fois, voyait-elle clair enfin, son invincible espoir lui venait-il donc de sa croyance à l'utilité de l'effort ? Mon Dieu ! au-dessus de tant de boue remuée, au-dessus de tant de victimes écrasées, de toute cette abominable souffrance que coûte à l'humanité chaque pas en avant, n'y a-t-il pas un but obscur et lointain, quelque chose de supérieur, de bon, de juste, de définitif, auquel nous allons sans le savoir et qui nous gonfle le cœur de l'obstiné besoin de vivre et d'espérer ?

Et madame Caroline était gaie malgré tout, avec son visage toujours jeune, sous sa couronne de cheveux blancs, comme si elle se fût rajeunie à chaque avril, dans la vieillesse de la terre. Et, au souvenir de honte que lui causait sa liaison avec Saccard, elle songeait à l'effroyable ordure dont on a également sali l'amour. Pourquoi donc faire porter à l'argent la peine des saletés et des crimes dont il est la cause ? L'amour est-il moins souillé, lui qui crée la vie ?

FIN

2808. — Imprimeries réunies, rue Mignon, 2, Paris.

4209. — Imprimeries réunies, 2, rue Mignon, Paris.

www.ingramcontent.com/pod-product-compliance
Lightning Source LLC
Chambersburg PA
CBHW070753030726
47504CB00003B/543

9782019947439